"博学而笃志，切问而近思。"
（《论语》）

博晓古今，可立一家之说；
学贯中西，或成经国之才。

复旦博学·复旦博学·复旦博学·复旦博学·复旦博学·复旦博学

主编简介

李凤鸣　安徽桐城人。教授，中国注册会计师，先后执教于安徽财经大学、中山大学、南京审计学院。1993年被国务院授予有突出贡献专家称号，享受政府特殊津贴。1994年调至南京审计学院后，执教"审计学原理"、"内部控制学"等课程，历任审计系主任、教务处处长、教学科研副院长、调研员、内部控制设计研究院院长等职，同时兼任中国内部审计协会常务理事、学术委员会副主任、中国电力内部审计协会顾问，以及多家公司独立董事。1996年获江苏省"红杉树"园丁银奖，1999年被评为江苏省优秀学科带头人，2003年获江苏省高等院校名师称号。

先后出版教材14部，其中《审计学原理》、《基础审计学》、《会计制度设计》为全国统编教材。其编写的教材被众多高校采用，在国内产生了广泛的影响。所编写教材频频获奖，《审计学》先后获得省级社科科研成果一等奖和高等财经院校优秀教材三等奖，《审计学原理》先后成为审计署统编重点教材、教育部重点建设教材等，并于2002年获得教育部国家级优秀教材二等奖。

主持及参与了审计、会计、内部控制等10项科研课题，撰写学术论文80余篇。专著12部，总著述近千万字。在内部控制系统研究方面，填补国内空白，被誉为"中国内部控制第一人"。在审计基本理论与方法研究及经济责任审计研究方面处于国内领先，研究成果在国内得到广泛应用。

普通高等教育"十一五"国家级规划教材
中国大学出版社图书奖第二届优秀教材奖

21世纪高等院校会计专业主干课系列

（第五版）

会计制度设计

李凤鸣　主编　付同青　副主编

Design of Accounting System

复旦大学出版社

内容提要

本书是普通高等教育"十五"、"十一五"国家级规划教材。同时，本学科也是高等院校会计专业必修的一门课程。本书编写思路是：在阐明基本理论和基础知识的基础上，重点阐明会计制度的内内容和操作过程；以控制论、信息论、系统论为指导勾画出会计制度的整体框架。全教材以内部控制渗透所有会计制度设计内容，突出会计制度在教学和研究上的创新之处：依据新，立意新，体系新，内容新和写法新。

本书第五版（2019）主要参照了财政部会同证监会、审计署、中国银保监会制定的《企业内部控制基本规范》等至2018年底的最新规章，与时俱进，对相关内容进行了修订，更注意教材体系的完整性、前后章节的协调性以及讲授和学习的方便性。为配合本书（第五版）的修订，《会计制度设计学习指导》同步推出，以满足广大师生需要。

CONTENTS

前言(第五版) ······ 1

第一章　会计制度设计概述 ······ 1
　【本章概要】 ······ 1
　第一节　内部控制的含义与要素 ······ 1
　第二节　管理控制与会计控制 ······ 11
　第三节　会计制度与会计制度设计 ······ 13
　第四节　会计制度设计的内容 ······ 18
　第五节　会计制度设计的原则 ······ 22
　第六节　会计制度设计的程序 ······ 25
　【复习思考题】 ······ 28

第二章　会计制度总则设计 ······ 29
　【本章概要】 ······ 29
　第一节　会计制度依据的设计 ······ 29
　第二节　会计组织机构的设计 ······ 33
　第三节　会计核算规则的设计 ······ 42
　第四节　会计档案管理的设计 ······ 48
　【复习思考题】 ······ 50

第三章　会计科目设计 ······ 51
　【本章概要】 ······ 51
　第一节　会计科目设计概述 ······ 51
　第二节　总账科目的设计 ······ 56
　第三节　明细科目的设计 ······ 63
　第四节　会计科目表及使用说明的设计 ······ 65
　附：会计科目设计案例 ······ 72
　【复习思考题】 ······ 75

第四章　会计凭证设计 ······ 76
　【本章概要】 ······ 76

第一节 会计凭证设计概述	76
第二节 原始凭证的设计	78
第三节 记账凭证的设计	86
【复习思考题】	93

第五章　会计账簿设计 ······ 94

【本章概要】 94
第一节　会计账簿设计概述 94
第二节　日记账簿的设计 97
第三节　分类账簿的设计 102
第四节　备查账簿的设计 108
【复习思考题】 110

第六章　财务会计报告设计 ······ 111

【本章概要】 111
第一节　财务会计报告设计概述 111
第二节　财务会计报告编报程序的设计 115
第三节　对外报表报告的设计 119
第四节　对内管理报表的设计 157
【复习思考题】 166

第七章　会计核算程序设计 ······ 167

【本章概要】 167
第一节　会计核算程序与设计要求 167
第二节　逐笔记账核算程序的设计 171
第三节　汇总记账核算程序的设计 174
【复习思考题】 178

第八章　成本核算制度设计 ······ 179

【本章概要】 179
第一节　成本核算制度与设计要求 179
第二节　成本核算基础的设计 181
第三节　成本计算制度的设计 187

目录

CONTENTS

  第四节　标准成本核算方法的设计…………………… 204
 【复习思考题】……………………………………………… 209

第九章　会计电算化制度设计…………………………… 210

 【本章概要】……………………………………………… 210
  第一节　会计电算化与会计电算化制度…………………… 210
  第二节　会计电算化制度的设计原则……………………… 214
  第三节　会计电算化内部控制系统的设计………………… 217
  第四节　会计电算化信息系统维护与管理的设计………… 224
 【复习思考题】……………………………………………… 229

第十章　会计事务处理设计……………………………… 230

 【本章概要】……………………………………………… 230
  第一节　会计事务处理准则………………………………… 230
  第二节　货币资金业务处理的设计………………………… 236
  第三节　工资业务处理的设计……………………………… 241
  第四节　固定资产业务处理的设计………………………… 245
  第五节　采购业务处理的设计……………………………… 249
  第六节　存货业务处理的设计……………………………… 254
  第七节　生产业务处理的设计……………………………… 258
  第八节　销售业务处理的设计……………………………… 272
  第九节　投资及融资业务处理的设计……………………… 278
  第十节　其他财务作业处理的设计………………………… 284
  附：××有限责任公司印鉴管理办法……………………… 294
 【复习思考题】……………………………………………… 295

第十一章　内部稽核设计………………………………… 296

 【本章概要】……………………………………………… 296
  第一节　内部稽核的职责与范围…………………………… 296
  第二节　内部稽核的程序与方法…………………………… 301
  第三节　会计错误与会计舞弊的稽核……………………… 307
  第四节　销货及收款循环的稽核…………………………… 316
  第五节　采购及付款循环的稽核…………………………… 319

第六节　生产循环的稽核 …………………………………… 322
　　第七节　工资循环的稽核 …………………………………… 326
　　第八节　融资循环的稽核 …………………………………… 331
　　第九节　投资循环的稽核 …………………………………… 339
　　第十节　固定资产循环的稽核 ……………………………… 341
　　【复习思考题】……………………………………………… 343

第十二章　会计监督设计 …………………………………… 344
　　【本章概要】………………………………………………… 344
　　第一节　内部会计监督的设计 ……………………………… 344
　　第二节　外部会计监督的设计 ……………………………… 348
　　【复习思考题】……………………………………………… 354

前言（第五版）

PREFACE

  本书是普通高等教育"十五"国家级规划教材；2006年，新会计准则发布后，本书内容也进行了相应修订，同时顺利入选普通高等教育"十一五"国家级规划教材。

  本版是根据财政部会同证监会、审计署、银保监会制定的《企业内部控制基本规范》修订的，反映了至2017年年底前的企业会计制度、会计准则、内部控制制度的最新要求。

  修订后的第五版，仍然保留了前几版的特色。全书从内部控制系统整体架构出发，仍以内部牵制作为会计制度设计的支点。在本次修订过程中，我们力图在教材体系的完整性、前后章节的协调性以及讲授和学习的方便性上做得更好。具体来说，本次修订的主要内容是：(1)对第一章会计制度设计概述中的内部控制要素的内容作了补充；对企业会计准则的发展过程和在企业会计制度设计中的作用的内容进行了完善。(2)第二章会计制度总则设计中增加了会计组织机构设计的内容，突出了实用性。修订后的《会计制度设计》更加符合企业会计制度设计的实际需要。为方便师生更好地理解和掌握会计制度设计的精髓，本版同时还对配套出版的《会计制度设计学习指导》进行了修订与补充。

  本书由南京审计大学李凤鸣教授任主编、付同青教授任副主编。其中，李凤鸣教授除负责拟写提纲、修改、总纂之外，还撰写了第一、十、十一、十二等4章；第二、三、四、五、六、七、八、九等8章由付同青教授撰写。

  本次修订工作由李凤鸣、付同青执笔完成。

编者

2018年12月

第一章 会计制度设计概述

【本章概要】

会计制度是会计方法和程序的总称,是会计工作的规范。会计制度是会计控制的载体,它是内部控制的主要内容。本章主要介绍内部控制、管理控制、会计控制、会计制度及会计制度设计等基本概念;同时阐述了会计制度设计的内容、原则和方法。

第一节 内部控制的含义与要素

一、内部控制的含义

内部控制是现代企业、事业单位以及其他有关组织在其内部对经济活动和其他管理活动所实施的控制。我国企业内部控制基本规范所称的内部控制,是由企业董事会、监事会、经理层和全体员工实施的,旨在实现控制目标的过程。具体地说,它是指一个组织为了提高经营效率以及充分地获取和使用各种资源,达到既定的管理目标,而在内部正式实施的各种制约和调节的组织、计划、方法和程序。它是有效执行组织策略的必要工具,是现代化企业重要的任务及管理方式与手段,是实现高效化、专业化、规范化和自动化的最基本条件。之所以要设置内部控制,其目的:一是促使企业达成获利目标,并把意外损失减到最低程度;二是促使单位管理层有能力适应快速改变的竞争环境,满足顾客需求,调整适应需求的优先顺序,并为未来的发展留出空间;三是以利于提高效率,减少资产损失的风险,保证财务报告的可靠性和法令的遵循。

正因为内部控制可用来达成许多重要的目标,所以被越来越多的人所重视,它被认为是解决单位各种各样潜在问题的根本方法。无论怎样对内部控制定义,它都必须满足两个前提:一是要满足不同团体的需求,二是要提出评估和改善的标准。同时,内部控制还要为单位营运的效果及效率、财务报告的可靠性和相关法令的遵循提供合理的保证。如果一个单位的内部控制能使管理层了解其营运目标达成的程度,对外财务报告的编制是可靠的,相关法令被严格遵循,该单位的内部控制是有效的,也即达到了内部控制目标。

将内部控制的内容和方法以文字或流程图的形式作出具体规定,并付诸实施,使其连续执行和制度化,即是内部控制制度。内部控制制度的内容、种类、方式取决于内部控制。内部控制制度是组织内部管理工作的重要组成部分,是为满足该单位的组织、业务和管理目标的需要而设计的。它应当包括与保护资产安全、确保各种信息资料的可靠、有利领导决策、促进管理方针的传达和贯彻、提高工作效率和经济效益有关的内部管理控制。它的主要任务是控制单位内部一切经济活动严格按照计划规定的预期目标进行,以保证计划任务的完成以及经营效率的提高。有效的内部控制应起到以下几个方面的作用:

(1) 保证单位的一切业务活动按其计划目标进行,可以及时发现和纠正偏离目标的行为。

(2) 保证国家的财经政策、法令制度得到贯彻执行,便于及时发现、查明和处理问题。因为内部控制制度确定了各部门遵纪守法的责任制度与检查制度。

(3) 保证会计资料和其他经济资料的可靠性。因为通过批准授权等各种控制制度,可使业务处理合理、凭证有效、记录完整正确,并且有必要的稽核检查做保证。

(4) 保证财产安全完整,堵塞漏洞、防止或减少损失浪费,防止和查明贪污盗窃行为。因为有了不相容职务分离、职务轮换、定期盘点和加强保管、限制擅自接触等制度予以保证。

(5) 保证各种核算质量,提供有用的会计与管理信息。因为各种核算通过有关人员的处理、复核、核对及检查,可以保证其真实有效。

(6) 保证工作效率的提高。因为实行内部控制,使各种工作程序化、规范化,避免混乱现象。

(7) 有利于提高工作人员的素质。制度的制约可以增强工作人员的责任心和促使其努力提高办事能力。

一般说来,内部控制制度不是一种独立存在的制度,它渗透在单位管理环节的各个方面,寓于各项管理制度之中,因此,它具有非独立性的特点。内部控制制度又是各种控制方式和控制手段的组合,而且根据不同的控制目标有多种多样的组合方式,因此,内部控制又具有组合性的特点。内部控制制度旨在预防和查明差错,但它又不是万能的,它具有一定的局限性。内部控制只能为管理人员达到其目的提供一定的帮助,但不能提供绝对的保证。因为它有以下几个方面的局限性:

(1) 管理人员要求的每一项控制是有成本效果的,即控制费用不应与弊端或错误所造成的可能损失不相称。因此,控制受到成本效果的限制。

(2) 内部控制只适用于对正常反复出现的业务事项进行控制,而不能对例外事项进行控制。

(3) 内部控制对于工作人员因粗心、精力不集中、身体状况欠佳、判断失误或误解指令而造成的人为错误无能为力。

(4) 对工作人员合伙舞弊或内外串通共谋无法控制。

(5) 对管理人员不能正确使用权力或滥用职权无法控制。

(6) 因情况变化使原来的控制措施失效而导致错误和弊端的发生无法控制。

事实上,内部控制的实质不在于消除一切风险,而在于限制管理上已经意识到的风险的发生。

二、内部控制的要素

与管理相关的内部控制包括五个相互有关联的组成要素,它们源自管理阶层经营企业的方式,且与管理的过程相结合。从财务报表审计角度考虑,内部控制包括五个要素。

(一) 与管理相关的内部控制五要素

1. 控制环境

控制环境是其他内部控制组成要素的基础,是所有控制方式与方法赖以存在与运行的环境。它对于塑造企业文化、提供纪律约束机制和影响员工控制意识有重要作用。影响控制环境的因素有四个方面:企业人员的操守、价值观及能力;管理阶层的管理哲学与经营风格;管理阶层的授权方式及组织人事管理制度;最高管理当局及董事会对单位管理关注的焦点及指引的方向,如他们对内部控制是否持肯定和支持态度等。

2. 风险评估

每个企业均应评估来自内部和外部的不同风险。评估风险的先决条件是制定目标,各个不同层级的目标必须保持一致性。风险评估是指辨认并分析影响目标达成的各种不确定因素。风险评估是决定风险应如何管理的基础。由于经济、产业、主管机关和营运环境不断变化,风险也因变化而来,因此,辨认并处理这些风险自然就有必要。

3. 控制活动

控制活动是指确保管理阶层指令实现的各种政策和程序。它是指针对影响单位目标实现的各种制约措施和手段。单位各个阶层与各种职能均渗透有不同的控制活动,如核准、授权、调节、审核营业绩效、保障资产安全以及职务分工等。由于单位性质、规模、组织方式等不同,其控制活动也有所不同。

4. 信息与沟通

每个单位必须按照一定的方式和时间规定,辨识和取得适当的信息,并加以沟通,以便于员工更好地履行其职责。单位资讯系统能产生各种报告,包括与营运、财务及遵循法令有关的资料和信息,这些信息反映了单位业务运行状况,便于管理者采取控制措施。信息系统不仅处理单位内部所产生的信息,同时也处理与外界事项、活动及环境等有关的信息,这些信息同样是单位制订决策及对外报道所必不可少的。有效沟通的含义,既包括组织内部上下沟通及横向沟通,也包括与外界沟通。单位所有员工必须自最高管理阶层开始,清楚获取须谨慎承担控制责任的各种信息;必须了解自己在内部控制制度中所扮演的角色,以及每个人的活动对他人工作的影响,单位必须有向上沟通重要信息的方法,也应有向顾客、供应商、政府主管机关和股东等进行沟通的方式。

5. 监督

监督是一种随着时间的经过而评估内部控制制度执行质量的过程。监督的方式有持续监督、个别评估及综合监督等。持续监督是指在营运过程中的监督,包括例行管理和监督活动,以及其他职工为履行其职务所采取的行动。个别评估的范围及频率,应根据评估风险的大小及持续监督程序的有效性而定。持续监督和个别评估一起进行,称之为综合监督。各种监督中发现的内部控制的缺失必须向上级呈报,严重者,则须向最高管理阶层及董事会呈报。

上述五个要素相互关联与配合,形成一个整合系统。这个系统可对改变中的环境作出动态反应。随着企业风险管理的需要,在内部控制五要素的基础上,国外研究机构又发展了企业风险管理的新架构,包括内部环境、国际设定、事件辨认、风险评估、风险回应、控制活动、信息及沟通和监督等要素。事实上,这个新发展只是将原风险评估要素细化为目标设定、事件辨认、风险评估和风险回应等四个要素,更加明确了风险评估的程序。

根据我国 2008 年 6 月 30 日所颁布的《企业内部控制基本规范》的规定,企业建立与实施有效的内部控制,应当包括以下要素:

(1) 内部环境。内部环境是企业实施内部控制的基础,一般包括治理结构、机构设置及权责分配、内部审计、人力资源政策、企业文化和法制要求等。

(2) 风险评估。风险评估是企业及时识别、系统分析经营活动中与实现内部控制目标相关的风险,合理确定风险应对策略。一般包括风险识别、风险分析与排序和风险应对策略等。

(3) 控制活动。控制活动是企业根据风险评估结果,采用相应的控制措施,将风险控制在可承受度之内。一般包括不相容职务分离、授权审批、会计系统、财产保护、预算控制、运营分析和绩效考评等措施。具体涉及企业资金、采购、存货、销售、工程项目、固定资产、无形资产、长期股权投资、筹资、预算、成本费用、业务外包、担保、合同协议、财务报告编制与披露、对子公司控制、信息控制、人力资源政策、衍生工具、关联交易、内部审计和企业并购等业务活动。

(4) 信息与沟通。信息与沟通是企业及时、准确地收集、传递与内部控制相关的信息,确保信息在企业内部、企业与外部之间进行有效沟通。一般包括信息的收集、处理、沟通与反馈,利用信息技术建立反舞弊机制和建立举报投诉制度等。

(5) 内部监督。内部监督是企业对内部控制建立与实施情况进行监督检查,评价内部控制的有效性,发现内部控制缺陷,及时加以改进。一般包括日常监督、专项监督、缺陷认定、自我评价和可验证性记录和资料保存等。

(二) 从报表审计角度考虑的内部控制三要素

根据美国注册会计师协会发布的 55 号《审计标准文告》,从财务报表审计考虑,内部控制结构主要包括以下三个方面要素。

1. 控制环境

美国在 1979 年就提出了内部会计控制环境的概念,认为对企业内部会计控制程序和技术的选择及其有效性有重要影响的各种因素即为内部会计控制环境,因为内部会计控制不可能在真空中得到设计、执行和评价。内部会计控制必然受到组织结构、职工的胜任性及诚实性、分权与责任表达、预算与财务报告、组织牵制与制衡等因素影响,EDP 系统还会受到其他因素影响。美国在 1981 年又提出了控制环境的标准,认为从事商业经营的公司或其他组织有两种控制,即外部环境与内部环境。外部环境固然重要,但不能把它作为内部控制系统的组成部分,因为它超出了企业的控制能力。并认为内部控制环境,一是要对管理者及广大职工重复强调内部控制的性质及重要性,二是避免单位内部任何可能超越控制措施或既定控制政策的行为。

美国执业会计师协会审计标准委员会在《审计标准文告》第 55 号中指出:"控制环境是指对建立、增强或调节特殊政策及程序有效性有影响的各种因素所产生的综合效果。"这个定义虽然有不尽如人意的地方,但是它充分强调了内部控制环境对内部控制设计与执行的有效性,有综合影响效果,也就是说,内部控制环境越优,内部控制作用越能充分发挥。文告中还指出了控制环境因素包括单位管理宗旨与经营方式、企业组织结构、董事会及其下属各委员会的功能、分配权力与确定责任的方法、管理控制方法、人事政策及惯例以及影响经营管理的各种外部因素等。环境因素虽然十分强调管理者对控制重要性的总体态度、意识和行动,但混淆了内部控制环境与内部控制技术的内容,也混淆了内部因素与外部因素。显然,内部控制环境是影响内部控制制度有效性的各种因素,而主要是指影响内部控制技术设计、实施与评价的一切外部因素,这些"外部因素"又是单位内部控制力所能及的范围,否则,就不能称其为内部控制的组成部分。由此可见,要准确地说明内部控制环境因素,首先要区分单位内部与单位外部环境的内容,其次要分清内部控制环境与内部控制目标、内部控制技术的范畴。内部控制环境最主要、最基本的因素是管理当局及所有执行者对内部控制的态度及其胜任控制的能力。健全与科学的制度是由人制订的,再好的制度也必须由人去执行,否则也不能发挥其最佳的效应。内部控制环境主要包括以下七个方面内容。

(1) 管理哲学与经营方式。

企业管理者是支持还是反对内部控制,这是影响控制有效性的关键因素。要想使企业内部控制充分发挥作用,首先,企业的管理者对控制必须持肯定的态度,给予强有力的支持,并且这种支持贯彻到整个组织。只有最高管理当局重视内部控制,从思想深处认识到它的作用,从实际行为中贯彻控制的政策和程序,才有利于会计系统和控制程序发挥最大的效力。其次,管理当局在经营方式上提倡适当的道德行为也会有助于控制效果的增强。如果企业所有职员感受到企业管理当局是遵照一定的道德标准行事,他们也会约束自己的行为。从会计角度看,不真实、不准确的记录和报告也会降到最低程度。此外,管理当局在整个企业范围内建立计划、预算和业绩报告体系,并且支持这种体系贯彻实施,同样也有利于控制的加强。因为计划、预算、业绩报告体系的建立与运行,能够使企业经营目标更加明确,及时发现背离目标的行为,并迅速地采取纠正措施。

(2) 组织机构。

通过明确的权限,使各种经营活动的受托责任清晰明了,更利于控制作用的发挥。

(3) 审计委员会。

独立于管理部门的审计委员会,在调整控制结构和调整管理当局与独立审计人员之间的争议方面能够发挥更佳的沟通效果。董事会下设的审计委员会一般由董事会成员组成,这些成员并不在公司的管理部门任职。国外很多公司由内部审计人员直接向审计委员会报告,这样更有助于审计委员会解除其调整控制的责任,也有助于对控制结构中的严重缺陷迅速采取处理措施。

(4) 人事政策和程序。

权力集中而富于效率的人事部门是人力资源职能部门,它通过给恰当的工作人员分配恰当的工作,并按照所指定的任务组织培训,这样更利于提高控制的有效性。人事控制的主要内容是完整而清晰的岗位说明、有效的计划、明确的聘用政策和对内、对外交流规定等,特别是职工福利政策……计划可以使全体职工保持较高的道德水准,更有利于促成目标的实现。

(5) 授权和分配责任的方法。

要使企业目标得以实现、各种控制政策和程序得到贯彻执行,企业管理部门必须使整个组织了解授权和责任划分的方法。如通过编制政策手册、组织系统图、召开会议、详细的监督和业绩等方式,使整个组织及时而准确地了解授权和责任划分的方法。

(6) 内部审计部门。

现代内部审计旨在检查和评价各种活动的效率性、效果性及组织内部所有单位执行政策的符合性。内部审计人员可以帮助有关部门采取适当的纠正措施,促进对企业制定的政策和程序的遵循,促进企业目标的实现。内部审计人员必须是胜任的和客观的。

(7) 外部影响。

外部因素是与组织有关的一些问题,既可以有利于内部控制的加强,也可能导致内部控制功能的削弱。例如,国家审计机关对企业财务进行审计,无疑会加强企业内部的财务控制;关联者和关联者交易存在是可能削弱现存控制的因素。

2. 会计系统

为确认、汇总、分析、分类、记录和报告企业交易,并保持对相关资产和负债的受托责任而建立的方法和记录,即为会计系统或会计制度,它是整个控制的重要组成部分。有效的会计系统可以确保所有交易的完成,保证会计信息的可靠性和资产的安全性,从而加强了控制。这是因为会计系统使交易保证了公司资源的有效分配,使交易符合企业的政策,使交易得到批准,使交易经过了充分的检查,使交易的记录遵循了公认的会计原则,使交易的财产被恰当地保护。充分而适当的会计系统一般是从交易或记录事项开始的,包括适当的记录和对结果的控制。会计系统应和交易过程相联系,并且要合理地保证提供恰当的记录和保持充分的受托责任。会计系统主要包括以下内容。

(1) 会计科目表、会计手册和标准会计分录。

为了保证各种交易和事项能进行恰当地记录和在会计报表中能正确地反映:一是要编制总账和明细账中所有的账户一览表,即会计科目表,说明每个账户的名称和其编号;二是对影响每一个账户的各种交易进行描述,即编制会计手册,特别要重点说明非常规交易的记录处理;三是对常规的月末交易和事项建立一套标准会计分类,以便于对调整事项的正确处理,避免在月报、季报中遗漏,月末事项调整主要包括资产折旧、坏账处理、应计税金、产品担保和利息、生产费用和销售收入结转等。

(2) 业务凭证制度。

合理的业务凭证制度是形成明确的审计轨迹的起点。审计轨迹可以为各种事项的确认、检查和记录提供证据。业务凭证制度可以避免业务记录的疏漏(漏报错误)及对虚假交易的记录(虚报错误)。业务凭证制度要求对各种凭证预先编号,尽可能少地使用不常用的凭证,并且定期检查常用凭证编号顺序。

提供必要的业务凭证应看作是业务循环每一步骤的要求。例如,在支出业务中要提供请购单、订货单、验收单、购货发票等作为支付手段的凭单,在收入业务中要提供客户订单、销售订货单、销售发票、装运单以及提单等作为必要的凭证。

(3) 业务检查。

会计系统对业务循环过程的每一步骤进行检查和审核,也就是说,对各种业务应有事前、事中和事后检查。如对业务凭证检查和审核时,应注意:请购单是否由求购商品和服务的人员签字,并经主管人员批准认可;购货订单是否由进货员签字;验收单是否由对进货进行检查和计量的人员签字;是否将购货发票、购货订单和验收单相互比较印证;是否由进行该项工作的人员签字;支票签署人在签署和寄出支票前是否检查所有凭证的完整性和准确性。结合业务凭证制度,进行适当的业务检查有助于防止非授权业务的发生。

业务凭证和检查制度有助于发现在完成交易各环节上已经发生的一些无意识的错误。例如,在收入循环的客户订单和计价环节中,利用上述程序可能发现的差错有:①计价时使用了不正确的销售价格;②销售发票的类型和数量与客户订单不一致;③销售发票总额计算错误;

④各种收入账目的金额记录错误等。

(4) 交易处理方法。

获取和记录各种交易和事项的数据处理方法对控制作用也会产生重要影响,因此,要根据不同的处理方法存在的缺陷,采取必要的弥补措施。例如,一个联机实时系统并不能提供人工和批准处理系统所产生的典型的明确的会计轨迹,因此给计算机数据库设置密码以及对输入 EDP 系统的交易事项进行审核就有了必要。

3. 控制程序

除了控制环境和会计系统以外,为了合理保证业务目标的实现而建立的其他政策和程序,即为控制程序。控制程序主要包括以下几个方面内容。

(1) 人员的胜任能力。

人们均要依赖于数据处理系统的自动化水平来履行控制职责,如检查交易、确定会计科目使用的正确性、编制凭证、记录交易、编制月报、确定要调整的会计分录、确定对财务报表的披露需要、核实相符性核对、编制银行对账单、编制预算和业绩报告、根据差异分析采取措施等。有效的控制应有相应的程序保证履行这些职责的人员拥有必要的能力并有效地开展工作。如要有明确的岗位职责、合理的用人政策及有效的培训计划等,帮助人们履行职责。特别要求内部审计人员进行营运分析,提供审计结果,找出弱点,帮助经营单位提高效率、效果。

(2) 政策和程序手册。

精心制定政策和程序并让整个组织了解与贯彻是实现控制目标的有效措施。利用政策和程序手册通知组织上下,都有益于政策和程序的贯彻执行。

(3) 计划、预算和业绩报告。

建立长期目标的关键是制定战略计划。例如,在组织内通过长远计划,由多维预算系统把长远目标分成各个中期目标的年度盈利计划,用标准成本和变异分析系统反映对收入和费用的短期控制,建立对业绩报告和预算实际执行情况进行比较的系统,以及对预算有较大出入之处预先制定相应的纠正措施。

(4) 分权制经营。

在实行分权制管理的组织中建立相应的控制程序,以使各分部门主管对他们的举措负责,以促进各分管主管搞好所分管的工作。

(5) 资产保护。

资产保护包括:限制接近贵重和可移动的资产,限制接近授权使用和处分资产的文件,明确监管资产及相关文件的责任;对雇员在其信誉、保险范围、环境管理方面所做的背景调查以及所签订的契约等。限制接近和监管责任划分控制,一是可以使实物资产受到保护,二是由于给每个人规定了责任或某项资产由其监管从而使资产保护有了责任控制。

仅对资产接近加以限制,而对授权使用和处分资产的文件不加限制,形成不了充分的实物控制。例如,一个企业明确了监管商品的责任,也设有限制接近仓库商品的措施,同时也规定没有确认的装货单不准发货,但对接近装货单不加限制,就有可能发生伪造单进行提货的问题。因此,就有必要对装货单、销售发票、收据、支票、验收单等处分资产的所有文件进行限制接近。

资产保护的特定方法,主要包括限制接近控制和会计责任控制。限制接近控制有:①保护存货、小型工具、证券等贵重和可动资产存放地点的安全;②带有锁住纸带的现金收款机;③限制接近未使用票据并恰当注销已使用票据;④每月及时将现金收入送存银行;⑤限制接近计算机、终端代码、磁盘文件、数据库要素;⑥限制单独接近可转让证券及其他便携有价资产,以免未经授权的挪用发生。会计控制包括:①事先编制现金收入清单,以便于每天进行现金记录与银行票据比较;②对各种凭证预先编号并规定责任;③定期对已用凭证进行复核;④对零星现金支付和薪资账户采用备用金制度,并规定相应的监管责任;⑤对资产进行连续编号并加贴标签,以防挪用和替换;⑥就信誉方面与雇员签署合同。

(6) 定期盘点存货、清点现金和证券。

定期盘点、清点制度为有效调整会计责任提供了一种方法,而且也代表着另外一套检查控制措施。定期盘点、清点制度包括确定各账户余额下的财产数量和金额。例如,把债权人报表与各个应付款相比较以及把总额与总分类账相比较,这既是一种盘点,也是一种复核。

典型的盘点和复核方法是:①永续盘存记录和定期清点及复核制度;②为应收账款、应付账款、投资项目、产业资本设立明细账,并把总分类账以及重要财产账与各明细分类账加总数比较核对(检查除月份报表、月份债权人报表之外的客户,检查有价证券,定期检查产业资本);③每月的银行调节表核对;④每月现金记录审核(清点现金、检查现金收款机纸带然后交有关核对人员);⑤送款单与现金记录相核对的制度等。此外,锁住现金收款机纸带和预制邮寄来的现金收入清单,不允许单个人接近现金收入或会计记录并要求将银行存款票据与现金账簿每日加以核对,这些措施对于确定是否已对所有的现金收入作了适当记录并将它们存入银行提供了一种有效的手段。

在了解从财务报表审计角度考虑的内部控制结构以后,就要进一步明确与审计有关的内部控制结构政策和程序。审计人员一般只对有助于增强报表的可靠性控制感兴趣,如预防性控制和检查性控制。把不相容职务分离即是一种预防性控制,而事后进行核对即是一种检查性控制,检查性控制为发生的重大差错提供了一次"双重核查"的机会。

美国注册会计师协会审计标准委员会在《审计标准说明书》第 55 号中把这些控制问题称为"与审计有关的内部控制的控制政策和程序",并把它们定义为"包含在公司的内部控制结构中的政策和程序,涉及公司记录、处理汇总以及报告财务报表中的与管理当局的认定相一致的财务数据,或者审计师对于财务报表认定实施审计程序所用的资料"。与财务报表中所包含的资料,有关管理当局的认定有以下几类。

• 存在或发生

有关财务报表各部分的"存在或发生"方面的认定,是指在资产负债表日,财务报表上的所有资产和权益均存在;收益表上的所有收入、费用、利润和损失均发生在报表所反映的会计期间内。审计人员所关心的是,组成内部控制结构的三要素在多大程度上能够防止和查出存在或发生认定方面的具体差错(虚报错误)。

• 完整性

完整性认定是指资产负债表上所列示的所有资产和权益都存在且属公司所有,收益表所列示的收入、费用、利润和损失都发生在收益表所反映的期间内。与之相关的错误是"漏报错误"。

• 权利和义务

有关权利和义务的认定,是指在资产负债表日,资产负债表上所列的所有资产均属公司的权利,所有负债均属公司的义务。

- 估价或分摊

有关估价或分摊的认定,是指在设计控制程序时是否给以特殊的关注,以便为恰当的估价提供合理的保证。根据一般公认会计原则,对资产和权益进行估价或分摊是财务报告公允性的一个重要方面。

- 表达与披露

表达与披露认定的特征在于会计报表中的适当分类以及附注说明的充分性。

内部控制因单位的基本业务需求才存在,与单位的营业活动交织在一起。只有当内部控制能纳入单位的基础建设之内,而且是单位机体的一部分时,才最为有效。也只有纳入营运活动的控制,才能帮助单位提高管理水平和管理质量,才能避免不必要的成本,才能对改变的环境作出快速反应。单位的三类目标是单位所追求的对象,组成要素则代表达到目标所必须的条件;对于每一类目标来说,与所有的组成要素都是相关的。

三、内部控制基本方法

尽管各个单位的性质和经营特点有差异,但在建立内部控制制度时总是根据实际情况把各种控制方式、方法有机地组合起来,形成一个系统的控制以实现控制的目标。内部控制的方式、方法多种多样,但其基本的控制方式有目标控制、组织控制、人员控制、职务分离控制、授权批准控制、业务程序控制、措施控制与检查控制。

(一) 目标控制

目标控制是指一个单位的内部管理工作应该遵循其创建的目标,分期对生产、经营、销售、财务、成本等方面制定切实可行的计划,并对计划执行情况进行控制。目标控制是一种事前控制方式,其主要过程包括确定目标、执行控制、测查执行成果并与目标比较、进行测查结论反馈。

(二) 组织控制

组织控制是指对组织内部的组织机构设置的合理性和有效性所进行控制。组织控制也是一种事前控制方式,其主要手段包括采用合理的组织方案、采用合理的组织结构和建立组织系统图等。

(三) 人员控制

人员控制是指采用一定的方法和手段对职工的思想品德、业务技能和工作能力进行控制,以保证组织各级人员具有与他们所负责的工作相适应的素质,从而保证任务的完成。工作质量、人员素质控制应做到:根据各级人员政治与业务素质委派工作,使各级人员能胜任自己的工作;进行上岗前业务考核并建立职工技术业务的考核制度;建立管理人员业绩考核制度,调离不胜任本职工作的管理人员;建立职业道德和业务技术轮训制度;建立激励、奖惩制度;建立职务轮换制度等。

(四) 职务分离控制

职务分离控制是指对组织内部的不相容职务必须进行分工,不能由一个人同时兼任,以减少差错和舞弊的发生。任何单位应做到授权批准与执行分离,执行与审查、稽核分离,执行与记录分离,保管与记录分离,保管与清查分离,总账记录与明细账或日记账记录分离等。出纳人员不得兼任稽核、会计档案保管和收入、支出、费用、债权、债务账目的登记工作。

(五) 授权批准控制

授权批准控制是指组织内部各级工作人员必须经过授权和批准才能对有关的经济业务进行处理,未经授权和批准,这些人员不允许接触和处理这些业务。这一控制方式使经济业务在发生时就得到了有效控制。授权方式可分为一般授权和特殊授权。

(六) 业务程序控制

业务程序控制是指采用规范化、标准化的手段对重复发生的业务处理过程进行控制,因此也叫标准化控制。程序控制也是一种事前控制,主要规定凭证传递程序、记账程序、供产销及主要经济业务处理程序等。程序控制还包括将业务处理过程的程序、要求、注意事项等编制成书面文件,便于有关人员执行。

(七) 措施控制

措施控制是指以特定的控制目标为其控制对象的控制措施,如方针政策控制、信息质量控制和财产安全控制等。

方针政策控制实质上是一种纪律控制,主要以单位的方针、政策、计划、预算、定额等作为控制的手段,以保证单位合法、合规的经营。

信息质量控制是指采取一系列的措施和方法,以保证会计信息的真实、及时、可靠和准确,保证会计信息能够满足组织内部和外部使用人的需要。信息质量控制的手段主要包括凭证审核、凭证连续编号、复核、核对、签章、传递与分析等。

财产安全控制是指为了确保财产物资的安全完整而采取的各项措施和方法。直接与财产安全有关的控制措施和方法有及时登记、限制接近、永续盘存制、财产清查制、出库入库手续、职务轮换等。

(八) 检查控制

检查控制是指对内部控制制度的贯彻、执行情况进行监督检查,以保证控制功能的充分发挥。检查控制又可分为专业检查和群众检查两种。内部审计是一种专业检查,是组织通过建立内部审计部门对组织的各项业务进行审计检查的一种监督手段。

根据我国实际情况,内部控制的基本方法有授权控制、职务分工控制、业务记录控制、财产安全控制、人员素质控制、书面文件控制和内部审计控制等。其中,书面文件控制是指在业务处理过程中,把单位对于经营管理的要求、有关注意事项等编制成书面文件,并且下发给各级工作人员。书面文件控制能够使员工更好地了解单位的各项要求,在业务处理中随时参照执行,并且使各级人员的责任更为明确。

第二节 管理控制与会计控制

仅从会计角度出发,有人认为内部控制可分为内部牵制和内部稽核。但从整个管理经营出发,内部控制又可分为管理控制和会计控制两大类。

一、管理控制

一个单位的管理部门不仅会对会计和财务方面的控制感兴趣,同时对单位的生产经营、购销活动及人员组织等也感兴趣。因此,单位内的管理部门应当建立管理制度,借以保持生产经营的效率,以及保证各个部门贯彻执行既定的政策。根据一定的经营方针,为合理而有效地进行经营活动而设定的各种管理,即为管理控制。管理控制把经营效率和管理方针的程序和方法作为其特征。它是单位内部除会计控制以外的各种控制,它是建立会计控制的基础,而与财务只有间接的关系。管理控制不仅包括与单位的计划及有关的措施、方法和记录,而且包括与该单位实现目标有关的管理部门的一切功能。管理控制的主要目的是为了保证单位目标的实现、管理政策的落实、提高经营效率和为会计控制提供基础。

管理控制的范围很广,它包括单位内部除会计控制以外的所有控制。其主要内容有以下几个方面。

(1) 计划控制:预算控制制度,标准成本计算制度,利润计划,资金计划,设备投资计划等。

(2) 信息、报告控制:服务于经营管理的内部报告制度,信息管理制度等。

(3) 操作与质量控制:时间定额研究,操作规程研究,工程管理,质量管制等。

(4) 人员组织与训练:机构建立与分工,人员配备与选择人员训练计划,职务考核与分析,职务评价,工资管理等。

(5) 业务核算与统计核算:有关的业务核算,经营统计的编制和分析,销售预测等。

二、会计控制

确切地说,会计控制主要是指单位内部应用会计方法和其他有关方法对财务、会计工作和有关经济业务所进行的控制。会计控制不仅包括内部牵制,即为了保护财产所实行的控制,还包括为了保证会计信息质量而采取的控制。会计控制内容包括组织机构的设计(单位的计划)以及与财产保护和财务记录的可靠性有关的各种方法和程序。会计控制不仅包括狭义的会计控制,还包括资产控制和为保护财产而实行的内部牵制。同时把会计控制作为单位管理的一种主要手段,其目的在于保护单位资产,确保财务记录的真实可靠,为实现最大限度的企业价值服务。会计控制是提高社会组织管理素质的一种主要手段。

我国实行会计控制的主要目的在于:保证国家经济方针和经济法规的贯彻执行;促进经济计划和财务预算的顺利执行;促进廉政建设,减少经济犯罪,维护社会主义财产的安全;提高会计信息的质量和提高会计工作效率。

会计控制包括组织规划及有关维护资产安全、财务记录可靠的程序与记录。因此，它对有关事项应提供合理的保证，如依照管理当局的一般授权或特别授权执行各种交易，杜绝非授权交易的发生；交易记录必须依照一般公认会计原则或其他适当的标准编制财务报表，并有保护资产的会计责任；须经管理当局授权，才能动用资产；在合理期间内，将资产记录与实有资产相互比较，如有差异，即采取适当的行动。

会计控制的主要内容，在资产管理方面包括资产收付保管业务、资产维护手续和资产维护手段等。资产收付保管业务，系指应根据对现金、票据、支票、有价证券、商品、材料物资和固定资产等的收付、保管及其他业务所做的规定或已建立的手续，来正确地处理业务；资产维护手续，系指从制度上保护资产和保证权利的各种手续，以确保资产的完整性而采取的"人"的维护手段或"设施"的维护手段，使资产免遭舞弊、差错、盗窃、火灾和其他损害。在会计管理方面，主要是健全并有效地运用会计制度，如健全会计核算规程和成本计算规程等，确立账簿组织、账目组织、凭证组织等，现金日报表、银行账户调节表及各种报表的编制，现金、物资盘存的制度化等。

会计控制一般分为合法性控制、完整性控制与正确性控制三种形式。合法性控制的目的是确定只有正当的事项可纳入制度，其控制方式是进行授权、正确核对与比较三种。完整性控制的目的就是保证应该记录的都进行了记账，没有遗漏和隐藏，其控制方式是进行顺序编号、控制合计数、掌握档案与备忘录等四种。正确性也受上述一些确保合法性及完整性的方法所控制。

会计控制的主要方法包括以下三个方面。

（一）基础控制

基础控制是指通过设计程序来保证完整、正确地记录一切合法的经济业务，及时觉察处理过程和记录中出现的错误。通过该种控制，以实现会计控制的完整性、合法性、正确性和一致性的目标及保证获得可靠的财务信息。基础控制包括下述四种控制。

（1）完整性控制：保证发生的一切合法性经济业务均记入控制文件。主要通过顺序编号、总额控制、从不同的来源测定数据的一致性、登记账簿、掌握档案并运用备忘录等方法来保证记录的完整。

（2）合法性控制：运用各种方法检查所记录的经济业务以保证其能如实反映经济事项。主要通过熟悉制度的人员审查会计文件，确定所记录的业务是否如实发生，其处理过程是否与规定的程序相一致；查明业务处理是否通过授权与批准，有无越权行事；有无进行严格的比较与核对等。

（3）正确性控制：是为了确保每笔经济业务的发生，都能用正确的金额及时记入账户的一种控制。主要通过建立发生额计算、转登及余额计算检查，账户分类检查，双重核对，事先控制与牵制等方法来保证记录的正确。

（4）一致性控制：是保证会计记录一致性的控制。主要通过盘存、调账、追究不符原因、相互核对等方法来实现会计记录的一致性。

（二）纪律控制

为了保证基础控制能充分发挥作用的控制称为纪律控制。纪律控制具有监视、强制和约束会计工作的特征。严格的基础控制本身并不能说明会计控制的有效性,只有基础控制得到实施才能发挥作用。纪律控制能够确保会计程序和基础控制程序永远按设计要求发挥作用。同时,也能保证及时发现错误与查明错误。纪律控制主要通过职务分工、监督检查的方法来实现。实行职务分工,有利于不相容职务的制衡,有利于及时发现差错和防止串通舞弊;实行监督检查,有利于查明会计制度中的弱点与及时纠正差错,没有适当的监督检查,再好的会计制度和基础控制也有发生差错的风险。

(三) 实物控制

实物控制是指维护实物安全与完整的控制。它主要是通过限制非授权人员接近资产,并采取有效的防范措施及实行永续盘存制等方法来实现的。不是所有的实物控制都是会计控制,有的实物控制属于管理控制的范畴。如果缺少某种实物控制,不引起计算方面错误,这种控制就是管理控制。

也有人认为会计控制是指经由文书、会计凭证等流程上的控制。会计控制必须以管理控制为基础,方能行之有效。

第三节 会计制度与会计制度设计

会计是一个组织用货币作为主要计量单位来搜集、归总、分析与报告资料的一个系统,其本质是一种管理活动。任何一种社会分工,一种行业存在的意义不在于其功能的多少,而在于其社会的需要,会计正是适应社会对经济事项反映与监督的需要而产生的,其基本任务也只是围绕着反映与监督功能的实现而进行的经济业务记录、计算、会计信息的整理加工和报告。具体地说,会计一是用货币计量单位来记录和计算单位日常发生的经济事项;二是将这些记录的事项整理加工为有用的信息;三是以财务报表的形式将有用信息反映给信息接受和利用的对象。会计和簿记之所以不同,是因为它不仅要记录数据,而且还要进行信息分析与信息报告。

一、会计制度

制度一般是指要求成员共同遵守的办事规程或行动准则,如工作制度。会计制度即是会计人员的工作制度,它是政府机关、社会团体及各种性质的企业、事业单位在处理其会计事务时制订的一种方法,它是会计方法和程序的总称,是会计工作的规范。企业或经济个体及其他单位,为了迅速获得正确可靠的会计情报或会计资料,防止内部发生舞弊或资源浪费,监视各部门对管理当局既定政策的贯彻情况,考核各部门的经营绩效,就有必要将会计资料有规律地予以汇集、记录和报告。会计制度应当包括对经济业务的确认、计算、分类、登账、汇总和提出报告。以有效的管理控制作为补充的会计制度,能够为管理人员在保护资产、防止随意使用和处理资产方面,及以可靠的财务记录编制许可的财务资料方面,提供合理的确信。

我国会计制度按其内容可分为三类:一是有关会计工作的制度,如会计档案管理办法;二是有关会计核算和会计监督的制度,如企业会计准则;三是有关会计机构和会计人员管理的制度,如会计人员职权条例等。

会计制度按其性质又可分为预算会计制度和企业会计制度两类。预算会计制度以预算管理为中心,是国家财政和行政事业单位进行会计核算的规范。其中的财政总预算会计制度适用于中央和地方财政总预算的会计核算,行政单位会计制度适用于一切国家机关的会计核算,事业单位会计制度适用于教育、科研等事业单位的会计核算。企业会计制度是以生产经营管理为中心,是各类企业和其他经济组织进行会计核算的规范。按照过去国家对企业实行的行业划分,我国已制定了一系列的指导性会计制度,如工业企业会计制度,商品流通企业会计制度,旅游、饮食服务企业会计制度,交通运输企业会计制度,邮电通信企业会计制度,施工企业会计制度,房地产开发企业会计制度,对外经济合作企业会计制度,金融企业会计制度,农业企业会计制度,民航企业会计制度,铁路运输企业会计制度和保险企业会计制度等。此外,随着我国企业的改制上市,国家在指导性会计制度的基础上又进一步完善了工商企业会计制度,制定了企业会计制度。

改革开放前,我国传统的会计制度是按照不同所有制,分不同部门和行业设计制定的。这种会计制度由于体现着不同所有制与国家之间不同的经济利益分配关系,体现不同的部门利益和习惯,不同的会计制度在会计处理方法和程序上存在很大的差异,导致不同单位提供的会计资料缺乏可比性。1992年,中共十四大召开,确立了我国经济体制改革的目标是建立社会主义市场经济。市场调节经济的作用明显增强,有力地推动了我国生产力的发展。与此同时,一些单位受到利益的驱动,随意改变会计核算方法和程序的情况越来越严重,以致造成一些单位会计工作秩序混乱,假账泛滥。如果国家宏观调控和经济决策得不到真实、完整的会计数据的支撑,则国家出台各项经济方针政策就有可能偏离经济运行的正确轨道,导致各种经济杠杆失灵。

为了克服传统会计制度存在的弊端,整肃会计工作的混乱和制约会计信息的失真,更好地发挥会计的作用与宏观调控服务,1993年,我国对企业会计制度进行了重大改革,改变了过去按所有制形式,分不同部门设计制定会计制度的做法,加大统一会计制度的力度,相继制定了一批全国性的统一的会计制度,形成了比较完备的会计核算制度体系。会计制度已成为各单位进行会计核算和会计监督的重要规则和宏观经济调控机制的重要组成部分。但是,随着改革开放的不断深化和社会主义市场经济的快速发展,会计工作中潜在问题明显地暴露出来,有些情况还十分严重。如一些单位受到利益驱动,在会计数据上"做文章",假账真做、真账假做,造成假账泛滥,会计信息失真已经成为社会公害。一些单位负责人为了粉饰政绩,牟取私利或者小团体利益,打着"关心""重视"会计工作的幌子,违法干预会计工作,授意、指使、强令会计机构、会计人员篡改、伪造、变造会计数据,提供假财务会计报告,对国家出台有效的经济政策和调控手段构成威胁。一些单位的会计人员作为单位的一名普通职工履行监督职责缺乏必要的法律环境,由此受到刁难和打击报复;也有一些会计人员受个人利益驱使,放弃职守、知情不报,或者共同作弊,或者监守自盗。不少单位的会计基础工作不扎实、不规范,缺乏健全而科学的内部控制制度。

为了规范企业会计行为,我国多年来一直重视会计准则的建设,尤其是改革开放以来,会计制度不断改革创新,从改革开放初期为了吸引外资而建立的外商投资企业会计制度,到后来为了适应股份制改革而建立的股份制企业会计制度,再到后来建立的不分行为、不分所有制的统一的会计制度,即《企业会计制度》《金融企业会计制度》和《小企业会计制度》,适应了我国改革开放和市场经济发展的需要。

1992年,我国发布了第一项会计准则,即《企业会计准则》,之后又先后发布了包括关联方关系及其交易的披露、现金流量表、非货币性交易、投资、收入、或有事项、资产负债表日后事项、会计政策、会计估计变更和会计差错更正、借款费用、债务重组、固定资产、无形资产、存货、中期财务报告等在内的16项具体准则。

为适应我国市场经济发展和经济全球化的需要,按照立足国情、国际趋同、涵盖广泛、独立实施的原则,财政部对上述准则作了系统性的修改,并制定了一系列新的准则,2006年2月15日,发布了包括《企业会计准则——基本准则》(以下简称基本准则)和38项具体准则在内的企业会计准则体系;2006年10月30日,又发布了企业会计准则应用指南,从而实现了我国会计准则与国际财务报告准则的实质性趋同。

我国企业会计准则体系由基本准则、具体准则、会计准则应用指南和解释等组成。其中,基本准则在整个企业会计准则体系中扮演着概念框架的角色,起着统驭作用;具体准则是在基本准则的基础上,对具体交易或者事项会计处理的规范;应用指南是对具体准则的一些重点难点问题作出的操作性规定;解释是随着企业会计准则的贯彻实施,就实务中遇到的实施问题而对准则作出的具体解释,自2007年至2017年,财政部已分别印发了第1号、第2号、第3号、第4号、第5号、第6号、第7号、第8号、第9号、第10号、第11号和第12号企业会计准则解释。2014年,财政部修订了四个会计准则,分别是《企业会计准则第2号——长期股权投资》、《企业会计准则第9号——职工薪酬》、《企业会计准则第30号——财务报表列报》和《企业会计准则第33号——合并财务报表》;2014年新增加了《企业会计准则第39号——公允价值计量》、《企业会计准则第40号——合营安排》、《企业会计准则第41号——在其他主体中权益的披露》。2017年,财政部修订了6个会计准则,分别是《企业会计准则第14号——收入》、《企业会计准则第16号——政府补助》、《企业会计准则第22号——金融工具确认与计量》、《企业会计准则第23号——金融资产转移》、《企业会计准则第24号——套期保值》、《企业会计准则第37号——金融工具列报》;2017年新增加了《企业会计准则第42号——持有待售的非流动资产、处置组和终止经营》。

在我国现行的企业会计准则体系中,基本准则类似于国际会计准则理事会的《编报财务报表的框架》和美国财务会计准则委员会的《财务会计概念公告》,它规范了包括财务报告目标、会计基本假设、会计信息质量要求、会计要素的定义及其确认、计量原则、财务报告等在内的基本问题,是会计准则制定的出发点,是制定具体准则的基础。其作用主要表现为两个方面。

一是统驭具体准则的制定。随着我国经济迅速发展,会计实务问题层出不穷,会计准则需要规范的内容日益增多,体系日趋庞杂,在这样的背景下,为了确保各项准则的制定建立在统一的理念基础之上,基本准则就需要在其中发挥核心作用。我国基本准则规范了会计确认、计量和报告等一般要求,是准则的准则,可以确保各具体准则的内在一致性。为此,我国基本准则第三条明确规定,"企业会计准则包括基本准则和具体准则,具体准则的制定应当遵循本准则(即基本准则)"。在企业会计准则体系的建设中,各项具体准则也都严格按照基本准则的要求加以制定和完善,并且在各具体准则的第一条中作了明确规定。

二是为会计实务中出现的、具体准则尚未规范的新问题提供会计处理依据。在会计实务中,由于经济交易事项的不断发展、创新,具体准则的制定有时会出现滞后的情况,会出现一些新的交易或者事项在具体准则中尚未规范但又急需处理,这时,企业不仅应当对这些新的交易或者事项及时进行会计处理,而且在处理时应当严格遵循基本准则的要求,尤其是基本准则关于会计要素的定义及其确认与计量等方面的规定。因此,基本准则不仅扮演着具体准则制定依据的角色,也为会计实务中出现的、具体准则尚未作出规范的新问题提供会计处理依据,从而确保企业会计准则体系对所有会计实务问题的规范作用。

在我国现行的企业会计准则体系中,具体准则包括存货、投资性房地产、固定资产等41项准则。各项准则规范的内容和有关国际财务报告准则的内容基本一致。

经第九届全国人民代表大会常务委员会第十二次会议通过,重新修订了《会计法》,更加完善了我国新时期会计工作的总纲。1999年9月22日,中国共产党第十五届中央委员会第四次全体会议通过《中共中央关于国有企业改革和发展若干重大问题的决定》,提出加强和改善企业管理,必须"建立健全全国统一的会计制度"。实践证明,在市场经济条件下,会计制度作为法制化经济管理手段的重要组成部分,必须强化,必须统一。国家统一的会计制度主要包含以下三层含义。

1. 国家统一会计制度是由国务院财政部门统一制定并在全国范围内实施

国务院财政部门作为全国会计工作的主管部门,制定国家统一的会计制度是其一项非常重要的职权。国家统一的会计制度由国务院财政部门统一制定,可以保证我国会计制度的统一性、完整性和权威性,也有利于执行。同时,国家统一的会计制度由国务院财政部门统一制定,并不排除国务院有关部门以及中国人民解放军有关部门依照《会计法》,以适应某些部门和行业对会计核算和会计监督的特殊要求。但是,省级人民政府财政部门不得制定实施统一会计制度的具体办法,目的在于强化国家统一的会计制度,保障国家统一的会计制度的有效实施。

2. 国家统一的会计制度应当依据《会计法》制定

《会计法》是我国会计核算、会计监督和会计管理的基本法律,比国家统一的会计制度具有更高的法律效力,因此,国务院财政部门制定国家统一的会计制度,应当以《会计法》为依据,不得与《会计法》的规定相违背和抵触。

3. 国家统一的会计制度是关于会计核算、会计监督、会计机构和会计人员以及会计工作管理的制度

国家统一的会计制度并不是由一个规范构成的,而是由一系列规范构成的,这些规范分别规范会计核算、会计监督、会计机构和会计人员以及为会计工作管理的一个或者几个方面。《会计法》颁布实施以来,特别是1992年我国实行会计制度改革以来,国务院财政部门制定了一系列的准则、制度、办法,使我国的会计制度逐步得到补充和完善。其主要内容包括以下五个方面。

(1) 会计核算制度。主要是有关会计核算的基本原则、会计科目的设置与要求、财务会计报告的格式与要求等规范。

(2) 会计监督制度。是指有关会计机构、会计人员对单位的会计活动进行监督的制度,主要包括会计机构和会计人员对本单位的会计凭证、会计账簿、财务会计报告、实物与款项、财务收支及其他会计事项的监督。

(3) 有关会计机构、会计人员的制度。主要包括会计机构的设置、会计人员配备和会计机构、会计人员的职责权限等制度。

(4) 会计工作管理制度。主要是指各级人民政府财政部门对会计工作的指导、监督和管

理等制度。

　　会计制度是会计控制的载体,是企业管理的必备工具。会计制度是单位所有管理制度中最根本的制度,没有健全的会计制度,所有的管理都失去了依据。会计有财务的功能、成本的功能、管理的功能和社会的功能,这些功能必须经由会计制度的规定而实现,因为会计制度规定了会计科目的设置、会计凭证的填制、会计账簿的记录与结算,以及会计报表的编制和会计事务的处理程序等。一个健全的会计制度,不但能使单位的会计业务圆满执行,而且能够促使会计事务处理的合理化;促进内部控制的健全与有效;有利于保证固定资产管理完善,存货控制适宜,现金、票据及有价证券保管安全;能提供适当的预算管理办法;能正确表达及公平考核经营绩效;能使会计资料帮助管理者解决管理中的问题。因此,健全的会计制度是企业成功的重要因素。

　　会计制度是会计管理的重要组成部分,它对于做好会计工作和加强内部控制具有重要的作用。会计制度是会计控制的载体,它体现了会计控制的内容和方法。会计控制又是内部控制的重要组成部分,管理控制虽然是会计控制的基础,但强化了会计控制,也有助于管理控制效能的发挥。作为内部控制制度一部分的会计制度本身就具有控制功能,它对于保护财产安全和提高会计信息的可靠性具有不可替代的作用;同时,运用确认、计量、记录、分类、截止期、披露等特殊的控制手段,也有利于管理当局既定政策的贯彻执行、国家各项法规的遵循和经营效果的提高。由此可见,会计制度在内部控制中也处于至关重要的地位。

二、会计制度设计

　　对于基层单位来说,会计制度设计是以《会计法》和国家统一的会计制度为依据,用系统控制的理论和技术,把单位的会计组织机构、会计核算、会计监督和会计业务处理程序等加以具体化、规范化、文件化,以便据此指导和处理会计工作的过程。

　　在高度集中的计划经济条件下,会计制度设计只是国家财政部门或上级主管部门的职责,基层单位的会计机构与会计人员只有执行既定会计制度的义务,而没有设计会计制度的动机和愿望。随着我国经济体制改革的深入和市场经济体系的建立,企业的经营范围、经营方式也发生了重大变化。在这种情况下,迫切需要会计制度管理体制的改革,即由主管部门制定行业统一的会计制度逐步转变到在会计准则的指导下由企业自行设计会计制度。按照财政部对会计制度改革的规划,第一步试行会计准则和行业会计制度并行的双轨制;随着我国新的会计制度管理体制的建立以及国家统一的会计制度的不断完善,基层单位必须根据《会计法》和国家统一的会计制度的要求,结合自身经营管理的具体情况,自行设计出适用本单位的会计制度。有人认为,既然有了国家统一的会计制度,各单位也就没有必要再去设计会计制度。问题正好相反,所谓国家统一的会计制度,是指由国务院财政部门根据《会计法》的规定对会计工作共同遵循的规则、方法程序加以总结的规范性文件的总称,它不可能涉及所有行业、所有基层单位会计制度所应包含的具体要求和具体内容,要想使国家统一的会计制度得到落实和贯彻,各基层单位很有必要设计一套符合统一会计制度要求的单位会计制度。会计制度设计不单纯是财政部门或行业部门的工作,也应逐步成为每个独立核算、自负盈亏的企业加强会计管理,规范会计工作,提高经济效益的自觉要求。同时,设计适应单位管理需要的会计制度也是建立现代企业制度的一个重要条件。

第四节 会计制度设计的内容

会计制度按其所包括的内容来划分,一般有两种分类法。其一,是把会计制度分为会计业务制度、综合性会计制度和会计人员的制度。所谓会计业务制度,主要是指国家对会计科目及说明、会计账簿组织、会计报表等的统一规定;综合性会计制度,主要是指企业会计核算工作规程等某些基本规定;有关会计人员方面的制度,主要是指《会计人员职权条例》等。其二,是把会计制度分为普通会计制度与成本会计制度。普通会计制度,主要是指财务会计制度方面的内容;成本会计制度,则是指成本计算方面的规定,是侧重于管理会计方面的制度。会计制度最普通的一种分类方法,是按照不同经营特点的行业来划分;由于社会制度不同,划分粗细的指导原则不同,各个国家行业划分也不一致,因此,其会计制度也有差异。

一、会计制度的基本内容

会计控制主要通过会计制度的设计、实施和检查来实现,在设计上就应该充分考虑会计制度应包括的内容。健全的会计控制制度应包括会计所能涉及的领域和必须实施的全部手段,也即包括会计组织、会计程序方法、会计手续等主要内容。会计制度设计理应包括会计组织机构设计以及与财产保护和财务记录可靠直接有关的各种措施,一般有如下一些基本内容。

1. 总则

说明制度的总体要求,如说明设计目的、实施范围、实施组织、启用时间等。

2. 会计科目和使用说明

规定总分类账户和二级账户的名称、编号、类别和核算内容等。

3. 会计凭证、会计账簿和会计报表的格式及应用

原始凭证和记账凭证的种类格式,日记账、总分类账和明细账的种类、格式及使用说明,对外和对内会计报表的种类、格式及说明。

4. 会计核算形式

即账簿组织、记账程序和记账方法配合的方式。应用账簿的种类、格式和各种账簿间的关系,审核编制凭证、登记账簿和提供报表所需资料等的程序和方法,这些内容按不同的方式组合,就构成了不同的会计核算形式。

5. 会计处理程序手续

对主要经济业务处理程序和应办理手续的说明。

6. 成本计算规程

应规定生产秩序、成本分类(材料成本、人工成本、间接成本)、产品成本计算、销售成本、成本控制与考核和成本报告等。

7. 电算化会计制度

除上述七项内容外,根据修订后的《会计法》要求,每个单位还应设计会计内部稽核制度和会计监督制度。

二、会计制度主要内容说明

美国一些会计学者认为,会计制度是企业管理者为完成汇集、处理及编报在其指挥监督下所从事的业务成果的工具。会计制度包括凭证、账簿、处理程序,以及记录、汇总、编报业务与财务资料所用的方法、设备;通过此项业务及财务资料,企业管理者用来控制业务活动并及时对外界有关人士说明企业经营状况。有的学者认为完整的会计制度应包括企业基本原则、企业经营政策、企业组织、企业经营业务、会计报表、会计科目或账户、账簿、会计事务处理程序及所用表单格式、分录举例及其他事项等十项内容。如果会计制度与管理制度一道设计,前四项内容应置于管理制度设计之中,会计制度就不必再重复管理制度的内容。一般来说,会计制度必须确定的事项有:

(1) 制度制定的依据及实施范围;
(2) 制定单位的组织与业务;
(3) 会计组织系统图;
(4) 会计报表格式及编制说明;
(5) 会计科目的种类及使用说明;
(6) 会计账簿格式及记账规则;
(7) 会计凭证格式及填制说明;
(8) 会计事务的处理程序;
(9) 内部稽核的处理程序;
(10) 其他规定的事项。

会计制度应该包括哪些内容,应该根据单位性质、业务范围、所属机构、人员、设备及管理需要等因素认真加以选择与综合,使之尽量适合单位需要而成为简明有效的管理办法。一般而言,会计制度设计有五个方面主要内容,即会计制度总则、会计资料设计、会计事务处理准则、主要会计事务处理程序和附则等。

(一) 会计制度总则

总则是会计制度内容概述部分。这一部分内容具有很大的弹性,完全依据设计者的意志。如果与管理控制制度一道设计,其主要内容应该包括制定会计制度的依据、意义及适用范围,单位会计机构组织与会计工作任务,会计人员岗位责任制,会计核算一般规则、记账方法、计量单位与会计年度规定,会计档案的建立与保管及会计制度实施日期等。如果单独设计会计制度,在上述内容前还应加上单位管理原则、管理政策、经营业务及组织等项内容。

(二) 会计资料设计

任何最简单的会计制度,都应该有会计报表、会计科目、会计凭证、会计账簿及会计事务处理程序五个部分,前四项是四个独立的个体,也是会计制度的核心——会计资料部分,由第五部分——会计处理程序把它们联结成一项完整的制度。

会计资料处理流程,是说明会计工作自审核原始凭证开始,经编制记账凭证、登记、结账至编制成各种会计报表的整个过程,一般均以图式表示。制度设计者应根据实际情形,区别于人工记账与机器处理的不同资料流程,同时要区别于不同的会计核算形式导致的资料的不同流程(图1-1)。

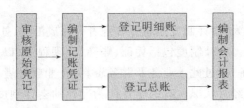

图1-1　人工记账系统资料处理流程图

1. 会计科目

会计科目是会计事项分类登账的依据,在会计制度中要规定会计科目设置的原则。如以报表表达事项为依据,能显示会计事项特性,以显示其变现性、流动性或重要性为原则去进行分类排列。科目编号应有利于确定科目性质,帮助记忆科目名称,便于事务处理等;内容及性质说明应简单、明白,确定会计科目与预算项目应一致等;规定会计科目名称、分类及编号表;举例说明每一科目的性质及应用范围等。

2. 会计凭证

会计凭证是处理会计事务过程中所应用的表单及各种有关文件。采用记账凭证制度,即于每项经济业务发生以后,应根据其原始凭证编制记账凭证,再行记账。因此,会计凭证又分为原始凭证与记账凭证两类。会计制度应阐明会计凭证编制的原则,如要强调其格式与内容要便于事务处理与保管,各种自制原始凭证的格式大小应尽量一致,原始凭证格式内容依习惯使用的格式,不同种类的记账凭证应有颜色上的区别,并以单式为宜等;说明重要原始凭证格式及填制、审核方法;说明记账凭证的种类、格式及编制方法等。

3. 会计账簿

会计账簿是连续反映会计事项的完整资料,它应该根据会计操作方式不同而设置。会计制度中应规定会计账簿设置的原则,如账簿格式大小应力求统一,便于使用与保存,账簿内容力求完备简明,成本账与普通账应合一或分别设置,序时账簿应设置专栏并应装订成册等。各种账簿的格式,各种账簿登记及使用方法应有说明。

4. 会计报表

会计报表是会计工作的最后产品,也是沟通单位内外的信息报告,应适合于受理、审阅报告人的需要。如果是单位内部使用的报表,更要有利于帮助管理者了解单位经营活动情况及其结果,帮助他们进行正确的决策,以解决管理上存在的各种问题。会计报表设计,首先应规定报表编制的原则,如适用性、内外有别、便于控制与考核、要有层次性、要有分析性、预见性资料、编报及时、应有必要的说明与补充资料等;其次,要规定各种报表的格式内容及编制说明;最后,还要规定各种报表的编送时间、份数及报送对象等。

(三) 会计事务处理准则

会计事务处理准则,是处理会计事务的规范,是办理会计工作的依据,是会计制度的一项重要内容。事务处理准则应与公认会计原则、程序、方法相符合,并要适合于单位经营管理者的需要。准则内容有两个方面:一是一般性规定,二是按会计事项分类规定。

一般性规定即指具有共性的规定。它包括：会计期间起讫的规定；会计事项列账基础的规定；会计科目排列次序的规定；记账单位的规定；会计方法使用一贯性的规定；收入与其成本费用配合的规定；会计科目应与预算科目相一致的规定；记录事项要以凭证为依据，分析计算要正确无误，报表要充分而正确地表达以及必要的补充说明等规定。应注意一般性规定与总则中说明有重复的问题。

分类规定即按会计事项分类规定，只适用具体事项，而不具备普遍性。通常，有多少种类的会计事项，就有多少种类的处理准则。最常见的有资产与负债处理准则，如规定构成资产的条件、资产入账金额、资产成本构成、资产有关特殊计价、资产内部转移及领用价值、固定资产重估价、固定资产折旧方法、存货计价方法、坏账处理、负债入账金额、偿还债务规定等；此外，还有业主权益、收入及支出处理准则等。

（四）会计事务处理程序

根据会计事务的不同性质，其处理程序有以下五个方面。

1. 普通会计事务处理程序

普通会计事务处理程序，是根据合法而真实的原始凭证，编制记账凭证，登记账簿，于一定时间或需要时，进行结算、汇总而编制成会计报表；如采用电子计算机处理，应将凭证打制成卡片（或磁片），输入机器，依照事前设定的程序处理后，打印出会计报表，并根据规定或需要为之递送的全部工作程序。会计制度中应规定的内容是：普通会计事务范围；原始凭证的审核；编制记账凭证；如何将资料输入机器；账簿的登记结算或资料的机器处理作业；编报会计报表；内部损益的计算；总机构与所属机构之间的会计事务处理的联系办法；会计人员；会计档案的建立与保管等。

2. 成本会计事务处理程序

成本会计事务处理程序，是说明产品及劳务成本资料的归集与分配的方法。会计制度应规定成本会计事务处理的内容是：成本项目与成本账簿的规定；生产过程的说明；材料成本的处理；人工成本的处理；间接生产费用的处理；成本的计算；内部转拨计价；标准成本制度及其他事项等。

3. 管理会计事务处理程序

管理会计是应用会计资料，以会计、统计、估测、分析及数理等方法，发掘经营中的缺点和失误，提供有用的情况，以协助管理者正确决策，如正确决定经营政策、工作计划、资源分配、资金运用、成本控制及绩效考核等；并经由会计程序作出规定，以促成管理目标的实现。在会计制度中应规定管理会计事务范围、利润规划、财务分析、统计方法、作业研究、内部控制在企业管理上的应用。

4. 社会会计事务处理程序

社会会计是以社会立场来衡量企事业单位的活动所产生的社会成本及社会利益，从而确定这种社会活动对社会生活的影响，目的在于指导经济资源的正确分配，以提高整个社会的福利。在会计制度中，应规定社会会计事务范围和社会会计科目设置，汇总影响社会生活品质的资料，分析公害影响，计算防止公害投资绩效，提供防止公害决策方案和报告单位社会责任等。

5. 其他各种会计事务处理程序

这些程序包括预算事务程序、内部稽核程序、机器处理会计资料程序和其他业务程序等。

其他业务如销售、生产、采购、存货、工薪、固定资产及投资、融资等工作与会计有关的事务处理程序,在会计制度中也应作适当的规定。销售业务、采购业务、固定资产管理业务、现金出纳及管理业务中与会计有关的事务处理可并入普通会计事务处理程序,生产业务、人事工资业务中与会计有关的事务处理可并入成本会计事务处理程序,存货控制中与会计有关的事务处理可并入普通及成本会计事务处理程序。

(五) 附则或其他应规定事项

会计制度内容除了上述四项规定外,认为有必要规定一些其他事项或作一些必要说明,应列入该部分。

第五节 会计制度设计的原则

根据内部控制的理论和技术方法要求,进行会计制度设计时,应遵循信息化、系统化和标准化的基本原则。

一、信息化原则

单位会计制度应有助于会计信息的产生、加工、处理、存储、传输、反馈与利用。设计会计制度时,应充分使用信息方法,揭示会计系统的共同属性及规律性,以提高会计系统的可靠性,调整会计人员的行为,以充分发挥其主观能动性。要从会计制度上保证有效使用会计信息资料,保证会计信息的畅通,保证会计信息的及时反馈。任何单位在设计会计制度时,都要根据信息反馈过程及各阶段的特征,实行职能分立、职责分工、事务分管,以明确职责,保证信息提供与使用的正确与及时。企业应建立业务处理与凭证传递的合理程序,以保证反馈过程的流畅,防止阻塞与呆滞;在反馈过程的关键点或平衡点实行最严格的控制手续,并建立经常性的核对制度,以避免和及时发现差错;建立报告、分析制度,便于采取纠正措施,调整人的行为。

二、系统化原则

单位会计制度是一个系统,它具有整体功能和综合行为。进行会计制度设计时,应根据系统哲学思想规划制度,以便于建立系统、完整与有效的会计制度。首先要考虑到单位整体的需要,任何单位都是一个系统整体,只有系统的制度,才能有利于适应其共性需要;其次要考虑各子系统的需要与协调,因为每个单位的整体均是由相互联系、相互制约的各个部分与各个环节所组成的,各个组成因素既体现整体共性,又顽固地表现自己的个性,而且都以特定的方式相互联系与相互制约;再次要考虑整体系统适应外部环境的需要,因为任何单位均是以整体的方式与外部环境相互作用的,单位的制度体系应有利于抗干扰与自我适应。

进行会计制度设计时,应根据系统管理观点设计制度功能。无论是整体制度功能,还是个别制度功能,均应有利于系统管理的实现。作为整体制度,会计制度通过对环境的作用表现其功能;作为个别制度,会计制度通过与其他制度协调而表现其功能。要使个别制度的功能与整体制度的功能均能有益于系统管理,设计时,首先应考虑制度整体的优化,根据单位管理的一般规律和发展的总趋势,勾画出整体制度的功能与应达到的目标,并根据多级递阶性结构的框架,按不同层次设计不同的目标和程序;其次应考虑制度个体的优化,根据需要来确立制度的等级区域、元素与具体内容,根据任何一个元素管理层次与制度体系的变化或故障都会影响其他元素和整体的道理,采取各个制度相互联系与相互作用的协调方式,使系统内的每一项制度既能保证个别目标的实现,又能通过协调,促进整体目标的实现。制度系统趋近目标的行为是在一定的、有规律的过程中进行的。

进行会计制度设计时,应运用系统分析设计制度结构。结构合理的制度体系不仅使制度整体具有较好的功能,而且有助于其功能的发挥。合理的制度结构是通过系统分析建立起来的。进行制度设计时,应充分考虑到单位的整体管理需要与整体联系,不能只顾及个别管理需要与个别联系;不仅要分析个别制度的作用与其结果,而且要充分考虑到整体制度的作用与其效应;不仅要分析内部变化和外部环境影响对合理制度的需要,而且要通过对行为和功能关系的分析来确定制度层次、制度元素、制度内容、制度联系及其整合。总之,在会计制度设计中,应遵循系统化原则,也就是运用系统观点与系统方法的整体性、全面性、结构层次性、相关性、动态平衡性和综合分析统一性等特征,设计出纵横交错的牵制网络与点面结合的控制线路。

三、标准化原则

如果说信息化原则是一种目标性原则,系统化原则就是一种方法性原则,标准化原则则是一种应用性原则。也就是说,会计制度要想在特定的组织中能够有效应用,在设计时就应该满足以下几个方面要求。

(一) 统一性

为适应社会主义经济发展的需要,一切微观经济活动必须符合宏观经济发展的需要,因此,在进行会计制度设计时,不得违反国家规定的一系列财政政策和财经制度,必须设计与之相适应的会计制度,否则,会计工作就不能更好地为社会主义经济发展服务。

企业会计准则是进行会计工作的恰当标准,是会计核算工作规范的高度概括,在设计会计制度时,应遵循会计准则的统一性,在制度中具体体现有关会计准则的要求。如要体现会计的社会性,会计的个体的原则,会计分期原则,体现会计在反映方式方面的客观性、一贯性、重要性、按实际成本计价、充分反映,费用与收入相配合,权责发生制,行政事业单位的收付实现制等原则。

在进行会计制度设计时,还必须满足国家统一会计指标的需要,要满足综合性指标和专项指标的需要,以利于国民经济在一定范围内进行汇总,便于国民经济各部门进行考核;同时,在设计为微观管理服务的具体指标时,应考虑到国家统一指标的需要,并且要与之相衔接、相一致,不要搞成多套指标或真假指标。

(二) 适用性

会计制度是核算单位对经济活动过程进行会计管理的章程,如果不从实际出发,不反映工作的本质和需要，就不能满足管理和控制的需要，也就失去了使用价值。企事业单位可根据一般要求和针对内部管理的特点和需要，制定单位的会计制度。在制定会计制度时，必须注意以下几个方面的特点。

(1) 所有制性质的特点。即会计制度设计要考虑是全民所有制，还是集体所有制、股份制及私营等。

(2) 经营性质的特点。即会计制度设计要考虑是企业单位，还是事业单位或行政单位。

(3) 部门、行业判别的特点。即会计制度设计要考虑不同部门的特点和同一部门不同行业的特点。

(4) 企业、单位差别的特点。即会计制度设计要考虑单位规模的大小、组织机构经营的业务范围和性质、工艺技术过程、人员配备和业务水平、管理上的特殊要求等等。

(三) 正确性

会计制度所要求的正确性，主要是指会计信息系统中的会计报表、会计账簿和会计凭证所反映的经济事项要与事实切实相符，并且要求各种会计资料之间的相关记录也应该是相互衔接、相符一致的。因此，在设计会计制度时，应注意以下几个方面的问题。

(1) 全部经济业务事项要得到真实、及时地记录，能为单位管理提供充分、正确的会计信息。

(2) 各种会计处理方法要力求如实反映情况，有助于客观地提供经济业务资料。

(3) 能体现管理会计的要求。例如，在设计时，可在成本项目和费用明细项目中，按成本性态进行反映(即按变动成本、固定成本和半固定成本反映)，就有可能为经营决策和确定投资方案提供更加详细而适用的数据资料。

(4) 要体现会计控制的要求。即在设计程序方法和手续时，应明确经办部门和人员的各自职责，应尽量多地设计核对点和平衡点，以便于交叉核对和相互牵制，保证会计信息的真实性和及时性，以利于对潜在偏差的制约对已经发生的错弊及时得到反映和纠正。

(5) 要保持相对稳定性。会计制度不是一成不变的，应随着经济活动的变化而有所变化，但会计制度是进行会计工作的规范，一经制定就不要轻易变动，特别要使经济业务的会计处理方法保持相对稳定，否则，就会使会计人员难以掌握，甚至会造成核算混乱。要想使会计制度在较长时间内能够保持稳定，设计时就应该多作调查研究，深入地分析问题，特别要注意经济活动发展趋势的分析，要有一定的预见性；同时，制度的有关条文也要有一定的弹性，既要说明问题，又不能过死过细。

(四) 有效性

制度的有效性既是指制度内容是有效的，又是指制度实施后能有好的成效。因此，在制度设计时，就要充分注意制度的内容是否有利于加强经济核算，促进增产节约，合理使用资金和克服损失浪费现象；同时，要尽量做到手续简化，力避繁琐。会计制度是实践结果的总结，并且要用来指导会计实践，只有容易被人掌握、简便易行，才能充分发挥其应有作用，才能收到实效。

第六节　会计制度设计的程序

会计制度设计一定要以管理制度为基础,其内容和会计事务处理程序力求和业务处理程序及组织机构程序相一致,不能有矛盾之处。此外,会计制度可操作性强,贵在能够照章办理,所以,设计的难度更大,必须要有计划、有组织地进行。会计制度的设计程序一般包括确定设计方式、进行调查研究、实施具体设计、试行与修改四个阶段。

一、确定设计方式

设计方式按设计内容来分,有全面设计、补充设计和修订设计三种。全面设计要求设计一套完整的会计制度,它适宜于对新建单位和老单位的重新设计。是不是所有的新建单位都要设计一套完整的会计制度呢？一般来说是这样,但也要根据具体情况而分别对待。如果新建单位业务的生产程序单纯,可以采用与其性质相同企业、单位的会计制度,或者在此基础上加以必要的修改和补充,以增加其适应性;如果新建单位规模较小而业务简单,为了简化手续,节省费用开支,可以简化同性质单位的会计制度,作为该单位的会计制度。补充设计是指对部分经营业务的会计制度进行的设计,属于局部性设计。例如,一些老企业因客观情况发生变化出现一些新的业务,就有必要进行补充设计。修改设计是指为修订原有的会计制度而进行的设计。例如,对老企业不适应现在情况变化的部分会计制度所作的修改。修订设计大多数是局部性设计,但也有全面性设计。在选择确定设计方式时,应注意了解单位创建的历史背景、创建目标、应设计的内容范围。

设计方式按设计工作的组织形式分,一般又可分为单独设计、共同设计、集体设计和会议设计等四种。单独设计是指由单位指定有设计能力的会计人员担当设计工作,或者聘请合格的会计师负责设计。这种设计方式手续简单,思考集中,不用扯皮,能迅速地完成设计工作,但对担当设计工作人员的要求较高,不仅要求其学识渊博,才干出众,经验丰富,而且要求他有很强的事业心和责任感。这种设计方式适用于小单位的会计制度设计。共同设计是指由单位选派高级会计人员及聘请合格的会计师,共同参加设计工作。这种设计方式能针对实际需要设计较为适用的会计制度,适用于稍具规模的单位。集体设计是指由合格的会计师或专家、企业管理人员共同组成设计小组或委员会来承担设计任务。这种设计方式由于能吸收各家之长,可以设计出高质量的会计制度,适用于大中型单位的会计制度设计工作。其弱点是意见很难统一,往往出现扯皮或迁就现象,耗费大,时间长。会议设计是指使用行政命令方式,召集有关会计人员开会拟订草案加以讨论,另聘专家学者为顾问以备咨询,经全体通过后上报批准,公布实施。这种设计方式比较科学,能取得良好的效果,但只能适用于政府各部门的会计制度设计。

二、进行调查研究

在设计方式确定以后,就应该根据设计的内容和要求进行充分的调查研究,做到心中有"数"。调查研究的主要方式是询问情况,搜集资料,分析问题。调查研究的内容应该根据设计人员本身的需要而定,一般都要进行概况调查和业务活动处理情况的分析。

(一) 概况调查

概况调查的主要内容有:单位性质和隶属关系;组织机构设置和部门职责分工;单位创建目标和经营方针;经营方法和生产过程;产品性质(品质、规格、质量要求);资金来源和分布情况;纳税方式与利润分配方式;历史经营状况与存在问题;单位、部门负责人及其素质;职工技术培训与奖惩办法;会计机构组织及人员分工与素质;会计制度现状与执行情况等等。

(二) 作业调查与分析

在一般性资料取得以后,就要进一步详细地了解与会计处理有关的各种业务作业程序与方法,以助于对具体的会计事务处理进行设计。作业调查与分析的主要内容有以下几个方面。

1. 销售及应收款业务调查

在一般作业程序与规定的了解基础上,应重点调查分析如下内容:销售结算方式与自销产品的作价方法;销售预算执行及销售费用计算;销售折扣规定;应收账款追收办法;证实欠款规定;收回欠款处理;坏账损失处理;销售包装物核算方法等。

2. 生产作业调查

在对生产作业作一般了解的基础上,应重点调查和分析如下内容:生产过程中有无建立作业或成本中心;有无生产记录;有无原材料耗用记录;是否实施标准成本制度;低值易耗品核算方法等。

3. 采购及应付款业务调查

在对采购及应付款业务作一般了解的基础上,应重点调查和分析如下内容:有无采购预算及其控制状况;应付款列账状况;采购付款控制;退货与折让规定;退回包装物核算等。

4. 存货控制调查

在对存货控制作一般了解之后,应重点调查和分析如下内容:有无用料预算;采购方式与结算方式;材料存量核定标准;领料手续及控制方式;退料手续及价格规定;车间小库管理办法;用料价格计算方法;材料明细核算方法;材料盘存与盘盈盘亏处理规定;呆滞、废料处理方法;零星出售核算等。

5. 人事及工资业务调查

对人事及工资业务作一般了解后,应重点调查和分析如下内容:有无健全的考勤记录;有无工资预算;工资计算方法;奖金发放规定;福利部门核算方式和工资成本计算等。

6. 固定资产管理业务调查

对固定资产管理程序作一般了解后,应重点调查和分析如下内容:固定资产增减变动核算方式;固定资产明细核算方法;固定资产折旧方法;固定资产投资与维修预算;固定资产盘点办法等。

7. 现金出纳管理调查

现金出纳管理应重点调查和分析以下内容：现金出纳业务由谁主管、由谁经办；现金出纳管理部门的组织职能；有无年度、季、月现金收支预算；所属单位现金收支有无统一管理；现金收入作业程序；每日现金收入是否当日送存银行；支票管理规定；有无控制付款规定；有无控制存款规定；有无筹款或充分运用多余资金的方法；有无盘点及核对制度；出纳是否每日结账并编制现金日报表；现金库存是否遵守限额库存规定；有价证券有无单独列账；银行利息计算；出纳应用表单及报表等。

在进行调查时，应询问有关主管人员和业务经办人员，广泛搜集现在和历史资料，包括上级下发的和本单位产生的资料，并在此基础上进行整理分类，编制系统图和各种流程图，填制各种调查表并编写必要的说明。通过深入的分析研究，区别批评性资料和建设性资料，选择以备利用和参考。

三、实施具体设计

在调查研究的基础上，根据设计的内容和课题，遵照设计的原则，认真地进行具体设计。具体设计的工作过程如图 1-2 所示，一般可分为拟订顺序、逐项进行设计、全面综合调整、广泛征求意见、提出制度方案。在实施设计时，特点要考虑内部会计控制的要求，尽量多设计一些核对点和平衡点，以加强控制。

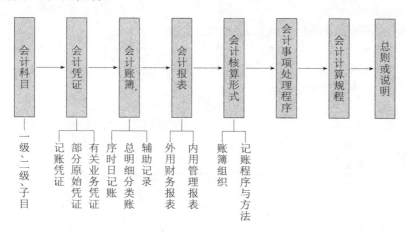

图 1-2　设计顺序图

四、试行与修改

会计制度初次设计完工之后，应通过一段时间的试行（如一个季度），然后在试行结果的基础上加以修改，使其变得更加完善，方能正式施行。设计时考虑不周，在执行中就会出现偏差，或过分简化，不能充分提供管理上需要的信息；或者较为繁琐，不仅执行起来手续复杂，而且做了大量的重复劳动，费时费力；或者在某些应该加强控制的环节上，忽视了必要的手续，出了漏洞等。通过试行，检测缺点，并在试行的基础上进行小结，总结会计制度的优缺点，然后及时修改不足的部分，修正定稿，贯彻实施成为必要。

在西方国家,会计制度设计的承担者主要是主计长、主办会计人员、高级会计人员、会计师、会计专家、会计顾问公司(或会计师事务所)程式设计员等。对会计制度的设计人员也有较高的要求,如要求品德高尚,能处于超然立场;学识渊博,有胜任的才干;经验丰富,能联系实际、融会贯通。我国企业一般也挑选业务知识丰富、富有实践经验、政策水平高、责任感强的会计人员来承担此项设计工作。其具体要求有以下五个方面:

(1) 深谙会计理论,全面了解会计实务,有丰富的实践工作经验,理论能够联系实际;

(2) 具有内部控制、审计理论知识,通晓控制评价方法;

(3) 有一定的组织管理知识和经验,全面了解本部门、本单位的业务经营状况;

(4) 熟悉和掌握政府有关财经政策法令、制度规定,并具备事实上的法制观念和法律知识;

(5) 有较强的责任感,工作能认真负责,谨慎从事,任劳任怨。

【复习思考题】

1. 什么是内部控制和内部控制制度?
2. 内部控制制度有何作用?有何局限性?
3. 内部控制有哪些要素组成?
4. 内部控制有哪些基本方法?
5. 什么是管理控制和会计控制?各有什么作用?
6. 管理控制包括哪些内容?
7. 会计控制包括哪些基本内容?采取哪三种形式?采用哪些方法?
8. 什么是会计制度?什么是会计制度设计?
9. 我国会计制度包括哪些种类?
10. 我国国家统一的会计制度包括哪三层含义?
11. 目前我国会计工作中存在哪些问题?单位为什么要进行会计制度设计?
12. 会计制度设计主要有哪些内容?
13. 会计制度设计应遵循哪些原则?有哪些要求?
14. 怎样设计会计制度?

第二章 会计制度总则设计

【本章概要】

本章从会计制度总则设计的要求出发,重点说明设计会计制度的依据、会计组织机构、会计核算规则、会计档案管理设计等基本问题。通过本章学习,应掌握设计会计制度总则的基本知识。

会计制度是进行会计工作所应遵循的规则、方法、程序的总称,会计制度总则是会计制度的概括性条文,体现了设计该会计制度的基本指导思想和会计核算的基本要求,它对整个制度起着统驭说明的作用。在会计制度总则中,一般应说明设计会计制度的目的和依据是什么;适用什么范围;会计组织机构如何设置以及会计各个岗位有哪些职责;会计核算规则有哪些;会计档案如何管理;会计制度的解释和修订权;会计制度执行的起始时间等内容。

第一节 会计制度依据的设计

设计会计制度必须要有明确的法律依据,这是会计制度设计贯彻合法性原则的重要体现。按照我国建立与社会主义市场经济相适应的会计规范体系应是:会计法→国家统一会计制度→各单位内部会计制度。因此,设计单位内部会计制度的依据主要有:《会计法》,国家统一会计制度,与之相协调的国家其他有关法规。

一、会计法

《会计法》是调整我国经济生活中会计关系的法律总规范,在我国会计法律制度中处于最高地位,是会计工作的根本大法,是其他一切会计行政法规、会计规章的"母法"。新中国的会计法自1985年颁布、1993年修正、1999年重新修订以来,至今已基本完善。1999年10月31日经第九届全国人大常委会第十二次会议修订通过的新的《会计法》,进一步明确了立法宗旨,强调要规范会计行为,保证会计资料真实、完整,加强经济管理和财务管理,提高经济效益,维护社会主义市场经济秩序。进一步完善了会计核算规则,对各单位依法设置会计账簿提出了总体要求,规定各单位必须根据实际发生的经济业务事项进行会计核算,对会计凭证的填制、会计账簿的设置和登记、财务会计报告的编制和报送进行了完善性规定,增加了对账、会计处理方法、或有事项的说明、会计记录文字等方面的内容,并对公司、企业会计核算作出了特别规定。突出强调了单位负责人对本单位会计工作和会计资料真实性、完整性的责任,明确了单位负责人为单位会计行为的责任主体。进一步强化了会计监督制度,确立了企业内部会计监督、社会监督和国家监督三位一体的会计监督体系。提高了对会计机构、会计人员的要求,严格规定了总会计师制度,强化了会计从业资格管理,首次引入了职业禁入制度。强化了会计法律责任,列举了应当承担行政法律责任或刑事法律责任的具体违法行为,以增强可操作性。修订后的《会计法》对社会主义市场经济的发展更具适应性,是依法治理会计工作秩序的法律保障。国家机关、社会团体、公司、企业、事业单位和其他组织必须依照《会计法》办理各项会计事务,并建立、健全本单位内部会计制度。因此,设计单位内部会计制度时,首先必须以《会计法》为依据,根据社会主义市场经济体制下企业行为自主化、管理科学化、工作制度化的要求,设计符合《会计法》要求,能满足宏观管理需要,适应本单位特点,能指导具体操作的具有内部约束力的规范性文件,以实现企业会计目标。

二、国家统一会计制度

国家统一的会计制度是指全国会计工作共同遵循的规则、方法和程序的规范性文件的总称。根据我国会计法的规定,我国统一的会计制度是指:国务院财政部门根据《会计法》制定的关于会计核算、会计监督、会计机构和会计人员以及会计工作管理的制度,是我国会计法规体系的组成部分,对国家机关、社会团体、公司、企业、事业单位和其他组织办理会计事务具有约束力。实行国家统一的会计制度,有利于规范各单位会计行为的标准,是各单位组织会计管理工作和产生相互可比、口径一致的会计资料的依据,也是国家财政经济政策在会计工作中的具体体现,更是维护社会经济秩序的重要市场规则和保证;有利于突出国家统一的会计制度的法律地位,以强化会计制度的统一性和权威性,保障国家统一的会计制度的贯彻实施;有利于国家在发挥市场主体作用的同时,加强宏观调控和经济管理。

在我国,会计制度按其内容可以分为三类:一是有关会计工作的制度,如会计档案管理办法;二是有关会计核算和会计监督的制度,如企业会计准则;三是有关会计机构和会计人员管理的制度,如会计人员职权条例等。会计制度按其性质又可以分为两类:一是预算会计制度,二是企业会计制度。预算会计制度以预算管理为中心,是国家财政和行政事业单位进行会计核算的规范。其中的财政总预算会计制度适用于中央和地方财政总预算的会计核算;《政府会计制度——行政事业单位会计科目》适用于各级各类行政单位和事业单位。企业会计制度以生产经营管理为中心,是各类企业和其他经济组织进行会计核算的规范。总之,我国会计制度内容丰富,涉及范围广泛,国民经济各部门、各环节进行会计核算,都有相应的会计制度。会计制度已成为各单位进行会计核算和会计监督的重要规则和宏观经济调控机制的重要组成部分。

国家统一的会计核算制度主要是对会计核算的基本原则以及会计科目和财务会计报告等内容作出的规定,包括会计准则和会计核算制度两个方面。

会计准则是单位进行会计核算所必须遵循的基本规范,具有很强的约束力,如企业会计准则及其具体会计准则、事业单位会计准则等。会计准则从结构上可分为两个层次:基本会计准则和具体会计准则。1992年11月,由财政部颁布的《企业会计准则》可视为企业单位的基本会计准则,它明确规定了进行会计核算应坚持会计主体、持续经营、会计分期和货币计量四项基本前提;提出了会计核算工作应遵循的最基本的原则性规范和对会计信息的质量要求,即真实性、相关性、可比性、一致性、及时性、明晰性、权责发生制、收入和费用配比、谨慎性、实际成本计价、划分收益性支出和资本性支出、重要性以及实质性等十三项原则;对资产、负债、所有者权益、收入、费用和利润六大会计要素,在其确认、计量、记录和报告等方面作了原则性规定;分别对资产负债表、损益表(利润表)、财务状况变动表(或现金流量表)、会计报表附表、会计报表附注和财务情况说明书等财务会计报告阐明了编制方法及报送要求。其核心是关于会计要素的确认、计量、记录和报告的基本要求和规定,它为具体会计准则的制定提供了理论依据和原则,也是企业设计内部会计制度和进行会计核算的指导思想和依据。具体会计准则是根据基本会计准则要求制定的有关经济业务的会计处理及其程序的具体规定,包括各行业共同业务的具体会计准则,会计报表的具体会计准则,特殊行业、特殊业务的具体会计准则等。1997年5月,财政部根据企业会计准则颁布的《关联方关系及其交易的披露》具体会计准则,标志着我国建立具体会计准则体系的开始。1998年,财政部颁布了《现金流量表》、《资产负债表日后事项》、《收入》、《债务重组》、《建造合同》、《投资》、《会计政策、会计估计变更和会计差错更正》等7项具体会计准则。1999年,财政部颁布了《非货币性交易》具体会计准则。2000年,财政部颁布了《或有事项》、《无形资产》、《借款费用》、《租赁》等4项具体会计准则。2001年,财政部又颁布了《中期财务报告》、《固定资产》、《存货》等3项具体会计准则。2006年,财政部在对原有会计准则进行修订的基础上又颁布了一系列的新会计准则。这些会计准则由1项起基本财务框架概念作用的《基本准则》和42项具体会计准则以及1项首次采用新会计准则与原准则进行衔接的办法组成。自1997年到今,财政部陆续发布的具体会计准则有:《企业会计准则第1号——存货》;《企业会计准则第2号——长期股权投资》;《企业会计准则第3号——投资性房地产》;《企业会计准则第4号——固定资产》;《企业会计准则第5号——生物资产》;《企业会计准则第6号——无形资产》;《企业会计准则第7号——非货币性资产交换》;《企业会计准则第8号——资产减值》;《企业会计准则第9号——职工薪酬》;《企业会计准则第10号——企业年金基金》;《企业会计准则第11号——股份支付》;《企业会计准则第12号——债务重组》;《企业会计准则第13号——或有事项》;《企业会计准则第14号——收入》;《企业会计准则第15号——建造合同》;《企业会计准则第16号——政府补助》;《企业会计准则第17号——借款费用》;《企业会计准则第18号——所得税》;《企业会计准则第19号——外币折算》;《企业会计准则第20号——企业合并》;《企业会计准则第21号——租赁》;《企业会计准则第22号——金融工具确认和计量》;《企业会计准则第23号——金融资产转移》;《企业会计准则第24号——套期保值》;《企业会计准则第25号——原保险合同》;《企业会计准则第26号——再保险合同》;《企业会计准则第27号——石油天然气开采》;《企业会计准则第28号——会计政策、会计估计变更和差错更正》;《企业会计准则第29号——资产负债表日后事项》;《企业会计准则第30号——财务报表列报》;《企业会计准则第31号——现金流量表》;《企业会计准则第32号——中期财务报告》;《企业会计准则第33号——合并财务报表》;《企业会计准则第34号——每股收益》;《企业会计准则第35号——分部报告》;《企业会计准则第36号——关联方披露》;《企业会计准则第37号——金融工具列报》;《企业会计准则第38号——首次采用企业会计准则》;《企业会计准则第39号——公允价值计量》;《企业会计准则第40号——合营安排》;《企业会计准则第41号——在其他主体中权益的披露》;《企业会计准则第42号——持有待售的非流动资产、处置组和终止经营》等。至此,我国已初步建立了具体会计准则体系。随着时机的成熟,我国还将陆续颁布和完善具体会计准则,最终形成我国完善的具体会计准则体系,这些具体会计准则都是企业设计会计制度和组织会计核算时的直接依据。

会计核算制度是根据会计法和会计准则制定的具体核算方法和核算程序的总称。会计核算制度和会计准则都是单位会计核算行为的规范,会计准则是会计核算制度制定的准绳,会计核算制度是会计准则的具体化。目前,我国的会计制度主要有企业会计准则和企业会计准则应用指南。

国家统一的会计监督制度主要是对会计监督主体、会计监督原则、程序和方法作出的规定。目前,我国统一的会计监督制度尚未有独立成文的法规,有关会计监督的规定都散见于相关的法规规章之中,如《国有企业财产监督管理条例》《国务院稽查特派员条例》《国务院关于整顿会计工作秩序进一步提高会计工作质量的通知》《进一步规范会计工作秩序的意见》等。为了规范会计监督行为,贯彻落实新修订的会计法,颁布并实施统一的会计监督制度已成必然。

国家统一的会计机构和会计人员制度主要是对会计机构设置、会计人员管理作出的规定。属于会计机构和会计人员的制度主要有:会计机构负责人任职资格制度;会计从业资格证书管理制度;会计人员继续教育制度;总会计师条例;会计专业职务试行条例等。

国家统一的会计工作管理制度主要是对会计工作管理的原则、程序和方法作出的规定。属于会计工作管理制度的主要有:会计基础工作规范;会计电算化管理办法;会计电算化工作规范;会计档案管理办法;代理记账管理暂行办法等。

值得注意的是,实行国家统一的会计制度并非否定和排斥单位内部建立和健全内部会计制度,相反,对单位建立和健全内部会计制度提出了更高的要求。财政部1995年12月15日发布的《会计改革与发展纲要》中指出:"各单位应当根据《会计法》和国家统一会计制度的要求,结合自身管理的需要,建立健全内部会计核算和有关管理制度,规范会计基础工作和会计工作秩序,保证对外提供会计信息的合法、真实、准确、完整,保证及时提供内部管理需要的信息和资料。"新修订的《会计法》也强调:"各单位应当建立、健全本单位内部会计监督制度",对未按照规定建立并实施单位内部会计监督制度的,应依法追究法律责任。由此可见,按照《会计法》和国家统一的会计制度设计单位内部会计制度是一项法定要求。

三、国家其他相关法规

单位设计内部会计制度时,除了依据会计法和国家统一的会计制度以外,还应遵循其他相关法规。这些法规有的是所有单位必须共同遵守的,如《税法》、《支付结算办法》、《票据法》、《经济合同法》等;有的则应根据其自身的特点选用,例如,股份有限公司必须依据《公司法》,结合本公司的具体情况制定内部会计制度;又如,从事证券业务的股份有限公司除上述以外,还应依据《证券法》制定内部会计制度;外商投资企业则应选用《外商投资企业法》,结合本企业的具体情况制定内部会计制度。

第二节　会计组织机构的设计

会计组织机构一般有两层含义：一是指会计机构本身，作为单位内部的一个独立系统，它是各单位领导和办理会计业务的职能部门；二是指单位会计机构的内部组织以及各个岗位的设置及其职责。

健全的会计组织机构及一定数量和素质的会计人员，是做好会计工作的基本条件。《会计法》规定："各单位应当根据会计业务的需要，设置会计机构，或者在有关机构中设置会计人员并指定会计主管人员。不具备设置条件的，应当委托经批准设立从事会计代理记账业务的中介机构代理记账。"《会计基础工作规范》对会计机构的设置也作了具体规定。在实际工作中，不同规模、不同组织形式的单位，其会计组织机构的设计是不一样的。

一、会计组织机构设计的原则

（一）适应性原则

设计会计组织机构，应与单位经营类型和业务规模相适应。各单位的经营类型和业务规模不同，会计组织机构的设置也不同。一般来说，经营类型简单、业务量少，会计机构可以小些；经营类型复杂、业务量多，会计机构可以大些。随着现代企业制度的逐步建立，原来在企业中按行政级别设置机构的做法将被取消，因此，单位财会机构的称谓不再与行政级别挂钩。实际工作中，大型集团公司的财会机构可设置为"部"，大中型企业的财会机构可设置为"处"，小型企事业单位的财会机构可设置为"科"或"室"。

（二）牵制性原则

内部牵制是内部控制的重要内容，在设计会计机构时，应贯彻内部牵制的原则。一方面，要根据单位管理的要求，抓住单位生产经营的各个环节，在关键点上设置控制岗位，运用会计的专门方法和手段，达到控制单位经营运作的目的；另一方面，会计机构内部的每个岗位和会计人员应有明确的职权、责任和具体的工作内容，实行岗位责任制，做到分工协作、相互制约和监督，达到减少差错，防止舞弊，提高会计信息质量的目的。

（三）效率性原则

会计组织机构是搞好会计工作的基本条件，是为实现会计目标服务的，因此，会计组织机构一定要根据会计业务的实际需要和效率性原则合理设计，使会计机构及其内部的各个岗位和人员各司其职，协调一致地履行职责，避免机构重叠、人浮于事、互相扯皮，努力提高会计工作效率。在实际工作中，经常会碰到会计与财务机构合设和分设的问题，根据我国惯例，会计与财务机构以合设为多。其优点是会计与财务关系密切，一个机构或一个人既管会计又管财务，使会计核算更为及时、直接，精简了机构和人员，减少了信息传递的层次和时间，可以提高工作效率；

其缺点是职责不清,不利于贯彻内部控制制度,容易产生重会计核算轻财务管理的现象。从理论上来讲,会计与财务是两项各自独立的工作,职能不同,工作内容也不同。会计的职能是对单位经济活动所引起的资金运动进行核算和监督,其中包括对财务活动的监督;财务的职能主要是筹集、使用和分配资金。因此,按照市场经济和建立现代企业制度的要求,会计与财务机构以分设为好,从而做到会计与财务职责分明、相互制约、相互促进。但也不能一概而论,一般来说,中小型企事业单位以会计与财务机构合设为宜,并在内部组织或分工上将会计和财务职能加以区分;集团公司和大型企业最好采取分设的办法。总之,不管会计与财务机构合设还是分设,都应以会计与财务工作协调、有序、高效进行为标准。

二、会计组织机构设计的方式

一个单位的会计工作如何组织,不外乎集中核算和非集中核算两种形式。会计机构设置必须与该单位采取的会计工作组织形式相适应,才能发挥应有的作用。因此,会计机构的设置就有集中设置和非集中设置之分。所谓集中设置(又称一级设置),就是会计核算工作主要集中在单位一级的会计机构,单位内部的部门(车间)则不设会计机构和会计人员,不办理会计业务。在这种形式下,单位一级的会计机构的规模应相对大些。所谓非集中设置(又称分级设置),就是指除了在单位一级设置会计机构外,在单位内部各部门(车间)也相应地设置会计机构,配备会计人员,办理本级范围内相应的会计业务。在这种形式下,单位一级的会计机构的规模就应相对小些。

单位会计机构是集中设置还是分级设置,应根据单位特点和管理要求,从有利于加强经济管理,提高经济效益出发来考虑。一般来说,实行集中设置、集中核算,可以减少核算层次,精简会计人员,但不便于各业务部门(车间)利用核算资料进行日常的控制、考核和分析,不便于及时解决问题;实行分级设置、分级核算,有利于各业务部门(车间)的领导和群众及时了解和关心本部门(车间)的耗费、业绩以及变化情况,同时也为单位考核部门(车间)的工作提供依据,但分级核算会增加核算层次和会计人员。

三、会计机构组织的设计

会计机构组织的设计,应与单位整个组织体系相协调。以制造业为例,会计机构组织的设计大体有三种情况:小型企业会计机构组织设计,大中型企业会计机构组织设计,集团公司会计机构组织设计。

(一)小型企业会计机构组织设计

小型企业经营规模小,业务单一,生产工艺和管理方法简单,在经营组织管理上一般采取简单的直线制形式,即厂部→车间→班组。在这种组织形式下,所有的管理职能都集中在厂部,而会计只是厂部管理组织中的一个岗位。因此,小型企业会计机构不必下设内部职能小组,只是对从事会计工作的人员作些岗位分工,如出纳、总账、明细账会计等,会计主管既可单设,也可兼总账会计。有些小型企业甚至不单独设置会计机构,而是在本单位有关机构(如办公室或行政科)中设置专职的会计人员,并指定会计主管人员,以保证本单位的会计工作顺利开展。

小型企业会计机构虽然不设内部职能小组,甚至只设人员不设机构,但在进行会计业务处理时,仍应遵循基本的会计操作规程。主要应注意下面几点:

(1) 出纳与其他岗位的会计应分别由专人任职,明确职责范围,贯彻内部牵制原则。

(2) 根据企业的生产经营情况和工艺流程,设定会计凭证的传递程序,按规范计量、记录,保证会计资料的真实、完整。

(3) 要经常进行对账工作,保证账证、账账、账实、账表相符,提高会计信息质量。

(二) 大中型企业会计机构组织设计

大中型企业经济活动比较复杂,经济关系涉及面广,管理组织通常采取直线职能制形式。在这种组织体系下,财务与会计既可作为两个职能部门分设,也可作为一个职能部门合设。不管是合设还是分设,都应对财务会计机构进行分工,设置内部组织,各负其责。图 2-1 反映的是实行总会计师制的大中型企业采用会计与财务机构合设形式下的内部组织图。

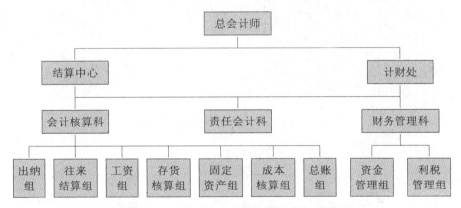

图 2-1 大中型企业会计机构内部组织图

图 2-1 中的总会计师是企业财会工作的最高业务负责人,全面负责企业的经济核算,他与企业其他行政副职领导地位相同,直接对厂长(或经理)负责。总会计师下面设结算中心和计财处两个机构。

结算中心是运用货币结算形式,把企业各车间、部门的经济往来由过去无偿的供应交接关系变成买卖关系,使这些单位和部门之间按等价交换原则统一通过厂内银行进行结算,以加强企业的资金调度能力,考核企业内部各责任部门的业绩,更好地促进经济核算制的实行,提高企业经济效益。

结算中心的主要职责是:(1) 负责企业各单位和部门的经济结算工作,发行厂币,签发内部转账支票;(2) 负责企业内部的资金调度使用,办理内部各单位、部门的借贷工作;(3) 负责配合计财处进行企业有价证券的管理(包括债券、股票的发行、保管、兑付等);(4) 负责配合计财处办理企业的资金筹措(向银行等金融机构借款);(5) 按计划或定额控制成本费用,监督费用支出;(6) 参与经济仲裁,提供经济信息。

计财处是"主计"和"财务"的合称,统管会计核算和财务管理工作。在计财处下又分设会计核算科、责任会计科、财务管理科三个二级机构。会计核算科主要负责供产销过程相关业务的核算,会计电算化工作以及总账、明细账、日记账的登记和会计报表编制等工作。现金出纳业务从性质上来说，属于财务范畴，但为便于现金与银行存款的收付和核对，一般都作为会计核算科的工作内容，出纳人员也作为会计核算科的人员配备。财务管理科主要负责资金筹措、使用及效益分析，以及利润税金的计算、利润分配等工作。责任会计科主要负责责任会计的实施。

在会计核算科和财务管理科下还可按内部牵制原则进行分工，分成若干小组或岗位，其职责将在本节后面详细阐述。通过以上设置，从而形成一个以总会计师为首、以计财处长为主管、各科科长分工负责许多小组的财务会计机构的内部组织体系。此外，还有如图2-2、图2-3所示的会计机构内部组织模式。

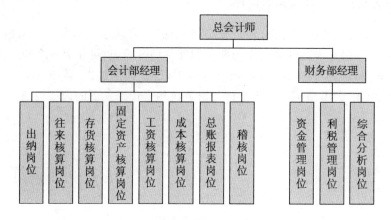

图 2-2　国有大中型企业的会计机构内部组织

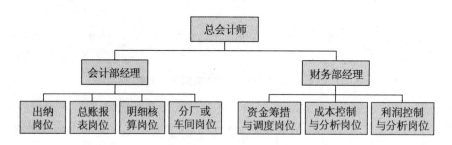

图 2-3　国有大中型企业的会计机构内部组织

（三）集团公司会计机构组织设计

集团公司是指拥有多个控股子公司、分公司和其他分支机构的企业。从其从事的经营活动来看，这些控股子公司、分公司和其他分支机构可以是同一行业的，也可以是不同行业的；从其分支机构分布的地域范围来看，它们可能是我国境内的集团公司，也可能是一个跨国性集团公司。

集团公司中的控股子公司是独立的法人单位，集团公司通过控股权参与其管理，因此，控股子公司的会计组织机构的设置可按照上述两种企业设置要求来确定。对于集团公司本身及其分公司、分支机构会计机构的内部组织设计，既有与大中型企业相似之处，也有不同之处。一般设置模式如图2-4所示。

从图2-4可见，在集团公司母公司中设计财部，它直接由总会计师或财务总监领导。在计财部中下设三个机构,即计财处及各职能科室、内部银行和制度管理处。在各产品分公司、各经营分公司、各地区分支机构中设计财科。显然,这种机构设置的特点也是财务与会计合一。

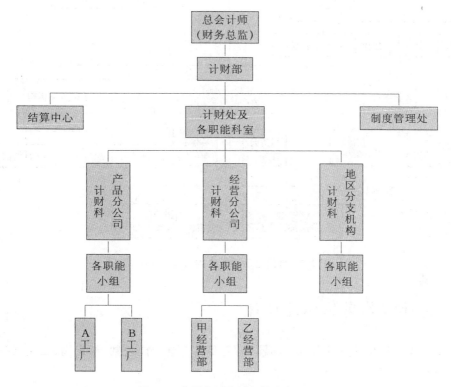

图 2-4　集团公司会计机构内部组织

各层次财务会计机构的主要职责如下。

集团公司计财处的主要职责是:(1)负责母公司的日常会计核算工作;(2)负责母公司的财务管理工作;(3)负责母公司的合并会计报表的编制;(4)指导各分公司的财务会计工作;(5)负责有关财务指标的分解、公司内部价格的制定工作。

结算中心的职责与大中型企业的基本相同,不再赘述。

集团公司制度管理处的主要职责是:(1)负责设计集团公司的会计制度;(2)负责拟订集团公司的财务管理制度;(3)负责拟订公司内部的会计控制制度;(4)检查各项财务会计制度的执行情况。

分公司、分支机构计财科的主要职责是:(1)负责本公司、本分支机构日常的会计核算和财务管理工作;(2)负责指导、检查分公司所属工厂、经营部的会计核算和财务管理工作;(3)负责将本公司、本分支机构的财务会计信息上报集团公司。集团公司还可以根据具体情况设置如图 2-5 所示的会计机构内部组织模式。

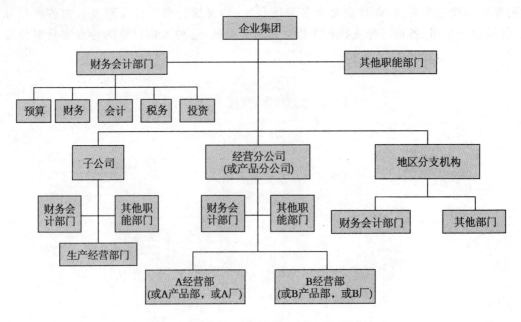

图 2-5 集团公司会计机构内部组织模式

四、会计工作岗位职责设计

设计会计工作岗位职责涉及两个问题:一是要确定会计岗位数,即定岗;二是要确定各岗位的职责,即定责。

(一) 会计工作岗位的设计

设计会计工作岗位时,应考虑单位经济管理对会计信息要求的详细程度和单位经济业务工作量的大小。一般来说,要求提供经济信息详细、经济业务工作量大的单位,内部分工和岗位设置可细些;反之,则可粗些。

《会计基础工作规范》对会计工作岗位设置规定了基本原则和示范性要求:一是会计工作岗位可以一人一岗、一人多岗或者一岗多人,但应当符合内部牵制的要求,出纳人员不得兼管稽核、会计档案和收入、费用、债权债务账目的登记工作;二是会计人员的工作岗位应当有计划地进行轮换,以促进会计人员全面熟悉业务,不断提高业务素质;三是会计工作岗位的设置由各单位根据会计业务需要确定。

根据以上要求,财务会计工作岗位一般可分为总会计师、会计机构负责人或者会计主管人员(如果会计和财务机构分设,还应设置财务管理主管岗位)、出纳、存货核算、固定资产核算、工资核算、成本费用核算、往来结算、总账报表、资金管理、利税管理、稽核、档案管理等。开展会计电算化和管理会计的单位,可以根据需要设置相应工作岗位,也可以与其他工作岗位相结合。

(二) 会计工作岗位职责的设计

1. 总会计师岗位

《会计法》规定:"国有的和国有资产占控股地位或者主导地位的大中型企业必须设置总会

计师。"其主要职责如下:

(1) 负责对本单位财会机构的设置和会计人员的配备、会计专业职务的设置和聘任提出方案,组织会计人员的业务培训和考核,支持会计人员依法行使职权。

(2) 协助单位主要行政领导对企业的生产经营及基本建设投资等问题作出决策,参与新产品开发、技术改造、科技研究、商品(劳务)价格和工资奖金等方案的制定,参与重大经济合同和经济协议的研究、审查。

(3) 组织编制和执行预算、财务收支计划、信贷计划,拟订资金筹措和使用方案,开辟财源,有效地使用资金。

(4) 进行成本费用预测、计划、控制、核算、分析和考核,督促本单位有关部门降低消耗、节约费用、提高经济效益,建立健全的经济核算制度,利用财务会计资料进行经济活动分析。

(5) 组织和监督本企业执行国家有关财经法律、法规、方针、政策和制度,保护企业财产物资的安全完整。

(6) 组织和领导本单位会计制度和财务制度的制定。

(7) 审核对外报送的财务会计报告,审核后签名并盖章。

2. 会计机构负责人或会计主管岗位

本岗位的主要职责如下:

(1) 协助总会计师或分管领导开展全面经济核算,把专业核算和群众核算结合起来,不断改进财会工作。

(2) 组织会计人员认真学习各项财会法规、制度,根据国家有关政策规定,组织制定本企业的各项会计管理制度,并督促贯彻执行。

(3) 参加生产经营管理活动,参与预测、决策和业绩评价。

(4) 参与拟定或审核经济合同、协议及其他经济文件。

(5) 负责向本企业领导和职工代表大会报告经营状况和成果,审查对外提供的财务会计报告,审查后应签名并盖章。

(6) 组织会计人员的理论和业务学习,负责会计人员的考核,参与研究会计人员的任用和调整工作。

(7) 若会计与财务机构分设,应协调与财务管理主管的关系和业务衔接。

3. 财务管理主管岗位

本岗位的主要职责如下:

(1) 具体负责本企业的资金筹措、投放、收入分配等工作。

(2) 参与组织制定本企业的各项财务制度,结合本单位生产经营和供应等具体情况,按期编制财务成本计划、信贷计划并监督贯彻执行。

(3) 会同有关部门组织对企业各项资金的核定工作,多渠道筹措资金,降低资金成本,提高资金使用效果并及时完成税利上缴等任务。

(4) 定期开展经济活动分析,找出管理中的薄弱环节,提出改善经营管理的建议和措施,挖掘增收节支的潜力。

(5) 组织财务人员的理论和业务学习,负责财务人员的考核,参与研究财务人员的任用和调整工作,协调与会计主管的关系和业务衔接。

4. 出纳岗位

本岗位的职责如下：

(1) 办理现金收付和银行结算业务。

(2) 登记现金和银行存款日记账，并编制库存现金和银行存款日报表，及时清查未达账项。

(3) 保管库存现金和各种有价证券，有关印鉴、空白收据和支票。

(4) 严格控制签发空白支票。

5. 存货核算岗位

本岗位的职责如下：

(1) 会同有关部门拟定存货管理与核算实施办法。

(2) 审查汇编材料采购用款计划，控制材料采购成本。

(3) 审查存货入库、出库手续，负责存货的明细核算和有关的往来结算业务。

(4) 配合有关部门制定材料消耗定额或标准，会同有关部门编制材料计划成本目录。

(5) 参与存货的清查盘点，分析存货的储备情况。

6. 固定资产核算岗位

本岗位的职责如下：

(1) 会同有关部门拟订固定资产管理与核算实施办法。

(2) 参与核定固定资产需用量，参与编制固定资产更新改造和大修理计划。

(3) 负责固定资产的明细核算，编制固定资产报表。

(4) 计提固定资产折旧，核算和控制固定资产修理费用。

(5) 参与固定资产的清查盘点，分析固定资产的使用效果。

7. 工资核算岗位

本岗位的职责如下：

(1) 会同劳动人事部门拟订工资、工资基金计划，监督工资基金的使用。

(2) 审核发放工资、奖金，负责工资发放和工资分配核算。

(3) 按规定计提职工福利费、职工教育经费和工会经费，并及时向有关部门拨交工会经费。

8. 成本费用核算岗位

本岗位的职责如下：

(1) 拟订成本核算办法，加强成本管理的基础工作。

(2) 编制成本、费用计划。

(3) 核算产品成本，编制成本、费用报表。

(4) 进行成本、费用的分析和考核。

(5) 协助管理在产品和自制半成品。

(6) 开展部门、车间和班组经济核算。

9. 往来结算岗位

本岗位的职责如下：

(1) 建立往来款项的清算手续，办理各项应收、应付、预收、预付款项的往来结算业务。

(2) 负责内部备用金的管理和核算。

(3) 负责债权债务和备用金的明细核算。

(4) 催收外单位欠款,建立账龄分析表,按规定处理坏账损失业务。

10. 总账报表岗位

本岗位的职责如下:

(1) 设置总账账户,并负责登记总账,同时督促其他会计人员及时登记明细账。

(2) 编制资产负债表、利润表、所有者权益变动表、现金流量表及相关附表,会计报表附注,财务情况说明书,并综合全套财务会计报告进行核对。

(3) 管理会计凭证、账簿、报表等会计档案。

11. 资金管理岗位

本岗位的职责如下:

(1) 参与筹资方案的选择与确定。

(2) 参与企业股票、债券的发行以及借款合同的签订。

(3) 对外投资的可行性研究。

(4) 基建投资和设备改造的可行性研究。

(5) 客户商情调查和信用调查。

(6) 资金使用效果的分析和考核。

12. 利税管理岗位

本岗位的职责如下:

(1) 与会计主管共同核实利润计算是否正确。

(2) 按国家规定的利润分配程序分配利润并通知会计转账。

(3) 办理纳税登记,申请减免税和出口退税,核实税费的缴纳,编制有关的税务报表和相关的分析报告,办理其他与税务有关的事项。

(4) 审查利润表和利润分配表,并编制销售利润计划。

(5) 参与应付利润的分配会议。

(6) 协同会计主管分析利润增减的原因及应采取的对策。

13. 稽核岗位

本岗位的职责如下:

(1) 在经济业务入账之前,根据预算、计划及其他文件规定,审核财务收支、财产收发等会计凭证是否合法、合理和正确(包括内容的真实性和数字的准确性)。

(2) 在经济业务入账之后,对会计凭证、账簿、报表的记录进行复核,以纠正记录的差错和检查记录有无篡改等情况。

14. 档案管理岗位

本岗位的主要职责如下:

(1) 负责会计档案的收集、整理、装订、归档(包括会计凭证、账簿、财务会计报告以及其他会计专业核算材料)。

(2) 负责会计档案的日常保管。

(3) 编造清册,与档案管理部门办理到期会计档案的移交保管手续。

(4) 参与会计档案保管到期销毁鉴定。

五、会计人员的配备

会计人员的配备关键是确定各单位从事会计工作所需会计人员的数量和把握对会计人员的素质要求。对会计人员数量的确定,应本着因事设人、合理精简的原则进行,既避免人浮于事,又能保证会计任务的及时完成。会计机构内部各个岗位(小组)工作量有多有少,配备的会计人员数量也应有差别。例如,总账报表岗位工作量较大,就应多配备人员,而稽核岗位一般可只设一人。

各单位会计人员的配备程序,通常有下列几种方式:一是由政府主管部门或上级主管单位直接任命或聘任,如国有大中型企业的总会计师由政府主管部门任命或者聘任;二是由各单位自行聘任;三是由各单位征得上级主管部门的同意后聘任。目前,正在试行的"会计委派制"是防止会计信息失真、加强会计监督、制止腐败的一种较好的会计人员配备方式,大有推广之势。

各单位会计人员不管采用何种方式配备,都应当具备两个条件:一是要符合《会计法》的要求,即从事会计工作的人员,必须取得会计从业资格证书。因有提供虚假财务会计报告,做假账、隐匿或者故意销毁会计凭证、会计账簿、财务会计报告,贪污、挪用公款,职务侵占等与会计职务有关的违法行为被依法追究刑事责任的人员,不得取得或重新取得会计从业资格证书。除此以外,因违法违纪行为被吊销会计从业资格证书的人员,自被吊销会计从业资格证书之日起5年内,不得重新取得会计从业资格证书。二是应当配备有必要的专业知识和专业技能、熟悉国家有关法律、法规和财务会计制度、遵守会计职业道德的会计人员。根据以上要求,在配备会计人员时,应按照不同岗位要求,考虑配备相应的专业技术职务人员。国有的和国有资产占控股地位或者主导地位的大中型企业必须设置总会计师,一般由具有高级会计师任职资格的人员担任;担任单位会计机构负责人(会计主管人员)的,除取得会计从业资格证书外,还应当具备会计师以上专业技术职务资格或者从事会计工作3年以上经历;会计机构中各内部组织的负责人,则应由具有助理会计师以上任职资格的人员担任;一般会计人员至少必须具有会计员以上任职资格。

除此之外,会计人员配备还必须按照有关内部控制的要求,实行回避制度。单位领导人的直系亲属不得担任本单位的会计机构负责人、会计主管人员;会计机构负责人、会计主管人员的直系亲属不得在本单位会计机构中担任出纳工作。即使是小型企业在合并设岗实行一人多岗时,一些不相容职务的岗位也不得合并,以免造成人为错弊。

第三节 会计核算规则的设计

会计核算规则是单位会计核算中约定俗成、须共同遵守的法则或章程。如采用的会计期间,记账方法,会计处理基础,会计记录所使用的文字,会计政策和会计估计变更的规定,会计科目的编号及其运用,会计凭证填制,会计账簿登记,编制和提供财务报告的规定,会计人员的交接规定以及会计制度与税收制度的关系等。这些内容在国家统一会计制度中都有原则规定,但具体到各个单位业务性质、经营规模和管理组织形式都不相同,有些会计核算规则在不违背国家统一会计制度的前提下,单位有一定的选择权。因此,在进行会计制度设计时,必须要在会计制度总则中加以明确。

一、会计期间的确定

会计期间的确定是单位会计核算的基本前提之一,也是单位设计和选择会计方法的重要依据。为了适应单位管理者和利害关系人及时利用有用会计信息进行决策的需要,会计人员必须确定从何时开始到何时截止对其经济活动进行核算,也就是说,需要人为地将单位持续不断、川流不息的经济活动划分为若干个间隔相等的期间,以提供分阶段的会计信息。这种人为的分期就是会计期间。单位通常以1年作为划分会计期间的标准,也可以其他的标准来划分会计期间,如可以以6个月为一个会计期间。以1年为会计期间的,称为会计年度。在一个会计年度内,为了满足管理上的需要,还可以划分若干个较短的会计期间,一般按月份或季度来划分。确定会计年度的方法有两种:一是以公历年度为一会计年度,即从每年1月1日起至12月31日止为一个会计年度。我国会计法规定,各单位应以公历年度作为会计年度,这主要是因为其与我国的财政年度一致并符合单位的一般习惯。二是以某一日为开始的365天的期间作为一个会计年度,如"七月制",即从当年的7月1日起至次年的6月30日止为一个会计年度。选择以某一日为会计年度的起始日,往往是以全年度经济活动的最低点为标准。

外商投资企业、有些跨国集团公司的母公司设在我国境内,子公司在国外,或者子公司设在我国境内,母公司在国外,所采用的会计年度不同,因此,在这些企业设计会计制度总则时,必须明确本企业所采用的会计年度,以便统一反映企业在一定时期内的经营成果和现金流量以及会计年度结束时的财务状况。

二、记账方法的选用

记账方法是根据一定的原理和规则,采用一定的符号,利用账户记录经济业务的会计核算方法。科学的记账方法,对提供正确、全面的会计信息,实现会计职能,完成会计工作的各项任务有着重要的意义。

记账方法有单式记账和复式记账之分。单式记账法是指对发生的经济业务,只在一个账户中作单方面登记的一种方法。由于该方法账户设置不完整,不能全面、系统地反映经济业务的来龙去脉,无法了解各会计要素有关项目的增减变动情况,也不便于检查账户记录的正确性和真实性,所以,这种方法已不适应现代经济管理的需要。复式记账法是对发生的每一笔经济业务,用相等的金额在两个或两个以上相互联系的账户中进行登记的一种方法。虽然复式记账法的记账手续较单式记账法复杂一些,但它能完整地反映每一项经济业务的过程和结果,在全部经济业务登记入账以后,可以通过账户之间的相互关系对记录的结果进行试算平衡,以检查账户记录的正确性。因此,复式记账是一种科学的记账方法,是填制会计凭证、登记会计账簿、进行试算平衡和编制会计报表的基础。

复式记账法按其记账符号、记账规则和试算平衡的方法不同,可以分为增减记账法、收付记账法和借贷记账法等。其中,借贷记账法是以"借"和"贷"作为记账符号,在会计核算时按复式记账原理来记录和反映每一笔经济业务,"有借必有贷,借贷必相等"。复式记账因其科学性

和合理性,目前已成为世界各国通用的"商业语言"。我国自1993年起在企业单位中统一采用借贷记账法,自1998年起在财政总预算会计、事业单位会计、行政单位会计中也统一采用借贷记账法。因此,在设计单位会计制度总则时,应明确所采用的记账方法。

三、会计处理基础的确定

会计处理基础是在确定会计期间的基础上区分本期与非本期的收入和费用的入账基准。有两种方法可供选择:一是权责发生制,二是收付实现制。

权责发生制也称应计制或应收应付制,是指本期的收入和费用是以其归属期或权责关系为标准确定。凡属本期应获取的收入和应负担的费用,不论其是否在本期发生实际收支,都应作为本期的收入和费用处理;反之,凡不应归属本期的收入和不应由本期负担的费用,即使其款项在本期已经发生收支,都不作为本期的收入和费用处理。采用权责发生制,对于有关收入和费用,就要按照其归属期或权责关系在本期和非本期之间进行分配确认,为此,需要在会计上运用应收、应付、预收、预付、待摊、预提等一些特殊的会计处理方法。采用权责发生制进行会计核算,其优点是收入和费用之间存在着合理的因果关系,能较好地体现收入和费用相配合的原则,据此计算的损益能够真实地反映企业一定时期的经营成果和获利能力,也能够真实地反映企业在该会计期间终了时的财务状况;其缺点是不能真实地反映企业一定时期的现金流量。

收付实现制又称为现金制或实收实付制,是指确认本期的收入和费用是以其收支期为标准。凡在本期收到的收入和支付的费用,不论其是否应归属本期,都应作为本期的收入和费用处理;反之,凡本期未曾收到的收入或支付的费用,即使应归属本期,也不作为本期的收入和费用处理。采用收付实现制,对于收入和费用的确认,只认其是否收到或支付款项,因此,会计上一般不需要运用应收、应付、预收、预付、待摊、预提等一些特殊的会计处理方法。采用收付实现制进行会计核算,手续比较简便,可以真实地反映单位一定时期的现金流量,但难以真实地反映单位一定时期的经营成果。

目前,我国财政总预算会计和行政单位会计以收付实现制为会计处理基础;事业单位会计根据单位实际情况,分别采用收付实现制和权责发生制;企业会计均以权责发生制为会计处理基础,只有在编制现金流量表和为了简化会计核算工作、节约核算成本、处理一些不重要的会计事项时,才运用收付实现制。因此,单位在设计会计制度时,必须在总则中明确本单位所采用的会计处理基础。

四、记账本位币和会计记录文字的确定

记账本位币是指一个单位在会计核算时统一使用的记账货币。随着世界经济一体化的发展,尤其是中国加入WTO,单位的涉外业务越来越多,特别是沿海沿边和对外开放地区以及外向型单位等大量使用外汇交易。在会计核算时,采用人民币记账还是采用人民币以外的货币记账,《会计法》作了原则规定,即单位会计核算应以人民币为记账本位币。业务收支以人民币以外的货币为主的单位,可以选定其中的一种货币作为记账本位币,但是编报的财务会计报告应当折算为人民币。这就给外币业务发生频繁的单位如实反映和简化会计核算手续、选择

适合本单位情况的记账本位币提供了理论和法律依据。因此,单位在设计会计制度总则时,应明确规定本单位所选用的记账本位币,并且编制的财务会计报告应当折算为人民币反映,即单位对外报出的财务会计报告应以人民币金额反映,各个外币账户的期末余额,应以期末市场汇率折合为人民币作为编制财务报告的依据。对于我国在境外设立的企业,一般以当地的币种进行经营活动和会计核算。但为了便于国内有关部门了解企业的财务状况和经营成果,在向国内报送财务会计报告时,应当折合为人民币来反映企业情况。

会计记录文字是指会计凭证、账簿、财务会计报告等会计专业核算资料的书面表达形式,它是会计信息交流的工具。我国是一个多民族的国家,除了汉字以外还有多种少数民族文字,同时涉外单位也经常使用某种外国文字。在会计核算时到底采用哪种文字记录,必须在设计本单位会计制度总则时进行明确。我国《会计法》对会计记录文字的规定既原则又比较灵活,一方面,规定单位会计记录的文字应当使用中文;另一方面,规定在民族自治地方,会计记录可以同时使用当地通用的一种民族文字;在中华人民共和国境内的外商投资企业、外国企业和其他外国组织的会计记录,可以同时使用一种外国文字。这就给我国少数民族地方的单位和涉外单位在选择会计记录文字时提供了理论和法律依据。

五、会计政策和会计估计变更的规定

会计政策是指单位在会计核算时所遵循的具体原则以及单位所采纳的具体会计处理方法。为了保证会计信息的可比性,使会计报表使用者在比较单位一个以上期间的财务会计报告时,能够正确判断单位的财务状况、经营成果和现金流量的趋势,一般情况下,单位应在每期采用相同的会计政策,不应也不能随意变更会计政策,体现会计核算一贯性的原则。但是,也不能认为会计政策不能变更,若法律或会计准则等行政法规、经济环境变化等原因,使得变更会计政策后能够提供单位有关财务状况、经营成果和现金流量等更可靠、更相关的会计信息,则应改变原选用的会计政策,这就是会计政策变更。

会计估计是指单位对其结果不确定的交易或事项以最近可利用的信息为基础所作的判断。在进行会计处理时,会计估计是不可或缺的,例如,发生的坏账、存货陈废、预提费用和待摊费用的摊销、应计折旧固定资产的使用年限等,都需要进行估计。但是,估计毕竟是就现有资料对未来所作的判断,随着时间的推移,如果赖以进行估计的基础发生变化,或者由于取得了新的信息、积累了更多的经验或后来的发展可能不得不对估计进行修订,这就是会计估计变更。

会计政策和会计估计变更,并不表明原来的会计政策或会计估计方法有问题或不是最适当的,只表明会计政策或会计估计方法已经不能适应目前的实际情况,在目前已失去了继续沿用的依据。变更会计政策或会计估计方法,必须具有据以变更的条件或原因,还应明确变更的程序和批准手续。所有这些都必须在单位设计会计制度总则时明确规定。

六、运用会计科目的规定

单位会计制度一般包括总则、会计科目、会计报表、主要会计事项分录举例等。会计科目的分类、编号、名称以及对会计科目使用的详细说明,都应在会计科目设计中进行规定,而在会计制度总则中对运用会计科目的规定只是原则性的要求。一般有以下几点:

(1) 单位会计制度应按照国家统一会计制度规定会计科目的编号,以便于编制会计凭证、登记账簿、查阅账目,实行会计电算化,并保证提供会计信息的统一性。单位所属各核算部门(包括分公司、分支机构)不应随意改变或打乱重编会计科目的编号。会计制度在某些会计科目之间留有空号,供增设会计科目之用。

(2) 各核算部门(包括分公司、分支机构)应按会计制度的规定,设置和使用会计科目。在不影响会计核算要求和会计报表指标汇总,以及对外提供统一财务会计报告的前提下,可以根据实际情况自行增设、减少或合并某些会计科目。

明细科目的设置,除单位会计制度已有规定的外,在不违反统一会计核算要求的前提下,各核算部门(包括分公司、分支机构)可以根据需要自行规定。

(3) 各核算部门在填制会计凭证、登记账簿时,应填制会计科目的名称,或者同时填列会计科目的名称和编号,不应只填科目编号,不填科目的名称。

七、会计凭证填制的规定

单位办理经济业务事项,必须填制或者取得原始凭证并及时送交会计机构。会计机构、会计人员必须按照国家统一的会计制度的规定对原始凭证进行审核,对不真实、不合法的原始凭证有权不予接受,并向单位负责人报告;对记载不准确、不完整的原始凭证,予以退回,并要求按照国家统一的会计制度的规定更正、补充。原始凭证记载的各项内容不得涂改,原始凭证有错误的,应当由出具单位重开或者更正,更正处应当加盖出具单位印章。原始凭证金额有错误的,应当由出具单位重开,不得在原始凭证上更正。记账凭证应当根据经过审核的原始凭证及有关资料编制。

八、会计账簿登记的规定

会计账簿登记必须以经过审核的会计凭证为依据,并符合有关法律、行政法规和国家统一的会计制度的规定。会计账簿应当按照连续编号的页码顺序登记。会计账簿记录发生错误或者隔页、缺号、跳行的,应当按照国家统一的会计制度规定的方法更正,并由会计人员和会计机构负责人(会计主管人员)在更正处盖章。使用电子计算机进行会计核算的,其会计账簿的登记、更正应当符合国家统一的会计制度的规定。

九、编制和提供财务会计报告的规定

编制和提供财务会计报告的详细说明,应在财务会计报告设计中进行规定,在会计制度总则中,只对编制和提供财务会计报告提出原则性的要求。

(一) 合法性要求

单位应当按照《会计法》、国家统一的会计制度关于财务会计报告的编制要求、提供对象和提供期限的规定,根据经过审核的会计账簿记录和有关资料编制和提供真实、完整的财务会计报告。

（二）财务会计报告的内容

单位向外提供的财务会计报告，包括资产负债表、利润表、现金流量表、所有者权益变动表和会计报表附注以及财务情况说明书。报表种类和格式、会计报表附注的主要内容应符合国家统一的会计制度的要求。单位内部管理需要的会计报表由单位会计制度规定。

（三）财务会计报告提供的时间

单位的财务会计报告应当按相关法规规定的时间向有关各方提供。需要向股东提供财务会计报告的，还应按公司章程规定的期限向股东提供。

（四）财务会计报告使用的货币计量单位

财务会计报告的填列，一般以人民币"元"为金额单位，"元"以下填至"分"。

（五）编制和提供财务会计报告的责任

单位向外提供的财务会计报告，应依次编定页数，加具封面，装订成册，加盖公章。单位对外提供的财务会计报告，应当由单位负责人和主管会计工作的负责人、会计机构负责人（会计主管人员）签名并盖章。设置总会计师的单位，还须由总会计师签名并盖章。《会计法》还特别强调了单位负责人应当保证财务会计报告真实、完整，加大了单位负责人的责任。

（六）合并会计报表编制的规定

如果单位对其他单位投资占该单位资本总额50%以上（不含50%），或虽然占该单位资本总额不足50%但具有实质上的控制权的，应当编制合并会计报表。合并会计报表的合并范围、合并原则、编制程序和编制方法，按照国家统一的合并会计报表规定执行。

十、会计人员交接的规定

会计人员因工作调动或其他原因离职，必须与接管人员办理交接手续，这样可以使会计工作前后衔接，防止账目不清、财务混乱，同时也是分清责任的重要措施。《会计法》规定，一般会计人员办理交接手续，由会计机构负责人（会计主管人员）监交；会计机构负责人（会计主管人员）办理交接手续，由单位负责人监交，必要时，主管单位可以派人会同监交。在设计会计制度总则时，必须明确会计人员的交接手续。

十一、会计制度与税收制度的关系

会计制度和税收制度体现着不同的经济关系，分别遵循不同的原则，服务于不同的目的。按会计制度与税收规定确认和计量收益、费用、资产、负债，其结果不一定相同。如何处理两者的关系，必须在设计会计制度总则时加以明确。根据有关法规规定，会计制度规定的会计核算方法与有关税收规定相抵触的，应当按照会计制度规定进行会计核算，按照有关税收规定计算纳税。

第四节 会计档案管理的设计

会计档案是机关、团体、企事业单位和其他组织在会计活动中自然形成的,并按照法律规定保存备查的会计信息载体(包括会计凭证、会计账簿、财务会计报告和其他会计资料),是记录和反映经济业务的重要史料和证据,是检查遵守财经纪律情况的书面证明,也是总结经营管理经验的重要参考资料。《会计法》规定,各单位对会计凭证、会计账簿、财务会计报告和其他会计资料应当建立档案,妥善保管。在设计会计制度总则时,应根据《会计法》和《会计档案管理办法》,明确规定本单位会计档案管理的要求,以及整理、保管、利用和销毁办法。

一、会计档案管理设计的原则

(一) 统一管理、分工负责的原则

统一管理是指会计档案由档案、财政部门统一管理。会计档案既是本单位全部档案的一部分,又是国家全部档案的重要组成部分,因此,会计档案应由各级档案部门实行统筹规划、统一制度,进行监督和指导;同时,会计档案政策性、专业性强,分布面广,作为会计工作法定管理部门的财政部门,对会计档案又负有业务指导、检查和监督的责任。分工负责是指各单位每年形成的会计档案,应由本单位财会部门负责整理、立卷、装订成册,按期移交档案部门,由档案部门管理。财会部门与档案部门分工合作,共同做好档案管理工作。

(二) 齐全完整的原则

会计档案要全部归档。财会部门或经办人员必须按期将应归档的会计档案,全部移交给档案部门,保证档案的齐全完整。不得以方便工作为借口而自行封包保存,档案部门也不能以库房紧张、装备不足为由而拒绝保管。如果会计档案残缺不全,将会大大降低会计档案的保存和利用价值。

(三) 简便易行的原则

会计档案的工作制度、管理办法等应当力求简便易行、通俗易懂、操作简单、利用方便,以便提高工作效率,充分发挥会计档案的作用。

(四) 依法管理的原则

会计档案涉及面广、政策性强、使用价值大,因此,必须加强会计档案管理的法制建设,依法管理会计档案。单位应根据法律、法规的规定,建立健全会计档案的立卷、归档、调阅、保存和销毁等管理制度,切实把会计档案管好、用好。

二、会计档案整理的设计

会计档案整理是指将会计档案分门别类、按序存放的工作。整理工作是会计档案管理的

重要内容，是保存、利用会计档案的前提。

会计档案整理包括会计凭证的整理、会计账簿的整理、财务会计报告的整理和其他会计资料的整理。定期或每个月份终了，应将所有应归档的会计凭证收集齐全，并根据记账凭证分类整理其附件，剔除不属于会计档案范围和没有必要归档的资料，补充遗漏的必不可少的核算资料，按适当厚度分成若干本，填制凭证封面，统一编号，装订成册，并由专人负责保管。年度终了，各种账簿（包括仓库的材料、产成品或商品的明细分类账）在结转下年、建立新账后，一般都要把旧账送交总账会计集中统一整理，活页账还要按页码顺序排好加封面后装订成本。财务会计报告一般在年度终了后，由专人（一般是主管报表的人员或会计机构负责人）统一收集，将全年财务会计报告按时间顺序整理装订成册，经会计机构负责人审核、盖章后立卷归档。其他会计资料，包括年（季）度成本、利润计划、月度财务收支计划、经济活动分析报告都应视同正式会计档案进行收集整理，但这部分资料不全部移交档案部门，有的在一个相当长的时期内仍由财会部门保存，因此，应逐件进行筛选、鉴别，将需移交档案部门保存的，另行组卷装订并移交，其余的则由财会部门保存，以便随时利用。

会计档案的整理要规范化。封面、盒、袋要按统一的尺寸、规格制作，卷脊、封面的内容要按统一的项目印制、填写。

三、会计档案的分类和编号设计

（一）会计档案的分类设计

会计档案的分类，要遵循会计档案的形成规律和本身固有的特点，从本单位会计档案的实际出发，可选择以下分类方法。

(1) 年度—形成分类法。即把一个年度形成的会计档案分为凭证、账簿、财务会计报告三大类，然后分别组成若干保管单元（卷）。这种方法适用于一般的企事业单位。

(2) 年度—机构分类法。即先把一个年度内形成的会计档案按机构分开，然后在机构内再按凭证、账簿、财务会计报告分别组成保管单元。这种方法一般适用于各级财政、税务、银行等部门和所属单位多的大型企业。

（二）会计档案的编号设计

为了实现会计档案管理规范化，有利于电算化处理，根据会计档案排列"年"（所属年度）、"类"（种类）、"限"（保管期限）三要素的多种组合方式，可以选用以下两种排列编号方法。

(1) 一般的企业、单位可采用"年、限、类"的排列编号方法。即以每一年度的会计档案为一单元，将每个案卷按不同保管期限，从永久到最短的期限依次排列，然后将同一保管期限的案卷分类排列，最后以第一卷"永久"卷为1号，按顺序编制目录号，这些号码也作为案卷号。

(2) 对于由于种种原因会计档案仍由财会部门保管的单位，可将当年的"永久"卷先过去、后现在的顺序排列，用大流水方法编号，即首卷为"1"号，以后各卷按顺序编下去。其余定期保管案卷，仍以每一年度为一单元，按上述"年、限、类"方式排列编号。

四、会计档案保管、利用和销毁的设计

(一) 会计档案的保管

会计档案的保管要严格执行安全和保密制度,做到会计档案完好无缺,不丢失、不破损、不霉烂、不被虫蛀,会计档案的信息不超过规定的传递范围。

各单位每年形成的会计档案,在财会部门整理立卷或装订成册后,如果是当年的会计档案,在会计年度终了后,可暂由本单位财会部门保管一年;期满后,原则上应由财会部门编造清册移交本单位的档案部门保管。

各类会计档案的保管期限,根据其特点,可分为永久和定期两类。一般年度决算财会报告和会计档案保管、销毁清册需永久保存,其他会计资料作定期保存,定期保存期限分为3年、5年、10年、15年、25年5种。各种会计档案的保管期限,从会计年度终了后的第一天算起。各类会计档案所适用的保管期限为最低保管期限,各单位不得擅自变更。

(二) 会计档案的利用

保存会计档案的最终目的是为了利用会计档案,因此,必须重视和加强会计档案的利用工作。各单位保存的会计档案不得借出。如有特殊需要,经本单位负责人批准,可以在指定地点提供查阅或者复制,并履行登记手续,归还时要清点。查阅或复制会计档案的人员,不得在会计档案上做任何记录、勾、画和涂改,更不能拆封或抽撤单据。

(三) 会计档案的销毁

会计档案保管期满需要销毁时,应由单位档案部门会同财会部门提出销毁意见,共同鉴定,严格审查,按《会计档案管理办法》规定的报批程序审批。经批准销毁的会计档案,应按规定监销。各单位按规定销毁会计档案时,应由档案部门和财会部门派人监销;国家机关销毁会计档案时,应由同级财政部门、审计部门派人监销;财政部门销毁会计档案时,应当由同级审计部门派人监销。监销人员要认真负责,在销毁会计档案以前要认真清点核对,销毁时要防止泄密、丢失。销毁后,档案部门、财会部门和各有关部门的监销人员要在会计档案目录封面上签字盖章,归档保存,并将监销情况书面报告本单位负责人。

【复习思考题】

1. 会计制度总则一般应包括哪些内容?
2. 设计单位内部会计制度的依据有哪些?
3. 什么是会计组织机构?设计单位会计组织机构应遵循哪些原则?
4. 会计机构内部应如何分工?各岗位的职责有哪些?
5. 在会计制度总则中应包括哪些会计核算规则?
6. 会计档案管理有哪些原则?如何整理、保管、利用、销毁会计档案?
7. 试根据《会计法》、国家统一的会计制度和《外商投资企业法》以及其他法律、法规的规定,并自设有关条件,为某中外合营企业设计编写一份内部会计制度总则。

第三章 会计科目设计

【本章概要】

会计科目设置是会计核算方法中的重要内容,也是整个会计制度设计的核心部分。本章详细介绍了会计科目设计的要求、总分类科目的设计、明细分类科目的设计和会计科目表的设计等内容,并通过单位会计科目设计的实例较完整地说明了会计科目设计的步骤和方法。

第一节 会计科目设计概述

会计科目是会计制度的重要组成部分,它是对会计要素的内容按照经济管理的要求进行具体分类核算和监督的项目,是编制和加工整理会计凭证、设置账簿、编制财务报表的依据。会计科目设计是会计制度设计的重心。由于各个企业的业务性质、经营目标、规模大小、业务繁简及组织状况有所不同,会计科目的设计必须充分考虑这些客观条件,遵循一定的原则和要求,以保证会计信息需求者取得有用的会计核算指标,并发挥会计分析和会计检查的作用。

一、会计科目设计的意义

1. 会计科目是对会计核算内容具体分类的方法

会计核算的系统性特点主要体现于会计分类。会计核算内容的分类首先按其性质分为六大类,即资产、负债、所有者权益、收入、费用、利润六要素,而会计科目是对会计要素内容所作的进一步分类。各单位发生的经济业务是纷繁复杂的,它会引起会计要素的具体形态和数量发生变化。如果对各要素不加以具体分类,就很难满足有关会计信息使用者的要求。因此,为了全面、系统、分类地核算和监督经济业务的发生及所引起的会计要素变化的具体情况,满足经济管理者和会计信息使用者的要求,还必须采用科学的方法对会计要素的具体内容作进一步分类。设计会计科目就是对会计要素所作出的科学分类。

2. 会计科目是编制会计凭证的依据

单位经济业务发生后取得原始凭证,首先,要根据会计科目对取得的原始凭证进行分类整理;其次,按规定的会计科目编制会计分录即记账凭证;最后,记账凭证要按会计科目进行归类、整理。

3. 会计科目是账户分类设置和账户格式设计的前提

会计科目是账户的名称,会计科目是总分类账和明细分类账开设的依据,它规定了各会计账户的具体核算内容,决定了账户格式的设计。有多少会计科目,就要开设多少分类账户。单位会计科目体系是建立其账簿体系的基础。

4. 会计科目的设计为会计报表的设计奠定了基础

会计报表的信息主要来自会计科目分类汇总的资料,会计科目往往又成为会计报表上的指标项目。会计报表所反映的单位财务状况和经营成果,就是根据会计科目开设的账户余额与发生额在会计报表上的综合反映。

5. 会计科目的设计是审查稽核的基础准备

审计工作的进行首先必须明了一个单位的会计科目组织系统,然后才能详查每一账户的内容是否相符。每一笔交易的发生,均会引起会计要素的变化,都表现在各账户记录中,审计就是对全部会计科目的审查、评价、分析。

二、会计科目设计的总体要求

(一) 会计科目设计的原则

会计科目设计是会计制度设计的重要环节,对会计账簿、会计报表的设计有直接影响。要设计一套科学的会计科目,应遵循以下原则。

1. 根据会计主体的特点和资金运动规律来设计

经营过程的特点就是会计对象的具体特点。例如,制造业要根据它的供应、生产、销售三个过程资金循环的特点来设计,商品流通企业要根据购进、销售两个过程资金循环的特点来设计,行政事业单位则根据预算资金收支的特点来设计。营利企业要设计成本、利润类科目,非营利单位则不需要设计这类科目。只有这样,才能使设计的会计科目全面、系统地反映和控制本部门、本单位的全部经济活动。

2. 满足经营管理的需要

既然会计科目是对会计主体各项经济业务内容进行分类的标志,通过设计的会计科目就可以提供经济管理的各项重要指标,因此,会计科目的设计就应考虑会计核算指标的一致性、可比性,并保持相对稳定,同时兼顾灵活性,确保会计信息能够在一个部门、一个行业、一个地区以至在全国范围内综合汇总、分析利用。目前,我国会计科目及核算内容、使用方法等均由财政部统一制定,随着会计改革的深化和具体会计准则的逐步颁布实施,今后各会计主体就应在满足国家宏观经济管理的需要、满足有关各方了解企业财务状况和经营成果的需要、满足企业加强内部经营管理需要的前提下,按照具体会计准则的规范要求,自行设计符合本行业特点的会计科目。需要注意的是,随着社会经济环境的不断变化、会计主体业务的不断发展,在保证提供统一核算指标、满足国家宏观管理的要求下,会计主体可根据自身的特点和管理要求,灵活地对国家已制定和使用的会计科目及其内容作必要的合并和增补,对于二级科目和明细科目,应根据需要由各单位自行决定设计。

3. 严格遵守科目的外延性和互拆性

会计科目设计的外延性,是指集合全部一级科目能全面地、完整地反映本单位会计核算内容,能全面覆盖本单位的所有经济业务。发生任何一项经济业务都有相应的会计科目可以使用,所设置的二级科目应能核算该一级科目所核算的经济业务内容;同时,所设置的三级科目应能核算该二级科目所核算的经济业务内容,不致发生无适当科目进行核算的现象。会计科目的互拆性,是指每一个会计科目(包括各级科目)核算的内容都有严格的界限,不致产生混淆不清的现象,使发生的任何一项经济业务只能有一个会计科目可以适用。

4. 合理进行总括分类和明细分类

这是指一级科目与明细科目设计数量要适当。科目数量过多,会给凭证汇总与结账工作带来较大的工作量。但若分类过于笼统,一级科目过少,则分类数据指标难以准确反映客观情况。究竟应如何进行总括分类和明细分类才算合理,这是设计会计科目必须研究的问题。对经济业务内容的分类,主要决定于是否符合管理需要和核算的方便,两者不可偏废。

5. 符合会计电算化的需要

会计电算化是指利用电子计算机替代手工操作或机械操作,是以人和计算机的有机结合为系统的主体,是一个人机系统。会计科目是会计核算的基础,也是计算机处理会计数据的主要依据。会计电算化对会计科目的设置提出了新的要求。它要求科目的名称、编码、核算内容应统一,为了减少初始设置的工作,科目的层次、内容尽可能统一,并尽可能稳定。明细科目的设置原则应尽量考虑计算机处理的方便。科目的编码应加以缜密地考虑,使制度规定的编码体系满足数据编码具有系统性、通用性、可扩展性、唯一性的基本要求。

会计科目设计过程中,除要遵循上述基本原则外,还应注意以下几个问题:

- 会计科目名称应简明易懂,字数不宜过长,能适合显示科目的性质或功能,并尽量采用已被一般公认的名称,要具有科学性,并与内容一致。
- 会计科目应按照流动性、变现性或重要性为顺序进行排列,以适合编制各种报表。
- 会计科目应有大小类别及层级隶属,以便控制及编制不同用途的会计报表。
- 科目顺序确定以后,应给予系统的编号,以确定其位置,便于会计核算工作。科目编号必须具有弹性,以适应业务变动时增删之用。
- 对每一个会计科目的性质、内容及影响因素,应有简单、明白、确切的说明。
- 会计科目说明资本性支出、存货支出及费用支出时,应有明确的划分。
- 定期检查修正会计科目表,以适应业务需要。

(二) 会计科目设置的基本程序

会计科目设计是对会计要素内容的分类,包括总括分类与详细分类,并根据每一类会计科目性质与核算内容确定科目名称,规定科目用途、使用方法、编号以及主要会计事项举例等。设计时应按以下程序进行。

1. 对会计主体的经济业务进行调查,明确经济业务的内容

在设计会计科目时,首先要对本单位的情况进行深入调查研究。调查研究的内容和范围取决于设计的方式。会计科目设计的方式可以分为自行设计和委托设计等方式。其中,自行设计是指由本单位人员主持的设计,由于对自己所在单位的情况比较了解,因此,需要调查的内容和范围就相对少些;委托设计是指单位委托社会中介机构(如会计师事务所)进行的设计,由于设计人员对被设计单位的情况不甚了解,因而需要调查的内容和范围相对要多一些。一般情况下,调查的内容和范围包括:(1)单位的内部组织情况,生产经营特点和经济活动特点。

主要是指单位的生产经营流程、成本核算、费用开支规程、财产物资的增减、货币项目的收付、往来款项的结算、资本金的构成以及对外投资情况等基本业务。(2)经营状况,即单位的主营业务是什么,是否还有其他经营业务,业务量有多少。(3)经营发展状况,即单位在近期或将来是否会发生新的或特殊业务。调查时,应拟订调查提纲,并采取查阅和收集有关文件、召开座谈会、发放调查表、现场调查等方式获取全面、翔实的资料。总之,凡是涉及设计会计科目有关的各种信息和资料,均应收集上来作为设计的参考。如果该单位已有会计科目和账簿,更要详细了解,特别要注意存在的问题,以便仔细研究、精心设计。

2. 整理分析资料,设计会计科目

对所取得的资料加以整理分析,拟订提纲目录,在此基础上,对单位的经济业务进行分类。单位的经济业务一般可以分为两大类:一类是反映财务状况的经济业务,另一类是反映经营成果的经济业务。反映财务状况的经济业务,又可以从资产的取得及增减变动、债务的形成与偿还、资本的投入与增减变动等方面将其划分为资产、负债、所有者权益三个要素。反映经营成果的经济业务,又可以从资金的耗费及成本费用的产生、资金的收回及利润的形成,将其划分为费用、收入、利润三个会计要素。在对经济业务分类后,需根据每一类经济业务的性质、单位管理和核算的需要,对每个会计要素进行细分,确定其名称,即一级会计科目的名称,以便进行核算与管理。

3. 对会计科目进行分类编号

会计科目编号就是对已确定的会计科目进行分类排列,采用一定的方法编制出会计科目的号码,按顺序组成会计科目表,建立分类有序的会计科目体系。

4. 编写会计科目使用说明书

会计科目使用说明书是对会计科目的核算内容、明细科目的设置、根据科目开设的账户用途及账户结构的特点、会计科目的主要经济事项及账务处理等所作的说明。会计科目使用说明是使用者使用会计科目的标准,也是检验会计科目设计是否成功的尺度。

5. 试行和修订会计科目

为保证会计科目设计的质量,会计科目设计后必须对试行中发现的问题及时进行修订与调整,使会计科目体系逐步趋于严密和完善。

(三) 会计科目设计的基本方法

采用什么方法设计会计科目,主要取决于会计科目的适用范围、设计目标和会计主体的现状。会计科目设计的基本方法主要有以下三种。

1. 借鉴设计法(参照设计法)

此方法适用于为新成立的单位设计会计科目。其特点是根据单位经济业务的具体内容,参考相关单位的会计科目进行设计。如一个新成立的股份制公司会计科目设计,除根据会计准则的有关要求外,再参照财政部制定的统一的会计科目和同类型股份制公司在会计科目设计的优点进行设计,以达到不同企业会计科目通用化、标准化的目的。

2. 归纳合并法

此方法适用于为合并或兼并的单位设计会计科目。其设计的特点是在分析各原有会计科目体系的基础上,对相同或相近的会计科目加以归类合并,重新设计能覆盖其核算内容的新的会计科目。使用该方法主要是将核算内容一致而名称不一致的会计科目统一起来,使各单位的会计核算更具有可比性。

3. 补充修定法

此方法主要适用于对现行会计科目的修订和补充,通常在经济业务有新的变化或经营管理有新的要求情况下使用。使用该方法分析、研究现有会计科目的运用情况,了解哪些会计科目可以继续使用,哪些会计科目的核算内容或使用方法需适当变动,在原有的基础上通过局部变动,设计出适应本单位新情况的会计科目体系。

三、会计科目分类的设计

会计科目是会计对象具体内容分类的标志。要想进行会计科目的设计,首先应根据经济业务的不同性质来拟订会计科目的类别,然后才能进行其他事项的设计。会计科目分类有五级分类法和三级分类法之别。五级分类方法如下。

(一)划分大类别

即就经济业务内容按会计核算的需要所作的主要分类,为第一级分类。如我国企业会计制度中就把会计科目分为资产类、负债类、所有者权益类、成本类、共同类和损益类等六大类会计科目。

(二)划分性质别

即根据会计科目的性质,对大类别进行再分类,为第二级分类。如把资产类会计科目再分为流动资产类会计科目、长期投资类会计科目、固定资产类会计科目、无形资产类会计科目、递延资产类会计科目和其他资产类会计科目。

(三)划分科目别

即根据性质别项目所包括的内容,对每一性质的项目进行再分类,为第三级分类。如将流动资产分为库存现金、银行存款、其他货币资金、交易性金融资产、应收票据、应收账款、预付账款、原材料、库存商品等会计科目。这些会计科目又可以划分为货币资金类会计科目、应收预付账款类会计科目、存货类会计科目、交易性金融资产类会计科目类。第三级分类是最关键的分类,它直接为设置账簿、记账、编制会计报表提供基本素材,即直接提供总账科目或一级科目。

(四)划分子目别

即根据需要对会计科目别进行再分类,表示总账科目所统制的各构成分子类科目,为第四级分类。如其他货币资金科目,可分为"外埠存款""银行汇票""银行本票""信用卡""信用证保证金""存出投资款"等二级科目。第四级分类直接提供了二级科目,为设置二级明细账和编制明细报表提供了依据。

(五)划分细目别

即根据需要对子目别进行再分类,表示子目所含的项目,为第五级分类,如"材料采购"科目应按照材料品种设置明细科目。"原材料"科目不仅要划分为原料及主要材料、辅助材料、外购半成品、修理用备件、包装材料、燃料等二级科目,还要按照材料的保管地点(仓库)、材料的类别、品种和规格设置明细科目,以利于进行明细核算。细目别表示子目(二级科目)所包含的项目。第五级分类直接提供了三级科目或明细科目,为设置明细账和进行详细分析提供了依据。

采用五级分类法,主要应重视第三级和第四级的分类。三级分类方法即分为主要分类、次要分类及详细分类。其具体做法和五级分类法的后三级分类相似。

第二节 总账科目的设计

总账会计科目的设计是针对会计主体经济业务的具体内容设计的,也称为一级科目的设计或基本会计科目的设计。依据会计准则和企业会计制度及各会计主体经济业务内容的分类,基本会计科目的设计分为以下类别。

一、资产类会计科目的设计

资产是指过去的交易或事项形成的、由企业拥有或者控制的、预期会给企业带来经济利益的资源。按其流动性,可以分为流动资产和非流动资产两大类。资产类会计科目是核算和监督会计主体所拥有或控制的各类经济资源及分布状况的会计科目。流动资产类会计科目是反映单位流动资产的增减变动及结余情况的会计科目,非流动资产类会计科目是反映单位长期资产的增减变动及结余情况的会计科目。按其存在和分布状况,可以分为货币资产、应收及预付款项、投资、存货、固定资产、无形资产、递延资产、待处理财产损溢、其他资产等类会计科目。

(一)货币资产类会计科目设计

货币资产一般是指单位立即可以投入流通的交换媒介。各单位在正常经营活动中,经常会发生货币资金的收支业务,主要有以货币资金采购物资、支付费用、缴纳税款、偿还债务、向投资人分配利润等业务。根据国家的现金管理制度及银行结算方式的需要,可以将货币性资产分设为"库存现金""银行存款""其他货币资金"三个会计科目。

(二)应收及预付款类会计科目设计

商业信用发展的最终结果,必然要产生应收及预付账款业务。应收款是单位之间由于销售产品和提供劳务而产生的,它的产生一般都表明产品销售和劳务提供过程已经完成、债权债务关系已经成立。预付款是指单位因购买材料、物资和接受劳务供应,根据合同规定而预付给供应单位的货款。为了加强对债权的核算和管理,以尽可能减少无法收回的损失,应根据不同商业信用方式所形成的债权种类分别设置会计科目。如对采用商业汇票结算方式的业务,应设置"应收票据"科目;对应收未收的款项,应设置"应收账款"科目;对预付的款项,应设置"预付账款"科目。如是小型单位或预付账款业务不多的单位,也可将预付的账款直接记入"应付账款"科目的借方。为了贯彻执行谨慎性会计原则，对于可能发生的坏账损失可以设置"坏账准备"科目进行核算，并作为"应收账款"科目的备抵科目，以此反映应收账款的账面净值。对于销售商品和提供劳务之外的债权，则应设置"其他应收款"科目。为了反映股权投资已宣告发放而尚未领取的现金股利和债权投资已到期而尚未领取的利息，还应分别设置"应收股利"和"应收利息"会计科目。

（三）投资类会计科目设计

投资是指企业为通过分配来增加财富，或为谋求其他利益而将资产让渡给其他单位所获得的另一项资产。其目的是利用暂时闲置的资产获取较高的投资收益，或为了长远利益、控制其他在经济业务上相关联的企业，或为将来扩大经营规模积蓄资金。企业的对外投资，就其与接受投资企业的关系而言，一般有债权性投资、股权性投资和混合性投资。这些投资的类型及其目的、性质、会计处理方法对单位的影响都不相同。因此，单位应分别设置会计科目进行核算。对于能够随时变现并且持有时间不准备超过一年的投资，应设置"交易性金融资产"科目进行核算；由于证券市场价格的频繁变动且不规则，在资产负债表日，应按当日各项交易性金融资产的公允价值对交易性金融资产账面进行调整，还应设置"公允价值变动损益"会计科目，核算企业交易性金融资产公允价值变动形成的应计入当期损益的利得或损失。对于单位购入国家或其他单位发行的期限超过一年、本单位意图长期持有的债券或进行其他长期债权投资的，应设置"持有至到期投资"会计科目进行核算；对于单位通过投资拥有被投资单位的股权，控制或影响被投资单位的，应设置"长期股权投资"科目进行核算；对于市价持续下跌或被投资单位经营状况变化等原因导致长期投资可收回金额低于投资的账面价值的，应设置"持有至到期投资减值准备"和"长期股权投资减值准备"会计科目，核算应当计提的减值准备。期末，"持有至到期投资减值准备"和"长期股权投资减值准备"科目与"持有至到期投资""长期股权投资"科目余额备抵后，反映长期投资的实际价值。

（四）存货类会计科目设计

存货是指企业在日常活动中持有以备出售的产成品或商品、处在生产过程中的在产品、在生产过程或提供劳务过程中耗用的材料和物料等，主要包括单位为产品生产和商品销售而持有的原材料、燃料、包装物、低值易耗品、在产品、产成品、商品和法定所有权属于本单位的委托代销商品、委托外单位加工的物资和在途物资等。存货通常在单位的全部资产中占有很大的比重，因此，存货类会计科目的合理设计对于存货的核算和管理、正确计算经营成果、编制真实的财务会计报告都有重要的意义。

存货类会计科目的设计必须根据单位规模大小和存货管理上的需要，分别采用合并设计或分类设计的方法。规模比较小的制造业，属于材料性质的存货种类和数量都不多，为了简便核算，对原材料、低值易耗品、包装物等可以合并设置一个"材料"总账科目，然后根据需要再按材料的类别设置二级科目；在大中型企业（如股份有限公司），材料的品种多、数量大，应分门别类地单独管理和核算，就需要分别设置"原材料""周转材料"等总账科目。对于某些材料有单独提供核算指标要求的，如燃料、辅助材料等，还可以从"原材料"科目中划分出来单独设置总账科目进行核算和管理。

企业材料物资采购业务的核算，可以按实际成本计价，也可以按计划成本计价。若企业采用实际成本计价法核算,对已经购入但尚未到达或尚未验收入库的各种物资,应设置"在途物资"(或"在途材料""在途商品")科目进行核算;若企业采用计划成本(或售价)计价法核算,则应设置"材料采购"科目,同时设置"材料成本差异""商品成本差异"等会计科目核算实际成本(进价)与计划成本(售价)的差异。

对于法定所有权属于企业的一切物品,不论其存放何处或处于何种状态,都应作为企业的存货设计会计科目进行核算。如对委托外单位加工的各种物资,应设置"委托加工物资"科目;对委托其他单位代销的商品,应设置"委托代销商品"科目;对采用一般销售方式,已经发出商品但尚未确认收入的商品,可以设置"发出商品"科目等。对于单位受托代销商品业务,从理论上来说,商品在未出售之前,其所有权属于委托方,受托方可以设置"受托代销商品"及"代管商品"表外科目进行核算。但为了使受托方加强对代销商品的核算和管理,现行企业会计制度要求受托方对代销商品的核算和管理纳入受托方单位资产负债表的存货中反映,与受托代销商品对应的代销商品款作为一项负债反映,并设置"受托代销商品"和"代销商品款"对应的表内科目进行核算。

会计主体为了客观、准确地反映期末存货的实际价值,对于本单位存货遭受毁损、全部或部分陈旧过时或销售价格低于成本等原因,使存货成本不能全部或部分收回时,期末计价还可以采用"成本与可变现净值孰低法"来确定期末存货的实际价值。采用这一方法,应设置"存货跌价准备"科目,用来核算单位存货可变现净值低于成本的差额。"存货跌价准备"科目是相对存货科目的备抵科目。

在制造业,会计主体还应根据其自身的生产经营特点设计核算生产经营过程中会计科目。制造业的生产过程中,各个工序、步骤、车间往往存有在产品。为了正确地计算完工产品和在产品成本,加强对在产品的管理,企业应设置"生产成本"和"制造费用"科目。根据生产的需要,还可以设置"自制半成品"科目。由于企业对外提供劳务所发生的成本,可以设置"劳务成本"科目来反映。

(五)固定资产类会计科目设计

固定资产是指同时具有以下特征的有形资产:其一,为生产商品、提供劳务、出租或经营管理而持有的;其二,使用寿命超过一个会计年度。某个项目要作为固定资产加以确认,应符合固定资产的定义,且同时符合以下条件:①与该固定资产有关的经济利益很可能流入企业;②该固定资产的成本能够可靠地计量。在一般单位中,固定资产占全部资产的比重很大,而且种类繁多、规格不一,对现金流量、单位的生产经营活动有着重大影响。为了加强对固定资产的实物和价值管理,有必要对固定资产类分别设置会计科目进行核算。企业一般应设置"固定资产"科目,核算固定资产的原始价值,反映其初始投资规模和生产经营能力;设置"累计折旧"科目,核算固定资产已消耗或转移价值。"累计折旧"是"固定资产"的备抵调整科目,两个科目的余额相抵减后得到固定资产净值指标。为了反映自建固定资产的情况,对库存的用于建造或修理本单位固定资产工程项目的各项物资,应设置"工程物资"科目核算,以便与生产经营过程中的材料物资相区别。对正在建设、安装和修理中的固定资产,应设置"在建工程"科目,核算其工程成本。对企业因出售、报废和毁损等原因转入清理的固定资产净值及其在清理过程中所发生的清理费用和清理收入,应设置"固定资产清理"科目进行核算。"固定资产清理"科目是计价对比科目,对比后的损益作营业外收支处理。

对固定资产发生损坏、技术陈旧或其他经济原因,导致其可收回金额低于其账面净值的情况,也可设置"固定资产减值准备"科目,核算可收回金额低于其账面净值的差额。

(六) 无形资产会计科目设计

无形资产是指企业拥有或控制的没有实物形态的可辨认非货币性资产,如专利权、非专利技术、商标权、著作权、特许权等。无形资产按其来源不同可分为自创和购入两种情况。自创的还是购入的无形资产,都占用单位的一部分资金,并对单位的生产经营活动及现金流量等产生重大影响,所以,单位为了核算无形资产的增减变动情况和净值,应设置"无形资产"科目、"累计摊销"科目、"无形资产减值准备"科目和"商誉"科目。

(七) 递延借项类会计科目设计

递延借项类会计科目可按其递延时间划分。递延借项类会计科目主要包括对递延所得税资产进行确认时,为核算资产的账面价值与其计税基础之间存在差异而设置的"递延所得税资产"会计科目。对于企业已经支付,但应在本期和以后各期分别负担分摊期限在1年以上的各项费用,应设置"长期待摊费用"科目进行核算。凡是已经支付,但应在本期和以后各期分别负担分摊期在1年以上的各项费用,归属长期递延借项,应设置"长期待摊费用"科目进行核算。

(八) 待处理财产损溢类会计科目设计

待处理财产损溢是指单位在清查财产过程中查明的各项财产盘盈、盘亏和毁损的价值。各单位在生产经营活动中,可能会出现无法抗拒的自然灾害或管理不善等原因给单位带来的财产损失,也有可能会产生财产的溢余。在这些损溢没有作出最后处理之前,单位应将它们先作为一项资产记录,设置"待处理财产损溢"科目进行核算和管理。

二、负债类会计科目设计

负债是指过去的交易或事项形成的、预期会导致经济利益流出企业的现实义务。负债类会计科目是核算和监督由于过去的交易或事项所引起的单位的现实义务的科目,这种义务需要单位将来以转移资产或提供劳务加以清偿。负债类会计科目按其流动性划分,可以分为流动负债和非流动负债两大类。流动负债类会计科目是核算和监督将在1年或超过1年的一个经营周期内偿还的债务,非流动负债类会计科目是核算和监督偿还期限在1年或超过1年的一个营业周期以上的债务。负债类会计科目按其形成的来源可分为借款、应付与预收款项、递延负债等类会计科目。

(一) 借款类会计科目设计

单位在正常的生产经营活动中,从银行或其金融机构借款是筹集资金的重要渠道之一,也是最常见的一种负债。单位借款有不同的目的,有的是为了维持正常生产经营活动,或是为了抵偿某项债务,短期周转借入的资金,可以在1年内偿还;有的是为了固定资产投资,其偿还期限则在1年以上。因此,根据借款用途和偿还期限的长短,可以分为短期借款和长期借款。相应地,单位从银行或其他金融机构等借入的期限在1年以下(含1年)的各种借款,就应设置

"短期借款"科目进行核算;对借入的期限在1年以上(不含1年)的各种借款,应设置"长期借款"科目进行核算。

单位筹集资金除了通过借款以外,经批准还可以采用发行债券的方式。发行债券不仅要按期偿还债券本金,而且还要支付利息,因此,从本质上来说,仍然是一种借款行为,只是债权人不局限于银行和其他金融机构,而是广大债权投资者。为了核算单位为筹集长期资金而实际发行的债券及应付的利息,应设置"应付债券"科目。如果发行1年期及1年期以下的短期债券,则可另设"应付短期债券"科目核算。

(二)应付及预收款项类会计科目设计

应付及预收款项按其形成的来源,可分为结算中形成、生产经营过程中形成、利润分配过程中形成三种情况,分别体现了单位与供应商、职工个人、投资者及国家的经济利益关系。

会计主体在结算过程中形成的应付及预收款项,主要是指会计主体在市场经济条件下,采用商业信用方式,向供应商购买材料、商品和接受劳务所形成的应付而未付的款项。根据商业信用的不同,分为应付票据、应付账款和预收账款。相应地,单位也应设置不同的会计科目。对于采用商业汇票结算方式购买材料、商品和接受劳务的,应设置"应付票据"科目进行核算;对于采用非商业汇票结算应付而未付给供应商的款项,应设置"应付账款"科目进行核算;对于单位按照规定向供货单位预收的款项,应设置"预收账款"科目进行核算。对预收账款业务不多的单位,也可以将预收的款项直接记入"应收账款"科目的贷方,不设"预收账款"科目。

会计主体在生产经营过程中形成的应付款项,主要是指单位应付而未付给职工的工资和福利费,是单位对职工个人的一种负债。对于单位应付给职工的各种工资、奖金、津贴、职工福利、社会保险、住房公积金、工会经费、职工教育经费、非货币性福利、辞退福利、股份支付等,应设置"应付职工薪酬"科目进行核算。

会计主体在利润分配过程中形成的应付款项,主要是指按国家税法规定应缴而未缴的税金和经单位董事会或股东大会决议确定应付给投资者的现金股利或利润。按国家规定应缴的税费,不论会计核算如何处理,从理论上来说,其本质是国家凭借政治权力对单位实现利润的一种分割,体现了国家征税的一种强制性,单位在设计会计科名称时应与其他应付款项相区别。因此,对于单位应与税务机关及有关部门办理征纳结算手续的各种税金教育费附加、矿产资源补偿费等,应设置"应交税费"科目进行核算。对于应付给投资者的现金股利或利润,应设置"应付股利"或"应付利润"科目进行核算。

除上述各项应付款项外,单位若发生应付、暂收其他单位或个人的款项,可设置"其他应付款"科目进行核算。

(三)递延贷项类会计科目设计

递延贷项类会计科目主要有对递延所得税资产进行确认时,为核算负债的账面价值与其计税基础之间存在差异而设置的"递延所得税负债"会计科目。

(四)其他长期应付款会计科目设计

会计主体除通过长期借款和发行长期债券筹集资金外,还可以采用其他方式筹集长期资金。最常见的是采取融资租赁方式租入固定资产的应付租赁费和以分期付款方式购入固定资产等发生的长期应付款。对于这些长期负债,可设置"长期应付款"科目进行核算。

三、所有者权益类会计科目设计

所有者权益是指企业资产扣除负债后由所有者享有的剩余权益。所有者权益会计科目设计是由企业的组织形式决定的。现代企业制度最典型的组织形式是公司制,包括股份有限公司和有限责任公司。在这种组织形式下,投资者只以其认缴的出资额或所持有股份对公司承担有限责任,所以,为保持其资本的稳定和恒久存续,必然要求公司贯彻资本确定原则、资本维持原则和资本不变原则。我国目前实施的注册资本制度要求公司的实收资本与其注册资本相一致,因此,在会计核算中就应将投资者的投入资本分为注册资本与非注册资本。注册资本对外表明企业的财产状况和经营规模,是企业资信的依据;对内则是投资者交纳出资额和分享盈亏的依据。非注册资本是投资者投入的大于其出资额的部分,连同企业在筹集资本的过程中连带产生的增溢额,形成具有专门用途的资本准备金,由所有投资者共同享有。为此,企业应设置"实收资本"或"股本"科目,核算注册资本中投资者实际交纳的出资额;还应设置"资本公积"科目,核算资本准备金。对于在生产经营过程中运用资本所形成的增值部分,在履行向国家纳税义务后,应该按照国家法律的有关规定和企业权力机构的决议,提取部分公共积累,专门用于稳定企业发展和改善职工福利待遇,其余部分可用于向投资者进行分配。为此,应设置"本年利润"科目核算本年度的损益,并设置"利润分配"科目核算提取的公共积累、向投资者分配利润以及历年分配后的滚存余额。为了核算从净利润中提取的、具有特定用途的公共积累,还应设置"盈余公积"科目。在非公司制企业(如合伙企业、非国有独资企业)中,投资者要以其全部财产对企业债务承担无限连带责任,所以,没有必要再区分投入资本和资本增值,也就没有必要区分注册资本与资本准备和用于公共积累的资本增值与可向投资者分配的资本增值。为此,只需设置"实收资本"或"业主资本"科目进行核算。对于企业收购、转让或注销本公司股份的,还应设置"库存股"科目进行核算。

四、成本类会计科目设计

成本类会计科目设计主要是针对工业生产企业而言的。在企业的生产过程中,要对生产各种产品(包括产成品、自制半成品、提供劳务等)、自制材料、自制工具、自制设备等所发生的各项生产费用进行归集和分配,对于直接人工和直接材料,可以直接记入生产成本,对于间接费用,则需要按照一定的标准采用某种方法进行分配,然后计入生产成本。为此,企业需要设置"生产成本"科目,核算全部直接成本和分配转来的间接费用;为了归集和核算企业为生产产品和提供劳务而发生的各项间接费用,还要单独设置"制造费用"科目,并在期末将发生的各项间接费用分配转入"生产成本"科目。设计成本类会计科目,还应考虑企业的规模和内部生产组织部门的结构。如果企业规模较大,并设有辅助生产车间,也可将"生产成本"科目直接分设为"基本生产成本"和"辅助生产成本"两个一级科目,从而避免二级科目之间转账造成的麻烦。"生产成本"科目和"制造费用"科目是双重性质的会计科目,从其核算过程来看,属于成本计算类科目,但就其发生的性质来看,则属于资产类会计科目。如果企业在经营中对外提供劳务,其所发生的成本可在"劳务成本"科目进行核算。对于企业进行研究与开发无形资产过程中发

生的各项支出，还可以设置"研发支出"科目进行核算。

五、损益类会计科目设计

损益是企业在生产经营过程中发生的各种收入与费用支出相抵后的结果，也是企业在一定会计期间形成的最终经营成果。企业损益的构成，既有通过生产经营活动而获得的，也有通过投资活动而获得的，还包括那些与生产经营活动无直接关系的事项所引起的盈亏。因此，按照我国企业会计准则的规定，企业损益类会计科目应包括核算营业利润、投资净收益、补贴收入和营业外收支等内容的科目。

（一）营业利润会计科目设计

营业利润是指企业在经营活动过程中获得的利润，表现为全部营业收入扣除全部营业费用后的余额，是企业利润的主要组成部分。依据营业利润的计算过程，其会计科目设计就应包括业务收入、业务成本和期间费用类会计科目的设计。

企业取得的业务收入主要有主营业务收入和其他业务收入。是否应按这两种收入分别设计会计科目，应由企业所开展的业务种类和管理需要来决定。如果企业的其他业务收入不多或管理上不需要掌握各种收入的信息，则企业可以只设置一个"营业收入"科目对所有业务收入进行核算；如果企业开展的业务种类繁多而且管理需要掌握各种业务收入的信息，则企业应根据需要设置"主营业务收入"与"其他业务收入"两个科目，分别核算主营业务所取得的收入与其他业务所取得的收入。与业务收入相对应，企业发生的业务成本主要是主营业务成本和其他业务成本。相应地，企业可以只设置一个"营业成本"科目对所有业务成本进行核算，也可以设置"主营业务成本"与"其他业务成本"两个科目，分别核算主营业务和其他业务所发生的成本。同样道理，对取得业务收入所需要交纳的税费，可以只设置"税金及附加"科目进行核算，也可以设置"税金及附加"科目核算主营业务应交纳的税费，对于取得其他业务收入应交纳的税费，则应在"其他业务成本"科目核算。

企业在正常的经营过程中，还发生期间费用。期间费用是企业本期发生的、不能直接或间接归入某种产品成本、直接计入当期损益的各项费用，包括资产减值损失、管理费用、销售费用、财务费用等。为了掌握各种费用的开支情况并加强对费用支出的管理，企业应分别各项期间费用设置有关科目进行核算。对企业行政管理部门为组织和管理生产经营活动而发生的各种费用，应设置"管理费用"科目进行核算；对企业在产品销售、提供劳务等日常经营过程中发生的各项费用以及专设销售机构的各项费用，应设置"销售费用"进行核算，为简化手续，商品流通企业发生的采购过程中的费用也在本科目核算；对企业筹集生产经营所需资金而发生的费用，应设置"财务费用"科目进行核算；对企业按规定计算从本期损益中扣除的所得税，应设置"所得税费用"科目进行核算；对于企业计提各项资产减值准备所形成的损失，应设置"资产减值损失"科目进行核算。

（二）投资净收益会计科目设计

企业出售或收回投资以及长期投资在持有期间应计的收益，均属于投资收益。投资净收益是投资收益减投资损失后形成的投资收益净额。为了全面反映企业对外投资所发生的投资收益和投资损失增减变化和结果情况,在实际工作中,只需设置"投资收益"科目进行核算和管理。

(三) 营业外收支会计科目设计

营业外收支包括营业外收入与营业外支出两部分,是指与生产经营活动没有直接关系,但应作为企业利润增加或减少的各种收入和支出。为了反映企业取得的非流动资产处置利得、非货币性资产交易利得、债务重组利得、政府补助、盘盈所得、捐赠利得等,应设置"营业外收入"科目进行核算。为了将企业发生的处置非流动资产净损失、盘亏损失、非货币性资产交换损失、债务重组损失、公益性捐赠支出、非常损失等支出严格地与正常生产经营活动区分,应设置"营业外支出"科目进行专门核算。

六、其他

企业除要设置以上五类会计科目外,还可根据需要设置如"以前年度损益调整"等会计科目。"以前年度损益调整"科目核算单位本年度发生的调整以前年度损益的事项。单位在资产负债表日至财务会计报告报出批准日以前发生的需要调整报告年度损益的事项,以及本年度发生的以前年度重大会计差错的调整,也在该科目进行核算。

最后,应考虑会计科目设计的共性问题。

在设计任何一个规模较大的企业单位的会计科目时,有些常用科目是必须设计的,这就是科目设计的共性问题。如"库存现金""银行存款""固定资产""累计折旧""应付职工薪酬""实收资本""本年利润""盈余公积""所得税费用""管理费用"等科目。制造业除以上科目外,"原材料""周转材料""应收账款""其他应收款""库存商品""应付账款""主营业务收入""主营业务成本""生产成本""制造费用""营业外收入""营业外支出""销售费用""税金及附加"等科目也是必须设计的。这是由于制造业无论规模大小,都发生以上与会计科目相关的经济活动。掌握这一规律,就可以在确定单位的性质后进行科目设计时,首先考虑拟出这些科目,再根据其经济活动特点考虑其他会计科目。

第三节 明细科目的设计

明细科目是总账科目所属的二级科目、三级科目以及细目。明细科目的设计也称为次级科目设计。当前,我国财政部颁布的企业会计制度中,一般只规定了部分二级科目和三级科目,对其他明细科目只规定了设置原则。因此,大量的其他明细科目应由单位根据其生产经营特点、内部管理的需要和财务报告的需要自行设计。各单位可依据下列原则进行明细科目设计。

一、按核算内容的类别或项目分别设计

按核算内容的类别或项目设计,就是根据总账科目所核算的经济内容分类或分项目设计,这种方法在明细科目设计中比较常用。例如,"无形资产"总账科目可根据其不同类别设置"专利权""非专利权技术""商标权""著作权""土地使用权"等明细科目进行核算;再如,有外币现金和外币存款的单位,应分别人民币和各种外币存款设置现金与银行存款明细账进行明细核算。按经济内容的类别设置明细账的科目,还有其他货币资金、短期投资、应收利息、长期待摊费用、应交税费、长期应付款、实收资本、资本公积、主营业务收入、其他业务收入、投资收益、主营业务成本、其他业务成本等总账科目。

有些明细科目可按总账科目的来源或支出的用途划分为不同的明细项目。如"管理费用"科目应按费用项目设置"公司经费""工会经费""董事会费""聘请中介机构费""咨询费""诉讼费""业务招待费""房产税""车船使用税""土地使用税""技术转让费""矿产资源补偿费""研究费用""排污费"等明细科目。按项目设置明细科目的还有营业外收入、营业外支出、销售费用、财务费用等总账科目。

二、按核算内容的对象分别设计

企业的债权、债务、采购、销售和资产清理都必须要明确其对象,如应收款项应向谁收取,应付款项应明确应付给谁等。为此,企业的应收股利、应收账款、预付账款、委托代销商品、受托代销商品、应付账款、预收账款、代销商品款、在途物资(材料采购)、固定资产清理等总账科目,应按应收债务单位、应付债权单位、接受委托单位、委托单位、供应单位、销售单位以及清理的对象分别设置明细科目进行核算。

对于企业生产过程中发生的各项生产费用,应按成本核算对象和成本项目分别归集和分配,以便形成某一成本核算对象的生产成本,因此,企业生产成本的核算首先应根据本单位生产的特点,按品种、批别、步骤确定成本核算对象,"生产成本"科目也应按成本核算对象设置"直接材料""直接人工""制造费用"等明细科目进行核算。同样,"在建工程"科目也应按工程项目为对象设置明细科目进行核算。

三、按业务部门设计

各车间、部门为了考核业绩,明确责任,有些明细科目还可以车间、部门设置。如果企业的产品生产是多步骤,企业的"制造费用"科目就应按车间设置二级明细科目,并按支出的用途设置三级科目,核算其为生产产品和提供劳务而发生的各项间接费用。

四、按核算内容的种类、对象、地点、用途相结合设计

有的总账科目下属的明细科目分级较多,一般二级科目按类别、项目设计,三级和三级以下科目则按对象、具体用途或内容设计。如"持有至到期投资"科目应按债券投资、其他债权投

资设置二级科目,再按债权种类设置三级明细科目;"短期借款"科目应按不同债权人设置二级科目,再按借款种类的不同设置三级明细科目;"原材料"科目应按其保管地点(仓库)、类别、品种和规格设置明细科目(或原材料卡片)。按这种方法设计明细科目的总账科目,还有其他应收款、周转材料、库存商品、委托加工物资、长期股权投资、固定资产、工程物资、待处理财产损溢、应付职工薪酬、其他应付款、长期借款等科目。

五、备查登记簿设置与明细科目设计相结合

为了加强内部管理,并能及时、准确地提供会计信息,各单位在设计明细科目的同时,还应设置备查账簿进行明细核算。例如,"应收票据"科目应设置"应收票据备查簿",逐笔登记每一应收票据的种类、号数和出票日期、票面金额、票面利率、交易合同号和付款人、承兑人、背书人的姓名或单位名称、到期日、背书转让日、贴现日期、贴现率和贴现净额,以及收款日期和收回金额、退票情况等资料。按这种方法设计明细科目的总账科目还有固定资产、长期股权投资、委托加工物资、应付票据、应付债券、递延所得税资产、递延所得税负债、实收资本等科目。

明细科目的设计是根据管理的需要设计的,并非所有的总账科目都要设计明细科目进行明细核算。多数调整科目如"累计折旧""坏账准备""存货跌价准备""持有至到期投资减值准备""长期股权投资减值准备"等,一般不设置明细科目。

第四节 会计科目表及使用说明的设计

一、会计科目表设计

会计科目表的作用是帮助所有会计人员清楚地了解和正确地运用会计科目,规范账户的开设和会计分录的编制。会计科目表的设计主要是要解决会计科目的分类排列、科目编号及科目使用说明等问题。

(一)会计科目的分类排列设计

会计科目分类排列设计的方法一般是将会计科目按照会计要素分类和其在会计报表中填列项目的顺序排列。企业会计科目表分为资产、负债、所有者权益、成本和损益五大类,并按其先后顺序排列。在每一大类中,各个会计科目的排列顺序还应依据一定的标准。在资产负债表中,如果资产是按照其重要性排列的,则在会计科目表中资产类科目也应按照其重要性排列;在资产负债表中,如果资产是按照其流动性排列的,则资产类科目也应按照其流动性排列。我国现行会计制度中的会计科目表中,资产类科目是按照其流动性排列的,负债类科目是按照其偿还期限的长短排列的,所有者权益类科目是按照其永久性程度高低排列的。

财政部统一会计制度中的会计科目表列出一级会计科目的名称和部分二级会计科目的名称,基层单位在设计会计科目表时,应根据需要设计出明细科目。

(二) 会计科目的编号设计

会计科目编号的主要作用是使会计科目井然有序,有助于查阅和记忆,便于分类安排账簿顺序,便于会计报表依序编制,有助于会计事项的归类。

排列会计科目的方法有以下三种。一是按大类别排列方法,如先列资产排列法、先列负债排列法、先列净值排列法等。二是按性质别排列法,为反映企业偿债能力的强弱,应将流动性较大的排列于前,流动性较小的再依次列入,如流动资产、固定资产、无形资产、递延资产、其他资产等,短期负债、长期负债、其他负债等;为反映企业的投资能力大小,应将流动性较小的排列于后,而渐次于流动性较大者。三是按科目排列法,兼顾流动性及重要性,既考虑其重要性的大小,又注意流动性的强弱。如先按重要性划分,然后将每一类重要性相同的项目再按流动性强弱排列;如按流动性划分,然后再将同一流动性的项目按重要性大小排列。

会计科目编号是利用数字、文字和其他特定的符号等作为工具,按一定的方式,组成一定形式的编码,作为科目的符号,以利于对会计科目的记忆和使用。目前,国内外编号的方法,主要有数字符号法、文字符号法、混合法等。

1. 数字符号法

数字符号法是指用一定数字编列会计科目号数的方法。它又可以分为以下三种方法。

(1) 顺序编号法。又称流水编号法,这是一种最简单的编号方法。即将会计科目依次排定,自"1"开始顺序排列至最后一个科目止。它的优点是便于计算总数(最后编号就是总数)和查明有无缺漏。如果企业应用这种方法对会计科目编号,要注意在每一类科目后留有一定的空号,以备增加科目时使用。

(2) 数字分组法。也叫分段编号法,它是将数字符号法予以改进的一种方法。是将会计科目按所确定的数字组来排列,每类会计科目都给予一个数字组。在确定数字组时,先以大类别为标准,决定其起止号数;然后按性质别,区别其性质别的起止号数;最后,就从每一性质别的起止号数为范围,依次排列其各科目的号数。例如,资产类科目为101~199,货币资金类科目为101~109,属于货币资金类的各个科目,其编号为101、102、103……109等。

(3) 十进位数字编号。即用十进位数字编列会计科目号数的方法。此法先按大类别划分,从1编到9;再按性质别在大类别号数右边加一个数字,从0编到9;然后,就同一性质别的各科目(总账科目),在性质别号数右边加一个数字(从1编到9)。这样,从左边起,第一个数字表示某一大类科目,第二个数字表示某一性质别的科目,第三个数字则表示某一个性质别内的总账科目。

具体编号方法如表3-1所示。

2. 文字符号法

文字符号法是用一个字母或一系列字母作为会计科目及类别的标记。这种方法按汉语拼音或英文字母的排列顺序来表示科目分类,其优点是便于记忆,易于联想。其编号方法有以下两种。

(1) 普通文字法。即以英文字母的 A、B、C……X 等,按其顺序代替数字编号;或者以汉语拼音字母的顺序代替数字编号。

表 3-1 会计科目名称和编号

顺序号	编号	会计科目名称
		一、资产类
1	1001	库存现金
2	1002	银行存款
3	1003	存放中央银行款项
4	1011	存放同业
5	1015	其他货币资金
6	1021	结算备付金
7	1031	存出保证金
8	1051	拆出资金
9	1101	交易性金融资产
10	1111	买入返售金融资产
11	1121	应收票据
12	1122	应收账款
13	1123	预付账款
14	1131	应收股利
15	1132	应收利息
16	1211	应收保户储金
17	1221	应收代位追偿款
18	1222	应收分保账款
19	1223	应收分保未到期责任准备金
20	1224	应收分保保险责任准备金
21	1231	其他应收款
22	1241	坏账准备
23	1251	贴现资产
24	1301	贷款
25	1302	贷款损失准备
26	1311	代理兑付证券
27	1321	代理业务资产
28	1401	材料采购
29	1402	在途物资
30	1403	原材料
31	1404	材料成本差异
32	1406	库存商品
33	1407	发出商品
34	1410	商品进销差价
35	1411	委托加工物资
36	1412	包装物及低值易耗品
37	1421	消耗性生物资产
38	1431	周转材料建造
39	1441	贵金属
40	1442	抵债资产
41	1451	损余物资

续表

顺序号	编 号	会计科目名称
42	1461	存货跌价准备
43	1501	待摊费用
44	1511	独立账户资产
45	1521	持有至到期投资
46	1522	持有至到期投资减值准备
47	1523	可供出售金融资产
48	1524	长期股权投资
49	1525	长期股权投资减值准备
50	1526	投资性房地产
51	1531	长期应收款
52	1541	未实现融资收益
53	1551	存出资本保证金
54	1601	固定资产
55	1602	累计折旧
56	1603	固定资产减值准备
57	1604	在建工程
58	1605	工程物资
59	1606	固定资产清理
60	1611	融资租赁资产
61	1612	未担保余值租赁专用
62	1621	生产性生物资产
63	1622	生产性生物资产累计折旧
64	1623	公益性生物资产
65	1631	油气资产
66	1632	累计折耗
67	1701	无形资产
68	1702	累计摊销
69	1703	无形资产减值准备
70	1711	商誉
71	1801	长期待摊费用
72	1811	递延所得税资产
73	1901	待处理财产损溢
		二、负债类
74	2001	短期借款
75	2002	存入保证金
76	2003	拆入资金金融共用
77	2004	向中央银行借款
78	2011	同业存放
79	2012	吸收存款
80	2021	贴现负债
81	2101	交易性金融负债
82	2111	卖出回购金融资产款

续表

顺序号	编号	会计科目名称
83	2201	应付票据
84	2202	应付账款
85	2205	预收账款
86	2211	应付职工薪酬
87	2221	应交税费
88	2231	应付股利
89	2232	应付利息
90	2241	其他应付款
91	2251	应付保户红利
92	2261	应付分保账款
93	2311	代理买卖证券款
94	2312	代理承销证券款
95	2313	代理兑付证券款
96	2314	代理业务负债
97	2401	预提费用
98	2411	预计负责
99	2501	递延收益
100	2601	长期借款
101	2602	长期债券
102	2701	未到期责任准备
103	2702	保险责任准备金
104	2711	保户储金
105	2721	独立账户负债
106	2801	长期应付款
107	2802	未确认融资费用
108	2811	专项应付款
109	2901	递延所得税负债
		三、共同类
110	3001	清算资金往来
111	3002	外汇买卖
112	3101	衍生工具
113	3201	套期工具
114	3202	被套期项目
		四、所有者权益类
115	4001	实收资本
116	4002	资本公积
117	4101	盈余公积
118	4102	一般风险准备
119	4103	本年利润
120	4104	利润分配
121	4201	库存股

续表

顺序号	编 号	会计科目名称
		五、成本类
122	5001	生产成本
123	5101	制造费用
124	5201	劳务成本
125	5301	研发支出
126	5401	工程施工
127	5402	工程结算
128	5403	机械作业
		六、损益类
129	6001	主营业务收入
130	6011	利息收入
131	6021	手续费收入
132	6031	保费收入
133	6032	分保费收入
134	6041	租赁收入
135	6051	其他业务收入
136	6061	汇兑损益
137	6101	公允价值变动损益
138	6111	投资收益
139	6201	摊回保险责任准备金
140	6202	摊回赔付支出
141	6203	摊回分保费用
142	6301	营业外收入
143	6401	主营业务成本
144	6402	其他业务支出
145	6405	税金及附加
146	6411	利息支出
147	6421	手续费支出
148	6501	提取未到期责任准备金
149	6502	提取保险责任准备金
150	6511	赔付支出
151	6521	保户红利支出
152	6531	退保金
153	6541	分出保费
154	6542	分保费用
155	6601	销售费用
156	6602	管理费用
157	6603	财务费用
158	6604	勘探费用
159	6701	资产减值损失
160	6711	营业外支出
161	6801	所得税费用
162	6901	以前年度损益调整

(2) 记忆法。以各级每一英文会计科目的字头为代表的简字,然后就其属性加以联结,即成为该科目的代表符号。利用汉语拼音字母排列也是如此,即其总账科目和明细科目使用拼音的头一个字母来表示(也可以完全以开头字母排列),这种方法适用于仓库材料、商品等存货方面编号。

3. 混合法

混合法是将数字符号法及文字符号法加以合并,来表示会计科目的编号方法。其构成可按分组符号法或十进位法处理。这种编号方法吸收了它们的优点,既便于记忆,又有清楚明确的顺序。其具体组合方式有以下两种:一种是以数字表示科目分类和总账科目,用字母表示明细科目,其字母应取科目的第一个字母表示;另一种是用字母表示主要分类,而用数字表示总账科目和明细科目,字母多按其顺序排列。

二、会计科目使用说明书的设计

会计科目设计完成后,要在会计科目表后以使用说明的方式对各个会计科目的核算内容、用途、使用方法等进行详细说明,以利正确使用。会计科目使用说明的主要内容包括以下五个方面。

(一) 说明各会计科目核算的内容与范围

首先要说明每一个会计科目核算的具体内容,要严格划分类似科目的界限,以保证正确地核算,防止发生混淆使用会计科目的现象。另外,对于财产物资的计价方式也应加以说明。如"在建工程"科目,应先说明它是核算公司为基建、更新改造等在建工程发生的支出,包括固定资产新建工程、改扩建工程等所发生的实际支出以及改扩建工程等转入的固定资产净值。购入不需要安装的固定资产,不在本科目核算,公司购入为工程准备的物资,也不在本科目核算。如"库存现金"科目,要说明该科目只核算单位的库存现金,明确备用金不在本科目核算,应在"其他应收款"科目下设置"备用金"明细科目进行核算。

(二) 说明会计科目的核算方法

在会计科目使用说明中,应说明根据会计科目设置的每一账户的性质、库存、结构及主要账务处理和核算要求,以便会计人员正确运用会计科目进行核算和监督。如"库存现金"科目,其用途是核算单位库存现金的,应规定收入现金时记入借方,贷记有关科目;支出现金时,应借记有关科目,贷记本科目。同时要求单位设置"现金日记账",由出纳人员根据收付款凭证,按照业务发生顺序逐笔登记,每日终了,应计算当日的现金收入合计数、现金支出合计和结余数,并将结余数与实际库存数核对,做到账账相符。对于有外币现金的单位,应分别人民币和各种外币设置"现金日记账"进行明细核算。

(三) 会计手册和标准会计分录设计

为了保证各种交易和事项能进行恰当的记录和在会计报表中能正确的反映,一是对影响每一个账户的各种交易进行描述,即编制会计手册,特别要重点说明非常规交易的记录处理;二是对常规的月末交易和事项建立一套标准会计分类,以便对调整事项的正确处理,避免在月报、季报中遗漏,月末事项调整主要包括资产折旧、坏账处理、应计税费、产品担保和利息、生产费用和销售收入结转等。

(四) 说明明细科目的设置

单位使用的会计科目,大多数都需要设置二级科目或三级科目,应在使用说明中规定如何设置和设置哪些明细科目。如"固定资产"科目应说明按固定资产的类别设置二级科目,并应设置"固定资产登记簿"和"固定资产卡片",对固定资产进行明细核算。又如"原材料"科目,应规定按材料的种类、存放地点分别设置明细科目进行核算等。

(五) 其他事项说明

为了保证会计科目的正确使用,对会计基础和会计政策应作出说明。如固定资产的不同折旧方法、存货计价的方法等会计基础和会计政策应作出较详细的说明。

附:会计科目设计案例

会计科目设计是会计制度设计的基础,为了更好地理解和掌握会计科目设计的原理、方法与步骤,现以东方有限责任公司为例,进行会计科目的设计。

一、公司的基本状况和设计要求

现有三家投资人决定合股投资 300 万元经营一家商店,其经营范围主要为服装、家用电器和百货商品,并开设一个快餐店。已租入三层楼房一栋:一楼经营家用电器,二楼经营服装和百货,三楼为快餐店。营业执照等已办妥,准备开业。现委托某会计师事务所设计一套会计制度。经事前调查研究,获得以下资料:

1. 除 3 家合股投资人外,还准备向银行贷款和吸收他人投资,但他人投资不作为股份,只作为长期应付款,按高于同期银行存款利率的 20% 付息。
2. 商场和快餐店均须重新装修才能营业。
3. 须购入货架、柜台、音响设备、桌椅、收银机等设备,还须购入运输汽车一辆。
4. 商场购销活动中,库存商品按售价记账,可以赊购赊销。
5. 快餐店的收入作为附营业务处理。
6. 雇用店员若干人,每月按计时工资计发报酬,奖金视销售情况而定。
7. 房屋按月交纳租金。
8. 按规定交纳增值税和所得税(其他税种从略),税率按国家规定执行。
9. 公司要求管理费用等共同费用应在商场和快餐店之间进行分摊。
10. 利润要按商场和快餐店分别计算;税后利润按规定提取公积金。
11. 本公司名称为东方有限责任公司。
12. 公司已在银行开立账户。

13. 购进商品的包装物出售给废品公司。

要求：为东方有限责任公司设计会计科目并对会计科目使用作出说明。

二、整理分析

通过对上述资料进行分析，得出以下信息：

1. 该公司属于商业零售企业，其组织形式为有限责任公司，所以，应按基本会计准则和具体会计准则的规定，结合商品流通企业经营的特点设计其会计制度。

2. 销售商品是该公司的主营业务，快餐店的业务应作为附营业务，在会计科目的设计上要加以区别。

3. 公司要求共同性费用（如管理人员工资、办公费、水电费、折旧费、房租等），要在两部分业务中分摊，在会计制度设计时应满足其要求，确定合理的分配标准。

4. 列出固定资产目录，确定固定资产的折旧方法。音响等电子设备可以采用加速法计提折旧，汽车采用工作量法计提折旧，其余固定资产可以采用直线法计提折旧。折旧年限按国家有关规定执行。

5. 桌椅等资产单价较低，并都是在开业前一次购入，故可作为开办费，一次记入当期损益。

6. 向其他人借款按公司规定，应设计长期应付款科目进行核算，所支付利息计入"财务费用"科目。

7. 购进商品包装物出售后的收入可设计"营业外收入"科目核算。

8. 全部会计科目体系可参照企业会计准则中的会计科目设计，会计科目编号以四位数为好。

三、东方有限责任公司会计制度

(一)会计科目总说明

1. 本会计科目体系是应东方有限责任公司的委托，根据其提供的资料设计的，适用于该公司的现有业务。

2. 本会计科目体系采用4位数编号，在使用时，可同时填写科目编号和科目名称，或只填写科目名称，但不得只填写科目编号。

3. 本会计科目体系按借贷记账法设计，并要求按权责发生制要求进行核算。

4. 有关会计科目列出了明细科目，未列出明细科目的，公司可根据需要自行设计。

5. 日后业务范围扩大时，可增设一些科目，如开展对外投资时，可增设"交易性金融资产""长期股权投资(或持有到期投资)""投资收益"科目；还可增设"应收票据"和"应付票据"科目，以适应商业汇票的核算需要。

（二）会计科目表

东方有限责任公司会计科目表

序号	编号	科目名称	序号	编号	科目名称
		一、资产类	17	2221	长期应付款
1	1001	库存现金			三、所有者权益类
2	1002	银行存款	18	3101	股本
3	1131	应收账款	19	3111	盈余公积
4	1132	坏账准备	20	3131	本年利润
5	1201	商品采购	21	3141	利润分配
6	1205	库存商品			四、损益类
7	1207	商品成本差异	22	4101	商品销售收入
8	1230	库存物资	23	4102	其他业务收入
9	1234	低值易耗品	24	4201	营业外收入
10	1401	固定资产	25	4301	商品销售成本
11	1402	累计折旧	26	4302	商品销售税金及附加
		二、负债类	27	4304	其他业务成本
12	2101	银行借款（短期借款、长期借款）	28	4401	销售费用
13	2121	应付账款	29	4402	管理费用
14	2131	应付职工薪酬	30	4403	财务费用
15	2141	应交税费	31	4501	营业外支出
16	2201	应付股利	32	4601	所得税费用

（三）会计科目使用说明

列出会计科目表后，接着应编写使用说明，它是对会计科目的内容和使用方法作出的详细解释。解释的内容包括以下方面：

1. 说明各科目反映的经济内容及如何运用。经济内容是指该科目的含义，如何运用是指该科目借、贷方各登记什么内容，余额在何方，反映什么内容，主要的科目对应关系是什么。

2. 说明科目的适用条件。包括在何种情况下使用该科目，否则应使用何科目。例如，"库存现金"科目是核算公司的库存现金的科目，公司内部周转使用的备用金不在本科目核算。对那些容易混淆和产生误解的科目，要特别加以说明。

3. 有关财产物资、费用等科目，要说明其分类、计价和摊提方法等问题。例东方公司固定资产单价金额起点为1 000元（含1 000元），货架、柜台等作为固定资产；电子设备采用年数总和法计提折旧，折旧年限定为6年；其他固定资产采用直线法计提折旧，年折旧率为8%；低值易耗品采用"五星"摊销法摊销；共同费用按商场和快餐店的收入分配；股利按合伙人出资额进行分配。

4. 说明各科目的明细科目如何设计。能够在制度中作原则规定的，要进行规定；不能在制度中规定的，要说明由用户自行设计。

会计科目使用说明的有关具体内容可参照《企业会计准则》。

（四）主要经济业务分录举例（略）

【复习思考题】

1. 简述会计科目设计的意义。
2. 简述会计科目设计的原则。
3. 会计科目设计中应注意哪些问题?
4. 会计科目使用说明书应包括哪些内容?
5. 举例说明总账科目的设计。
6. 如何设计会计科目编号?你认为哪种编号方法最实用?
7. 会计科目表的设计有哪些方法?会计科目使用说明包括哪些内容?

第四章 会计凭证设计

【本章概要】

会计凭证是记录经济业务的发生和完成情况的书面证明。本章从会计凭证设计的要求出发,详细地分析了各类会计凭证要素,阐述了原始凭证、记账凭证的设计步骤与方法。

第一节 会计凭证设计概述

会计凭证是记录经济业务,明确经济责任,作为记账根据的书面证明。它是在法律上具有证明效力的书面文件。

一、会计凭证的作用

根据会计凭证在填制程序和用途上的不同,可将会计凭证分为原始凭证和记账凭证。原始凭证只是原始记录的一种形式,不是所有的原始记录都可以作为会计凭证的原始凭证使用。原始记录是指基层经营单位对自己的经营过程和结果所作的记录,这种记录是反映经济活动过程中的第一手资料,也是企业管理和核算工作所依据的部分原始资料。原始记录是对各项经济活动随时作出直接的记录,其可信程度高。原始记录有两种基本形式:第一种是以专门的表格形式进行记录,或直接在记录簿、台账上进行的记录;第二种是用单据的形式,即采用自制原始凭证所进行的记录。前一种形式的记录在会计核算、统计核算、业务核算中叫做原始记录;后一种形式的记录,有关会计核算的部分可以直接作为原始凭证。原始凭证的设计是会计凭证设计的基础和重点。

会计凭证的主要作用有两个:其一,可以如实记录经济业务的实际情况。任何一项经济业务的发生都要由有关人员根据经济业务的实际内容制成会计凭证,并经过审核后才能作为记账的依据。其二,监督检查的依据。任何一张会计凭证都载明经济业务的具体内容,都有经手人、制证人、审核人的签章,这就可以反映出其凭证的传递程序和所经过的部门或个人所作的处理情况,由此为监督、检查工作提供了依据,也为对各个控制环节的考核提供了方便。

二、会计凭证设计的原则

原始凭证的功能在于忠实地记录经济业务的发生过程,而记账凭证的功能在于对原始凭证的忠实整理和加工,以利于记账。虽然它们的用途不同,但必须根据企业经济业务的特点来进行设计。其应遵守的原则是:

(1) 要有利于提供完整、详细的第一手资料。如把经济业务发生的时间、地点、内容、条件、责任情况记录下来,为正确、及时反映各项经济业务情况及进行账务处理奠定基础。

(2) 要有利于进行各种核算、分析、检查,有利于加强企业的经济核算。如规定编制各种不同的凭证,建立合理的传递程序等,使企业内部各个部门之间的联系不断加强。

(3) 要适应内部会计控制的需要,要充分发挥会计凭证是控制手段的作用,如多设核对点等(凭证存根、连续编号、多联复写等),使凭证设计遵守统一性,做到规范化。如尽量应用全国或地方统一的会计凭证,单位内部采用的会计凭证种类、格式、用途尽量做到统一和标准化。

(4) 要遵守相对稳定的原则,一经选用的原始凭证和记账凭证不要轻易改动。

三、会计凭证设计的要求

会计凭证的设计就是从本单位的实际需要出发,在财务会计制度中规定本单位应设置的会计凭证的种类、格式、内容、用途、份数、传递路线和时间要求,使本单位发生的经济信息及时、正确、全面地通过会计凭证集中到会计部门,以便于进行会计核算和监督。会计凭证的设计是财务会计制度设计工作的一项重要内容。在设计时除要遵循一定的原则外,还必须符合下列四项要求。

(1) 要能全面详细地反映经济业务的发生过程。这一要求是指对经济活动能起到事前监督、事中协调、事后分析检查的作用。会计凭证是会计工作的重要依据,对会计核算的质量有直接影响,它必须能提供完整、详细的第一手资料。因此,会计凭证必须把经济业务发生的时间、地点、内容、责任等基本情况都记录下来,为进行会计监督和分析提供充分的原始资料,为会计管理的后续步骤创造良好的条件和基础。

(2) 要能符合账务处理程序的要求。不同的账务处理程序需要不同种类的记账凭证。在确定了账务处理程序后,应分别设计"收款""付款""转账"三种凭证或通用凭证,以保证账务处理程序的需要。

(3) 要体现内部控制制度的要求。会计凭证是实施内容控制的重要工具。设计会计凭证格式和传递程序时,应体现不相容职务分工负责的原则,研究何种经济业务需要设置什么凭证才能堵塞漏洞,如何传递才能严格手续,使内部控制制度充分体现并发挥作用。

(4) 要符合简明实用的要求。会计凭证应当在保证需要的前提下,力求简化,文字通俗易懂,体现实用性、可行性。凭证的编制和制作环节应尽可能简化,格式应满足填写的需要并保持相对稳定。

第二节 原始凭证的设计

一、原始凭证的分类

原始凭证是在经济业务发生时直接取得或填制的凭证,用来作为证明会计事项的经过和编制记账凭证的依据。原始凭证可以分为外来凭证和自制凭证两种,但也有其他各种分类。

(1) 按凭证取得的来源分,主要有外来原始凭证和自制原始凭证。自制原始凭证又可以再分为自制对外凭证和自制对内凭证,前者如销售发票、收款收据等,后者如领料单、各种成本分摊凭证等。

(2) 按用途分,主要有通知凭证(如各种调拨单、出库通知单等)、执行凭证(如各种入库单、领料单、销售发票、收款收据等)、转账手续凭证(如费用分配表、成本计算单、赤字更正单等)、联合凭证(指同时具有上述两种以上功能的凭证,如领料单既具有通知凭证的用途,又具有执行凭证的用途)。同时,有的凭证多联使用,每联各有不同的用途,该种凭证也可以叫联合凭证。

(3) 按凭证记录的次数和时限分,主要有一次凭证(只能使用一次的凭证,如领料单)、累计凭证(在同一凭证上可连续记录同一业务的凭证,如限额领料单等)。

(4) 按凭证格式的适用性分,主要有通用凭证(适用于各种不同行业、不同企业的普通格式的凭证,如销售发票、收款收据等)、专用凭证(只适用于本企业特殊格式的凭证)。

除上述四种分类法外,还可以按照凭证的发生次序分为最初凭证、汇总凭证或分割凭证等。

二、原始凭证的基本内容

不同类型的原始凭证,包含的具体内容虽然不尽相同,但必须具备相应的基本内容。一般说来,任何一张原始凭证,均应该具备反映经济业务内容和执行责任两方面的要素。应具备的反映经济业务内容方面的要素有:原始凭证的名称,接受凭证单位的名称或个人姓名,填制凭证的日期(一般与业务执行日期一致),经济业务的内容(业务名称性质等),经济业务的各种计量(数量、单价和金额)等。应具备的表示业务执行责任的要素有:填制单位的公章(对内凭证例外),编制审核凭证的有关经手人和部门负责人签章,凭证编号,凭证应有的附件(应附的证明业务发生的有关附件,包括需经审批的批准手续等)。

三、原始凭证的设计

原始凭证的设计主要包括确定凭证种类、规定凭证格式、设计具体内容、拟订流转程序和制订管理办法等内容。

(一) 原始凭证种类的确定

根据经济业务的内容范围、管理方式、核算方法,结合原始凭证分类情况来设计其应设置的凭证种类,尽量构成一个完整的原始凭证系统,做到每一方面的经济业务的发生都能取得准确、合适的原始凭证。如企业供应过程的主要经济业务为材料采购、材料验收入库、材料发出、材料退库以及材料盘点等,为此需要的原始凭证有"购货发票""代垫运杂费清单""收料单""领料单""材料退库单""材料盘存单""材料盘盈盘亏报告单"等一系列原始凭证,其中,"购货发票""代垫运杂费清单"等是外来的原始凭证,除此之外的都应列入需要设计的原始凭证的种类之中。

(二) 明确所设计的原始凭证的用途和要素

每一原始凭证因其反映的经济业务的内容不同,在凭证的具体构成要素上必然存在差异,在原始凭证设计时,应认真研究差异,但也要看到各种原始凭证之间存在着共同的基本要素,这些基本要素若缺少其中任何一个,都可使原始凭证变得不完整。所以,这些基本要素在进行凭证设计前就必须明确。与此同时,还要确认每一原始凭证的具体用途,原始凭证的用途也是由原始凭证所反映的经济业务内容决定的。有的用途比较单一,有的则同时兼有多种用途,如"发货票",不仅要完整地记载发售货物的名称、数量、价格、金额、日期等内容,还有据以办理结算提货、出厂门、存根备查等用途。明确各种原始凭证在核算及管理中的具体用途,有利于正确设计各种原始凭证的格式、联数和流转路线。

(三) 原始凭证格式的设计

企业主要是设计内部凭证的专用凭证,如能采用通用凭证,应尽量采用通用凭证。专用凭证应根据本企业的实际需要设计,如根据实际需要设置凭证项目;项目顺序排列要便于填写、计算和对照检查;应填的留空要适当,不能过小或过大;凭证大小规格应根据项目、留空多少来设置;按照凭证使用的需要设计适量的份数。

(四) 原始凭证内容的设计

原始凭证究竟要反映哪些具体内容,这主要根据原始凭证所要反映的经济业务的种类来设计。

1. 反映货币资金收付业务的凭证内容设计

反映货币资金收付业务的原始凭证很多,既有外来凭证,也有自制凭证。外来凭证大部分都是通用凭证或银行部门设计的专用凭证,但还有一部分专用凭证需要企业另行设计,如收款收据和内部报销单等。这些凭证的设计应有经济业务说明栏,摘要说明收付款的经过和理由;要设计"大写"金额栏,"小写"金额栏,增设核对点,防止涂改和笔误;责任人签章栏要设计齐全,如经手人、审核人、出纳员和收款单位及付款批准等;对外收款凭证应加盖本企业公章,外来的付款凭证要有对方单位的公章。反映货币资金收付业务的凭证主要有"内部缴款单""差旅费报销单"等。

内部缴款单用于商品零售企业各营业柜组将每天直接收取的销货款送交财务部门时填制。内部缴款单应反映缴款单位、缴款金额、缴款类别等内容,一般可设计为一式三联:一联由交款单位存留,一联交财务部门作为记账依据(连同其他原始凭证一起),一联作存根备查。其参考格式见表 4-1。

表 4-1 内部缴款单

缴款单位:　　　　　　　　　　　　年　月　日　　　　　　　　　　　　编号

款项类别	张　数	金　额
1. 现金 2. 转账支票 3. 银行送款回单 4.		
合　计		
合计(大写)		

会计:　　　　　　出纳:　　　　　　缴款员:

差旅费报销单用于单位内部职工出差报销填制,应反映出差人姓名、出差地点、事由、预借款项、实报数、应退应补数等。其参考格式见表 4-2。

表 4-2 差旅费报销单

　　　　　　　　　　　　　　　年　月　日　　　　　　　　字第　号

姓　名							预借金额				差旅费清单所附单据　张	
出差事由							实报金额					
出差地点							退补金额					
起　程			到　达			车船费		出差地市内交通费	住宿费	在途伙食补助	通宵与卧坐车补助	住勤伙食补助			其他费用	
月	日	时	月	日	时	地点	名称	金额					天数	每天补助	金额	项目	金额
																行李费	
																邮费	
																电话费	
																其他	
人民币合计(大写)			万	仟	佰	拾	元	角	分								

部门主管:　　　　会计审核:　　　　　领款人:　　　　　　出纳:

2. 反映物资增减变化的凭证内容设计

反映材料、产成品增减变化的凭证一般有入库单、出库单和长余缺报告单。按照物资收发业务的经营特点和管理要求来划分,这类凭证可以设计为一次凭证、累计凭证和汇总凭证等三种,应设计品名、规格、类别、编号、计量单位、数量、单价(或计划价格)金额等栏目,便于准确计量和计价的核算。材料出库单可设计领料单、限额领料单、发料凭证汇总表、产品入库单等。各种入库单应有仓库负责人签章,出库单应有生产部门或销售部门和仓库的签章。产品出库单当作"提货单"使用时,则应加盖公章。设计出库单时,还应注意其颜色上应有差别,防止相互混淆不清,造成不应有的混乱。

领料单是材料的主要出库凭证,属一次性凭证。为便于控制材料消耗,应设有领料单位、日期、用途、名称、规格、请领数量、实发数量、单价、金额、领发料人等内容。领料单一般均采用三联式设计:一联仓库留存登记仓库材料账,一联由领料单位带回备查,一联交财会部门据以记账。其一般格式见表 4-3。

表 4-3 领料单

领料单位:　　　　　　　　　　年　月　日　　　　　　　　　　编号:
发料仓库:　　　　　　　　工作令号(生产单号):　　　　　　产品名称及项目:

材料名称	材料编号	材料规格	计量单位	数量		单价	金额
				请领	实发		
用途				合　计			
备注							

发料:　　　　　　　　　　　　领料:　　　　　　　　　　领料单位负责人:

限额领料单属累计凭证,适用于在一定时期多次领用相同材料并有定额控制的发出业务,一般应一单一料,其填制手续经多次领料多次填制才能完成。采用限额领料单,可以简化领料凭证的编制工作,减少凭证数量,还便于同定额、计划消耗进行对比,以控制材料耗费。限额领料单应设计材料的领用限额数量、本次领用数量、限额结余数量、实际领用数量等栏次。限额领单一般设计为一式三联:一联仓库记账,一联由领料单位留存,一联交财会部门据以记账。其一般格式见表 4-4。

表 4-4 限额领料单
(一单一料)
年　月　日

领料单位:　　　　　　　　　　　　　　　　　　　　　　　　编号:
用途(订单号):　　　　　　　　　　　　　　　　　　　　发料仓库:

材料类别	材料编号	材料名称及规格	计量单位	领用限额	实发总数	单价	金额

供应部门负责人签章:　　　　　　　　　　　生产计划部门负责人签章:

日期	请领		发出			扣除		退库		限额结余
	数量	领料单位负责人签章	数量	发料人签章	收料人签章	数量	领料单编号	数量	退料单编号	
合计										

发出材料汇总表属汇总凭证,是根据各种领料单和限额领料单汇总编制的原始凭证。发出材料汇总表用以集中反映某一时期材料发出业务的全面情况,因此,应按发出材料的类别和发出材料所涉及的借方科目设置项目、栏次。其一般格式见表4-5。

表 4-5 发出材料汇总表

年   月

耗用产品或部门	领料单张数	数量	单价		金额	
			实际价	计划价	实际价	计划价
基本生产成本——A产品 　　　　　　——B产品 辅助生产成本 制造费用 管理费用 产品销售费用						
合计						

收料单也是一次性凭证,用于证明所购货物已验收入库,并据以登记材料账的凭证。为保证货物的数量、质量及日后查对,应增设有供应单位、发票号、货单号、检验凭证号、技术证明、付款方式等栏目。收料单一般至少应设计为一式三联:一联仓库登记材料账,一联送采购部门登记供应合同备查簿,一联交财会部门据以记账。其一般格式见表4-6。

表 4-6 收料单

年   月   日   编号:

起运站		车(船)号		送货单号	
供应单位		发票号数		提货单号	
仓库号数		检验凭证号		技术证明号	
付款方式:					

材料类别	材料编号	材料名称及规格	单位	数量		计划成本		实际成本	
				应收	实收	单价	金额	单价	金额

备注

仓库主管: 质量检验员: 收货员: 材料核算员:

产品入库单是反映企业生产产品所发生的各项经济业务的产出凭证,它一般是企业自行设计的,反映交送人、检验人、保管人、存放地点、产品质量和数量等情况。其一般格式见表 4-7。

表 4-7　产品入库单

交库部门：　　　　　　　　　　　　　年　　月　　日　　　　检验证号：　　　　　编号：

工作单号	产品编号	产品名称	规格	单位	入库数量	实收数量	备注

检验：　　　　　仓库验收人：　　　　　车间负责人：　　　　　制单：

在商品流通企业中,因采购商品过程中发生的费用(如运杂费等)按规定不计入商品价款,所以,收料(货)单中的金额栏也只需设"金额"大栏即可。但是,从事商品零售的商业企业因其商品一般是采用售价核算的,收料(货)单中的金额不仅要标明发票金额,还要标明售价金额和进销差价。

3. 反映生产经营业务的凭证内容设计

反映生产经营业务的凭证,大部分是自制凭证,主要用于转账业务,大多数是根据一些内部原始记录进行整理加工编制的原始凭证汇总表,也有的是根据账簿记录计算取得的原始凭证,其类型多种多样、结构复杂,各企业根据其经营特点、成本管理要求、成本核算方法进行设计。根据生产成本项目设置专栏,各应设栏目应设置齐全,分项与汇总项要相互衔接,便于对照检查和相互核对。各项费用应设置"分配率"栏,便于复查分配的费用金额和编制凭证的计算。这类凭证只须设制证人和主管会计人员签章栏,一般不加盖公章。反映生产经营业务的凭证,主要有"材料费用分配表""外购动力费用分配表""工资费用分配表""固定资产折旧分配表""辅助生产费用分配表""制造费用分配表""产品成本计算单"等,其一般格式见第六章内容。

4. 反映购销业务的凭证内容设计

反映购销业务的凭证主要是提货单和发货票,一般都采用统一的通用凭证。如果设计销售发票、提货单,应注意的内容是：凭证中应设计品名、规格、计量单位、数量、价格、金额等栏目,以便于对方单位检查核对和验收。还要设计销售单位的名称、地址等,便于核对证实和退货。销售业务涉及的部门和经手人多,应采用数联复写方式,以方便各部门的记录和核对,一般应设客户联、仓库联、财务联、会计联、统计联及存根联；经手人、负责人及单位应有签章。发票应连续编号,以便于丢失后查询和对伪造情况下的核对；应设置购货单位经手签章的栏目,便于在发生差错时查明责任人。

在销售时自行设计的凭证主要有"代垫运费清单"。代垫运费清单的主要项目有购货单位、发票号、发货时间、发货货物名称、数量、重量、代垫运费金额等内容。其一般格式见表 4-8。

表 4-8　代垫运费清单

购货单位：　　　　　　　　　　　　　　　　　　　　　　　　　第　　号

发票号：		提货单号：		发货日期：	
货物名称	规　格	单　位	数　量	重　量	
市内运费					
托运费					
装卸费					
其他费用					
合　计					

销售部门负责人：　　　　　　　　　　复核：　　　　　　　　　　制单：

5. 反映固定资产增减变化的凭证内容设计

反映固定资产增减变化的凭证主要有固定资产调拨单、新建固定资产的移交清册、更新固定资产的购置单、固定资产报废单和盘盈盘亏报告单等。固定资产业务一般不常发生，除调拨单有规定的统一格式外，其他凭证均没有统一的特定格式，主要由各企业自行设计。设计时应注意的内容是：建设单位交付使用的资产清册的栏目要设计齐全、详细，便于记账，包括提取折旧和日常修理栏。如属房屋建筑物方面的，要设置性质、用途、所在位置、结构、建设成本和使用年限等栏；机器设备的调拨单或购置报告单，应设置调拨价格（或购买价格）、运费、安装费、成本及附加设备等。固定资产报废的原始凭证，应设置使用年限、已提折旧、原价、净值、报废理由等栏目，并要附报废的技术鉴定材料。盘盈盘亏的原始凭证，应设置品名、规格、原价（重置价值）、已提折旧（估计折旧）、净值、盘盈盘亏原因、批准手续等项内容。反映固定资产增减变化的凭证，主要有"交付使用资产明细表""购入固定资产交接验收单""固定资产报废申请单"等，其一般格式见表 4-9、表 4-10、表 4-11。

交付使用资产清册由各不同格式的"交付使用资产明细表"构成，它反映建设单位建成交付给使用单位的各项交付使用资产的价值。其一般格式见表 4-9。

表 4-9　交付使用资产明细表
（房屋及建筑物）

单项工程：　　　　　　　　　　　　　　　　　　　　　　　　　第　　页

交付使用资产名称	结构	工程量			概算	实际			备注
		单位	设计	实际		建筑工程投资	待摊投资	合计	
合计									

移交单位：　　　　　　　　　　　　接收单位：
　　年　　月　　日　　　　　　　　　　年　　月　　日

"购入固定资产(包括不需要安装设备)交接验收单"用于固定资产购建完毕交付使用时填制的凭证。该凭证应设计购建固定资产名称、原始价值、预计使用年限、预计残值、折旧、附属设备及固定资产部门(如生产设备由生产技术处、科管理,机电设备由机电处、科管理,运输设备由运输机构管理,其他设备和房屋建筑物由总务部门管理等)、财会部门、使用单位三方共同验收情况等项目、栏次。该凭证一般一式四联:一联留存备查,一联由固定资产管理部门保存,一联交财会部门,一联交使用单位据以建账、建卡。其一般格式见表4-10。

表 4-10 购入固定资产交接验收单

企业名称:　　　　　　　　　　　　　年　月　日　　　　　　　　　　　　　编号:

固定资产编号	固定资产名称	规格及技术特征	计量单位	数量	原始价值			规定使用年限	净残值率（或额）	折旧计算资料			
					买价	运杂费	合计			折旧方法	年折旧率	月折旧率	工作小时折旧率

附属设备						
购置日期		使用日期		发票单及技术资料		
备注						
财会部门		管理财产部门		使用保管部门		购置(承办)部门
名　称		名　称		名　称		名　称
负责人		负责人		负责人		负责人
经办人		经办人		经办人		经办人

固定资产不能继续使用需要报废时,必须由固定资产使用保管部门提出申请,填制"固定资产报废申请单",经鉴定小组进行认真鉴定,并签注意见,再经单位领导签章后,报送主管部门审批。"固定资产报废申请单"应包括申请报废的固定资产名称、使用情况、原值、已提折旧、报废原因、鉴定意见及审批情况等项、栏次。其一般格式见表4-11。

表 4-11 固定资产报废申请单

申请单位:　　　　　　　　　　　　　年　月　日　　　　　　　　　　　　　编号:

编号	固定资产名称	规格、结构	计量单位	数量	规定使用年限	实际已用年限	原值	已提折旧	净值

固定资产所在地址	
报废原因	
鉴定小组意见	年　月　日
单位领导意见	年　月　日
主管部门审批意见	(公章)

6. 反映往来结算业务的凭证内容设计

反映往来结算业务的凭证一般同于反映购销业务的发票,有时另附欠款、收款单据。欠款、收款单据内容应包括欠款、收款时间,金额,内容,经手人等。

7. 反映结转业务的凭证内容设计

这类凭证主要反映会计期末时结转收入和支出等账户,计算并结转成本、利润的账务处理工作。此类业务不涉及外单位,一般无固定格式的凭证,其内容也是根据结转的内容来灵活设计的,一般用书面说明的形式来作为原始凭证,但要注意其说明中应包括结转的依据(××账户)、结转的起止日期、结转的项目、金额和经手人、主管会计等内容。

(五) 原始凭证流转程序的设计

为了充分发挥原始凭证在会计核算和内部控制上的作用,应设计科学的流转程序。凭证流转程序是指凭证从填制或取得时起到装订保管时止,其所经历的签发、审核、使用、整理、记账、归档等处理和运行的全部过程。其设计应包括的内容是:规定各类原始凭证流转的路线,所经历的环节,注明起、讫点;规定在各环节应办理的事项、应停留的时间、应转送的期限、各环节的办理人应负的责任。设计时要避免迂回流转,要防止耽搁延误和造假舞弊的现象出现。对于主要原始凭证流转程序的设计,应尽量绘制简明易懂的凭证流程图。

(六) 对原始凭证管理的设计

原始凭证的管理内容,主要包括空白凭证的管理、制错凭证的管理和使用过的凭证管理等。其具体设计内容:一是空白凭证的管理,即指对外有效的凭证管理,如销售发票、银行支票、收款收据等,应事先编号,指定专人管理,领用、交回要进行登记,防止丢失和假冒。二是误填作废的凭证,各联应加盖"作废"戳记,全联和存根一齐保管,不得随意销毁。三是已使用完毕、登记入账的原始凭证,一般作为记账凭证的附件装订成册保存;单独保管的原始凭证,应装订成册,注明其所附的记账凭证的日期和号数,严防消失;自制原始凭证的存根,应要求每本使用完毕即整理入档,不得任意丢失,特别是销售发票、收据及支票存根,更要妥善保管,防止销毁等非法情况发生。

第三节 记账凭证的设计

一、记账凭证的种类

记账凭证是财会人员根据审核无误的原始凭证填制的,用来简要说明经济业务内容,确定会计分录的一种会计凭证。填制记账凭证是会计核算的一种基本方法,它在会计核算中有着重要的作用。单位通常使用的记账凭证,按不同标准分为以下三类。

(一) 按照记账凭证的种类,可分为一种制至六种制记账凭证

(1) 一种制记账凭证。只使用一种主记账凭证,在凭证内设借、贷方科目和金额,可以完

整地反映各种经济业务的会计分录,也就是通常所用的通用凭证。

（2）两种制记账凭证。就是将记账凭证分为借项记账凭证和贷项记账凭证,一笔经济业务至少要两张记账凭证(一张借项的,一张贷项的)才能完整地反映会计分录。

（3）三种制记账凭证。将记账凭证分为收款凭证、付款凭证和转账凭证,分别登记收款业务、付款业务和转账业务。

（4）四种制记账凭证。它是指收款记账凭证、付款记账凭证、转账借项记账凭证及转账贷项记账凭证。其中,除收款和付款记账凭证与上述三种制中使用方法相同外,两种转账记账凭证则是分别用来记录转账业务的借项和贷项的。

（5）五种制记账凭证。它是指现金收款、现金付款、银行存款收款、银行存款付款及转账记账凭证。在一张记账凭证上能完整地反映一笔经济业务。

（6）六种制记账凭证。它是在五种制的基础上把转账记账凭证一分为二,分为转账借项记账凭证、转账贷项记账凭证。

(二) 按照记账凭证反映会计科目的方式,可分为单式记账凭证和复式记账凭证

（1）单式记账凭证。在一张记账凭证上只记录一个会计科目,一笔经济业务涉及几个会计科目时,需填制几张记账凭证。其优点是便于汇总和分工记账,缺点是内容分散、不便于核查、凭证过多、工作量较大。

（2）复式记账凭证。在一张记账凭证上记录每一笔经济业务涉及的全部会计科目的记账凭证。其优点是内容集中、能反映经济业务的来龙去脉、便于核查,缺点是不便于会计人员分工记账和科目的汇总。

(三) 按照记账凭证的适用性,可分为通用记账凭证和专用记账凭证

（1）通用记账凭证。对记录的经济业务内容无特别要求,对任何经济业务都适用。

（2）专用记账凭证。限定其适用范围。如收款记账凭证、付款记账凭证和转账记账凭证。

记账凭证除按上述三种标准分类外,还有复写记账凭证(同时套写几份,分别作不同的用途)、累计记账凭证(在一张记账凭证上同时记录若干笔经济业务的会计分录)和汇总记账凭证(定期按一定规则将若干张记账凭证加以汇总而编制的记账凭证)。

二、记账凭证的设计

(一) 确定所使用的记账凭证种类

确定一个单位所使用的记账凭证种类,应注意结合被设计单位的经济活动情况、会计核算情况以及各种可供选择的记账凭证种类的优缺点及适用范围等综合因素加以考虑。一般来说,规模不大、经济业务量较小、核算力量较弱、核算形式较简单的单位,采用一种制复式通用的记账凭证较合适;规模较大、经济业务多、核算力量强、分工较细、常需汇总记账凭证的企业,宜采用多种制的记账凭证。其中,三种制和五种制的均是复式、通用的记账凭证,四种制和六种制的均是单、复式并存的专用记账凭证,它们间的选择应视企业的转账业务的多少、繁简和汇总难度而定。把转账凭证分为转账借项凭证、转账贷项凭证虽然可以减少转账凭证汇总难

度,但同时又增大了填制、审核、记账的工作量。所以,就某一特定企业来说,是选择两种制的还是四种制的,是选择五种制的还是六种制的,应权衡转账凭证是分是合的利弊得失后作出取舍。除此之外,记账凭证种类的确定还要注意单位有无外币业务,记账凭证有无特殊用途等情况。单位有外币业务的情况下,应考虑设计外币记账凭证,某些记账凭证除一般用途外还有其他用途的,应考虑设计套写记账凭证。记账凭证需要汇总后登记总账的单位,还要考虑应设计的汇总记账凭证的种类。

(二) 记账凭证基本内容的设计

记账凭证是证明处理会计事项人员的责任,作为记账依据的会计凭证。任何经济业务的发生,都应该根据原始凭证或经济业务的事实,依照会计原理的处理原则,编制记账凭证(或叫传票),传递有关部门或人员,凭以办理收付、审核和记账。记账凭证的主要作用在于能简明扼要地说明经济业务发生的事实,确定登记账簿的会计科目和应记金额、数量,它既是沟通原始凭证和账簿的桥梁,又是一种序时记录。其主要功能有:保证会计信息能分类、准确地反映,可以简化会计手续,有利于加强核对和控制,严密内部组织,明确经济业务处理的责任等。尽管各种类型的记账凭证简繁不同,但其基本内容应包括记账凭证的种类及名称,编制的日期,经济业务简要说明,会计科目及编号,记账金额和方向,凭证编号,所附原始凭证件数,填制、审核、记账、主管等人员签章以及备注等。

(三) 记账凭证内容的设计

记账凭证格式不一,种类繁多,各种记账凭证的使用方法也不完全相同,下面分别说明各种记账凭证内容的设计。

1. 复式记账凭证内容的设计

复式记账凭证是以一张记账凭证记录一笔经济业务所涉及的全部会计科目。这种集中反映便于了解每一项经济业务的全貌,附件集中,便于复核查对。复式记账凭证按其设置的具体形式不同,又可以分为通用记账凭证、三种制凭证和五种制凭证(后两种记账凭证又可以称为专用记账凭证)。

通用记账凭证是将每一项经济业务以一张记账凭证来反映。若其业务复杂,涉及两个以上的会计科目,一张凭证容纳不下时,应连续编制若干张凭证,并以一定编号连接起来,防止散失(例如,要编制三张凭证,则依次编成 1/3,2/3,3/3 等)。这种凭证反映业务集中,便于查阅、核对和保管。其格式见表 4-12。

表 4-12 记账凭证

年   月   日   第   号

摘 要	一级科目	明细科目	借方金额	贷方金额	记 账	附件 张
	合 计					

会计主管: 记账: 复核: 制单: 出纳:

专用记账凭证就是将记账凭证分为收款凭证、付款凭证和转账凭证三种。收款记账凭证用于反映现金、银行存款收款业务,其借方科目必然是"库存现金"或"银行存款"科目,因此,设计收款计账凭证格式时,可将借方科目固定印在表格的左上角,在表格内反映贷方科目。付款记账凭证用于反映现金、银行存款付出业务,其贷方科目必然是"库存现金"或"银行存款"科目,因此,设计借款计账凭证格式与收款记账凭证相反,可将贷方科目固定印在表格的左上角,在表格内只反映借方科目。单位还可以根据需要将收、付记账凭证分为现金收款、银行存款收款、现金付款、银行存款收款记账凭证,同时将记账凭证的名称改变即可。转账记账凭证用于反映不涉及现金和银行存款收付业务的转账业务,反映的应借、应贷的会计科目具有很大的不确定性,所以,其格式设计基本上与通用记账凭证相同,只需将记账凭证的名称改为"转账凭证"即可。上述三种记账凭证的一般格式见表 4-13 至表 4-15。

表 4-13 收款凭证

借方科目_____ 年 月 日 第 号

摘 要	贷方总账科目	明细科目	金 额	记 账	
					附件
					张
	合 计				

财会主管: 记账: 出纳: 审核: 制单:

表 4-14 付款凭证

贷方科目_____ 年 月 日 第 号

摘 要	借方总账科目	明细科目	金 额	记 账	
					附件
					张
	合 计				

财会主管: 记账: 出纳: 审核: 制单:

表 4-15 转账凭证

年 月 日 第 号

摘 要	总账科目	明细科目	借方金额	贷方金额	记 账	
						附件
						张
	合 计					

财会主管: 记账: 出纳: 审核: 制单:

2. 单式记账凭证内容设计

单式记账凭证是在一张记账凭证上只记录一个总账科目，另一个对方科目只作参考，并不据以记账。这样一笔经济业务的发生至少要编制两张记账凭证，而且要以一定的编号方式将它们联系起来。单式记账凭证便于汇总和分期记录，但记录分散，查核困难，工作量较大，一般不大采用。其主要是借项记账凭证和贷项记账凭证。如果要求分别收、付款业务和转账业务填制记账凭证，则收、付款业务的记账凭证应采用复式记账凭证中的收款凭证和付款凭证，仅转账凭证采用单式记账凭证，将"借项记账凭证"更名为"转账借项记账凭证"，将"贷项记账凭证"更名为"转账贷项记账凭证"即可。借项记账凭证、贷项记账凭证的一般格式见表 4-16 至表 4-17。

表 4-16　借项记账凭证　　　　　　　　编号：

借方科目：　　　　　　　　年　月　日　　　　　　　　附件：　张

摘　要	二级或明细科目	过　账	金　额
对应科目：	合　　计		

财会主管：　　记账：　　复核：　　制单：　　出纳：

表 4-17　贷项记账凭证　　　　　　　　编号：

贷方科目：　　　　　　　　年　月　日　　　　　　　　附件：　张

摘　要	二级或明细科目	过　账	金　额

财会主管：　　记账：　　复核：　　制单：　　出纳：

3. 套写记账凭证

以某些原始凭证作为代用记账凭证时，在复写原始凭证时，单独套写一联作为记账凭证使用，这种凭证即为套写凭证。例如，交款单和收款凭证套写，报销单或采购凭证和付款凭证套写，销售发票和转账凭证套写等。在设计时，只需在作为记账凭证的那一联上注明是记账凭证和哪一类记账凭证即可。套写凭证的优点是能节约填制凭证的时间，提高工作效率，在银行会计中普遍使用。

4. 累计记账凭证

将一定时期内所发生的经济业务，根据其原始凭证，按业务发生的顺序逐笔填写在一张累计记账凭证上，即为累计记账凭证。原始凭证可附在累计凭证后面，也可以单独装订保管，但要在累计凭证上注明原始凭证的号数和张数。累计凭证可以分类编制，如分为现金、银行存款、专项存款、转账等凭证；每次累计编制的天数不宜过多，如 5 天、10 天一累计；累计凭证尺寸也不宜过大。根据累计凭证登记日记簿和明细账，再根据累计凭证登记总账。累计记账凭证可以简化编制记账凭证的手续,同时,每月累计凭证装订成册以后,就变成一月内全部经济业务的序时月记簿,便于检查和核对。适用于业务量较小的单位采用。其一般格式见表4-18。

表4-18 累计记账凭证

年 月 日至 日　　　　　　　　　　　　　　　　第 号

凭证号数	摘 要	借方账户	贷方账户	借方金额	贷方金额

5. 汇总记账凭证

企业应根据分录记账凭证或累计记账凭证汇总编制成记账凭证汇总表,然后据以登记总账。汇总记账凭证不设经济业务的摘要说明和每一笔经济业务的金额,而只有在一定期间内经济业务所涉及的汇总金额。汇总凭证可按业务量大小每月汇总一次或多次(如1天、5天、10天、半月编制一次)。现单位所用的汇总凭证一般有"科目汇总表""汇总收款凭证""汇总付款凭证""汇总转账凭证"等。

在科目汇总表会计核算程序下,登记总账的依据是科目汇总表。科目汇总表是根据记账凭证编制的汇总记账凭证。汇总的方法是将一个单位一定时期编制的全部记账凭证集中,按相同会计科目分别加计其借方发生额和贷方发生额。科目汇总表的一般格式见表4-19。

表4-19 科目汇总表

年 月 日至 日　　　　　　　　　　　　　　　　第 号

会计科目	本期发生额		总账页数	记账凭证起讫号数
	借 方	贷 方		
合 计				

财会主管:　　　　记账:　　　　审核:　　　　填制:

在采用汇总记账凭证会计核算程序下,登记总账的方法是根据汇总记账凭证(汇总收款凭证、汇总付款凭证、汇总转账凭证)登记。汇总记账凭证是根据记账凭证编制的汇总的记账凭证,汇总的方法是按会计科目及其对应关系汇总。汇总记账凭证应设计"设证科目名称""汇总的时间""汇总凭证的起讫号数"及与设证科目相对应的各科目名称、发生额等项目、栏次。其一般格式见表4-20至表4-22。

表 4-20 汇总收款凭证

应借科目：　　　　　　　　　　　　　　年　　月份　　　　　　　　　　　汇收第　　号

应贷科目	金　额				总账页数	
	日至　日 收款凭证第 号至　号	日至　日 收款凭证第 号至　号	日至　日 收款凭证第 号至　号	合　计	借　方	贷　方
合　计						

财会主管：　　　　　　记账：　　　　　　审核：　　　　　　填制：

表 4-21 汇总付款凭证

应贷科目：　　　　　　　　　　　　　　年　　月份　　　　　　　　　　　汇付第　　号

应借科目	金　额				总账页数	
	日至　日 付款凭证第 号至　号	日至　日 付款凭证第 号至　号	日至　日 付款凭证第 号至　号	合　计	借　方	贷　方
合　计						

财会主管：　　　　　　记账：　　　　　　审核：　　　　　　填制：

表 4-22 汇总转账凭证

应贷科目：　　　　　　　　　　　　　　年　　月份　　　　　　　　　　　汇转第　　号

应借科目	金　额				总账页数	
	日至　日 转账凭证第 号至　号	日至　日 转账凭证第 号至　号	日至　日 转账凭证第 号至　号	合　计	借　方	贷　方
合　计						

财会主管：　　　　　　记账：　　　　　　审核：　　　　　　填制：

需要说明的是,汇总转账凭证编制的方法是根据转账凭证按科目的对应关系汇总的。在转账凭证中,无论是借方科目还是贷方科目,都具有不确定性,因此,设计其格式时,应人为规定一律以贷方科目作为设证科目分别设置。

(四) 记账凭证的传递路线、登记和保管方法设计

记账凭证中的收、付款项一般经审核、编号后,交出纳收、付款,并登记现金、银行存款日记账。定期装订后(装订前一般由出纳暂管)交有关总账、明细账人员传递过账。转账凭证一般以"谁制证、谁过账、谁暂管"为原则。若分工较细且实行单式转账凭证的,则按业务核算方式,将单式转账凭证传递给有关会计人员过账并暂管。采用汇总记账凭证和科目汇总表核算程序的单位,一般是于月末由负责总账的会计人员将本月全部记账凭证汇总(也可在月份中间开始汇总),并登记总账。月末,全部记账凭证按分式编号顺序,由专人负责装订归档。

【复习思考题】

1. 何谓会计凭证?会计凭证的作用有哪些?
2. 简述会计凭证设计的原则。
3. 原始凭证分类的目的是什么?
4. 原始凭证的基本内容有哪些?
5. 制造业、商品流通企业常用的原始凭证有哪些?
6. 记账凭证的基本内容有哪些?
7. 如何确定单位所使用的记账凭证的种类?

第五章 会计账簿设计

【本章概要】

登记会计账簿是会计核算方法的内容之一,账簿又是记录、储存会计信息的载体,所以,账簿在会计信息处理系统中处于核心地位。本章从会计工作的实际出发,介绍各种账簿的设计内容和方法。

第一节 会计账簿设计概述

一、会计账簿的作用

账簿是由许多具有一定格式的账页组成,用来序时地、分类地记录各项经济业务的簿籍。但是,它又不同于簿籍,簿籍的含义很多,凡序时账簿、分类账簿及备查簿,或原始经济业务凭证等都可以称为簿籍,也就是说,无论是原始账簿、终结账簿、登记簿,甚至发票、凭单、契约以及与经济业务有关的各种文件,都可以称为簿籍。我们现在所称的账簿,不应该包括会计科目及有关文件。会计账簿能够全面、系统、连续地反映经济活动情况,既可以提供序时的历史资料,又可以提供总括的明细核算指标;会计账簿为实行控制、考核经济责任提供了依据,为编制会计报表提供了必要的资料。

二、会计账簿的种类与设计原则

(一) 会计账簿的种类

(1) 会计账簿按其用途不同,可分为序时账簿、分类账簿、联合账簿和备查账簿四种。序时账簿是按经济业务发生的先后时序、逐日登记的账簿,又称为原始账簿或分录账簿。序时账簿既反映了经济业务发生的经过顺序,又是记入分类账的媒介,它又可以分为普通日记账和特种日记账两种。分类账簿是对经济业务按同一科目进行总分类和明细分类记录的账簿。分类账簿又可以分为总分类账和明细分类账两种。总分类账可以连续反映总括的核算指标,明细分类账可以反映具体、详细的核算资料。联合账簿是指把序时账和分类账结合在一起的账簿,如日记总账和凭单日记账等。备查账簿属于备忘性质的登记簿,主要记录序时账和分类账不能详细反映的事项,或未作正式分录的各重要事实。如租入固定资产登记簿、受托加工材料登记簿、账外财产登记簿等。它的主要作用是以备随时查考的需要。

(2) 会计账簿按其组成方式不同,可以分为订本式账簿、活页式账簿和卡片式账簿三种。订本式账簿是将账页固定地装订在一起的账簿。订本式账簿装订固定,不能随意拆、换和增减,账页上有连续编号,可以防止账页散失,有利于防止偷换账页等造假现象的发生;其缺点是不便于进行分工记账和机器记账,有时会造成账页不足或浪费现象。活页式账簿和卡片式账簿是指事先不把账页或卡片装订成册的账簿。这种账簿有利于分工记账和机器记账,可根据需要随时增减账页,但账页和卡片容易散失和抽换,不利于控制。

(二) 会计账簿设计的原则

账簿设计就是确定应设计哪些账簿,如何建立合理的账簿体系。各种账簿均有其不同的内容和格式,但在设计前应该考虑账簿的种类、数量、格式、应该提供的信息内容、时间要求、采用的记账手段等。因此,账簿设计时应遵循以下原则。

(1) 账簿的组织要与单位的规模和特点相适应。账簿组织是指账簿的种类、格式及账簿之间的关系,设计账簿组织应考虑单位的规模的特点。一般来说,单位规模较大、经济业务较多,其内部分工也就较细,会计账簿的种类和册数也就多;反之,单位规模较小、经济业务量少,在满足内部控制的前提下,一个会计人员可处理多种经济业务,负责多个账户的登记,设计账簿时就不必设多本账,所有的明细账也可以集合成少数几本。

(2) 账簿设计要适应单位管理的需要。会计账簿设计的目的,是为了取得管理所需要的资料,因此,账簿设计应以满足管理需要为前提。但这并不是说账簿设置越多越好,在保证账簿组织的严密和完整的前提下,应尽量避免重复设账,以减少登账工作量,提高工作效率。

(3) 账簿格式要适应操作手段和满足信息量的需要。现在,很多单位都采用电算化记账,手工操作与电算操作不同,其账页格式和项目位置排列都有不同的要求,在设计账簿时,应注意所用账页的大小、格式的内容都要与机器的性能相适应,不能硬搬手工操作的账页格式和结构。同时,账簿设置的地点应与信息使用人相配合,不一定把账簿设置在财会部门,可以根据需要就地设计,以便随时利用信息,强化管理。例如,材料供应部门可以设置材料采购账簿、仓库设置材料卡片等,以便供应部门和仓库充分利用账卡提供的会计信息。

(4) 账簿设计要与所采用的会计核算程序相适应。会计核算程序不同,对设置的账簿种类与格式有不同的要求。如"记账凭证核算程序"下,总分类账簿可设计为"三栏式",而在"日记总账核算程序"下,则必须设计为"多栏式"。前者按会计科目分别设账,后者按会计科目分设专栏;前者属分类记录,后者兼有序时记录和分类记录的共同作用。

(5) 账簿的设计应满足会计报表的信息需要。编制会计报表所需的资料主要来源于账簿。因此,在设计账簿种类和明细项目时,要考虑会计报表的指标需要,尽可能地使账簿的种类、明细项目与会计报表的种类与指标做到口径一致,减少编表时的汇总或分解等计算工作,加快报表的编制和报送速度。

(6) 账簿设计应做到省时省力、简便易行、便于查阅、控制与保管。账簿的设计要考虑登账、审核与保管的要求。账页尺寸不宜过大,账页格式不宜过于复杂,以方便账簿的登记,提高工作效率。此外,还要便于查阅、控制与保管。

三、会计账簿设计的要求

(一) 账簿的选择

一个单位应设计和使用何种账簿,要视单位规模大小、经济业务的繁简、会计人员的分工、采用的核算程序以及记账的机械化程度等因素决定。为了加强货币资金的管理,无论在哪种情况下,都要设计现金日记账和银行存款日记账这两种序时账簿。只是在多栏特种日记账核算程序下,要将现金日记账和银行存款日记账都分割为专栏收入日记账和支出日记账两本,至于分类账簿的设计,在采用记账凭证核算程序、汇总记账凭证核算程序和科目汇总表核算程序以及多栏式日记账核算程序时,则应设计一本总分类账簿和多本明细分类账簿;在采用日记总账核算程序时,则只设计一本既序时记录又分类记录的日记总账账簿和必要的明细分类账簿。一般单位设置的账簿可参见表 5-1。

表 5-1 核算程序及账簿设置参考表

单位特点	应采用的核算程序	可设置的账簿体系
小规模 (小规模纳税人)	记账凭证核算程序	现金、银行存款日记账,固定资产、材料、费用明细账,总账。
	日记总账核算程序	序时账同上。日记总账,固定资产、材料明细账。
大中型企业单位 (一般纳税人)	科目汇总表核算程序,汇总记账凭证核算程序	序时账同上。固定资产、材料、应收(付)账款、其他应收应付款、长(短)期投资、实收资本、生产成本、费用等明细账,总账(购货簿、销货簿)。
收付款业务多、转账业务少的大中型企业	多栏式日记账核算程序	四本多栏式日记账,明细分类账同上;总账。
收付款业务多、转账业务多的大中型企业	多栏式日记账兼转账日记账核算程序	四本多栏式日记账,其他账簿同上。
大中型企业,但转账业务较少	科目汇总表兼转账日记账核算程序	序时账簿,必要的明细账、转账日记账,总账。

(二) 账页设计的要求

账页是具体反映经济业务的工具。经济业务内容不同,管理要求不同,账页的格式也不相同,但不管何种账页,一般都应具有以下要素(内容):

(1) 账户名称。
(2) 记账日期。
(3) 凭证号字。
(4) 经济业务摘要。
(5) 借方贷方金额及余额。
(6) 余额方向标记。
(7) 账页的编号。

设计账页时,除具备以上内容外,还应符合以下要求。

(1) 账页格式要符合账户所核算和监督的内容。例如,固定资产、原材料、产成品等明细账户,不但要核算金额,而且要核算数量、品名、规格、计量单位、存货地点等;为了加强固定资产管理,在卡片账中还要反映其购进或调入时间、使用年限、建造单位、折旧记录、大修理记录、主要技术指标、内部转移情况、附属设备名称及规格的内容、报废清理记录等;对原材料,为保证生产正常进行又防止资金积压,还应设计最高储备、最低储备项目;对债权债务类明细账及总账而言,一般只需设计借、贷、余额三栏即可,而有的明细账如管理费用、制造费用、经营费用等,由于其内容多,信息量大,须设计多栏式账页来核算。

(2) 多栏式账页中有关明细项目的设计应尽可能与会计报表的有关项目一致,如生产成本账户的账页应按成本项目设栏次,以便月末编制主要产品单位成本表。

总之,账页设计既要简便适用,避免繁琐复杂,又要能保证全面、系统和有效地核算和监督经济活动情况,在内容排列上要科学合理。

第二节 日记账簿的设计

一、日记账簿的种类

日记账的主要作用是按时间顺序记录发生的经济业务,以保证会计资料的秩序性和完整性。日记账的主要种类有:①转账日记账。一般是序时记录现金和银行存款以外的其他全部业务的账簿,并据此逐笔登记过入总账。②货币资金日记账。是序时记录全部货币资金收付业务的账簿,并据此汇总记入总账,该日记账应由出纳人员处理。其中,现金日记账是序时记录全部现金收付业务的账簿,借以详细了解现金收付情况,并通过余额与库存现金核对(也可分设现金收入日记账和现金付出日记账)。银行存款日记账是序时记录全部银行存款收付业务的账簿借以详细了解银行存款收付情况,并通过余额与银行对账单核对(也可以设银行存款收入日记账和银行存款付出日记账)。③购货日记账。是转账日记账的一种,它是序时记录全部购买的材料、商品等物资的账簿。如购货业务很少,记入转账日记簿或出纳日记簿即可。④销货日记账。是转账日记账的一种,它是序时记录全部销售业务的账簿。如销售业务不多,记入转账日记账或出纳日记账即可。至于单位应设置哪些日记账,主要根据单位所采用的会计核算程序而定。

二、日记账簿设计的方法

(一) 日记账簿种类的选择

每个单位应设计哪几种日记账簿,其数量如何?选择的条件是:如果是新建单位,应首先考虑其全部经济业务的内容,分析要由几种日记账簿去进行序时反映;如果是老单位,就考虑已经有的或可能有的会计事项种类的多少,还要根据单位所采用的会计核算程序进行选择。

若采用根据记账凭证过总账的核算程序,其日记账只起备查簿或明细账的作用,就不必考虑序时记录的完整性,只须根据对某种经济业务管理的要求来设计,也就是说,既可以设计完整的日记账簿,也可以只设计部分日记账簿。目前,很多企业只设现金和银行存款日记账簿。如果采用根据日记账簿过总账的核算程序,即根据原始凭证记日记账,然后根据日记账记入分类账,其日记账簿就起过账媒介作用,就必须要求设计完整、严密的日记账体系,序时地记录所有的经济业务,取得完整的序时资料以便于过账。此时,就要设转账日记账(普通日记账),或者是再另设购货日记账、销货日记账,设货币资金日记账,或者分别设置现金日记账和银行存款日记账。在选择日记账簿种类时,应注意是否因账簿设计不全而造成漏记或应该得到序时、详细反映的信息而得不到,也要注意日记账是否设计过多过繁和明细账簿是否有重复。

(二) 日记账簿格式的设计

日记账簿格式的设计,主要是根据所要反映的业务内容来设计合适的日记账簿格式的栏次。日记账簿一般有一栏式、两栏式、多栏式、专用格式等几种格式。

1. 一栏式日记账

一栏式日记账是在每张账页上只印一个反映金额栏的日记账,如现金收入、支出分设日记账和反映单位赊购业务的购货日记账。现金收入(或付出)日记账适用于采用单式记账凭证的单位,其现金收入和付出由一个出纳分工记录,每天将结出的总额报给出纳管理人员,以结出现金的余额,编制出纳报告单。购货日记账序时登记采购业务的发生情况,在赊购业务很多的单位可以设置,这种格式只适于作参考备查簿用,不起过账作用。

2. 两栏式日记账

两栏式日记账是指在每张账页上设计两个金额栏的日记账。多用于分录日记账(普通日记账),适用于对起过账作用的日记账的设计,如对一般记录转账业务的日记账设计。这种日记账只记除现金、银行存款、销货、购货以外的业务,如账户式日记账和转账日记账等。其一般格式见表5-2。

表5-2 两栏式普通日记账

第　　页

年		凭证		摘　要	会计科目	借方金额	贷方金额	过　账
月	日	字	号					

3. 多栏式日记账

多栏式日记账是指在每张账页上设计三栏、四栏或更多金额栏的日记账用来登记借方、贷方和余额。这样可以大大减少逐笔过账的工作量。其一般格式见表5-3。

表 5-3　多栏式普通日记账

第　　页

年		凭证		摘要	银行存款		原材料		应收账款		制造费用		其他科目			
月	日	字	号		借	贷	借	贷	借	贷	借	贷	账户名称	借方	贷方	过账

在多栏式普通日记账中,专栏设置的多少视业务量多少确定。凡在多栏式日记账中设有专栏的账户,可定期汇总该专栏合计数后直接过有关分类账;凡在多栏式日记账中未设专栏的账户,则在"其他"栏中逐笔登记账户名称,应借应贷的金额(其具体登记方法可参照两栏式日记账)逐笔过入有关分类账并注明"√"符号,以免重记或漏记。多栏式普通日记账虽然可以简化部分过账工作,但只能供一个人记账,如果专栏设置过多,会导致账页过长,不便于记账和查账。

4.特种日记账

特种日记账是专门用来登记某一类经济业务的日记账簿,其主要作用是可以减少汇总登记同一类经济业务,然后将汇总金额记入分类账,以减少过账工作,同时有利于会计人员分工记账,可以由一个记账人员专门登记某一类经济业务,提高工作效率,节省人力、物力。常见的特种日记账有现金日记账、银行存款日记账、购货日记账、销货日记账等。

现金日记账是专门用来登记现金收入和支出业务的日记账簿。其账页格式一般采用增设了对应科目的栏式(见表 5-4),这样做的优点是,所有的现金收付业务集中在一张账页上,便于集中查阅,能反映科目对应关系,有利于分析现金的流量;缺点是若对应科目过多,则易导致账页过长,反而不便于记账、查账。因此,可将多栏式现金日记账簿分设为多栏式现金收入日记账和多栏式现金支出日记账(见表 5-5、表 5-6)。这种日记账簿分别按现金收入的对应科目和现金支出的对应科目在多栏式账页中设置专栏进行登记,其登记方法与多栏式日记账簿登记方法基本相同,所不同的是,每日终了,应将现金支出日记账中的当日"支出合计"数转入现金收入日记账中的当日"支出合计"栏内,以便结算出当日的现金账面结余数,填入余额栏。

表 5-4　多栏式现金日记账

第　　页

年		凭证		摘要	收　入　(借方)						支　出　(贷方)						结余
月	日	字	号		对应贷方科目				合计	过账	对应借方科目				合计	过账	

表 5-5　现金收入日记账

第　页

年		凭证		摘要	贷方科目				收入合计	过账	支出合计	结余
月	日	字	号		银行存款	应收账款	营业收入	其他应收款				

表 5-6　现金支出日记账

第　页

年		凭证		摘要	借方科目				支出合计	过账	转出数
月	日	字	号		管理费用	材料采购	银行存款	制造费用			

在现金日记账中,现使用比较多的是借、贷、余三栏式,其格式见表 5-7。

表 5-7　三栏式现金日记账

第　页

年		凭证号数		摘要	对应科目	过账	借方	贷方	余额
月	日	现收	现付						

使用计算机记账时,其三栏式账页应在余额栏后增加"修改标志"栏,填制会计凭证并录入计算机进行汇总后,如果发现录入错误需更正时,在被修改的内容后的"修改标志"栏应打印出"修改"两字,以便对修改内容进行监督检查。

银行存款日记账是专门用于逐日逐笔登记银行存款的增加、减少和结存情况的账簿。其格式一般也为借、贷、余三栏式,并按各开户银行和其他金融机构分别设置。其格式见表 5-8。

表5-8 银行存款日记账

第　　页

年		凭证		摘要	结算凭证		对应科目	过账	收入	支出	结余
月	日	字	号		种类	编号					

购货日记账是专门用来登记购货业务的。购货业务多的单位,为了反映购货业务的发生和完成情况,应设置购货日记账。购货业务有现款直接支付和赊购两种情况,因此,购货日记账的设计也有两种:一是只登记赊购业务,将现款购进业务登记在现金、银行存款日记账中;二是登记全部购进业务,即不论赊购还是现款购进,均在购货日记账中登记。登记全部购进业务的购货日记账参考格式见表5-9。

表5-9 购货日记账

第　　页

年		凭证		摘要	供货单位	库存现金贷方	银行存款贷方	应付账款贷方	材料采购借方			应交税费借方	过账
月	日	字	号						买价	运费	合计		

过入总分类账时,"材料采购""应交税费"和"应付账款"账户可根据购货日记账中相应项目的定期合计数一次过入,不需逐笔过账;"库存现金"和"银行存款"项目,因现款购进在现金日记账和银行存款日记账中也要登记,故不需过账,以免重复。同样,在现金日记账和银行存款日记账中,其购货对应科目"材料采购""应交税费"也不需过账。对于应付账款项目,还应逐笔过入"应付账款"的明细账,以反映与各供应单位的款项结算关系。对于购货日记账,只登记赊购业务的情况,其日记账格式只要在上述格式中不设现金和银行存款两栏即可。

销货日记账是专门记录销货业务的。销货与购货一样,也有两种情况:一是赊销,二是直接收取现款。因此,销货日记账的设置和登记也有两种方法:一种是只登记销货业务,现款销售业务则登记在现金或银行存款日记账中;另一种是不论赊销还是现销业务,都全部登记在销货日记账中,对现销业务还要登记现金或银行存款日记账。登记全部销货业务的日记账参考格式见表5-10。

表 5-10　销货日记账

第　　页

年		凭证		摘　要	购货单位	现金借方	银行存款借方	应收账款借方	营业收入贷方	应交税费贷方	过账
月	日	字	号								

过入"应收账款""应交税费"和"营业收入"总分类账时,可根据日记账中相应栏目的定期合计数一次过入,不须逐笔过账;现销业务因在现金和银行存款日记账中已同时登记,故不必再根据销货日记账过账。同样,现金和银行存款日记账中有关销售的对应科目也不须过账。对于应收账款的明细数,还应逐笔将其过有关明细账,以反映与各购货单位的结算情况。销货过程中若有向购货方收取的代垫费用,一般可通过现金或银行存款日记账登记。如果销货日记账只登记赊销业务的情况,则现金和银行存款两栏可以不设。

5. 专用格式日记账

它是专门用于记录某种业务的日记账。设计这种账簿的主要目的,是为了在一种账簿上既能取得序时的资料,又可以获得分类的指标,实质上是把某种日记账与分类账结合设计的一种账簿,设计时应注意专栏和多栏相结合的问题。

最后须强调说明的是,日记账可以作为过账媒介,也可以不作为过账媒介。若作为过账媒介,则应设置一个严密完整的日记账簿体系;若不作为过账媒介,则不必考虑其体系的完整性,只设置一些需要专门反映重要事项的特种日记账。同时,在设计日记账格式时也有区别:作为过账媒介的日记账,由于要逐项或汇总过账,建立起日记账和分类账之间的联系,方便对账,必须在日记账上设计"过账"栏和"对应科目"栏,表示科目之间的对应关系和过入分类账的账页。不作为过账媒介的日记账,则不必设置上述两栏,有的不作为过账媒介的日记账保留了"对应科目"栏,仅是为了对账方便而已。目前,我国会计实务中一般是以编制记账凭证取代原来的日记账过账,并贯彻平行登记的原则,账账之间通过记账凭证相互制约和核对,可见,日记账的过账作用已经基本消失。同时,无论在何种规模的单位中,也无论单位采用何种账务处理程序,都应专门设置现金、银行存款两种特种日记账来序时核算现金、银行存款的收支业务,其主要目的在于及时了解货币资金的收支变化和结余情况,监督货币资金的使用,而不是为了过账。其他日记账则根据单位的具体情况和管理需要进行设置。

第三节　分类账簿的设计

一、分类账簿的种类和作用

分类账簿是对经济业务按一定的类别分别设立账户进行登记的账簿,它可以为单位管理的需要分门别类地提供各种经济信息。为了满足管理需要,适应会计分工要求,分类账簿可分为总分类账簿和明细分类账簿两种。分类账簿的主要作用是:第一,对记账凭证中指明的经济业务类别集中进行反映。记账凭证的主要功能是对发生的每一笔经济业务编制会计分录,若要了解所有同类或不同类经济业务的发生情况,就显得很不方便,因此,只有将记账凭证上记录的业务分类集中在有关账簿中才能分类地、全面地反映经济情况。第二,满足经济管理和编制财务会计报告的需要。在管理过程中,管理者只有既掌握详细信息又掌握总括信息,才能作出正确的决策,这些详细和总括信息只有通过分类账来提供,同时,单位编制财务报告的依据也主要来自分类账所提供的信息。

二、总分类账簿的设计

为了总括反映单位的经济活动情况,每一单位都必须设置和记录总分类账。总分类账可以保证会计记录的正确性和完整性,并对其所属明细分类账起控制作用,可以全面反映单位的财务变动情况,全面地反映单位的经济业务的收支情况及其财务活动成果,可以为编制财务报告提供总括的指标。

总分类账一般根据记账凭证汇总表或汇总记账凭证定期汇总登记,也可以根据转账科目汇总表和多栏式现金、银行存款日记账于月终时汇总登记。单位业务不多的情况下,也可以根据记账凭证逐笔进行登记。总分类账一般采用三栏式,也可以采用按照全部账户开设的账页去设计。

(一) 三栏式总分类账

三栏式总分类账一般按会计科目设账页,其内容主要提供借方、贷方和余额三栏数据,为财务报告编制提供综合指标。它登记简便,但不能对发生额进行必要的分析对比。其格式见表 5-11。

表 5-11 三栏式总分类账

会计科目: 第 页

年		凭证		摘要	借方	贷方	借或贷	余额
月	日	字	号					

(二) 对应科目式总分类账

为了在总账中保持科目的对应关系,以反映借、贷方发生额的来龙去脉,可以根据需要在三栏式账页中增加"对应科目"栏或在借贷两栏内分别增加"对应科目"栏。这两种格式主要用于按记账凭证或汇总记账凭证进行会计核算的程序。其格式见表 5-12、表 5-13。

表 5-12 对应科目式总分类账

会计科目： 　　　　　　　　　　　　　　　　　　　　　　　　　　　　　第　　页

年		凭证		摘要	对应科目	借方	贷方	借或贷	余额
月	日	字	号						

表 5-13 对应科目式总分类账

会计科目： 　　　　　　　　　　　　　　　　　　　　　　　　　　　　　第　　页

年		凭证		摘要	借方		贷方		借或贷	余额
月	日	字	号		金额	对应科目	金额	对应科目		

（三）多栏式总分类账

多栏式总账是将单位使用的全部会计科目依次排列,各设专栏进行登记的账簿。其格式见表 5-14、表 5-15。

表 5-14 多栏式总分类账

　　　　　　　　　　　　　　　　　　　年　　　　　　　　　　　　　　　　　　第　　页

月份	凭证		摘要	库存现金			银行存款			应收账款			（略）
	字	号		借方	贷方	余额	借方	贷方	余额	借方	贷方	余额	
1													
2													
3													
4													
⋮													
12													
合计													

这种多栏式日记账一般是月终根据科目汇总表一次登录总数,减少过账工作量。但是,单位业务较多、使用的会计科目也多时,账页就会过长,会给登账、对账和查账带来不便。

表 5-15　多栏式分类账

年　月　日

会计科目	期初余额	借方金额				贷方金额				期末余额
		库存现金	银行存款	转账	合计	库存现金	银行存款	转账	合计	
合　计										

这种多栏式分类账一般适用于科目汇总表或多栏式日记账账务处理程序,每月编一张。其优点是能集中地反映各类经济业务的变化情况,也起到试算平衡的作用,还避免了逐一翻揭账页登账的问题。

(四) 日记总账式账簿

这种格式的账页适用于采用日记总账核算程序。它是将全部会计科目集中设置在一张账页中,每一总账科目设置一栏,在总账科目下再分设借、贷方两小栏,按照经济业务发生的时间顺序逐笔登记。因此,它是兼有序时记录和分类记录双重作用的联合账簿。其格式见表 5-16。

表 5-16　日记总账

第　　页

年		凭证		摘要	发生额	××科目		××科目		××科目		(略)
月	日	字	号			借方	贷方	借方	贷方	借方	贷方	

这种格式的账簿的优点是序时记录与分类记录相结合,从而简化核算,且账簿上仍然反映科目之间的对应关系,可以防止或减少过账中的错误,即使出现错误,也容易查找;同时,通过发生额的登记,既能控制各科目的发生额,又便于期末进行试算平衡,检验记账是否正确。其缺点是局限性大,不适用于业务复杂、会计科目数量多的单位使用。

(五) 以科目汇总表代总账

把科目汇总账的左、右方分别加一个月初余额栏和月末余额栏,就可以代总账,每月保存,年终装订成册。这种格式不须逐笔登记总账,既减少了工作量,又减少了可能发生差错的机会,还可以进行试算平衡。其格式见表 5-17。

表 5-17　科目汇总表(代总账)

年　　月

会计科目	年初余额		月初金额		本月发生额		本年累计发生额		月末金额	
	借方	贷方	借方	贷方	借方	贷方	借方	贷方	借方	贷方
合　计										

需要说明的是,以表代账必须限于一定的范围,并且要有严格的核算手续。

三、明细分类账簿的设计

为了详细反映资产、负债、所有者权益以及费用成本和财务成果的增减变动情况,每个单位必须设置和记录一定的明细分类账。明细分类账能提供详细具体的信息,它对总分类账户起着补充和详细说明的作用。明细分类账是根据记账凭证或原始凭证逐笔登记的。一般单位都应该设置材料、应收账款、应付账款、生产成本、经营费用等明细分类账。明细分类账的格式多种多样,单位应根据各项经济业务的内容和经营管理的实际需要来确定采用的格式。

(一) 三栏式明细分类账

三栏式明细分类账的格式与三栏式总分类账的格式相同,即账页上只设借方、贷方和余额三个金额栏,不设数量栏。这种格式适用于那些只需要进行金额核算而不需要进行数量核算的债权、债务结算科目,如"应付账款""应收账款""其他应收款"等科目。三栏式明细分类账是明细账中最基本的格式,其他格式的明细分类账一般都是在此基础上,结合所要记录的特殊内容加以演变而来的。其格式见表 5-18。

表 5-18　××明细账

明细科目：　　　　　　　　　　　　　　　　　　　　　　　　　　　　　　第　　页

年		凭证		摘要	借方	贷方	借或贷	余额
月	日	字	号					

(二) 数量金额式明细分类账

数量金额式明细分类账除设置金额栏以外,还设置了数量栏以及单价栏,而且把数量、单价、金额三栏综合起来,在此基础上设置了收入、发出和结余栏。这种格式适用于既要进行金额核算又要进行实物数量核算的各种财产物资的经济业务,如原材料、库存商品、包装物等的管理。其格式见表 5-19。

表 5-19　××明细账

类别：　　　　　　　　　　　　　　　　　　　　　　　　第　　页
品名或规格：　　　　　　　　　　　　　　　　　　　编号：
储备定额：　　　　　　　　　　　　　　　　　　　　存放地点：
　　　　　　　　　　　　　　　　　　　　　　　　　　计量单位：

年		凭证		摘要	收入			发出			结存		
月	日	字	号		数量	单价	金额	数量	单价	金额	数量	单价	金额

（三）多栏式明细分类账

多栏式明细分类账不按明细科目分设若干账页，而是根据经济业务的特点和经营管理的需要，在一张账页上记录某一科目所属的各明细科目的内容，按该总账科目的明细项目设专栏记录。这种格式适用于只记金额，不记数量，而且在管理上要了解其构成内容的费用、收入、利润等科目。

（1）费用明细分类账一般按借方设多栏。"材料采购""生产成本""制造费用""管理费用""财务费用""营业外支出"等账户的明细分类账，宜采用借方多栏式的账簿，其格式见表5-20。

表 5-20　××明细账

　　　　　　　　　　　　　　　　　　　　　　　　　　　　　　　　第　　页

年		凭证		摘要	借方（项目）				借或贷	余额
月	日	字	号		合计					

（2）收入明细账一般按贷方设多栏。"营业收入""营业外收入"等账户的明细分类账一般采用贷方多栏的明细账，其格式见表5-21。

表 5-21　××明细账

　　　　　　　　　　　　　　　　　　　　　　　　　　　　　　　　第　　页

年		凭证		摘要	贷方（项目）				借或贷	余额
月	日	字	号		合计					

（3）利润明细分类账一般按借方、贷方分设多栏，即按利润构成项目设多栏记录。"本年

利润""利润分配"和"应交税费——应交增值税"等账户所属的明细账需采用借、贷方均为多栏的明细账,其格式见表5-22。

表5-22　××明细账

第　页

年		凭证		摘要	借方(项目)		贷方(项目)		借或贷	余额
月	日	字	号			合计		合计		

多栏式明细账没有统一的账页格式,账页格式随经济业务内容的变化而变化;每一栏目都提供经营管理所需要的一个具体经济指标,栏目的多少随管理需要而定;有关金额栏的数字相加后,可以提供一个总括的价值核算指标。还必须说明的是,明细分类账簿的三种格式并不是完全孤立的,各种具体的明细账格式也并非绝对固定的,可以根据实际情况加以变通,联合设计。

第四节　备查账簿的设计

一、备查账的特点及反映的主要事项

备查账是对某些在日记账和分类账等主要账簿中记载不全的经济业务进行补充登记的账簿。其特点是:它与有关明细账有勾稽关系,但不受总账统制;在账务处理上比较灵活,不受会计期间结算工作的严格限制。备查账的特点决定了它没有固定的格式,要根据实际需要去灵活确定。

备查账反映的主要事项有下列五项。

(1) 代保管的财产物资。代保管的财产物资是指所有权不属于本单位,但由本单位代为保管或使用的财物,如经营性租入的固定资产、受托加工的物资、受托代销商品、租入包装物和代管商品物资等。为了反映租入固定资产的租入、归还时间、支付租金的情况及受托加工物资加工费的收取和保管责任等,单位应设置"租入固定资产备查簿"和"受托加工物资备查簿"进行详细登记。

(2) 发出财产物资。发出财产物资是指所有权属于本单位,但由于某种原因已发往外地或外单位的财产物资,如展览中的商品、委托代销商品、分期收款发出商品等。为了避免这些财物受到损失,按期收回实物或货款,应设置如"分期收款发出商品备查簿""委托代销商品备查簿"等进行登记。

（3）大宗、贵重物资。这主要是指对同一业务需要进行多方面登记的财产物资，如固定资产保管登记卡、使用登记卡等。

（4）重要的空白凭证、经济合同执行记录、贷款还款情况记录等。这些资料由于管理上的需要而必须予以反映的事项，应设置相应的备查账簿进行详细记录。

（5）其他不便于在日记账和分类账中反映的事项。如单位的长期股权投资，在确认被投资单位发生的净亏损应由本单位负担的部分冲减"长期股权投资"的账面价值时，长期股权投资的账面价值只能减记至零为止，对本单位应负担的未予冲减的金额，应设置"长期股权投资备查簿"进行登记，待以后各期被投资单位实现净利润，按本单位应分享的部分冲减备查登记数后的余额，再恢复"长期股权投资"的账面价值。再如，为了详细反映应收票据、应付票据的种类、起止时间、金额、利率和贴现等情况，应分别设置"应收票据备查簿"和"应付票据备查簿"进行记录。

二、备查账簿的设计

备查账不受总账统制，与明细账也无直接联系，也不需要通过制证进行记录，因而其设置可以根据需要灵活确定，其格式只要能反映所表现的内容就可以，无特定要求。现列举如下。

（1）租入固定资产登记簿。其一般格式见表5-23。

表 5-23　租入固定资产登记簿

第　　页

资产名称	规格	合同号	租出单位	租入日期	租期	租金	使用地点	备注

（2）有价证券登记簿。有价证券包括股票、债券等，其一般格式见表5-24。

表 5-24　　　　登记簿

第　　页

日　期	凭证号	摘　要	购买金额	年　限	利息率	利息收益记录			
						年	年	年	年

（3）空白凭证登记簿。其一般格式见表5-25。

表 5-25　空白凭证登记簿

第　　页

购入日期	凭证种类	起止号码	领用日期	领用人	领用号码	交回记录

（4）应收票据登记簿。其一般格式见表 5-26。

表 5-26　应收票据登记簿

第　　页

登记日期	出票人	付款银行	票据日期	有效日期	到期日	票据面值	利息		贴现		付款日期	备注	注销
							利率	金额	银行	名称			

【复习思考题】

1. 简述会计账簿和种类及作用。
2. 说明一般纳税人需要设计哪些账簿？
3. 简述日记账的种类及作用。
4. 什么是分类账？如何根据单位经济业务的具体情况设计不同格式的分类账？
5. 单位选择日记账的条件是什么？
6. 什么是备查账？它主要反映哪些事项？
7. 根据会计制度的要求，按照多栏式明细账设计的要点，设计管理费用、主营业务收入明细账页各一张。
8. 按照备查账设计要求，设计委托代销商品登记簿、固定资产登记簿（固定资产登记簿按类别设计）。

第六章 财务会计报告设计

【本章概要】

本章从财务报告的设计原则和设计步骤等内容出发,详细论述了财务会计报告编报程序、外部报告的设计、内部管理报告的设计等内容。目的是要充分认识财务会计报告设计是整个会计制度设计中的重要组成部分,同时掌握财务会计报告的设计原理和设计方法。

第一节 财务会计报告设计概述

财务会计报告是企业对外提供的反映企业某一特定日期财务状况和某一会计期间经营成果、现金流量等会计信息的文件,它包括财务报表、其他应当在财务报告中披露的相关信息和资料。财务报表是财务会计报告的核心内容,是以会计账簿及其他会计核算资料为依据,按照统一的格式加以汇总、整理,用来总括地反映单位在一定时点的财务状况和一定时期经营成果和现金流量的一种表式报告文件。财务会计报告是反映单位财务状况和经营成果的书面文件。在设计财务报告时,一定要满足财务报告编制的一致性、客观性及全面性的要求。

一、财务会计报告的种类及设计作用

(一)财务会计报告的种类

(1)财务会计报告按其报送对象不同,可以分为对外报告与对内报告。前者是指必须定期编制、定期向单位外部有关方面报送或者向社会公布的财务会计报告;后者是指为单位内部服务,定期向单位管理人员提供的财务会计报告。在此需要说明的是,单位作为投资人和管理者,对外报告也为单位内部经营管理服务,反之,对内报告也可为编制对外报告提供佐证和基础资料。

(2)不同性质的单位,财务报表的具体内容不同。事业单位主要编制资产负债表、收入支出表、财政补助收入支出表以及相关附表,企业单位则须编制资产负债表、利润表、现金流量表、所有者权益变动表和相关报表附注。集团公司按规定还需要编制合并会计报表。财务报

表按其所反映的经济内容进行分类,可以分为反映经营成果和反映财务状况及其变动情况的报表。反映经营成果的报表,是指反映单位在一定时期经营过程中的收入、费用和财务成果的报表,如利润表。反映财务状况及其变动情况的报表又可分为两种:一是反映单位在一定时点财务状况的报表,如资产负债表;二是反映单位在一定时期财务状况变动及其原因的会计报表,如现金流量表。财务报表附注是会计报表的补充,主要对会计报表不能包括的内容或者不能详细披露的内容作进一步的解释说明,它弥补了会计报表只能在固定的格式下根据严格的定义和规范提供定量的财务信息的局限性,有利于更加真实、完整地提供会计信息。财务情况说明书是在财务报表及其附注所提供信息的基础上,再进一步用文字对单位的财务状况等所作的补充说明。财务情况说明书是财务会计报告的组成部分,必须随同会计报表一起编制、提供和阅读。

(3) 财务会计报告按编制和报送时间的不同,可以分为定期报告和不定期报告。定期报告的编制和报送时间是固定的,一般可分为年度报告、季度报告和月份报告三种。年度报告(简称年报)是全面反映单位全年的经营成果、年末的财务状况以及年内财务状况变动情况的报告,是年度经营活动的总结性文件,每年年底编制一次,它包括规定应报送的所有会计报表、附注及财务情况说明书。季度或月份报告(简称季报、月报)是反映各个季度或月份的经营成果与季末或月末财务状况的报告,每季末或月末编制一次,它只包括几种最主要的会计报表,如利润表、资产负债表。此外,公司按规定还需要编制中期财务会计报告。不定期报告编制和报送的时间则不固定,一般根据信息使用者的需要确定。通常对外报告是定期报告,内部报告有定期报告也有不定期报告。

(4) 财务会计报告按照管理者的需要,可以分为综合性报表、控制性报表、预测性报表、分析性报表、明细性报表和临时需要报表等。综合性报表是指为反映单位整个营业情况及财务状况的报表,如资产负债表、利润表、现金流量表、所有者权益变动表等。控制性报表是指为报告业务的实际活动情形,以便管理者及时采取控制行动的报表,如销售、生产、存货、现金、预算执行情况等报表。预测性报表是指为了预测未来可能发生情况的报表,如损益预测表、销售预测表、成本预测表、财务变动预测表等。分析性报表是指分析经营绩效的报表,如销售、成本、经营绩效等分析表,主要应列明实际数与预算数或标准数之间的差异,以便采取措施,制订未来计划及衡量绩效之用。明细性报表是指为详列各事项明细内容的报表,如资产负债各科目明细表、营业收支明细表、成本及费用明细表等。临时需要报表是指管理者因临时事务而需要的报表。

(二) 财务会计报告设计的作用

财务会计报表具有表示、测验、分析比较、提供信息等方面的作用,它不仅能为单位内容管理提供准确完整的信息,还能为单位外部的投资者、债权人及财政、税务、金融等部门提供有用的信息。财务会计报告作用的发挥有赖于设计财务会计报告的科学性和合理性。其作用主要表现在如下几个方面。

(1) 有利于全面、系统和综合地反映单位的经济活动情况。单位的日常核算资料一般都零散地反映在会计凭证、会计账簿中,而会计凭证、会计账簿数量多、体积大,不便于向有关信息使用者报送,同时,会计凭证、会计账簿又是单位的重要经济档案,送走了就无法查考。因此,就有必要设计出一套综合性强、便于提供各方所需要信息的表格式载体,并同时对这些表格化信息载体的有关情况用文字加以说明,这就形成了向各方报送的财务报告。

(2)财务会计报告是会计制度设计的核心内容之一。会计的目标是通过财务会计指标全面揭示单位的财务状况、经营成果及现金流量,为会计信息使用者提供准确、充分和有用的信息,财务会计报告则是传递这些信息的重要手段和途径。财务会计报告的设计制约着会计账簿与会计科目的设计,继而影响着会计凭证和记账程序等设计。因此,科学地设计财务会计报告,完整地提供重要信息,是会计制度设计的重要内容之一。

二、财务会计报告设计的原则

财务会计报告是会计工作中的最终产品,财务会计报告能否适合单位内外需要并有助于经营管理,是会计工作是否成功的主要评定标准;如何编制适合管理者需要的财务会计报告,是设计会计制度最重要的主题。要想把有关的会计信息规划得简单、扼要、明白,借以适合财务报告进行反映,设计时就应遵循以下原则。

(一)采用国际通行的财务会计报表体系,统一和简化对外报送的报表

会计已发展成为国际通用的商业语言,单位为适应进入国际市场的需要,应当尽可能地采用国际通行的财务会计报表体系。这样才能互相了解对方的财务状况和经营成果,促进交流与合作,能在更大范围内发挥财务会计报告的作用。同时,财务会计报告的设计应以简明扼要为基本原则,对于复杂的内容要进行归纳,提列总数或摘要。

(二)尽量以例外原则代替逐项明细罗列

财务会计报表提供的会计信息,既要全面、概括,又应突出重点。对于重要的经济业务,应当单独反映,对于不重要的经济业务,可以简化、合并核算和反映,以提高财务会计报表的效用。对那些分析财务状况和经营成果有重大影响的非数量资料,以及会计报表不能揭示的数量资料,如关联方交易、或有负债、资产计价和会计处理方法等,则应通过会计报表附注和财务情况说明书等形式加以充分披露。

(三)可控制项目和不可控制项目应予划分,以便用表人加强控制,明确责任

单位在经营过程中发生的各种费用,有些是可以控制的,如管理费用等,有些是不可控制的,如产品生产中的固定成本。财务会计报表的设计应能显示出各阶层责任,并协助其管理控制,使用表者及时掌握各项成本费用开支情况,明确各级管理者的责任。

(四)清晰明了,便于理解和利用

财务会计报表项目的设置和分类以及列示方法,都应遵循清晰明了、便于理解和利用的原则。为了便于报表使用者对某一单位不同时期的财务状况和经营成果进行分析对比,了解该单位的发展变化情况,报表可以采用前后对比的方式编列,也可以采用报告期与本期累计的方式编列。在采用前后期对比方式编列时,如上期的项目分类和内容与本期不一致,应当将上期数按本期项目和内容对有关数字进行调整。

三、财务会计报告基本内容的设计

财务会计报告设计主要包括经济指标体系的设计、报告基本内容的设计、报告编报程序的设计。

(一)经济指标体系的设计

财务会计报告是经济指标体系的一种表现形式。从系统论和信息论的观点看,经济指标体系是指从各个不同方面,全面或局部地反映一个单位经济活动全貌或部分会计信息体系,体系中的各个指标既相互联系而又相互补充。在设计会计报告时,首先要确定一个单位的会计报告应该包括哪些经济指标。这些经济指标应该能够从不同的方面全面、概括地反映该单位的财务状况、经营成果和财务状况变动情况等方面的会计信息,并构成一个相互联系、相互补充的经济指标体系。将一些同类的相关经济指标组合在一起,就形成一张财务报告。财务报告的具体用途和编制时期的不同,对财务报告中经济指标的确定有不同的要求:对外报送报告的经济指标要求全面、概括、稳定,内部使用报告中的经济指标则要求及时、灵活和具体。编制时期较短的财务报告(如月报),应突出重点,填报主要经济指标,并便于及时编报;编制时期较长的会计报告(如年报),则应全面、较详细地填报反映单位财务状况、经营成果和财务状况变动情况的经济指标体系。

(二)财务会计报告基本内容的设计

财务会计报告内容主要包括以下方面。

(1)报表名称和编号,即所编报表的名称和编号。

(2)编制单位,即编制报表单位的名称。

(3)报表日期,即编制报表的日期和报表所包括的会计期间。

(4)单位,即货币单位,元、千元、万元等。

(5)补充资料,即报表附注,是为了帮助会计报表阅读者理解报表的内容所作的解释。其主要内容包括:所采用的主要会计处理方法,会计处理方法的变更情况、变更原因以及对财务状况和经营成果的影响,非经常性项目的说明,财务报表中有关重要项目的明细资料,其他有助于理解和分析报表需要说明的事项。

对于财务报表基本内容的排列,就是会计报表格式的设计。财务报表格式的设计既要便于报表阅读者的理解和利用,又要便于会计人员的编制。

(三)财务会计报告编报程序的设计

为了及时编报会计报告,首先要规定一个报账、结账时间流程表,做好结账前的各项准备工作。同时,在财会部门内部,还要规定在编报程序中每个人员的具体工作内容。

四、财务会计报告设计的步骤

财务会计报告设计的步骤如下:

(1) 设计调查。调查提纲应包括：①国家统一会计报表的种类、格式及编制要求、方法；②单位的经济业务实际情况；③单位的管理要求。

(2) 确定财务报表的种类。

(3) 绘制会计报表的格式。

(4) 写出编制程序及编制方法说明。

第二节 财务会计报告编报程序的设计

财务会计报告编报程序，应包括从会计年度确定起到报告上报时止的一系列过程。

一、财务会计报告编制程序的设计

财务会计报告编制程序是指在本期发生的各项经济业务登记入账的基础上，从期末账项调整开始到财务会计报告编出的工作步骤。一般应经过会计年度与经营期间的确定、期末账项调整、结账与对账程序控制、编制工作底稿、编制会计报表和附注、撰写财务情况说明书等步骤。

（一）会计年度与经营期间的确定

财务会计报告反映一定经营期间或某一时日的经营状况和经营成果，因此，编制报告首先应确定营业年度及营业年度中的各经营期间，以便决算报告和期间报告的编报。我国会计准则规定以日历年度作为会计年度，因为它不按企业业务经营周期划分营业年度，即不选择企业业务流动处于最低点的时候作为营业年度的结束日。国外很多企业均采用营业年度作为会计年度，目的是减少会计报告的编制时间和手续，有利于提高报告的信息价值。

为了进行短期汇总和结账工作，还应该在会计年度中确定各个经营期间。我国统一规定了经营报告期为日历月份，即每一月为一个经营报告期，一个会计年度划分为十二个报告期。因为企业的生产、经营计划均按月份制订和下达，工资及很多费用都是按月份结算或摊销，以日历月份作为经营期间，有利于相互衔接。

（二）期末账项调整

单位对日常发生的会计事项一般均应按权责发生制要求，根据审核无误的记账凭证登记入账。因此，在编制财务会计报告之前，就有必要对有关账户的余额和发生额按权责发生制的要求作必要的调整，即期末账项调整，以合理地反映该会计期间应获得的收入和应负担的费用，使营业收入和费用得以配比，从而比较正确地计算出各期经营成果。期末账项调整虽然是收入和费用的调整，但必然会引起有关资产、权益各项目发生相应的增减变化。因此，这种调整不仅是正确反映单位一定期间经营成果的需要，也是正确反映单位期末财务状况的需要。

（三）期末对账与结账程序控制

要想及时地编制出报告,必须加强期末的汇总、对账和结账工作,从而保证报告的及时性与准确性。提前做好对账与结账准备工作,使对账与结账工作按照拟订的日程进行,这是至关重要的问题。控制对账与结账程序的主要手段是制定对账、结账日程表,也就是对对账、结账程序进行适当排列,规定每一个程序完成的期限。这里首先要分析影响对账与结账完成的关键环节是哪些问题,并对此提出妥善解决的对策,以利于对整个对账与结账程序加以控制,力求在预定期间内完成。

（四）编制工作底稿

会计期末,从编制试算表起,经调整账项、编制调整后试算表、进行对账和结账,直至最后编制财务会计报告,这项工作由于时间紧,步骤内容繁多,往往容易出错。为了减少错误,提高编制报告的速度,可以采用编制工作底稿的方法来完成这项工作。

工作底稿也称工作底表,是将一定期间发生的经济业务通过调整、试算、分析汇集在一起的表式。编制工作底稿虽然不是会计循环中一个必不可少的环节,也不是正式的会计分录,但它作为账项调整、结账和编制会计报表的辅助工具,具有很多优点:首先,账项调整、结账先在工作底稿上进行,之后再正式登账,可以减少记账差错;其次,可根据工作底稿直接编制会计报表,而不必先进行账户调整和结算,因而大大缩短了编制会计报表前的资料整理准备时间,从而加快了会计报表的编制进程;最后,工作底稿集中了期末的主要会计资料,因而便于集中了解企业的财务状况和经营成果。

工作底稿的格式和内容各不相同,用途也不相同。在此介绍一种六栏式用于编制资产负债表和利润表的工作底稿及编制现金流量表工作底稿,其格式见表6-1至表6-2。

表6-1 资产负债表、利润表工作底稿

编制单位： ___年___月 金额单位:元

行次	账户名称	试算表		账项调整		调整后试算表		账项结转		利润表		资产负债表	
		借方	贷方	借方	贷方	借方	贷方	借方	贷方	借方	贷方	借方	贷方
		1	2	3	4	5	6	7	8	9	10	11	12

上述工作底稿的编制步骤如下:

(1)账项调整前,将各总分类账户名称及其余额按一定顺序依次填入"账户名称"栏和"试算表"栏。

(2)期末应予以调整的账项,确定其应借、应贷的账户及金额,在"账项调整"大栏内填写。

(3)将"试算表"大栏与"账项调整"大栏的借、贷金额合并,得出各账户调整后的金额,填入"调整后试算表"大栏。

(4) 将期末应予以结转的账项,分别填列在"账项结转"大栏内。

(5) 将"调整后试算表"大栏各账户金额,加上或减去"账项结转"大栏的金额,然后按各账户的性质分类转入"利润表"大栏和"资产负债表"大栏。

(6) 在"利润表"大栏内计算出本月实现的利润或发生的亏损。

(7) 根据本月实现的利润总额计算所得税费用,求出净利润。

(8) 汇总计算"资产负债表"大栏所填列的各账户余额。

工作底稿的编制工作,至此全部完成。

表 6-2 现金流量表工作底稿

编制单位:　　　　　　　　　　　　　____年度　　　　　　　　　　　　　金额单位:元

项　目	年初数	调整分录		年末数
		借方	贷方	
一、资产负债表项目 ……				
二、利润表项目 ……				
三、现金流量表项目 ……				

表 6-2 为现金流量表工作底稿,在直接法下整个工作底稿纵向分成三段,即资产负债表项目部分、利润表项目部分和现金流量表项目部分。其编制步骤如下:

(1) 将资产负债表、利润表和现金流量表各项目的名称及资产负债表各项的期初余额、期末余额过入工作底稿的相应栏目。

(2) 从利润表的"主营业务收入"开始,结合资产负债表项目的变化,逐一进行分析并编制调整分录。

(3) 将调整分录过入工作底稿的相应部分。

(4) 核对调整分录,借方、贷方合计数应相等。

(5) 根据工作底稿中的现金流量表项目部分编制正式的现金流量表。

(五)编制会计报表及附注

为了使报表阅读者能够清楚全面地了解到单位的财务状况和经营成果等情况,会计报表应当根据登记完整、核对无误的账簿记录(或工作底稿)和其他有关资料编制,做到数字真实、计算准确、内容完整、报送及时。

编制会计报表附注应根据单位有关规章和会计处理的明细资料,对报表的有关项目作出恰当的解释,以帮助报表使用者对会计报表的内容加深理解。编制会计报表附注应做到提高可比性,增进理解性,体现完整性,突出重要性。

(六)编制财务情况说明书

在编制会计报表及其附注的同时,一般还应对单位的财务活动情况进行文字说明,总结经验和教训，指明发展趋势，提出整改措施。财务情况说明书的编制应做到文字简练、有数据、有分析。

二、财务会计报告报送程序的设计

单位的财务会计报告按报送对象不同分为对外报送和对内报送两种。对内报送程序比较简单，主要是向单位的管理当局报送，对外报送则应按规定的程序和要求进行。对外报送程序的设计一般包括如下步骤。

（一）复核、整理财务会计报告

财务会计报告编好后，应由编制人员自行复核，纠正错漏。在确保数据准确、文字恰当的基础上，将财务会计报告依次编写页码，加具封面，装订成册，加盖公章。封面上应当注明单位名称、单位地址、财务会计报告所属期间、报送日期等。

（二）审核、签章

经复核后的财务会计报告应提交机构负责人（会计主管人员）、主管会计工作的负责人和单位负责人进行审核，发现错漏应及时纠正。经审核无误后，由上述人员分别在封面上签名并盖章，并着重明确单位负责人保证财务会计报告真实、完整的责任。设置总会计师的单位，还须有总会计师签名并盖章。

（三）委托注册会计师审计

根据有关法律、法规的规定，财务会计报告须经注册会计师审计的，单位应当先行委托注册会计师进行审计，如上市公司、外商投资企业等。若需调整的，一般应按注册会计师出具的审计意见进行调整。注册会计师及其所在的会计师事务所出具的审计报告，应当随同财务会计报告一并对外报送。

（四）按规定的对象、方式和期限对外报送

财务会计报告经上述程序后，应按规定的对象、方式和期限对外报送。财务会计报告的报送对象一般包括单位的主管部门、财政部门、税务机关、单位的投资者、主要债权人等，除此之外，还有一些非经常性的报送对象，如执行审计任务的审计机关等。

财务会计报告的报送方式一般有三种，即报送、公告和提交。对于单位主管部门、财政税务机关，必须定期报告；股份有限公司对于其股东，必须公告，公告的方式包括登记公告和公开置放备查；对于审计部门，则应及时提交。

财务会计报告报送的期限，应根据有关法律和国家统一会计制度的规定执行：月报应于月终后6天内报出，季报应于季终后15天内报出，中期报告应于年度中期结束后60天内报出，年度报告应于年度终了后4个月内报出。

第三节 对外报表报告的设计

对外会计报告一般是国家规定应对外部单位报送或是国际惯例应对外公开的报表。其构成为会计报表、会计报表附注和财务情况说明书,下面分别说明其设计原理。

一、会计报表的设计

会计报表是财务报告的核心内容,其种类、格式及编制要求,一般在会计准则和会计制度中都有具体的规定。不同性质的单位,会计报表的种类、格式和编制要求不相同。下面以企业单位为例,说明对外报送的资产负债表、利润表、现金流量表、所有者权益变动表及各种附表的设计原理。

(一) 资产负债表的设计

资产负债表是反映单位在某一特定日期财务状况的报表。资产负债表的项目,应按资产、负债和所有者权益的类别分项列示。资产负债表的主要作用是说明单位所拥有的各种资源及其分布与结构和偿还债务的能力,反映单位所负担的债务数量、债务结构及偿还期限的长短,反映单位的投资者对本单位资产所持有的权益,客观表现了单位财务状况的发展趋势。

1. 资产负债表结构的设计

资产负债表是根据"资产=负债+所有者权益"会计等式设计的,其格式一般有两种:报告式和账户式。报告式(或垂直式)资产负债表是将资产项目、负债项目和所有者权益项目采用垂直分列的形式列于表格的上下两段,且上下两段总计金额相等。这种格式比较直观,但如果表内项目过多,表格将拉得很长,不便于阅读和保存。报告式资产负债表常见于股份有限公司登报公告的财务会计报告之中。其基本格式见表 6-3。

表 6-3 资产负债表(报告式) 会×01 表

编制单位: ___年___月___日 金额单位:元

资　　产
……
……
资产总额

负　　债
……
……
净资产
所有者权益
……
……

账户式资产负债表是将资产项目排列在表左方,负债和所有者权益项目排列在表的右方,使资产负债表左右两方总计金额相等。这种格式便于读者对比分析资产、负债和所有者权益项目的相互关系,符合我国会计人员的习惯,所以,我国大部分单位现行采用的都是账户式资产负债表,其基本格式见表 6-4。

表 6-4　资产负债表(账户式)　　　　　会×01 表

编制单位：　　　　　　　　　　　____年____月____日　　　　　　　　　　金额单位:元

资　产	负　债
……	……
……	……
	所有者权益
	……
	……
资产总计	负债与所有者权益总计

资产负债表不论是报告式还是账户式,其基本结构总体上分为两大部分:一部分列示资产各项目,另一部分列示权益各项目,反映单位的负债和所有者权益情况。两部分的金额总计始终保持平衡,反映了资产与权益的本质。

2. 资产负债表项目分类和排列的设计

资产负债表内各项目的分类与排列,有两种方法:一是按各类项目在总体中所占比重大小和在生产经营过程中的重要程度分类和排列,重要类别和项目列前,次重要类别和项目居中,非重要类别和项目列后;二是根据其经济性质及其流动性而设计的。资产一般按照流动性及变现快慢排列分为流动资产和非流动资产两大类,并依据流动强的列前的原则将两类资产分别细分为各项目顺序排列。权益一般按照偿还期限长短排列,负债一般规定有偿还期限,而所有者权益一般不规定偿还期限,企业破产清算时,债权人的索偿权优先于所有者对企业净资产的要求权,因此,负债应排列在所有者权益之前。在负债中又分为流动负债和长期负债两大类,并依据偿还快列前的原则将两类负债分别细分各项目顺序排列。所有者权益则是按永久性递减的程度排列,最不容易递减的列前,最容易递减的列后,即按实收资本、资本公积、盈余公积和未分配利润的顺序进行排列。我国现行企业会计准则中的资产负债表就是按照这个原则分项和排列的,其格式见表 6-5。

表 6-5　资产负债表　　　　　会企 01 表

编制单位：　　　　　　　　　　　____年____月____日　　　　　　　　　　单位:元

资　产	期末余额	年初余额	负债和所有者权益(或股东权益)	期末余额	年初余额
流动资产：			流动负债：		
货币资金			短期借款		
交易性金融资产			交易性金融负债		
应收票据			应付票据		
应收账款			应付账款		

续表

资　产	期末余额	年初余额	负债和所有者权益(或股东权益)	期末余额	年初余额
预付款项			预收款项		
应收利息			应付职工薪酬		
应收股利			应交税费		
其他应收款			应付利息		
存货			应付股利		
一年内非到期的流动资产			其他应付款		
其他流动资产			一年内到期的非流动负债		
流动资产合计			其他流动负债		
非流动资产：			流动负债合计		
可供出售金融资产			非流动负债：		
持有至到期投资			长期借款		
长期应收款			应付债券		
长期股权投资			长期应付款		
投资性房地产			专项应付款		
固定资产			预计负债		
在建工程			递延所得税负债		
工程物资			其他非流动负债		
固定资产清理			非流动负债合计		
生产性生物资产			负债合计		
油气资产			所有者权益(或股东权益)：		
无形资产			实收资本(或股本)		
开发支出			资本公积		
商誉			减：库存股		
长期待摊费用			盈余公积		
递延所得税资产			未分配利润		
其他非流动资产			所有者权益(或股东权益)合计		
非流动资产合计					
资产总计			负债和所有者权益(或股东权益)总计		

从以上表格可以看出,资产负债表有以下几个特征：

(1) 资产负债表设有编表日期,以便于填列每一个会计期终(月末、季末、年末)的编表日期,借以说明是这一特定时日的单位财务状况。

(2) 资产负债表设有"年初数"和"期末数"两个金额栏,借以对比资产、负债和所有者权益的变化。

(3) 资产负债表中项目分类的显著特点是：资产与负债按其价值周转方式分为流动性与非流动性两大类;资产负债表上的项目可分为货币性项目和非货币性项目两大类。货币性项目是指单位所拥有的货币以及所拥有的以定量货币为限的权利和以固定金额为限的义务,可分为货币性资产和货币性负债;非货币性项目是指单位所拥有的以实物体现的资产及以实物来清偿的债务。

(4) 资产负债表左边列资产、右边列负债及所有者权益。其顺序排列是流动列前,即按流动性由大到小(或期限由短到长)的顺序排列,在此基础上,再从货币性项目到非货币性项目排列。这样有利于认清货币性项目与非货币性项目的计价原则,进一步确定单位的偿债能力。

3. 资产负债表的编制设计

一张完整的资产负债表包括表首和正表。表首的填列比较简单,正表的填列方法如下:

(1) 直接根据有关总账和明细账的期末余额填列。这些项目与会计账户中的总账、明细账基本上一一对应,因此,只需将有关账户中的期末余额直接填入报表项目中即可。

(2) 根据有关账户期末余额之和填列。如货币资金、应收账款、应付账款均根据其所属各明细科目余额之和填列,预收账款根据"预收账款"有关明细科目期末贷方余额和"应收账款"所属各明细科目的贷方余额之和填列,预付账款根据"预付账款"有关明细科目的期末借方余额和"应付账款"所属各明细科目的借方余额之和填列。

(3) 根据有关账户的期末余额之差填列。如存货,根据"材料采购""原材料""周转材料""材料成本差异""库存商品""委托加工物资""生产成本"等科目的期末借贷方余额相抵后的差额填列;未分配利润,根据"本年利润"和"利润分配"科目的余额之差填列。

(4) 根据进入报表的有关账簿信息,直接计算填列。

(二) 利润表的设计

利润表是反映单位在一定时期(月份、季度、年度)的经营成果的会计报表。在利润表上,要反映单位在一定时期内所有的收入(包括营业收入与营业外项目的收入)与所有费用(包括营业成本、期间费用以及营业外项目的支出与损失),在收入与费用恰当配合抵消的基础上,求出报告期的利润或亏损。由此可见,利润是收入与费用配比的结果。根据利润表所提供的信息,可以评价一个单位的经营管理效率和成果,分析单位未来的经营状况、获利能力及潜力,了解单位未来一定时期内的盈利趋势。

1. 利润表结构的设计

利润表是根据"收入-费用=利润"的会计平衡公式设计的,并采用上下加减的报告式结构。利润表的正表格式,主要有单步式和多步式两种。

单步式利润表是将当期所有的收入加总在一起,然后将所有的费用加总在一起,通过一次计算求出当期损益。在单步式下,利润表分为营业收入和收益、营业费用和损失、净收益三部分。单步式利润表的优点是表式简明易懂,由于对一切收入和费用统一归类,不分先后,避免了项目分类上的困难;其缺点是一些有意义的信息无法直接从利润表中得到,即不能反映收益的具体情况,无法判断企业营业性和非营业性、主营业务和非主营业务收益对实现利润的影响,不利于前后各期相应项目的比较。由于单步式利润表不利于掌握利润构成情况和分析利润的升降原因,因此,目前应用很少。其基本格式见表6-6。

表 6-6　利润表(单步式)

编制单位：　　　　　　　　　　　　　　　年　　月　　　　　　　　　　　　　金额单位:元

项　　　　目	本月数	本年累计
一、收入		
主营业务收入		
其他业务收入		
投资收益		
公允价值变动收益		
营业外收入		
收入合计		
二、成本、费用与损失		
营业成本		
税金及附加		
销售费用		
管理费用		
财务费用		
资产减值损失		
其他业务成本		
营业外支出		
所得税费用		
三、净利润(亏损以"－"号表示)		

多步式利润表是将企业日常经营活动过程中发生的收益和费用与该过程外发生的收益与费用分开,通过多步式计算得出利润总额。多步式利润表采用上下加减的报告式格式。它将利润总额的计算分解为多个步骤,基本上弥补了单步式利润表的缺陷,清晰地勾勒出各类收入项目和费用支出项目之间的内在联系,为报表使用者提供了丰富的信息,有助于对不同企业和不同时期相应项目的比较分析。主要包括以下五个方面的内容:

(1) 营业收入。

营业收入由主营业务收入和其他业务收入组成。

(2) 营业利润。

营业收入减去营业成本(主营业务成本、其他业务成本)、税金及附加、销售费用、管理费用、财务费用、资产减值损失,加上公允价值变动收益、投资收益,即营业利润。

(3) 利润总额。

营业利润加上营业外收入,减去营业外支出,即利润总额。

(4) 净利润。

利润总额减去所得税费用,即净利润。

(5) 每股收益。

每股收益包括基本每股收益和稀释每股收益两项指标。

多步式利润表将主营业务利润放在首要地位,突出了主营业务收入的重要性;注意了收入

与费用配比的层次性,便于会计报表使用者对企业获利情况进行分析、预测企业获利能力趋势,也有利于不同企业利润表指标进行比较。因此,我国大多数企业都采用这种格式。现行企业会计准则的利润表格式见表 6-7。

表 6-7 利润表(多步式) 会企 02 表

编制单位: ＿＿＿年 单位:元

项　　目	行次	本期金额	上期金额
一、营业收入	1		
减:营业成本	2		
税金及附加	3		
销售费用	4		
管理费用	5		
财务费用	6		
资产减值损失	7		
加:公允价值变动收益(损失以"—"号填列)	8		
投资收益(损失以"—"号填列)	9		
其中:对联营企业和合营企业的投资收益	10		
资产处置收益(损失以"—"号填列)	11		
其他收益	12		
二、营业利润(损失以"—"号填列)	13	—	—
加:营业外收入	14		
其中:非流动资产处置利得	15		
减:营业外支出	16		
其中:非流动资产处置损失	17		
三、利润总额(亏损总额以"—"号填列)	18	—	—
减:所得税费用	19		
四、净利润(净亏损以"—"填列)	20	—	—
(一)持续经营净利润(亏损以"—"号填列)	21		
(二)终止经营净利润(亏损以"—"填列)	22		
五、其他综合收益的税后净额	23		
(一)以后不能重分类进损益的其他综合收益	24		
1.重新计量设定受益计划净负债或净资产的变动	25		
2.权益法下在被投资单位不能重分类进损益的其他综合收益中享有的份额	26		
(二)以后将重分类进损益的其他综合收益	27		
1.权益法下在被投资单位以后将重分类进损益的其他综合收益中享有的份额	28		
2.可供出售金融资产公允价值变动损益	29		
3.持有至到期投资重分类为可供出售金融资产损益	30		
4.现金流经套期损益的有效部分	31		
5.外币财务报表折算差额	32		
6.其他	33		
六、综合收益总额	34		

续表

项　　　　目	行次	本期金额	上期金额
七、每股收益：	35		
（一）基本每股收益	36		
（二）稀释每股收益	37		
加：年初未分配利润	38		
其他转入	39		
减：提取法定盈余公积	40		
提取企业储备基金	41		
提取企业发展基金	42		
提取职工奖励及福利基金	43		
利润归还投资	44		
应付优先股股利	45		
提取任意盈余公积	46		
应付普通股股利	47		
转作资本(或股本)的普通股股利	48		
转总部利润	49		
其他	50		
未分配利润	51		

单位负责人：　　　　　　主管会计工作负责人：　　　　　　会计机构负责人：

2. 利润表项目设计

由于不同国家和不同企业对有关损益的会计信息的需求不同,以及对经营成果应包括内容的理解不同,所以,对利润表应包括哪些项目在理论上存在着不同的观点,即本期营业观和损益满计观。本期营业观认为,报表使用者最关心的是只有本期才能说明企业真实的经营业绩和获利能力,利用这些资料才能正确判断企业的经营机会和经营风险,从而有利于说明、评价和预测企业的获利能力。因此,利润表只应反映本期由营业产生的收入、费用、利润,而对非常项目(如列入营业外收支的项目等)、前期损益调整等非本期的、非营业的收入、费用支出所形成的利润则不列入利润表,将其直接列入利润分配表。本期损益与非本期损益的划分较为方便或营业与非营业损益的划分较为容易的企业,可以按照本期营业观编制利润表。损益满计观认为,非常项目和前期损益也是企业利润的组成部分,如果在利润表中不予以反映,则经营成果的表达不真实。同时,将本期正常营业的损益列入利润表,而将非本期、非正常营业的损益排除在利润表之外,在实际操作过程中也很困难。至于信息使用者最关心的本期正常经营活动所取得的经营成果,可以通过多步骤分项列示的方法来满足其选择信息的需要。因此,利润表应将所有收入、费用列入,计算出全部利润。我国企业会计制度中的利润表除了以前年度损益调整项目以外,基本上采用损益满计观的理论。

3. 利润表编制的设计

利润表总括地反映了企业本期资金的收回、已获补偿的资金耗费和财务成果,是一个动态报表,其数据应来源于有关损益类科目的本期发生额累计数。表中设置的"本期金额"栏用来反映各项目的本月实际发生数,在编报中期财务会计报告时,填列上年同期累计发生数;在编报年度财务会计报告时,填列上年全年累计实际发生数。如果上年度利润表与本年度利润表项目名称和内容不相一致,应对上年度利润表项目的名称和数字按本年度的规定进行调整,填入本表"上期金额"栏。

(三) 现金流量表的设计

现金流量表是综合反映企业一定会计期间内经营活动、投资活动和筹资活动产生的现金流入与流出情况的报表。现金流量表可以帮助会计信息使用者正确评价企业的经营成果、评价企业外部融资的程度,正确分析企业的偿债能力、支付股利或利润的能力、企业净收益与经营活动现金净流量的差额及其原因,了解企业期初现金与期末现金的差异变动原因,了解企业与现金收付无关但对企业有重要影响的投资及筹资活动的情况。

1. 现金流量表的编制基础

现金流量表是反映企业财务状况变动的报表,而反映企业财务状况的报表可以有多种编制基础,如营运资金、全部资金、货币性流动资产、净货币性流动资产、现金等。现金流量表则是以现金为编制基础,包括现金与现金等价物。我国的《企业会计准则——现金流量表》明确规定,现金是指企业库存现金及可以随时用于支付的存款;现金等价物是指企业持有的期限短、流动性强、易于转换为已知金额现金、价值变动风险很小的投资。采用这种编制基础概念明确,反映企业资产的流动性比较确切,有利于与国际会计准则的协调。

2. 现金流量表格式和结构的设计

现金流量表的格式按编制方法不同,可分为直接法格式和间接法格式。直接法格式一般分为五个部分:经营活动产生的现金流量,投资活动产生的现金流量,筹资活动产生的现金流量,汇率变动对现金的影响,现金及现金等价物净增加额。每个部分的结构是根据"现金流入－现金流出＝现金流量净额"的公式设计的。间接法格式一般是以本期净利润或净亏损为起点,调整不涉及现金的收入与费用和营业外收支以及与经营活动有关的流动资产和流动负债增减变动,以获得经营活动产生的现金流量净额。至于投资活动、筹资活动产生的现金流量与直接法格式和结构以及计算方法是一样的,最终的结果即现金的期末余额也是相等的。正因为如此,可以把直接法格式和间接法格式合在一起,以一种方法为主另一种方法为补充列示在一张表中。另一种方法作为补充时,可去掉相同的投资、筹资流动产生的现金流量部分,加上需要披露的不涉及现金收支的投资和筹资活动情况,使现金流量表既简化又能满足信息使用者的需要。我国的《企业会计准则——现金流量表》和企业会计制度所附的格式,就是采用以直接法为主、间接法为补充的方法设计的。现行企业会计准则列示的现金流量表的格式见表6-8。

表6-8 现金流量表

会企03表

编制单位： ___年___月 单位:元

项　　目	本期金额	上期金额
一、经营活动产生的现金流量		
销售商品、提供劳务收到的现金		
收到的税费返还		
收到其他与经营活动有关的现金		

续表

项　　目	本期金额	上期金额
经营活动现金流入小计		
购买商品、接受劳务支付的现金		
支付给职工以及为职工支付的现金		
支付的各项税费		
支付其他与经营活动有关的现金		
经营活动现金流出小计		
经营活动产生的现金流量净额		
二、投资活动产生的现金流量		
收回投资收到的现金		
取得投资收益收到的现金		
处置固定资产、无形资产和其他长期资产收回的现金净额		
处置子公司及其他营业单位收到的现金净额		
收到其他与投资活动有关的现金		
投资活动现金流入小计		
购建固定资产、无形资产和其他长期资产支付的现金		
投资支付的现金		
取得子公司及其他营业单位支付的现金净额		
支付其他与投资活动有关的现金		
投资活动现金流出小计		
投资活动产生的现金流量净额		
三、筹资活动产生的现金流量		
吸收投资收到的现金		
取得借款收到的现金		
收到其他与筹资活动有关的现金		
筹资活动现金流入小计		
偿还债务支付的现金		
分配股利、利润或偿付利息支付的现金		
支付其他与筹资活动有关的现金		
筹资活动现金流出小计		
筹资活动产生的现金流量净额		
四、汇率变动对现金及现金等价物的影响		
五、现金及现金等价物净增加额		
加：期初现金及现金等价物余额		
六、期末现金及现金等价物余额		

表 6-9　现金流量表补充资料

补　充　资　料	本期金额	上期金额
1. 将净利润调节为经营活动现金流量		
净利润		
加:资产减值准备		
固定资产折旧、油气资产折耗、生产性生物资产折旧		
无形资产摊销		
长期待摊费用摊销		
处置固定资产、无形资产和其他长期资产的损失(收益以"-"号填列)		
固定资产报废损失(收益以"-"号填列)		
公允价值变动损失(收益以"-"号填列)		
财务费用(收益以"-"号填列)		
投资损失(收益以"-"号填列)		
递延所得税资产减少(增加以"-"号填列)		
递延所得税负债增加(减少以"-"号填列)		
存货的减少(增加以"-"号填列)		
经营性应收项目的减少(增加以"-"号填列)		
经营性应付项目的增加(减少以"-"号填列)		
其他		
经营活动产生的现金流量净额		
2. 不涉及现金收支的重大投资和筹资活动		
债务转为资本		
一年内到期的可转换公司债券		
融资租入固定资产		
3. 现金及现金等价物净变动情况		
现金的期末余额		
减:现金的期初余额		
加:现金等价物的期末余额		
减:现金等价物的期初余额		
现金及现金等价物净增加额		

表 6-10　当期取得或处置子公司及其他营业单位的有关信息

项　　目	金　额
一、取得子公司及其他营业单位的有关信息	
1. 取得子公司及其他营业单位的价格	
2. 取得子公司及其他营业单位支付的现金和现金等价物	
减:子公司及其他营业单位持有的现金和现金等价物	
3. 取得子公司及其他营业单位支付的现金净额	
4. 取得子公司的净资产	
流动资产	
非流动资产	
流动负债	
非流动负债	

续表

项　　目	金　额
二、处置子公司及其他营业单位的有关信息	
1. 处置子公司及其他营业单位的价格	
2. 处置子公司及其他营业单位收到的现金和现金等价物	
减:子公司及其他营业单位持有的现金和现金等价物	
3. 处置子公司及其他营业单位收到的现金净额	
4. 处置子公司的净资产	
流动资产	
非流动资产	
流动负债	
非流动负债	

表 6-11　现金和现金等价物的披露

项　　目	本期金额	上期金额
一、现金		
其中:库存现金		
可随时用于支付的银行存款		
可随时用于支付的其他货币资金		
可用于支付的存放中央银行款项		
存放同业款项		
拆放同业款项		
二、现金等价物		
其中:三个月内到期的债券投资		
三、期末现金及现金等价物余额		
其中:母公司或集团内子公司使用受限制的现金和现金等价物		

3. 现金流量表编制的设计

现金流量表反映企业一定会计期间内有关现金和现金等价物的流入和流出的信息。企业应采用直接法报告企业经营活动的现金流量。采用直接法报告经营活动的现金流量时,企业有关现金流量的信息可从会计记录中直接获得,也可以在利润表营业收入、营业成本等数据的基础上,通过调整存货和经营性应收应付项目的变动,以及固定资产折旧、无形资产摊销等项目后获得。

（四）所有者权益变动表的设计

所有者权益变动表,是指反映构成所有者权益各组成部分当期增减变动情况的报表。所有者权益增减变动对于投资者的决策,尤其对公司股票价值具有重大影响。所有者权益变动表可以为信息使用者提供下列信息:(1)净利润;(2)直接计入所有者权益的利得和损失项目及其总额;(3)会计政策变更和差错更正的累积影响金额;(4)所有者投入资本和向所有者分配利润等;(5)提取的盈余公积;(6)实收资本或股本、资本公积、盈余公积、未分配利润的期初和期末余额及其调节情况。因此,有必要设计所有者权益变动表以弥补资产负债表的不足,为报表使用者提供更多信息。所有者权益变动表是年度报表,其格式见表 6-12。

表 6-12　所有者权益变动表

会企 04 表

编制单位：　　　　　　　　　　　　　　　年度　　　　　　　　　　　　　　　单位：元

项目	本年金额						上年金额					
	实收资本（或股本）	资本公积	减：库存股	盈余公积	未分配利润	所有者权益合计	实收资本（或股本）	资本公积	减：库存股	盈余公积	未分配利润	所有者权益合计
一、上年年末余额												
加：会计政策变更												
前期差错更正												
二、本年年初余额												
三、本年增减变动金额（减少以"—"号填列）												
（一）净利润												
（二）直接计入所有者权益的利得和损失												
1. 可供出售金融资产公允价值变动净额												
2. 权益法下被投资单位其他所有者权益变动的影响												
3. 与计入所有者权益项目相关的所得税影响												
4. 其他												
上述（一）和（二）小计												

续表

项　　目	本年金额							上年金额						
	实收资本（或股本）	资本公积	减：库存股	盈余公积	未分配利润	所有者权益合计		实收资本（或股本）	资本公积	减：库存股	盈余公积	未分配利润	所有者权益合计
（三）所有者投入和减少资本													
1. 所有者投入资本													
2. 股份支付计入所有者权益的金额													
3. 其他													
（四）利润分配													
1. 提取盈余公积													
2. 对所有者（或股东）的分配													
3. 其他													
（五）所有者权益内部结转													
1. 资本公积转增资本（或股本）													
2. 盈余公积转增资本（或股本）													
3. 盈余公积弥补亏损													
4. 其他													
四、本年年末余额													

(五) 合并会计报表的设计

根据会计准则和会计制度的规定,企业对外投资如占被投资企业资本总额半数以上,或者实质上拥有被投资企业控制权的,应当编制合并会计报表。企业集团合并会计报表是反映企业集团一定时期的经营成果、现金流量和一定时点的财务状况的报表,包括合并资产负债表、合并利润表、合并现金流量表和合并所有者权益变动表。合并会计报表没有改变原报表的结构,其格式不需要重新设计;同时,合并会计报表又不同于汇总报表,它要使用冲销手段,也就是对关联方交易要进行抵消。

1. 合并资产负债表

为了反映企业集团一定时点财务状况的需要,在不改变个别企业资产负债表的结构时,合并资产负债表需增加下面三个项目:

(1) 少数股东权益。当纳入合并范围的子公司为非全资子公司时,子公司所有者权益各项目中不属于母公司拥有的数额,应当单独设置"少数股东权益"项目,在合并资产负债表所有者权益项目之前单列一项,以总额反映。

(2) 合并价差项目。当母公司权益性资本项目的数额与子公司所有者权益中母公司所持有的份额相抵消时,如果两者之间出现差额,需要设置"合并价差"项目,在合并资产负债表长期股权投资项目中单独反映(贷方余额时以负数表示)。合并资产负债表的格式见表 6-13。

表 6-13　合并资产负债表

会合 01 表

编制单位:　　　　　　　　　　　年　月　日　　　　　　　　　　　单位:元

资　产	期末余额	年初余额	负债和所有者权益(或股东权益)	期末余额	年初余额
流动资产:			流动负债:		
货币资金			短期借款		
结算备付金			向中央银行借款		
拆出资金			吸收存款及同业存放		
交易性金融资产			拆入资金		
应收票据			交易性金融负债		
应收账款			应付票据		
预付款项			应付账款		
应收保费			预收款项		
应收分保账款			卖出回购金融资产款		
应收分保合同准备金			应付手续费及佣金		
应收利息			应付职工薪酬		
其他应收款			应交税费		
买入返售金融资产			应付利息		
存货			其他应付款		
一年内到期的非流动资产			应付分保账款		
其他流动资产			保险合同准备金		
流动资产合计			代理买卖证券款		

续表

资　产	期末余额	年初余额	负债和所有者权益(或股东权益)	期末余额	年初余额
非流动资产：			代理承销证券款		
发放贷款及垫款			一年内到期的非流动负债		
可供出售金融资产			其他流动负债		
持有至到期投资			流动负债合计		
长期应收款			非流动负债：		
长期股权投资			长期借款		
投资性房地产			应付债券		
固定资产			长期应付款		
在建工程			专项应付款		
工程物资			预计负债		
固定资产清理			递延所得税负债		
生产性生物资产			其他非流动负债		
油气资产			非流动负债合计		
无形资产			负债合计		
开发支出			所有者权益(或股东权益)：		
商誉			实收资本(或股本)		
长期待摊费用			资本公积		
递延所得税资产			减：库存股		
其他非流动资产			盈余公积		
非流动资产合计			一般风险准备		
			未分配利润		
			外币报表折算差额		
			归属于母公司所有者权益合计		
			少数股东权益		
			所有者权益合计		
资产总计			负债和所有者权益总计		

(3) 外币报表折算差额。如果母公司与子公司的个别会计报表是以外币编报的,则在编制合并会计报表时,需要将以外币编报的会计报表折算为以记账本位币编报的会计报表。由此产生的差额,应单独设置"外币报表折算差额"项目。该项目应在所有者权益部分的未分配利润项目后单独列示。

2．合并利润表

企业集团合并利润表与个别企业利润表的差异在于：当纳入合并范围的子公司为非全资子公司时,由于子公司的净利润已还原为各项收入与支出并入母公司的各项收入与支出中,即子公司的全部净利润均已纳入母公司利润之中,而母公司只应拥有与其持股比例相乘的部分,所以,要设置"少数股东损益"项目,以反映子公司本期收益中属于少数股东的部分。该项目可列示在合并利润表所得税项目之后、净利润项目之前。合并利润表的格式见表6-14。

表 6-14　合并利润表　　　　　　　　　　　　会合 02 表

编制单位：　　　　　　　　　　　　　年　　月　　　　　　　　　　　单位:元

项　　目	本期金额	上期金额
一、营业总收入		
其中:营业收入		
利息收入		
已赚保费		
手续费及佣金收入		
二、营业总成本		
其中:营业成本		
利息支出		
手续费及佣金支出		
退保金		
赔付支出净额		
提取保险合同准备金净额		
保单红利支出		
分保费用		
营业税金及附加		
销售费用		
管理费用		
财务费用		
资产减值损失		
加:公允价值变动收益(损失以"-"号填列)		
投资收益(损失以"-"号填列)		
其中:对联营企业和合营企业的投资收益		
汇兑收益(损失以"-"号填列)		
三、营业利润(亏损以"-"号填列)		
加:营业外收入		
减:营业外支出		
其中:非流动资产处置损失		
四、利润总额(亏损总额以"-"号填列)		
减:所得税费用		
五、净利润(净亏损以"-"号填列)		
归属于母公司所有者的净利润		
少数股东损益		
六、每股收益		
(一)基本每股收益		
(二)稀释每股收益		

注:(1) 合并利润表收入、费用项目按照各类企业利润表的相同口径填列。
　　(2) 同一控制下企业合并的当期,还应单独列示被合并方在合并前实现的净利润。

3. 合并现金流量表

企业集团合并现金流量与个别企业现金流量表的差异在于：当纳入合并会计报表范围的子公司为非全资子公司时，子公司与少数股东之间产生的现金流入与现金流出影响了企业集团整体现金流入与现金流出数量的增减变动。所以，要在合并现金流量表中予以反映。子公司与少数股东之间产生的影响现金流入与现金流出的经济业务所包括的主要内容及其相应的处理方法如下：

（1）少数股东对子公司增加权益性投资，应在合并现金流量表中增设"子公司吸收少数股东投资收到的现金"项目予以反映。将其列示在"筹资活动产生的现金流量"之下的"吸收投资收到的现金"项目之后。

（2）少数股东依法从子公司中收回的权益性投资，应在合并现金流量表中增设"子公司减少注册资本支付给少数股东的现金"项目予以反映，将其列示在"筹资活动产生的现金流量"之下的"减少注册资本所支付的现金"项目之后。

（3）子公司向少数股东支付现金股利，应在合并现金流量表中增设"子公司支付给少数股东的股利、利润"项目予以反映，将其列示在"筹资活动产生的现金流量"之下的"分配股利或偿付利息支付的现金"项目之后。合并现金流量表的格式见表 6-15。

表 6-15　合并现金流量表　　　　　　　　　　　　　　　会合 03 表

编制单位：　　　　　　　　　　　　　___年___月　　　　　　　　　　　　　单位：元

项　目	本期金额	上期金额
一、经营活动产生的现金流量		
销售商品、提供劳务收到的现金		
客户存款和同业存放款项净增加额		
向中央银行借款净增加额		
向其他金融机构拆入资金净增加额		
收到原保险合同保费取得的现金		
收到再保险业务现金净额		
保户储金及投资款净增加额		
处置交易性金融资产净增加额		
收取利息、手续费及佣金的现金		
拆入资金净增加额		
回购业务资金净增加额		
收到的税费返还		
收到其他与经营活动有关的现金		
经营活动现金流入小计		
购买商品、接受劳务支付的现金		
客户贷款及垫款净增加额		
存放中央银行和同业款项净增加额		
支付原保险合同赔付款项的现金		
支付利息、手续费及佣金的现金		
支付保单红利的现金		

续表

项 目	本期金额	上期金额
支付给职工以及为职工支付的现金		
支付的各项税费		
支付其他与经营活动有关的现金		
经营活动现金流出小计		
经营活动产生的现金流量净额		
二、投资活动产生的现金流量		
收回投资收到的现金		
取得投资收益收到的现金		
处置固定资产、无形资产和其他长期资产收回的现金净额		
处置子公司及其他营业单位收到的现金净额		
收到其他与投资活动有关的现金		
投资活动现金流入小计		
购建固定资产、无形资产和其他长期资产支付的现金		
投资支付的现金		
质押贷款净增加额		
取得子公司及其他营业单位支付的现金净额		
支付其他与投资活动有关的现金		
投资活动现金流出小计		
投资活动产生的现金流量净额		
三、筹资活动产生的现金流量		
吸收投资收到的现金		
其中:子公司吸收少数股东投资收到的现金		
取得借款收到的现金		
发行债券收到的现金		
收到其他与筹资活动有关的现金		
筹资活动现金流入小计		
偿还债务支付的现金		
分配股利、利润或偿付利息支付的现金		
其中:子公司支付给少数股东的股利、利润		
支付其他与筹资活动有关的现金		
筹资活动现金流出小计		
筹资活动产生的现金流量净额		
四、汇率变动对现金及现金等价物的影响		
五、现金及现金等价物净增加额		
加:期初现金及现金等价物余额		
六、期末现金及现金等价物余额		

4. 合并所有者权益变动表

该表是反映构成企业集团所有者权益的各组成部分当期的增减变动情况的财务报表。合并所有者权益变动表的格式见表6-16。

表 6-16　合并所有者权益变动表　　　　　　　会合:04 表

编制单位：　　　　　　　　　　　　　____年度　　　　　　　　　　　　　单位:元

项目	本年金额								上年金额							
	归属于母公司所有者权益						少数股东权益	所有者权益合计	归属于母公司所有者权益						少数股东权益	所有者权益合计
	实收资本（或股本）	资本公积	减:库存股	盈余公积	一般风险准备	未分配利润	其他			实收资本（或股本）	资本公积	减:库存股	盈余公积	一般风险准备	未分配利润	其他		
一、上年年末余额																
加:会计政策变更																
前期差错更正																
二、本年年初余额																
三、本年增减变动金额（减少以"—"号填列）																
（一）净利润																
（二）直接计入所有者权益的利得和损失																
1. 可供出售金融资产公允价值变动净额																
2. 权益法下被投资单位其他所有者权益变动的影响																
3. 与计入所有者权益项目相关的所得税影响																

续表

项目	本年金额								上年金额							
	归属于母公司所有者权益						少数股东权益	所有者权益合计	归属于母公司所有者权益						少数股东权益	所有者权益合计
	实收资本（或股本）	资本公积	减:库存股	盈余公积	一般风险准备	未分配利润	其他			实收资本（或股本）	资本公积	减:库存股	盈余公积	一般风险准备	未分配利润	其他		
4. 其他																		
上述（一）和（二）小计																		
（三）所有者投入和减少资本																		
1. 所有者投入资本																		
2. 股份支付计入所有者权益的金额																		
3. 其他																		
（四）利润分配																		
1. 提取盈余公积																		
2. 提取一般风险准备																		
3. 对所有者(或股东)的分配																		
4. 其他																		
（五）所有者权益内部结转																		

续表

项 目	本年金额								上年金额							
	归属于母公司所有者权益						少数股东权益	所有者权益合计	归属于母公司所有者权益						少数股东权益	所有者权益合计
	实收资本（或股本）	资本公积	减：库存股	盈余公积	一般风险准备	未分配利润	其他			实收资本（或股本）	资本公积	减：库存股	盈余公积	一般风险准备	未分配利润	其他		
1. 资本公积转增资本（或股本）																
2. 盈余公积转增资本（或股本）																
3. 盈余公积弥补亏损																
4. 其他																
四、本年年末余额																

二、会计报表附注的设计

会计报表附注是指在会计报表后以附注的形式对重要项目及会计处理方法的变化所进行的说明，既可以帮助阅表者能正确理解会计报表的内容，又不影响报表主体的明晰性，一般可采用报表尾注、表外单独附注等形式。企业的年度会计报表附注至少应披露如下内容（法律、行政法规和国家统一的会计制度另有规定的，从其规定）。

（一）企业的基本情况

（1）企业注册地、组织形式和总部地址。
（2）企业的业务性质和主要经营活动。
（3）母公司以及集团最终母公司的名称。
（4）财务报告的批准报出者和财务报告批准报出日。

(二)财务报表的编制基础

详细说明财务报表编制的基础。

(三)遵循企业会计准则的声明

企业应当声明编制的财务报表符合企业会计准则的要求,真实、完整地反映了企业的财务状况、经营成果和现金流量等有关信息。

(四)重要会计政策和会计估计

企业应当披露采用的重要会计政策和会计估计,不重要的会计政策和会计估计可以不披露。在披露重要会计政策和会计估计时,应当披露重要会计政策的确定依据和财务报表项目的计量基础,以及会计估计中所采用的关键假设和不确定因素。

(五)会计政策和会计估计变更以及差错更正的说明

企业应当按照《企业会计准则第28号——会计政策、会计估计变更和差错更正》及其应用指南的规定,披露会计政策和会计估计变更以及差错更正的有关情况。

(六)报表重要项目的说明

企业对报表重要项目的说明,应当按照资产负债表、利润表、现金流量表、所有者权益变动表及其项目列示的顺序,采用文字和数字描述相结合的方式进行披露。报表重要项目的明细金额合计,应当与报表项目金额相衔接。

1. 交易性金融资产

对该项资产的披露格式如下:

项　　目	期末公允价值	年初公允价值
1. 交易性债券投资		
2. 交易性权益工具投资		
3. 指定为以公允价值计量且其变动计入当期损益的金融资产		
4. 衍生金融资产		
5. 其他		
合　　计		

2. 应收款项

(1)应收账款按账龄结构披露的格式如下:

账龄结构	期末账面余额	年初账面余额
1年以内(含1年)		
1年至2年(含2年)		
2年至3年(含3年)		
3年以上		
合　　计		

注:有应收票据、预付账款、长期应收款、其他应收款的,比照应收账款进行披露。

(2) 应收账款按客户类别披露的格式如下:

客户类别	期末账面余额	年初账面余额
客户1		
……		
其他客户		
合计		

注:有应收票据、预付账款、长期应收款、其他应收款的,比照应收账款进行披露。

3. 存货

(1) 存货的披露格式如下:

存货种类	年初账面余额	本期增加额	本期减少额	期末账面余额
1. 原材料				
2. 在产品				
3. 库存商品				
4. 周转材料				
5. 消耗性生物资产				
……				
合计				

(2) 说明消耗性生物资产的期末实物数量,并按下列格式披露金额信息:

项目	年初账面余额	本期增加额	本期减少额	期末账面余额
一、种植业				
1.				
……				
二、畜牧养殖业				
1.				
……				
三、林业				
1.				
……				
四、水产业				
1.				
……				
合计				

(3) 存货跌价准备的披露格式如下:

存货种类	年初账面余额	本期计提额	本期减少额		期末账面余额
			转回	转销	
1. 原材料					
2. 在产品					
3. 库存商品					
4. 周转材料					
5. 消耗性生物资产					
6. 建造合同形成的资产					
……					
合　　计					

4. 其他流动资产

其他流动资产的披露格式如下:

项　　目	期末账面价值	年初账面价值
1.		
……		
合　　计		

注:有长期待摊费用、其他非流动资产的,比照其他流动资产进行披露。

5. 可供出售金融资产

可供出售金融资产的披露格式如下:

项　　目	期末公允价值	年初公允价值
1. 可供出售债券		
2. 可供出售权益工具		
3. 其他		
合　　计		

6. 持有至到期投资

持有至到期投资的披露格式如下:

项　　目	期末账面余额	年初账面余额
1.		
……		
合　　计		

7. 长期股权投资

(1) 长期股权投资的披露格式如下:

被投资单位	期末账面余额	年初账面余额
1.		
……		
合　计		

（2）被投资单位由于所在国家或地区及其他方面的影响，其向投资企业转移资金的能力受到限制的，应当披露受限制的具体情况。

（3）当期及累计未确认的投资损失金额。

8．投资性房地产

（1）企业采用成本模式进行后续计量的，应当披露下列信息：

项　目	年初账面余额	本期增加额	本期减少额	期末账面余额
一、原价合计				
1．房屋、建筑物				
2．土地使用权				
二、累计折旧和累计摊销合计				
1．房屋、建筑物				
2．土地使用权				
三、投资性房地产减值准备累计金额合计				
1．房屋、建筑物				
2．土地使用权				
四、投资性房地产账面价值合计				
1．房屋、建筑物				
2．土地使用权				

（2）企业采用公允价值模式进行后续计量的，应当披露投资性房地产公允价值的确定依据及公允价值金额的增减变动情况。

（3）如有房地产转换的，应当说明房地产转换的原因及其影响。

9．固定资产

（1）固定资产的披露格式如下：

项　目	年初账面余额	本期增加额	本期减少额	期末账面余额
一、原价合计				
其中:房屋、建筑物				
机器设备				
运输工具				
二、累计折旧合计				

续表

项 目	年初账面余额	本期增加额	本期减少额	期末账面余额
其中：房屋、建筑物				
机器设备				
运输工具				
三、固定资产减值准备累计金额合计				
其中：房屋、建筑物				
机器设备				
运输工具				
……				
四、固定资产账面价值合计				
其中：房屋、建筑物				
机器设备				
运输工具				
……				

（2）企业确有准备处置固定资产的，应当说明准备处置的固定资产名称、账面价值、公允价值、预计处置费用和预计处置时间等。

10．生产性生物资产和公益性生物资产

（1）说明各类生物资产的期末实物数量，并按下列格式披露金额信息：

项 目	年初账面价值	本期增加额	本期减少额	期末账面价值
一、种植业				
1.				
……				
二、畜牧养殖业				
1.				
……				
三、林业				
1.				
……				
四、水产业				
1.				
……				
合 计				

如有天然起源的生物资产,还应披露该资产的类别、取得方式和数量等。

(2) 各类生产性生物资产的预计使用寿命、预计净残值、折旧方法、累计折旧和减值准备累计金额。

(3) 与生物资产相关的风险情况与管理措施。

11. 油气资产

(1) 当期在国内和国外发生的取得矿区权益、油气勘探和油气开发各项支出的总额。

(2) 油气资产的披露格式如下:

项　　目	年初账面余额	本期增加额	本期减少额	期末账面余额
一、原价合计				
1. 探明矿区权益				
2. 未探明矿区权益				
3. 井及相关设施				
二、累计折耗合计				
1. 探明矿区权益				
2. 井及相关设施				
三、油气资产减值准备累计金额合计				
1. 探明矿区权益				
2. 未探明矿区权益				
3. 井及相关设施				
四、油气资产账面价值合计				
1. 探明矿区权益				
2. 未探明矿区权益				
3. 井及相关设施				

12. 无形资产

(1) 各类无形资产的披露格式如下:

项　　目	年初账面余额	本期增加额	本期减少额	期末账面余额
一、原价合计				
1.				
……				
二、累计摊销额合计				
1.				
……				
三、无形资产减值准备累计金额合计				

续表

项　目	年初账面余额	本期增加额	本期减少额	期末账面余额
1.				
……				
四、无形资产账面价值合计				
1.				
……				

（2）计入当期损益和确认为无形资产的研究开发支出金额。

13．商誉的形成来源、账面价值的增减变动情况

14．递延所得税资产和递延所得税负债

（1）已确认递延所得税资产和递延所得税负债的披露格式如下：

项　目	期末账面余额	年初账面余额
一、递延所得税资产		
1.		
……		
合　计		
二、递延所得税负债		
1.		
……		
合　计		

（2）未确认递延所得税资产的可抵扣暂时性差异、可抵扣亏损等的金额（存在到期日的，还应披露到期日）。

15．资产减值准备

资产减值准备的披露格式如下：

项　目	年初账面余额	本期计提额	本期减少额		期末账面余额
			转回	转销	
一、坏账准备					
二、存货跌价准备					
三、可供出售金融资产减值准备					
四、持有至到期投资减值准备					
五、长期股权投资减值准备					
六、投资性房地产减值准备					
七、固定资产减值准备					
八、工程物资减值准备					

续表

项目	年初账面余额	本期计提额	本期减少额		期末账面余额
			转回	转销	
九、在建工程减值准备					
十、生产性生物资产减值准备					
其中:成熟生产性生物资产减值准备					
十一、油气资产减值准备					
十二、无形资产减值准备					
十三、商誉减值准备					
十四、其他					
合　计					

16. 所有权受到限制的资产

(1) 资产所有权受到限制的原因。

(2) 所有权受到限制的资产金额披露格式如下:

所有权受到限制的资产类别	年初账面价值	本期增加额	本期减少额	期末账面价值
一、用于担保的资产				
1.				
……				
二、其他原因造成所有权受到限制的资产				
1.				
……				
合　计				

17. 交易性金融负债

交易性金融负债的披露格式如下:

项　目	期末公允价值	年初公允价值
1. 发行的交易性债券		
2. 指定为以公允价值计量且其变动计入当期损益的金融负债		
3. 衍生金融负债		
4. 其他		
合　计		

18. 职工薪酬

(1) 应付职工薪酬的披露格式如下:

项　　目	年初账面余额	本期增加额	本期支付额	期末账面余额
一、工资、资金、津贴和补贴				
二、职工福利费				
三、社会保险费				
其中：1. 医疗保险费				
2. 基本养老保险费				
3. 年金缴费				
4. 失业保险费				
5. 工伤保险费				
6. 生育保险费				
四、住房公积金				
五、工会经费和职工教育经费				
六、非货币性福利				
七、因解除劳动关系给予的补偿				
八、其他				
其中：以现金结算的股份支付				
合　　计				

（2）企业本期为职工提供的各项非货币性福利形式、金额及其计算依据。

19. 应交税费

应交税费的披露格式如下：

税费项目	期末账面余额	年初账面余额
1. 增值税		
……		
合　　计		

20. 其他流动负债

其他流动负债的披露格式如下：

项　　目	期末账面余额	年初账面余额
1.		
……		
合　　计		

注：有预计负债、其他非流动负债的，比照其他流动负债进行披露。

21. 短期借款和长期借款

(1) 借款的披露格式如下：

项 目	短期借款		长期借款	
	期末账面余额	年初账面余额	期末账面余额	年初账面余额
信用借款				
抵押借款				
质押借款				
保证借款				
合　计				

(2) 对于期末逾期借款，应分别按贷款单位、借款金额、逾期时间、年利率、逾期未偿还原因和预期还款期等进行披露。

22. 应付债券

应付债券的披露格式如下：

项 目	年初账面余额	本期增加额	本期减少额	期末账面余额
1.				
……				
合　计				

23. 长期应付款的披露格式如下：

项 目	期末账面价值	年初账面价值
1.		
……		
合　计		

24. 营业收入

(1) 营业收入的披露格式如下：

项 目	本期发生额	上期发生额
1. 主营业务收入		
2. 其他业务收入		
合　计		

(2) 披露建造合同当期预计损失的原因和金额，同时按下列格式披露：

合同项目		总金额	累计已发生成本	累计已确认毛利（亏损以"-"号表示）	已办理结算的价款金额
固定造价合同	1.				
	……				
	合计				
成本加成合同	1.				
	……				
	合计				

25. 公允价值变动收益

公允价值变动收益的披露格式如下：

产生公允价值变动收益的来源	本期发生额	上期发生额
1.		
……		
合　　计		

26. 投资收益

（1）投资收益的披露格式如下：

产生投资收益的来源	本期发生额	上期发生额
1.		
……		
合　　计		

（2）按照权益法核算的长期股权投资，直接以被投资单位的账面净损益计算确认投资损益的事实及原因。

27. 资产减值损失

资产减值损失的披露格式如下：

项　目	本期发生额	上期发生额
一、坏账损失		
二、存货跌价损失		
三、可供出售金融资产减值损失		
四、持有至到期投资减值损失		
五、长期股权投资减值损失		
六、投资性房地产减值损失		

续表

项　目	本期发生额	上期发生额
七、固定资产减值损失		
八、工程物资减值损失		
九、在建工程减值损失		
十、生产性生物资产减值损失		
十一、油气资产减值损失		
十二、无形资产减值损失		
十三、商誉减值损失		
十四、其他		
合　计		

28. 营业外收入

营业外收入的披露格式如下：

项　目	本期发生额	上期发生额
1. 非流动资产处置利得合计		
其中：固定资产处置利得		
无形资产处置利得		
……		
合　计		

29. 营业外支出

营业外支出的披露格式如下：

项　目	本期发生额	上期发生额
1. 非流动资产处置损失合计		
其中：固定资产处置损失		
无形资产处置损失		
……		
合　计		

30. 所得税费用

(1) 所得税费用(收益)的组成，包括当期所得税、递延所得税。

(2) 所得税费用(收益)与会计利润的关系。

31. 企业应当披露取得政府补助的种类及金额

32. 每股收益

(1) 基本每股收益和稀释每股收益分子、分母的计算过程。

(2) 列报期间不具有稀释性但以后期间很可能具有稀释性的潜在普通股。

(3) 在资产负债表日至财务报告批准报出日之间,企业发行在外普通股或潜在普通股股数发生重大变化的情况,如股份发行、股份回购、潜在普通股发行、潜在普通股转换或行权等。

33. 企业可以按照费用的性质分类披露利润表

34. 非货币性资产交换

(1) 换入资产、换出资产的类别。

(2) 换入资产成本的确定方式。

(3) 换入资产、换出资产的公允价值及换出资产的账面价值。

35. 股份支付

(1) 当期授予、行权和失效的各项权益工具总额。

(2) 期末发行在外股份期权或其他权益工具行权价的范围和合同剩余期限。

(3) 当期行权的股份期权或其他权益工具以其行权日价格计算的加权平均价格。

(4) 股份支付交易对当期财务状况和经营成果的影响。

36. 债务重组

按照《企业会计准则第 12 号——债务重组》第十四条或第十五条的相关规定进行披露。

37. 借款费用

(1) 当期资本化的借款费用金额。

(2) 当期用于计算确定借款费用资本化金额的资本化率。

38. 外币折算

(1) 计入当期损益的汇兑差额。

(2) 处置境外经营对外币财务报表折算差额的影响。

39. 企业合并

企业合并发生当期的期末,合并方或购买方应当按照《企业会计准则第 20 号——企业合并》第十八条或第十九条的相关规定进行披露。

40. 租赁

(1) 融资租赁出租人应当说明未实现融资收益的余额,并披露与融资租赁有关的下列信息:

剩余租赁期	最低租赁收款额
1 年以内(含 1 年)	
1 年以上 2 年以内(含 2 年)	
2 年以上 3 年以内(含 3 年)	
3 年以上	
合　　计	

(2) 经营租赁出租人各类租出资产的披露格式如下:

经营租赁租出资产类别	期末账面价值	年初账面价值
1. 机器设备		
2. 运输工具		
……		
合　计		

(3) 融资租赁承租人应当说明未确认融资费用的余额,并披露与融资租赁有关的下列信息:

① 各类租入固定资产的年初和期末原价、累计折旧额、减值准备累计金额。

② 以后年度将支付的最低租赁付款额的披露格式如下:

剩余租赁期	最低租赁付款额
1年以内(含1年)	
1年以上2年以内(含2年)	
2年以上3年以内(含3年)	
3年以上	
合　计	

(4) 对于重大的经营租赁,经营租赁承租人应当披露下列信息:

剩余租赁期	最低租赁付款额
1年以内(含1年)	
1年以上2年以内(含2年)	
2年以上3年以内(含3年)	
3年以上	
合　计	

(5) 披露各售后租回交易以及售后租回合同中的重要条款。

41. 终止经营

终止经营的披露格式如下:

项　目	本期发生额	上期发生额
一、终止经营收入		
减:终止经营费用		
二、终止经营利润总额		
减:终止经营所得税费用		
三、终止经营净利润		

42. 分部报告

(1) 主要报告形式是业务分部的披露格式如下：

项 目	××业务		××业务		……	其他		抵消		合计	
	本期	上期	本期	上期		本期	上期	本期	上期	本期	上期
一、营业收入											
其中:对外交易收入											
分部间交易收入											
二、营业费用											
三、营业利润(亏损)											
四、资产总额											
五、负债总额											
六、补充信息											
1. 折旧和摊销费用											
2. 资本性支出											
3. 折旧和摊销以外的非现金费用											

注：主要报告形式是地区分部的，比照业务分部格式进行披露。

(2) 在主要报告形式的基础上，对于次要报告形式，企业还应披露对外交易收入、分部资产总额。

(七) 或有事项

按照《企业会计准则第13号——或有事项》第十四条和第十五条的相关规定进行披露。

(八) 资产负债表日后事项

(1) 每项重要的资产负债表日后非调整事项的性质、内容及其对财务状况和经营成果的影响。无法作出估计的，应当说明原因。

(2) 资产负债表日后，企业利润分配方案中拟分配的以及经审议批准宣告发放的股利或利润。

(九) 关联方关系及其交易

(1) 本企业的母公司有关信息的披露格式如下：

母公司名称	注册地	业务性质	注册资本

母公司不是本企业最终控制方的，说明最终控制方名称。

母公司和最终控制方均不对外提供财务报表的，说明母公司之上与其最相近的对外提供财务报表的母公司名称。

(2) 母公司对本企业的持股比例和表决权比例。

(3) 本企业的子公司有关信息的披露格式如下:

子公司名称	注册地	业务性质	注册资本	本企业合计持股比例	本企业合计享有的表决权比例
1.					
……					

(4) 本企业的合营企业有关的信息披露格式如下:

被投资单位名称	注册地	业务性质	注册资本	本企业持股比例	本企业在被投资单位表决权比例	期末资产总额	期末负债总额	本期营业收入总额	本期净利润
1.									
……									

注:有联营企业的,比照合营企业进行披露。

(5) 本企业与关联方发生交易的,分别说明各关联方关系的性质、交易类型及交易要素。交易要素至少应当包括:

① 交易的金额。
② 未结算项目的金额、条款和条件,以及有关提供或取得担保的信息。
③ 未结算应收项目的坏账准备金额。
④ 定价政策。

(十) 合并报表附注

企业集团应当按照规定披露附注信息,主要包括下列内容:
(1) 企业集团的基本情况。
(2) 财务报表的编制基础。
(3) 遵循企业会计准则的声明。
(4) 重要会计政策和会计估计。
(5) 会计政策和会计估计变更以及差错更正的说明。
(6) 报表重要项目的说明。
(7) 或有事项。
(8) 资产负债表日后事项。
(9) 关联方关系及其交易。
(10) 风险管理。

以上1至10项,可比照一般企业报表附注的格式。合并现金流量表应披露的信息见表6-9、表6-10、表6-11。

(11) 母公司和子公司信息。

① 子公司有关信息的披露格式如下:

子公司名称	注册地	业务性质	注册资本	本企业合计持股比例	本企业合计享有的表决权比例
1.					
……					

② 母公司拥有被投资单位表决权不足半数但能对被投资单位形成控制的原因。

③ 母公司直接或通过其他子公司间接拥有被投资单位半数以上的表决权但未能对其形成控制的原因。

④ 子公司所采用的会计政策与母公司不一致的,母公司编制合并财务报表的处理方法。

⑤ 子公司与母公司会计期间不一致的,母公司编制合并财务报表的处理方法。

⑥ 本期不再纳入合并范围的原子公司,说明原子公司的名称、注册地、业务性质、母公司的持股比例和表决权比例,本期不再成为子公司的原因。

原子公司在处置日和上一会计期间资产负债表日资产、负债和所有者权益的金额以及本期期初至处置日的收入、费用和利润的金额。

⑦ 子公司向母公司转移资金的能力受到严格限制的情况。

⑧ 作为子公司纳入合并范围的特殊目的主体的业务性质、业务活动等。

(十一)有助于理解和分析会计报表需要说明的其他事项

三、财务情况说明书的设计

财务情况说明书主要说明企业的生产经营情况、利润实现情况、资金增减和周转情况、税金缴纳情况、各项财产物资变动情况,对本期或者下期财务状况发生重大影响的事项、资产负债表日后事项以及需要说明的其他事项等。企业季末和年末报送财务会计报告时,按规定应附送财务情况说明书。财务说明书应先说明情况,再分析原因,最后提出改进建议。如果说会计报表是以数字为主的表格化的报告文件,财务情况说明书则是以文字为主的叙述式的报告文件。其作用是对会计报表进行的文字说明和必要补充;其性质是分析性、批评性和建设性;其特点是大量使用相对数(百分比);其采用的方法一般有比较法、因素分析法、比率计算法等;其依据不仅是会计报表,还有计划、统计、财务、物价及经济预测方面的资料。

财务情况说明书一般包括下列具体内容:

(1) 说明生产、技术以及财务计划和各项经济合同的执行情况;

(2) 说明资金筹集计划、产量计划、销售计划、利润计划的完成情况及其原因;

(3) 说明资本金增减的原因和利润实现情况、分配政策;

(4) 说明产品成本升降的原因;

(5) 说明经营管理中存在的问题及今后应采取的对策和措施;

(6) 说明本会计期间在会计政策上有何重大变化及其对有关财务指标的影响;

(7) 说明本企业与同行业先进单位和本行业平均水平的差距;

(8) 说明国有企业的国有资产保值增值情况;

(9) 对企业财务状况、经营成果和现金流量有重大影响的其他事项。

第四节　对内管理报表的设计

一、对内管理报表的特点和设计要求

根据企业会计制度的规定,企业内部管理需要的会计报表由企业自行规定。企业内部管理报表是为了满足内部生产经营或预算管理的需要而编制的供企业内部管理人员使用的报表。其作用不仅是为编制对外会计报表提供基础资料,更重要的是为企业管理者提供决策依据。有的内部报表属于商业秘密,不能对外公开。其特点为:

(1) 内部管理报表的内容、格式灵活。它可以根据企业内部管理的需要,由企业自行决定报表的编制内容和格式。一般采用专题性报告形式为主,不求全面和系统。

(2) 内部管理报表提供的指标灵活。它可以提供价值指标,也可以提供实物量指标,而且一般不需要数据上的绝对精确。

(3) 内部管理报表报告时间具有机动性。它可以定期编报和不定期编报。

(4) 内部管理报表报告的对象是企业的管理人员。

从上述特点可以看出,在设计内部管理报表时,第一应注意报表的专题性,不要强调系统、全面,需要什么,设计什么;第二要讲究及时性,编报迅速,反馈及时;第三要讲究实用性,以适应内部管理需要为标准,简洁明了,一看就懂;第四要讲究可验证性,报表中的数据力求准确无误,以免导致决策上的失误。

根据各行业内部管理的特点,可将内部管理报表分为提供详细信息的内部报表、日常管理报表、成本管理报表三大类。

二、提供详细信息的内部报表

在编制对外会计报表时,有些指标比较综合,为了使信息使用者了解其构成情况,可再设计一些反映详细信息的对内报表,以满足管理者的需要。需要设计的报表主要有以下内容。

(一) 存货表的设计

为了给会计报表使用者提供有关存货的详细情况、具体指标,以便他们全面考核、分析企业存货资金占用情况与周转速度,据以作出判断与决策,企业可以设计一张存货表。存货表是反映企业在某一特定日期存货的构成及其资金占用情况的报表,它可以对资产负债表中的"存货"项目进行补充说明。其参考格式见表6-17。

表 6-17　存货表

编制单位：　　　　　　　　　　　　　　　　　年度　　　　　　　　　　　　　　　　金额单位：元

项　　目	行次	本　年　余　额		
		本年计划	本年实际	上年计划
1. 库存材料				
（1）原材料				
原料及主要材料				
辅助材料				
外购半成品				
修理用备件				
燃料				
（2）包装物				
（3）低值易耗品				
2. 在途材料				
3. 委托加工材料				
4. 在产品				
5. 自制半成品				
6. 产成品				
合　　　计				
附注：				
（一）各项存货全年平均余额				
每百元销售收入占用的存货资金				
存货周转天数(天)				
（二）存货中包括：		账面实际成本	可变现净值	可能发生的损失
（1）已经批准进行处理的陈旧存货				
（2）市价低于成本的存货				
待处理存货短缺及毁损				

（二）固定资产及累计折旧表与在建工程表

固定资产及累计折旧表与在建工程表是反映企业各类固定资产原价、累计折旧和本年折旧以及各项在建工程情况的报表，补充说明资产负债表中的"固定资产原价""累计折旧""固定资产净值"和"在建工程"项目。在一些企业尤其是制造业企业中，固定资产在企业总资产中所占的比重相当大，同时，各项固定资产与在建工程对这些企业未来的现金流量及获利潜力具有很大影响。为了给会计报表使用者提供更多的信息，企业可以分别设计固定资产及累计折旧表与在建工程表。其参考格式见表6-18、表6-19。

表 6-18　固定资产及累计折旧表

编制单位：　　　　　　　　　　　　　____年度　　　　　　　　　　　　　金额单位：元

固定资产类别	行次	固定资产原价		累计折旧		本年折旧	
		年初数	年末数	年初数	年末数	年折旧率	折旧额
房屋及建筑物							
机器设备							
电子设备							
运输工具							
……							
其他设备							
合　　计							
本年增加的固定资产	行次	固定资产原价	累计折旧	本年减少的固定资产	行次	固定资产原价	累计折旧	清理净收入
建造完成				出　　售				
盘盈				报　　废				
投资转入				盘　　亏				
捐赠转入				非常损失				
				投资转出				
				捐赠转出				
合　　计				合　　计				

表 6-19　在建工程表

编制单位：　　　　　　　　　　　　　____年度　　　　　　　　　　　　　金额单位：元

项　　目	本年实际	本年计划	上年实际
一、期初余额			
二、本年发生的在建工程支出			
其中：购入工程用料			
购入需安装设备			
购入不需要安装设备			
建筑工程支出			
安装工程支出			
预付工程款			
工程管理费			
三、本年转出数			
其中：完工转出数			
其他转出数			

续表

项目	本年实际	本年计划	上年实际
四、期末余额			
其中:未完建筑工程			
未完安装工程			
待转已完工程			
待安装工程			
工程用料结存			
预付工程款			
待摊工程管理费			

(三)期间费用明细表设计

期间费用是指按会计结算期进行归集、直接计入当期损益的费用,主要包括销售费用、管理费用和财务费用。在实际发生时,每一种费用又包括许多具体项目,但是在利润表中却仅以三个项目分别汇总列示。为了方便企业管理者分析期间费用的构成和增减变动情况及其对利润的影响,考核预算的执行情况,以便进一步采取措施、节约费用、提高效益,有必要设计反映各项费用支出的明细表。其参考格式见表6-20。

表6-20　营业费用明细表

编制单位:　　　　　　　　　　　　　　年度　　　　　　　　　　　　金额单位:元

项目	行次	本年计划	上年实际	本年实际
1. 运输费				
2. 装卸费				
3. 包装费				
……				
10. 业务费				
其他				
合计				

三、日常管理报表设计

在规模大、业务量较多的企业中,为了及时反映现金收支情况和购销情况,可以设计一些日常管理报表,以便于企业管理人员加强监管,及时发现问题,采取改进措施。其参考格式见表6-21、表6-22、表6-23。

表 6-21　现金收支日报表

编制单位：　　　　　　　　　　　____年____月____日　　　　　　　　　　　金额单位：元

摘　　要	收　入	支　出	结　存
上一日的结存金额			
本日发生的现金收支业务			
⋮			
合　　计			
核定现金库存限额			

表 6-22　材料采购日报表

编制单位：　　　　　　　　　　　____年____月____日　　　　　　　　　　　金额单位：元

材料种类	采购数量		采购单价		采购费用			实际成本
	实际	计划	实际	计划	运输费	装卸费	其他	

表 6-23　销售日报表

编制单位：　　　　　　　　　　　____年____月____日　　　　　　　　　　　金额单位：元

销售项目	销售			销售退回及折让	销售折扣	销售税金	销售净额
	数量	单价	总金额				
产品销售							
产成品销售							
自制半成品销售							
提供工业性劳务							
⋮							
其他销售							
材料销售							
外购商品销售							
固定资产出租							
包装物出租							
无形资产转让							
提供非工业性劳务							
其他							
合　　计							

四、成本管理报表设计

成本管理报表一般是制造业应编制的报表,主要为企业管理人员提供制造产品成本所发生的成本资料,便于其分析、考核成本计划的完成情况,寻求进一步降低成本的途径,以提高企业的经济效益。制造业成本管理报表一般包括产品成本报表和责任成本报表两个部分,产品成本报表又分为商品产品成本表、主要产品单位成本表和制造费用明细表等。

(一)产品成本报表设计

1. 商品产品成本表

商品产品成本表是反映企业在报告期内生产的全部商品产品的总成本以及各种主要商品产品的单位成本和总成本的报表。利用该表,可以考核和分析企业全部商品产品和主要商品产品成本计划的执行情况,对企业的产品成本情况作出一般评价。其参考格式见表6-24。

表 6-24 商品产品成本表

编制单位:　　　　　　　　　　____年____月____日　　　　　　　　金额单位:元

产品名称 计量单位	实际产量		单位成本				本月总成本		本年累计总成本		
	本月产量	本年累计	上年实际平均	本年计划	本月实际	本年累计实际平均	按一年实际平均单位成本计算	按本年计划单位成本计算	本月实际	按上年实际平均单位成本计算	按本年计划单位成本计算	本年实际
	1	2	3	4	5	6	7	8	9	10	11	12
可比产品合计:												
其中:												
⋮												
不可比产品合计:												
其中:												
⋮												
全部商品产品成本												

补充资料:可比产品成本降低额=
　　　　　不可比产品成本降低率=

2. 主要产品单位成本表

主要产品单位成本表是反映各种主要产品单位成本的构成及各项主要经济技术指标执行情况的报表,是对商品产品成本表所列各种主要产品成本作出的补充说明。编制该表是为了考核各种主要产品单位成本计划的执行结果,分析各项消耗定额的变化情况和产品单位成本的升降原因,并便于在生产同种产品的企业之间进行成本对比。其参考格式见表6-25。

表 6-25　主要产品单位成本表

编制单位：　　　　　　　　　　　　　　　年　　月　　　　　　　　　　　　　　金额单位：元

产品名称					
规格					
计量单位					
售价					
本月实际产量					
本年实际产量					
成本项目	本年实际累计产量	行次	上年实际平均	本月实际	本年累计实际平均
直接材料					
直接工资					
制造费用					
产品生产成本					

补充资料：

项　　目	上年实际	本年实际
1. 成本利润率(%)		
2. 资金利税率(%)		
3. 产品销售率(%)		
4. 净产值率(%)		
5. 流动资金周转次数(次)		
6. 实际利税总额		
7. 职工工资总额		
8. 年末职工人数		
9. 全年平均职工人数		

3. 制造费用明细表

制造费用明细表是反映企业年度内发生的制造费用总额和各费用项目明细情况的报表。可以分车间按年编制,反映年度制造费用的实际发生额,也可以按月进行编制。编制该表是为了分析制造费用的构成及增减变动情况,考核制造费用预算的执行结果,以便加强管理,降低开支。其格式见表6-26。

表 6-26　制造费用明细表

编制单位：　　　　　　　　　　　　　　　　　　年　　月　　　　　　　　　　　　　金额单位：元

项目	行次	上年同期实际数	本年计划数	本月实际数	本年累计实际数
1. 工资					
2. 福利费					
3. 修理费					
4. 机物料消耗					
……					

另外，企业还可以根据其生产经营的需要和管理的需要自行设计其他报表，如成本核算与产量表、材料耗用量月报分析表、材料价值差异分析表、工人工作效率月报表、在产品成本明细表等。

(二) 责任成本报表设计

为了加强企业的内部管理和内部控制，各企业还应根据管理的要求将责任划分为若干个责任中心，进行责任会计核算。责任会计是以责任单位为中心，收集实际与计划的会计信息，以评价工作业绩并予以报告的会计。为了反映每个成本(费用)责任中心在一定时期内是否按照所承担的成本(费用)责任进行工作，应定期编制责任成本报表。责任成本报表可以按生产小组、车间、全厂编制，编制时间可以按月、旬进行，全厂性的责任成本报表一般按月编制。其报表的一般格式见表 6-27、表 6-28、表 6-29。

表 6-27　生产小组责任成本表

编制单位：　　车间　　小组　　　　　　　　年　　月　　　　　　　　　　　　金额单位：元

直接成本	实际额		超过(低于)标准	
	本月	本年累计	本月	本年累计
直接材料费				
直接人工费				
合　计				

可控制的间接费用	实际数		超过(低于)标准	
	本月	本年累计	本月	本年累计
费用 1				
费用 2				
……				
合　计				

表 6-28　车间责任成本报表

编制单位：____车间　　　　　　　　　____年____月　　　　　　　　　金额单位：元

项目	实际数		超过(低于)标准或预算	
	本　月	本月累计	本　月	本年实际
可控制间接费用				
车间间接费用				
第一生产小组				
第二生产小组				
第三生产小组				
……				
合　　计				
直接成本				
第一生产小组				
第二生产小组				
第三生产小组				
……				
合　　计				

表 6-29　全厂责任成本报表

编制单位：____公司　　　　　　　　　____年____月　　　　　　　　　金额单位：元

项目	实际数		超过(低于)标准或预算	
	本　月	本年累计	本　年	本年累计
可控制直接费用				
管理费用				
甲车间				
乙车间				
……				
合　　计				
直接成本				
甲车间				
乙车间				
……				
合　　计				

【复习思考题】

1. 简述企业财务会计报告的种类及作用。
2. 企业财务会计报告编报程序有哪些?
3. 什么是工作底稿?其作用是什么?
4. 企业对外报表有哪些?各自的作用是什么?
5. 如何编写一般企业会计报表附注?
6. 销售费用明细表与制造费用明细表有何不同?为什么?
7. 试设计材料耗用量月报表一张,要求:

(1) 表首能反映材料名称、报表所属时间、数量单位;

(2) 表内能反映日期,每日用量、标准用量、差异数,本月累计实际用量、标准用量差异数,本年累计实际用量、标准用量、差异数、差异率。

8. 简述现金流量表的格式和结构。
9. 一般企业会计报表附注重要说明应包括哪些主要内容?
10. 什么是合并报表?合并报表附注包括的主要内容有哪些?
11. 对内管理报表的特点是什么?

第七章 会计核算程序设计

【本章概要】
会计核算程序是会计核算中会计凭证、会计账簿、会计报表以及记账程序和记账方法的有机结合的技术组织方式。本章主要阐述会计核算程序的设计要求及逐笔记账核算程序、汇总记账核算程序的设计方法。

第一节 会计核算程序与设计要求

会计核算程序又称会计账务处理程序或会计核算组织形式,它的内容包括会计凭证、会计账簿、记账程序和记账方法,是在会计核算中,以账簿体系为中心把会计凭证、会计账簿、会计报表、记账程序和记账方法有机地结合起来的技术组织方式。其中,会计凭证是指会计凭证的种类、格式和各种凭证之间的相互关系、会计凭证与会计账簿之间的关系;会计账簿是指会计账簿的种类、账页格式、各种账簿之间的关系、会计账簿与会计凭证之间的关系;会计报表主要是指会计报表与会计账簿之间的关系;记账程序是指从填制和审核会计凭证开始,到登记账簿以及根据账簿记录编制会计报表为止的工作顺序和过程;记账方法是指账簿的登记是逐笔登记还是汇总登记,是手工操作还是计算机操作等采用的技术方法。会计核算程序不是这几个部分简单的结合,而是将不同的会计凭证、会计账簿、记账方法按一定的记账程序有机地加以结合,这就是会计核算程序设计的目的。因此,会计核算程序的设计就是要确定原始凭证和记账凭证的种类和格式,它们与账簿记录如何联系;确定选用账簿,各种账簿之间如何联系,这些账簿如何构成记录企业全部经济业务的体系;确定如何整理、传递会计凭证,确定如何登记各种账簿,如何根据账簿记录、在哪个环节上编制出会计报表和提供所需要的各种会计信息。

一、会计核算程序设计的作用

会计核算程序设计的科学性、合理性,对各单位会计核算具有重要作用。具体表现在以下四个方面。

(一) 保证会计核算的工作效率

在会计核算时,按照所设计的核算程序工作,可使会计凭证、会计账簿、会计报表、记账程

序和记账方法相互配合协调,使会计工作有序进行,加快核算速度,及时提供会计信息,有利于提高会计工作效率。

(二)保证会计核算工作质量

在账务处理过程中,通过对发生的会计事项按所设计的程序进行整理、分类、记录、汇总与报告,能使提供的会计信息正确、真实,进而保证会计核算质量。

(三)会计凭证和会计账簿设计的基础

设计什么样的会计核算程序,对会计凭证的设计、会计账簿的设计有较大影响。设计好会计核算程序,才能顺利地进行会计凭证、会计账簿设计。

(四)节约核算费用

科学合理的核算程序,可对凭证、账簿等各项会计核算工作进行合理的组合与协调,减少不必要的环节和重复劳动,节约核算过程中人力、物力、财力的耗费。

二、会计核算程序的种类

前已述及,将不同的会计凭证、会计账簿和记账方法按照不同的记账程序有机地结合在一起,就构成不同的会计核算程序。我国目前单位中普遍采用的会计核算程序主要有记账凭证核算程序、日记总账核算程序、科目汇总表核算程序和汇总记账凭证核算程序。

以上各种会计核算程序的共同之处主要表现在:都要根据原始凭证编制记账凭证,一般都是根据原始凭证(或原始凭证记总表)和记账凭证登记日记账和明细分类账,都要根据账簿记录编制会计报表。根本区别主要表现在:登记总账的依据和程序、方法不同。有的核算程序是直接根据记账凭证登记总账,有的是先按一定的规则将记账凭证加以汇总,根据汇总数登记总账。因此,按登记总账的依据和程序、方法不同,核算程序可分为以下两大类:

(1)逐笔记账核算程序,包括记账凭证核算程序和日记总账核算程序。

(2)汇总记账核算程序,包括科目汇总表核算程序和汇总记账凭证核算程序。

三、核算程序的设计要求

会计凭证、会计账簿、记账程序和记账方法既是会计核算必不可少的独立方法,又是相互联系和制约的。各单位应根据其经营性质、企业规模、业务量及管理要求等的不同选择适当的会计凭证、会计账簿、记账程序和记账方法,并将它们有机地结合起来。无论采用哪种会计核算程序,均应满足以下要求。

(一)保证能正确、及时、完整地提供会计信息使用者所需要的会计信息

设计本单位的会计核算程序时,应认真研究会计信息使用者的具体要求,并根据这些要求来设计、设置所需的凭证、账簿、报表以及核算程序,以便通过会计核算,能正确、及时地提供这些核算资料。

（二）根据国家的有关规定结合本单位的特点设计

设计会计核算程序，必须以国家公布的会计准则为指导，并符合相关会计制度的要求。同时，还要紧密结合单位的实际情况，如规模大小、业务繁简、经营管理特点、会计人员的素质等，这样才能使所设计的会计核算程序最适合本单位。

（三）将内部控制制度融于其中

为了保证会计核算资料的正确性，应在设计会计核算程序时将内部控制制度融于其中，通过凭证、账簿的种类、格式的选择及组织，从账证、账账、账实的相互联系中贯彻内部牵制和加强稽核手段的渗透，保证会计工作的真实、正确。

（四）使会计核算程序所涉及的各项内容有机结合，协调一致

会计核算程序是由各个部分组合起来的，这几个部分既相互联系又相互制约，会计报表的编制依据是会计账簿，会计账簿的登记依据是会计凭证，所以，编制报表的要求制约着会计账簿的种类、格式和内容；会计账簿的要求又制约着会计凭证的种类、格式和内容；记账程序和记账方法对会计凭证和会计账簿有影响。因此，设计时要注意将它们连接好、协调好，形成一个完整的、适合单位实际需要的有机整体，这样，才能保证会计工作的正常运作。

（五）提高会计工作效率，节约费用

设计会计核算程序时，一方面，要考虑如实反映经济活动情况，及时提供正确、完整的会计信息；另一方面，要注意简化核算手续，减少重复劳动，提高工作效率，节约核算工作的人力、物力、财力。既不能片面地追求简化而不顾质量，又不能搞繁琐哲学，贪多求全，应科学地组织核算工作。

四、会计核算程序的设计原则与步骤

目前，我国会计制度设计仍以统一会计制度为主。随着经济体制改革的深化，将建立以会计准则为指导，企业单位自行设计会计制度为主的管理形式。部门、行业、企业单位的制度设计任务将大大增加，会计核算形式的设计，将会更加灵活多样。为了保证核算形式设计的科学性，应遵循以下基本原则。

（一）必须坚持以会计准则为指导

设计会计核算形式时，对所设计确定的会计核算形式，应审核是否符合会计准则的精神，如有不符，就应修改设计。这样，才能保证在会计准则指导下的会计制度体系的建立与完善。

（二）必须切合企业单位的实际

设计会计核算形式时，必须切合单位的实际。各个企业单位规模的大小、业务的繁简以及生产经营管理的特点都不尽相同，应从每个单位的实际情况出发，设计最适合该单位特点的会计核算形式，以提高会计工作水平与会计管理水平。

(三) 必须坚持会计核算与经济管理相结合

会计核算是企业单位经济管理的重要组成部分，会计工作必须为提高本单位的经济效益服务。因此，设计会计核算形式，既要有利于组织会计核算，又要服务于经济管理，结合本单位经营管理的需要，提供有关经济活动和财务状况的资料，做到会计信息收集加工一次性、功能多样性。

(四) 坚持提高会计工作质量和合理简化手续相结合

会计核算形式的设计具有综合性的特点，需要通盘筹划凭证、账簿、报表各自内部以及三者之间的关系。设计时应以提高会计工作质量为核心，同时要注意合理简化手续。在会计工作质量相同的情况下，也就是提供会计信息数量和质量相同的情况下，尽量简化手续，减少工作量，以保证会计工作的效率。

五、核算程序的设计方法

(一) 核算程序模式

会计核算程序设计的实质，是根据会计事务处理的一般程序，结合具体企业的经济业务特点、经营规模大小和经营管理要求，将各种不同的会计凭证、账簿以及报表，按照一定的顺序和方法有机地结合起来，以形成适应企业需要的会计核算程序。各种会计核算程序的主要区别在于登记总分类账的依据和方式不同，由此也决定了各种核算方式所选择的凭证、账簿格式不一，账簿间的联系不同，记账程序不同。但是，作为一种会计核算程序，它们又有共性，即要遵循会计事务处理的一般程序。

任何企业会计事务的处理，首先是根据发生的经济业务编制会计凭证；根据会计原始凭证进行事项分类，编制记账凭证(分录)；根据记账凭证登记会计账簿，根据会计账簿进行结算，编制会计报表；最后，将会计报表报送给企业内外的有关部门和个人。

根据会计事务处理的一般程序，各种会计核算程序应具备的基本内容有：必要的账簿组织，如一般要设置总分类账、明细分类账、现金日记账和银行存款日记账；基本的记账程序，如根据原始凭证或原始凭证汇总表填制记账凭证，根据收、付款记账凭证逐笔登记现金日记账和银行存款日记账，根据原始凭证或记账凭证逐笔登记各种明细账，根据记账凭证记入总分类账（核算形式不同，记录形式不同），月终，应将各日记账余额之和及各种明细分类账余额之和与总账有关账户余额核对相符，并根据结账调整后的总分类账、各种明细分类账编制会计报表。根据上述基本内容，绘制成会计核算程序的基本模式，如图 7-1 所示。

(二) 程序设计步骤

会计核算程序按照账簿、凭证的不同组合方式，可以划分为多种类型。如果以登记总分类账的方式为标准，可以划分为逐笔过账核算形式和汇总过账形式两大类。将经济业务逐笔登记过入总分类账，即为逐笔过账的核算程序；将经济业务汇总后记入总分类账，即为汇总过账的核算形式。前者的特点是根据每一笔经济业务的会计凭证逐笔登记日记账、明细账和总账；

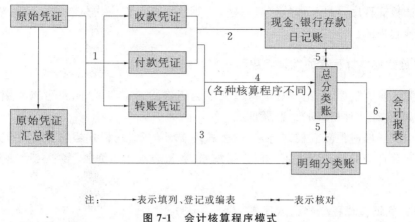

图 7-1　会计核算程序模式

后者的特点是将同类的经济业务汇总起来,通过记账凭证或序时账簿过入分类账。为了适应各种不同的需要,上述核算形式在实际使用中还可以相互渗透,演变出一些新的核算形式。

无论进行哪一种核算程序的设计,都必须遵循一定的设计步骤,也即是对核算形式诸要素进行有次序的安排,充分地考虑到经济业务的原始记录形式、序时记录体系和分类记录体系等基本内容。核算形式设计一般有以下两种工作方式。

(1) 先确定核算形式类型,后逐项设计基本内容:①根据企业需要,确定会计核算形式,规划出草图;②按草图要求安排账簿组织,设计各个核算环节使用的分类账、序时账、各种会计凭证等,使它们构成完整的体系;③通过试行、修改、最后颁布实施。这种方法适用于对老企业核算形式的修改设计。

(2) 先逐项设计基本内容,后确定核算形式类型:①根据企业经济业务要求,分别设计各自所需的凭证、账簿等;②将凭证、账簿进行组合,确定它们之间的联系和记账程序,构成整体核算形式;③通过试行、修改,最后颁布实施。这种方法适用于对新企业核算形式的设计。

会计核算程序设计既是一项综合性的工作,又是一项复杂的工作,包括了对各种因素的协调与配合;同时,会计核算程序的实施,又涉及整个会计工作的效率与效果问题。因此,要从多方面考虑问题,特别要根据实际条件选择核算形式:要有利于会计资料之间的协调;要有利于简化工作,提高效率;要有利于对会计资料的利用和检查;要有利于内部会计控制的加强。

第二节　逐笔记账核算程序的设计

一、记账凭证核算程序

(一) 记账凭证核算程序的主要特点

记账凭证核算程序是根据收款凭证、付款凭证和转账凭证,直接登记各明细分类账、现金日记账、银行存款日记账和总分类账。根据记账凭证,不经过汇总,直接登记总分类账是这一核算程序的显著特征,因而称之为记账凭证核算程序。

记账凭证核算程序是最基本的核算程序,其他各种核算程序均是在这一核算程序的基础上发展和完善起来的。

(二) 记账凭证核算程序的凭证组织和账簿组织

在记账凭证核算程序下,记账凭证可以采用通用格式的记账凭证,也可以采用收款凭证、付款凭证、转账凭证三种格式的记账凭证。

账簿的组织一般应设置三栏式总账、三栏式现金日记账、三栏式银行存款日记账,明细分类账则可根据管理的需要分别选用三栏式明细账、数量金额式明细账、多栏式明细账和横线登记式明细账。

(三) 记账凭证核算程序的记账程序

以采用收款凭证、付款凭证、转账凭证三种制记账凭证为例说明。

(1) 根据原始凭证或原始凭证汇总表,按经济业务的不同性质,分别编制收款凭证、付款凭证、转账凭证;

(2) 根据收款凭证、付款凭证,逐日逐笔登记现金日记账和银行存款日记账;

(3) 根据各种记账凭证及所附的原始凭证或原始凭证汇总表,登记各种明细账;

(4) 根据各种记账凭证逐笔登记总分类账;

(5) 月末,现金日记账、银行存款日记账、各明细分类账的余额,分别与总分类账中有关账户的余额核对相符;

(6) 月末,根据总分类账、明细分类账的记录编制会计报表。

记账凭证核算程序的记账程序见图7-2。

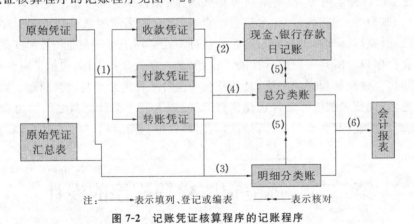

图 7-2 记账凭证核算程序的记账程序

(四) 记账凭证核算程序的优缺点和适用性

这一核算程序的优点是记账程序清楚简单、简明易懂,根据记账凭证直接登记总账,总分类账记录详细,便于核对账目。其缺点是登记总账的工作量比较大。为了减轻记账工作,可以尽量将同类性质的原始凭证汇编成原始凭证汇总表,然后再据以编制记账凭证。这一核算程序适用于经济业务量较少的小单位使用。

二、日记总账核算程序

(一) 日记总账核算程序的主要特点

日记总账核算程序的主要特点是：总分类账簿采用联合账簿——日记总账，经济业务发生后，根据记账凭证逐日逐笔直接登记日记总账。因此，这一核算程序称为日记总账核算程序。

(二) 日记总账核算程序的凭证组织和账簿组织

在日记总账核算程序下，记账凭证可以采用通用格式的记账凭证，也可以采用收款凭证、付款凭证、转账凭证三种格式的记账凭证。

账簿的组织，总分类账簿应使用联合账簿——日记总账，设置三栏式现金日记账和三栏式银行存款日记账，明细分类账则可根据管理的需要设置分别选用三栏式明细账、数量金额式明细账、多栏式明细账和横线登记式明细账。

(三) 日记总账核算程序的记账程序

仍以采用收款凭证、付款凭证、转账凭证三种制记账凭证为例说明。

(1) 根据原始凭证或原始凭证汇总表，按经济业务的不同性质分别编制收款凭证、付款凭证、转账凭证；

(2) 根据收款凭证、付款凭证，逐日逐笔登记现金日记账和银行存款日记账；

(3) 根据各种记账凭证和有关原始凭证或原始凭证汇总表，登记各种明细分类账；

(4) 根据各种记账凭证逐笔登记日记总账；

(5) 月末，现金日记账、银行存款日记账、各明细分类账的余额分别与日记总分类账中的有关账户的余额核对相符；

(6) 月末，根据总分类账，明细分类账的记录编制会计报表。

日记总账核算程序的记账程序见图 7-3。

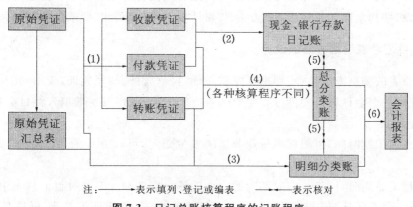

图 7-3 日记总账核算程序的记账程序

(四) 日记总账核算程序的优缺点和适用性

这一核算程序的优点是：总账采用联合账簿，既进行序时登记，又进行分类登记，在一张账页上就可反映出一定时期内发生的经济业务的全貌,便于进行会计分析、会计检查。但在这一核算程序下,总分类账户的开设方法是在一张账页上,将全部总分类账户分专栏开设,这样,在总分类账户设置较多的情况下,账页就会太长,使用不方便,还容易串行发生错账;在会计人员较多的情况下,这一核算形式不便于会计人员的内部分工记账。

根据以上优缺点即可看出,这一核算程序适用于经济活动的内容简单,一级会计科目设置较少的小单位使用。

第三节　汇总记账核算程序的设计

一、科目汇总表核算程序

(一)科目汇总表核算程序的主要特点

科目汇总表核算程序又称记账凭证汇总表核算程序。它是根据收款凭证、付款凭证、转账凭证定期编制科目汇总表,然后根据科目汇总表登记总分类账,因而称之为科目汇总表核算程序。其主要特点是:先根据记账凭证编制科目汇总表,再根据科目汇总表登记总分类账。

(二)科目汇总表核算程序的凭证组织和账簿组织

在科目汇总表核算程序下,记账凭证既可以采用收款凭证、付款凭证、转账凭证三种格式的记账凭证,也可采用单式记账凭证。为了定期对记账凭证进行汇总,还应设科目汇总表。

账簿的组织,一般应设置三栏式总账、三栏式现金日记账和银行存款日记账,明细分类账则可根据管理的需要设置,分别选用三栏式明细账、数量金额式明细账、多栏式明细账和横线登记式明细账。

在科目汇总表核算程序下,也可采用以科目汇总表代替总账的方法。如采用此法,科目汇总表中应增设"期初余额""累计借方发生额""累计贷方发生额"和"期末余额"栏目。

(三)科目汇总表汇编方法的设计

科目汇总表的编制方法是:定期根据收款凭证、付款凭证、转账凭证,按相同的会计科目归类,分别加计每一个会计科目的借方发生额和贷方发生额,并将发生额填入科目汇总表的相应栏目内。

科目汇总表编制时间,可根据单位业务量的多少而定,可以分 5 天、10 天、15 天或 1 个月编制。

编制科目汇总表时,可将一定时期内的记账凭证全部汇编在一张科目汇总表中,也可分别根据收款凭证、付款凭证、转账凭证编制收款凭证汇总表、付款凭证汇总表、转账凭证汇总表,具体根据单位经济业务的特点而定。

采用收款凭证、付款凭证、转账凭证三种格式的复式记账凭证时,为了便于按科目归类汇总编制科目汇总表,要求编制记账凭证时,只能是一个借方科目与一个贷方科目相对应,编制简单分录。对于转账凭证,可复写一式两份,以便分别汇总借方科目和贷方科目发生额。还有的单位的做法是:收款凭证、付款凭证采用复式记账凭证,转账凭证采用单式记账凭证。

(四)科目汇总表核算程序的记账程序

仍以采用收款凭证、付款凭证、转账凭证三种制记账凭证为例说明。

(1)根据原始凭证或原始凭证汇总表,按经济业务的不同性质,分别编制收款凭证、付款凭证、转账凭证;

(2)根据收款凭证、付款凭证逐日逐笔登记现金日记账和银行存款日记账;

(3)根据各种记账凭证和有关的原始凭证或原始凭证汇总表,登记各种明细分类账;

(4)根据收款凭证、付款凭证、转账凭证定期编制科目汇总表;

(5)根据科目汇总表,定期登记总分类账;

(6)月末,将现金日记账、银行存款日记账、各明细分类账的余额分别与总分类账中有关账户的余额核对相符;

(7)月末,根据总分类账、明细分类账的记录编制会计报表。

科目汇总表核算程序的记账程序见图7-4。

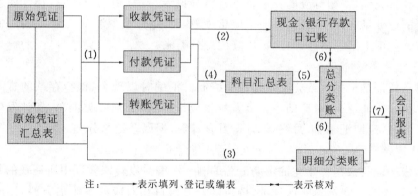

图7-4 科目汇总表核算程序的记账程序

(五)科目汇总表核算程序的优缺点和适用性

科目汇总表核算程序的主要优点是:大大简化了登记总分类账的工作量;通过科目汇总表的编制,也能起到检查所汇总的记账凭证借、贷方发生额是否相等平衡的作用。其主要缺点是:编制科目汇总表不能反映科目的对应关系,登记总分类账后,总账记录也不能反映对应关系,因而不便于对经济活动情况进行分析和检查。

这一核算程序适用较为广泛,大中小型企业和其他单位均可根据自身情况斟酌采用。

二、汇总记账凭证核算程序

(一)汇总记账凭证核算程序的主要特点

汇总记账凭证的核算程序是,根据收款凭证、付款凭证、转账凭证按照科目的对应关系定期进行汇总,编制汇总记账凭证,月终,根据汇总记账凭证登记总分类账,因而称之为汇总记账

凭证核算程序。其主要特点是,先根据记账凭证编制汇总记账凭证,再根据汇总记账凭证登记总分类账。

(二)汇总记账凭证核算程序的凭证组织和账簿组织

在汇总记账凭证核算程序下,记账凭证应采用收款凭证、付款凭证和转账凭证。为了定期对记账凭证进行汇总,还应设置汇总收款凭证、汇总付款凭证、汇总转账凭证。

账簿的组织,一般应设置三栏式总账,为了反映科目对应关系,在格式中应设对方科目专栏。三栏式现金日记账和银行存款日记账、明细分类账则可根据管理的需要设置,分别采用三栏式明细账、数量金额式明细账、多栏式明细账和横线登记式明细账。

(三)汇总记账凭证汇编方法的设计

汇总记账凭证包括汇总收款凭证、汇总付款凭证、汇总转账凭证三种格式。汇总记账凭证的编制方法如下。

1. 汇总收款凭证

汇总收款凭证是根据收款凭证定期汇总编制。汇编时以现金、银行存款的借方为主体分别设置汇总收款凭证,按相对应的各个贷方科目分设专行,分别归类汇总,加计发生额。汇总的期间视经济业务量的大小而定,一般不应超过10天,每月至少汇总三次,每月编制一张。月终在汇总收款凭证上结算出合计数,据以登记总分类账。

2. 汇总付款凭证

汇总付款凭证是根据付款凭证定期汇总编制。汇编时以现金、银行存款的贷方为主体分别设置汇总付款凭证,按相对应的各个借方科目分设专行,分别归类汇总,加计发生额。同汇总收款凭证一样,定期汇编后,月终,加计全月合计数,据以登记总分类账。

3. 汇总转账凭证

汇总转账凭证是根据转账凭证定期汇总编制。汇编时以转账凭证中所涉及的每一贷方科目为主体,分别设置一张汇总转账凭证,按与该贷方科目相对应的各个借方科目分设专行,分别归类汇总,加计发生额。定期汇编后,月终加计全月合计数,据以登记总分类账。

由于编制汇总转账凭证时,是为每一贷方科目设置一张汇总转账凭证,因此,在编制转账凭证时,不要编制一借多贷的会计分录,以利汇总转账凭证的编制。

(四)汇总记账凭证核算程序的记账程序

(1)根据原始凭证或原始凭证汇总表,按经济业务的不同,编制收款凭证、付款凭证、转账凭证;

(2)根据收款凭证、付款凭证,逐日逐笔登记现金日记账和银行存款日记账;

(3)根据各种记账凭证和有关的原始凭证或原始凭证汇总表,登记各种明细分类账;

(4)根据收款凭证、付款凭证、转账凭证定期编制汇总收款凭证、汇总付款凭证、汇总转账凭证;

(5)月终,根据各汇总记账凭证登记总分类账;

(6)月末,根据现金日记账、银行存款日记账、各明细分类账的余额,分别与总分类账中有关账户的余额核对相符;

(7) 月末,根据总分类账、明细分类账的记录编制会计报表。

汇总记账凭证核算程序的记账程序见图 7-5。

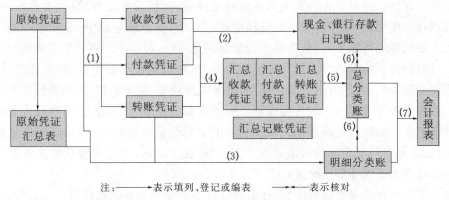

图 7-5 汇总记账凭证核算程序的记账程序

(五) 汇总记账凭证核算程序的优缺点和适用性

汇总记账凭证核算程序的主要优点是:通过编制汇总记账凭证,再据以登记总账,既简化了登记总账的工作,又可在汇总记账凭证和总分类账户记录中反映账户之间的对应关系,便于分析和检查发生的经济活动情况。但是,根据转账凭证为每一贷方科目编制一张汇总转账凭证,对于经济业务较少的单位来说,这一编制汇总转账凭证的工作量相对来说较大,起不到简化会计核算的作用。这一核算程序,适用于经济业务量大的企业和其他单位使用。

通过上述四种核算程序的内容可看出,核算程序是以账簿组织为中心,以"原始凭证—记账凭证—账簿—会计报表"为主框架建立的,记账凭证核算程序是基础,其他三种是在账簿组织和记账凭证与账簿的衔接上进行的改进。其目的是为了均衡会计核算期间的工作量,简化核算手续,提高核算效率。在实际工作中还存在其他核算程序,如收付款业务较多的单位,日记账采用多栏式账簿,平时根据收款、付款凭证登记多栏式现金、银行存款日记账;月终,根据多栏式现金、银行存款日记账各栏合计数登记总账;转账业务较少的单位,可直接根据转账凭证逐笔登记总账,这又产生了一种核算程序,人们称之为多栏式日记账核算程序。再如采用科目汇总表核算程序下,如收付款业务所占比重较大,也可将日记账设计成多栏式账簿,平时根据收款、付款凭证登记多栏式现金、银行存款日记账;月终,根据多栏式日记账各栏合计数登记总账,而省去了根据收款、付款凭证编制科目汇总表的工作。这一核算程序,是将科目汇总表核算程序与多栏式日记账核算程序结合运用。总之,账务处理程序设计是任何一个会计实体都必须做的一项工作,应根据单位的具体实际设计出科学合理的核算程序,科学地组织会计核算工作。

三、会计核算程序的选择

一般而言,企业规模与业务量的大小、业务种类的繁简、会计机构的设置与人员分工以及会计核算手段等方面的差异,是不会对企业的对外报表和纳税申报方面产生影响的,但企业管理和决策对会计信息容易产生依赖性。因此,在选择账务处理程序时就会产生差异。针对企业规模和业务量方面的差异,中小型企业可选择记账凭证账务处理程序,大中型企业就可以选择汇总记账凭证、科目汇总表或多栏式日记账账务处理程序,特大型企业则较多地采用科目汇总表账务处理程序。针对业务种类繁简方面的差异,如银行业务比较单一,要求时效性,可以原始凭证代替记账凭证,直接依据科目日结单登记总账;在一般企业中,业务单一的企业可以通过汇总记账凭证进行账务处理;在业务较繁杂的企业中,可以采用科目汇总表的形式进行账务处理。针对会计机构设置与人员分工方面的差异,在机构较小的企业,财务人员较少,就可采用记账凭证账务处理程序;在大型企业中,财务人员较多,分工较细,一般采用汇总记账凭证或科目汇总表账务处理程序。针对会计核算手段方面的差异,采用手工处理的企业要选择能够相对减少工作量的账务处理程序。现代企业由于采用了电算化,会计核算工作量的问题居次要地位,更重要的问题是如何提供更多、更有用的会计信息,为企业管理和决策提供优质服务,因此,在选择账务处理程序时可以不考虑工作量的问题。

企业选择了一种账务处理程序后,还需要结合本企业的具体情况作进一步分析,找出其与实际业务的不协调之处,进行补充和修改,甚至创新,形成比较完善的、高效的、符合本企业实际情况的账务处理程序。

【复习思考题】

1. 会计核算程序在会计工作运行中有何重要意义?
2. 会计核算程序设计应考虑哪些要求?为什么?
3. 试述记账凭证核算程序下凭证、账簿应如何设计?其记账程序应如何设计?为何说该核算程序是最基本的核算程序?
4. 试述科目汇总表核算程序下凭证、账簿应如何设计?其记账程序应如何设计?
5. 试述汇总记账凭证核算程序下凭证、账簿应如何设计?其记账程序应如何设计?
6. 试设计一种适合收、付款业务较多、转账业务较少的单位使用的核算程序。
7. 企业应如何选择会计核算程序?

第八章 成本核算制度设计

【本章概要】

成本核算制度是企业组织成本核算的依据。本章主要阐述成本核算制度的设计内容和设计要求,成本核算基础工作制度设计的内容与方法,成本计算制度设计的内容与方法,标准成本核算方法设计。

第一节 成本核算制度与设计要求

一、成本核算制度设计的作用

成本核算制度设计,就是针对生产制造过程所发生的生产耗费,设计出一套比较完整的成本核算制度和管理制度,从而保证企业产品成本信息的真实、完整,以及成本发生控制在目标限额之内,帮助管理者及有关利益方面更好地进行生产经营决策和管理业绩评价。产品成本信息在企业管理中的作用是多方面的。因此,设计科学合理的成本核算制度,规范企业的成本核算行为,具有重要作用。具体表现在以下四个方面:

(1) 通过成本核算制度的设计和实施,可保证国家有关财经法规、制度的贯彻落实。

(2) 设计科学合理的成本核算制度,可提高企业成本核算的质量,为会计信息的使用者及时提供真实、可靠的成本核算资料,为企业管理者进行经营预测、决策服务。

(3) 设计科学合理的成本核算制度,有利于加强企业成本控制和管理,降低成本费用,提高经济效益。

(4) 通过设计的成本核算制度的实施,可规范企业的成本核算方法和程序,并保持其相对稳定,提高成本核算资料的有用性。

二、成本核算制度设计的内容

成本核算制度是整个会计制度的重要组成部分,其设计主要包括成本核算基础工作制度设计和成本计算制度设计。

(一) 成本核算基础工作设计的内容

成本核算基础设计的主要内容包括：制定成本开支范围，建立健全定额管理制度，建立健全原始记录制度，制定与成本有关的存货管理、固定资产管理、工资管理等各项业务制度，制定厂内计划价格等。

1. 建立成本核算制度

成本核算是指对发生的生产耗费和产品成本形成组织的会计核算。正确核算产品的实际成本，及时提供产品成本信息是成本会计的基础工作。成本会计部门按照企业的生产工艺和生产组织的特点以及对成本管理的要求所确定的成本核算流程，采用与成本数据产生相适应的成本计算方法，按事先设置的成本项目，对生产费用进行一系列的归集与分配，从而计算出企业所产的各种产品的总成本和单位成本。开展成本核算，既是按照成本计算对象对生产耗费进行归集、分配的过程，也是对生产中发生的各种耗费进行信息反馈和控制的过程。一方面，通过成本核算所提供的实际成本资料，为企业的存货计价、定价决策和计算盈亏提供重要依据；另一方面，将成本核算所提供的实际成本资料与计划成本资料的比较，就可以分析成本计划完成的情况，并对有关责任中心进行考核，同时为未来的成本预测和决策提供资料，以及为编制下期成本计划提供重要参考。

2. 建立成本管理制度

在计划经济时期，我国制造企业的成本会计制度主要是由国家及有关行业主管部门制定的。从制度的内容看，主要是从成本核算的角度，规定产品成本开支的范围、成本会计核算的科目、成本项目设置和成本计算方法等。在市场经济体制下，这种成本会计制度的制定模式是很难适应企业经营管理需要的。企业必须转变观念，从现代成本会计的大视野主动研究企业成本会计工作中的问题，制定企业的成本会计制度，加强成本会计工作，保证实现成本会计的目标。因此，企业在进行生产制造业务内部控制和核算方法设计时，还应制定成本预测和决策制度，成本计划、费用预算编制制度，成本控制制度，成本分析和改善成本措施的落实制度，成本考核和奖励制度等。

生产制造业务内部控制和核算方法设计所包含的内容很多，但成本核算是基础，因此，建立和健全成本核算制度是做好企业成本会计工作的前提，本章主要从这一角度来阐明如何进行生产制造业务会计制度设计。

(二) 成本计算制度设计的内容

成本计算制度设计的主要内容包括：成本计算对象、成本计算期、成本项目、成本计算方法等成本核算方法体系的设计，生产费用归集分配的原则、分配方法和分配程序的设计，生产费用归集分配和成本计算中使用凭证的设计，标准成本核算方法设计等。

三、成本核算制度的设计要求

(一) 要以国家有关成本计算和管理的规定为依据设计

设计成本核算制度时，必须遵守《企业会计准则》和《行业会计制度》等国家有关的规定，将其原则精神贯穿于成本核算制度设计工作的始终。设计成本核算的一般原则、费用要素确认与计量原则等制度,要遵循《企业会计准则》的规定。

(二)要适应企业的生产经营特点

设计成本核算制度时,必须从企业的实际出发,与企业的生产组织、生产工艺特点相适应。如设计成本计算期,必须考虑企业的生产组织方式;再如设计成本项目,必须考虑产品生产耗费情况;设计产品成本计算方法,必须考虑生产特点,即生产组织方式和生产工艺特点。只有这样,才能正确地计算产品成本,及时真实地反映出生产耗费情况。

(三)要保证各项成本管理职能得以充分发挥

成本管理职能包括成本预测、成本决策、成本计划、成本核算、成本分析、成本考核等。这些职能存在相互联系、相互制约的关系。其中,成本核算是基本职能,设计成本核算制度时,要做到提供的成本核算资料适应其他职能的要求,以发挥各职能的作用。再如成本核算指标口径的设计,应与成本计划、成本考核、成本分析指标的口径保持一致。一项指标应满足多方面需求,充分发挥其作用。

(四)要考虑贯彻内部控制原则

为了节约生产耗费、降低产品成本,并保证成本计算的正确,应建立相应的内部控制制度。主要包括定额管理制度、建立健全原始记录制度、建立实物保管和盘点制度、建立成本分析制度等。

(五)要有利于正确计算成本和简化核算手续

成本核算制度的设计,要处理好正确计算成本与简化核算手续的关系。为了保证成本计算的正确性,设计时必须做到办理业务的手续严密、责任明确、程序清楚、方法科学、计算准确。在满足上述设计要求的前提下,还要考虑成本核算本身的成本与核算的及时性,避免不必要地增加核算方法的层次、难度,增加人力、物力、财力的耗费,应在保证核算质量的前提下尽量降低核算成本。

第二节 成本核算基础的设计

一、成本开支范围的设计

成本开支范围是指应计入产品成本的内容。各企业在进行成本核算之前,应根据国家的有关规定,制定出本企业的成本开支范围,明确规定哪些费用可以计入成本,哪些费用不得计入成本。

成本开支范围主要包括直接材料、直接人工、制造费用。但是,不同的行业因生产、业务特点不同,管理方式与要求不同,在内容上也存在一定差异。下面以工业企业为例说明产品成本开支范围包括的内容。

(1) 产品生产过程中发生的直接材料费,包括原料及主要材料、辅助材料、备品配件、外购半成品、燃料和动力、包装物等。

(2) 直接从事产品生产人员的工资、奖金、津贴和补贴。

(3) 为产品生产而发生的其他直接费用,如直接从事产品生产人员的职工福利费等。

(4) 各生产单位(分厂或车间)为组织和管理本生产单位的生产活动而发生的管理人员的工资、奖金、津贴、补贴和职工福利费。

(5) 各生产单位发生的固定资产折旧费、固定资产修理费、固定资产经营性的租赁费、原油储量有偿使用费、油田维修费、矿山维修费。

(6) 各生产单位为组织、管理生产而发生的机物料消耗、低值易耗品摊销、取暖费、水电费、差旅费、办公费、运输费、设计制图费、试验检验费、劳动保护费以及其他间接制造费用。

(7) 各生产单位发生的如保险费、废品损失、季节性、修理期间的停工损失等按规定可计入产品成本的费用。

在设计成本开支范围的同时,还应制定各种费用开支标准,以便会计人员更好地把关和操作。如办公费、差旅费等管理性费用的开支标准,固定资产折旧费、职工福利费的计提标准等。

成本开支范围的设计除须规定应计入产品成本内容外,还应明确规定不得计入产品成本的内容。仍以工业企业为例说明,工业企业不得计入产品成本的支出有:

(1) 属期间费用(管理费用、财务费用、销售费用)开支范围的各项收益性支出。

(2) 各项资本性支出,如购建固定资产、无形资产等支出。

(3) 对外投资性支出。

(4) 各种营业外支出。如被没收的财产物资损失,支付的罚款、滞纳金、违约金、赔偿金、赞助款、捐赠支出等。

(5) 国家规定不得列入产品生产成本的其他支出。

总之,成本开支范围主要是政府根据成本的经济内涵、国家的分配方针和企业实行独立核算的要求而规定的,使产品成本能正确反映企业的生产消耗水平,使各企业的成本开支口径一致。成本开支范围一经规定,要保持相对稳定,但随着国家经济体制的改革、分配方针的改变和财务管理制度的变化,应作相应修改。企业应在国家统一规定的成本开支范围的基础上,根据本企业的具体生产经营特点和管理要求,进行必要的细化和补充,设计出比较清楚、全面的成本开支范围。

二、建立健全定额管理制度

(一) 消耗定额类型

定额是企业根据本单位当前的设备条件和技术水平,对生产产品所耗费的直接材料、直接人工、制造费用等方面规定的应达到的标准。消耗定额主要有三种类型。

1. 劳动定额

劳动定额包括工时定额、产量定额。工时定额是指为完成某种产品或某项工作所需的时间。产量定额是指单位时间内应当完成某种产品或某项作业的数量。

2. 物资消耗定额

物资消耗定额是指在一定的生产技术条件下,制造某种产品或完成某项工作所消耗的原材料、燃料、动力等的数量或金额。

3. 费用定额

费用定额是指为了控制管理费用开支所制定的定额限度,主要指制造费用各项目的定额。

(二) 制定消耗定额的常用方法

制定各项消耗定额比较常用的方法有以下四种:

(1) 经验估计法。是根据熟练工人、技术人员和定额管理人员的经验数据,直接估算定额水平的一种方法。这种方法的优点是简单易行,制定过程比较短,工作量小,成本较低;缺点是容易受估计人员的主观因素影响,技术依据不足,准确性较差。

(2) 统计分析法。是根据历史统计资料,经过加工整理,结合企业未来的生产、技术、组织条件和管理方法的变化等因素,进行分析对比,从而确定定额水平的一种方法。这种方法的优点是以大量的统计资料为依据,而且考虑了未来因素的变化,确定的定额比较准确可靠;缺点是容易受历史资料平均数的影响,确定的定额水平比较保守。

(3) 技术测定法。是依据利用技术测定所得到的实际资料为基础,充分考虑未来可能发生的各种变化情况,计算确定定额水平的一种方法。这种方法的优点是比较科学;缺点是制定过程比较复杂,工作量大,成本较高。

(4) 类推比较法。是通过与同类型产品或工序的典型定额标准进行对比分析后,估算定额水平的一种方法。这种方法的优点是简单易行,工作量小,成本较低;缺点是准确性在很大程度上受限于选出的典型定额标准的先进性和合理性。企业究竟采用何种方法制定各项消耗定额,应综合考虑企业的生产特点、管理水平、定额制定人员的业务能力等方面的实际情况,必要时,也可以将几种方法结合使用。

三、建立健全原始记录制度

原始记录是直接反映生产经营活动的原始资料,是计算产品成本的基础。原始记录的特点,在于对各项经济活动随时作出直接的记录,其可信程度高。原始记录有两种形式:第一种是以专门的表格形式进行记录,或直接在记录簿、台账上进行记录;第二种是用单据的形式,即采用自制原始凭证所进行的记录。前一种形式的记录,在会计核算、统计核算、业务核算中叫作原始记录;后一种形式的记录,有关会计核算的部分可直接作为原始凭证。

原始记录制度主要包括原材料、燃料、工具领用,工时消耗,生产设备运转,零部件和半成品内部转移,废品发生,各种费用支出,产品的质量检验,产成品入库与发出,以及财产物资的盘盈盘亏等记录制度。原始记录在内容上应设置经济活动的时间、内容、计量单位、数量、填制人及负责人签章等项目、栏次。

由于原始记录工作涉及各个职能部门、生产单位,因此,建立原始记录制度,应由财会部门会同计划、统计、生产、劳资、供应、销售、动力设备、检修、质检等部门共同完成。只有这样,制定的制度才能既适应生产管理和成本管理的需要,又简便易行。只有各个部门都建立并认真填制了原始记录,并按一定的程序传递,会计部门才能据以正确地计算成本。

下面以生产通知单、废品报告单、停工报告单、考勤簿为例说明原始记录的设计。

(一) 生产通知单的设计

生产通知单是记录每一个班组每一个工人的产量和工时的一种原始记录,是在工作结束时由检验员根据验收结果填制的。生产通知单要记录每一班组每一工人的生产情况,应设置生产单位、工人姓名、工作时间、单位定额、实际产量、完成工时(包括定额和实际工时)、检验员签章等项目、栏次。生产通知单的一般格式见表8-1。

表 8-1 生产通知单

车间:
工段: 编号:
生产班组: 日期:

机器编号	工人		加工件	工作时间		每件定额(分)	实际产量				完成定额工时数	实际工时	检验员
	工号	姓名		开始时间	结束时间		交验数量	合格数量	废品数量	废品通知单号			

(二) 废品报告单的设计

废品是指不符合技术文件规定的质量标准,不能按原用途使用或者需要经过修理加工的在产品、半成品和产成品。废品分可修复废品和不可修复废品。可修复废品是指废品的修复在技术上是可能的、经济上是合算的,确定对废品进行修复,称可修复废品。不可修复废品是指废品从技术上而言不可能修复,或者技术上可以修复,但从经济上分析是不合算的,确定不再修复,称为不可修复废品。废品损失的内容包括对可修复废品进行修复发生的费用以及不可修复废品的报废净损失。核算废品损失的原始凭证是废品报告单,该单表明产品经质量检验后已确认为废品并确定对其返回生产线上进行修复,还是确认为不可修复废品。废品报告单应列明返修废品的品种、数量、废损程度、修复要求等内容,以及不可修复废品的品种、数量、废损程度、产生废品的原因及过失人等。废品报告单的一般格式如表8-2所示。

表 8-2　废品报告单

车间：	生产班组：	单号：	日期：

产品名称：	产品类别：	计量单位：
废品数量：	可修复废品数量：	不可修复废品数量：
废品发生原因：		

可修复废品的修复费用	可修复废品的生产成本
其中：直接材料	减：回收残料价值
直接人工	责任单位和责任人的赔偿
燃料及动力	不可修复废品的净损失
制造费用	
合计：	
减：责任单位和责任人的赔偿	
可修复废品的净损失	

车间负责人：	技术检验员：	车间核算员：

（三）停工报告单的设计

停工是指企业生产车间由于计划减产、停电、待料、设备等原因而造成的停产。停工有计划停工和计划外停工。由于停工原因多种多样，时间有长有短，范围有大有小，因此，设计有关制度时应规定什么样的停工、多长时间的停工要计算停工损失。停工损失是指在停工期间发生的一切费用，包括支付的工资及计提的职工福利费、耗费的燃料动力费及应分摊的制造费用等。

生产单位发生停工时，应编制停工报告单，说明停工情况。停工报告单应设置停工的生产单位、时间、停工原因、经济责任、停工损失等项目、栏次。停工报告单的一般格式见表8-3。

表 8-3　停工报告单

车间：	生产班组：	单号：	日期：

停工性质	停工期发生的费用	
	费用项目	金额
停工范围：	生产工人工资	
停工起讫时间：	维修工人工资	
	其他费用	
责任单位或人员：	合计	
应否赔偿及理由：	减：应收赔偿	
	停工损失	

车间负责人：	车间核算员：

（四）考勤簿的设计

考勤记录是反映职工出勤和缺勤情况，据以计算职工工资的原始记录，也是分析考核职工工作时间利用情况的原始记录。考勤记录的形式有考勤簿和考勤卡两种，现以考勤簿的设计加以说明。

考勤簿要反映每一职工每日的出勤、缺勤以及缺勤的原因,单位要根据考勤簿计算职工的工资,因此,考勤簿应设置车间或部门、考勤时期、职工姓名、每日出缺勤情况及全月出缺勤情况、考勤人员签章等项目、栏次。考勤簿的一般格式见表8-4。

表8-4 考勤簿

车间(部门):
班组:　　　　　　　　　　　年　　月份　　　　　　　　　　考勤员:

姓名	工号	职务	级别	出、缺勤情况						考勤统计					
				1	2	3	…	…	30	31	出勤	旷工	病假	事假	迟到早退	加班加点

四、建立健全与成本有关的各项业务制度

与成本有关的业务制度主要包括五类。

(一)存货管理制度

存货管理制度设计的内容包括存货的主要项目、存货的计价及核算管理、存货的计量、验收及收、发、存管理、存货定额核定及控制管理、存货的清查盘存等。

(二)固定资产管理制度

固定资产管理制度设计的内容包括固定资产的标准及分类、管理固定资产的职责分工,固定资产增加的业务手续及计价、固定资产报废的标准和减少的业务手续、固定资产使用、维修、折旧、固定资产的清查盘点和固定资产的分析等。

(三)低值易耗品管理制度

低值易耗品管理制度设计的内容包括领用、保管、摊销及在用低值易耗品的管理等。

(四)费用管理制度

费用管理制度设计的内容包括费用预算管理、费用开支标准及费用分析制度等。

(五)工资管理制度

工资管理制度设计的内容包括工资总额的构成及计算办法、工资发放的审批管理、工资费用的会计处理等。

五、建立健全厂内计划价格制度

企业内部计划价格是企业内部的原材料、辅助材料、燃料、在产品与半成品、劳务等内部转移时进行内部结算的依据。设计和使用内部计划价格进行内部结算，一是为了简化成本核算工作，二是为了便于进行成本控制和考核，明确经济责任。

计划价格是根据各项定额和有关指标，由企业计划部门、会计部门、劳动工资部门、工艺技术部门等共同制定，由企业统一颁布，各部门必须遵照执行。计划价格制定应尽可能符合实际并保持相对稳定。

第三节　成本计算制度的设计

一、成本计算对象、成本计算期的设计

（一）成本计算对象的设计

设计成本计算对象，就是确定成本计算过程中以什么为中心来归集生产费用，即确定谁是这些费用的承担者。成本计算对象设计是成本计算设计的一个关键内容，设计的好坏直接关系到成本计算方法设计的质量，关系到日后成本核算资料的质量。

成本计算对象的确定，取决于企业的生产特点和成本管理的要求。生产特点是指企业的生产工艺特点和生产组织特点。按生产工艺特点来分，企业的生产可分为单步骤生产和多步骤生产。单步骤生产又称简单生产，是指工艺技术过程不能间断，或者不便于分散在不同地点进行的生产，如发电、采掘以及铸造等产品的生产；多步骤生产又称复杂生产，是指工艺技术过程可以间断，生产可以分散在不同地点进行的生产，如纺织、冶金、机械制造、汽车制造等产品的生产。多步骤生产按产品加工方式的不同，又可分为连续式多步骤生产和装配式多步骤生产。连续式多步骤生产是指产品的生产从原材料投入到制造出最终产品需要经过若干个连续性的生产步骤，每一步骤生产的半成品都要转入下一步骤继续加工，直至最后一步骤生产出最终产品，如纺织、冶金等产品生产；装配式多步骤生产是指产品的生产首先需要将各种原材料经过若干平行加工过程，分别加工成产品的零件、部件，然后将零件、部件经过装配形成产成品，如自行车、汽车等产品的生产。

企业的生产按生产组织的特点来分，可分为大量生产、成批生产和单件生产。大量生产是指大量地、重复地生产同一品种或很少的几个品种的产品，如采煤、化工等产品的生产；成批生产是指按事先规定的产品批别和数量投入生产，分批重复地生产几种固定的产品，如塑料制品、衬衣等产品的生产；单件生产是指按照订货合同上购货方的要求，生产个别的、专用的、性质特殊的产品生产，如重型机械、船舶、专用设备以及新产品试制等产品生产。成批生产按产品批量大小，又可分为大批生产和小批生产。大批生产的每批产品数量较多，类似于大量生产；小批生产的每批产品数量较少，接近于单件生产。

成本管理要求是指对提供成本指标的要求,成本指标有产成品成本和半成品成本。任何一个企业的成本核算都必须提供产成品成本指标,半成品成本是否提供则视企业成本管理的要求而定。

结合企业的生产特点和成本管理要求,一般可分为以下几种情况来设计成本计算对象:

(1) 单步骤大量生产一种或几种产品生产,应以该种或几种产品为成本计算对象。

(2) 大批量多步骤连续加工的产品生产,一般应以每一生产步骤的半成品和最终产成品为成本计算对象(这里的每一生产步骤是指管理需要提供半成品成本资料的生产步骤)。如果是封闭式生产或管理上不要求分步计算半成品成本的,也可以最终产品为成本计算对象。

(3) 大批量多步骤装配式平行加工的产品生产,一般应以最终产成品和分别平行加工的零件、部件为成本计算对象。

(4) 单件小批组织产品的生产,通常应以每一单件或每批产品为成本计算对象。

(5) 在生产产品品种繁多、规格繁多的企业,若按产品品种、规格设置成本计算对象,组织产品成本计算,则成本核算工作繁重。为了简化成本核算,可按产品结构、耗用原材料和生产工艺过程基本相同的产品进行分类,以类别为成本计算对象,先计算各类产品成本,再计算类内各种产品成本。这样设置成本计算对象,可大大简化成本核算工作。

(二) 成本计算期的设计

成本计算期是指企业按成本计算对象归集生产费用,计算产品成本的起止日期。成本计算期的确定主要取决于生产组织的特点。

(1) 大量大批生产的企业,由于连续不断地投入、产出产品,不可能在产品完工时立即计算成本,只能定期地在月末计算本月所生产的产品成本。所以,其成本计算期应以每月的起止日期作为成本计算的起止日期,这与产品的生产周期不一致,与会计报告期一致。

(2) 单件小批生产的企业,产品成本是在某一批产品或某一件产品完工后才能进行计算,所以,成本计算期与生产周期一致,从投入生产的月份开始到产品完工月份的月末作为成本计算期。

二、要素费用、成本项目的设计

(一) 要素费用的设计

要素费用是指生产费用按经济内容进行分类所形成的类别。生产费用的归集和分配是产品成本计算的基础。通过对生产费用按经济内容进行分类反映,可以反映企业在一定时期生产费用发生的详细情况,满足企业统计核算的要求和成本管理的需要。

生产费用按经济内容可分为劳动对象的耗费、劳动资料的耗费和活劳动的耗费,通常,企业将这三方面的耗费分为外购材料、外购燃料、外购动力、工资及职工福利费、折旧费、税费和其他费用。

(二) 成本项目的设计

成本项目是指产品成本的构成要素,是根据成本管理的要求,对计入产品成本的生产费用按用途进行的分类。设计成本项目的目的是为了通过成本核算,既提供产品的总成本和单位成本,又提供产品成本的构成情况,以满足成本管理(包括进行成本计划、控制、考核、分析等)的需要。

在工业企业中,一般将成本项目设计为"直接材料""直接人工"和"制造费用"三个项目,具体内容如下。

1. 直接材料

直接材料是指企业生产产品过程中实际消耗的原材料、辅助材料、外购半成品和配套件、燃料、动力、包装物等。

2. 直接人工

直接人工是指企业直接从事产品生产的工人的工资及按规定比例计提的职工福利费。

3. 制造费用

制造费用是指企业基本生产车间和辅助生产车间为组织和管理生产而发生的各项费用。如车间管理人员工资,车间用固定资产折旧费、保险费、修理费、经营性固定资产租赁费、机物料消耗、水电费、办公费等。

对于上述成本项目,企业可以根据以下几方面的因素进行适当的合并或分解:

第一,设计成本项目时,要考虑企业的具体情况和管理要求。如在多步骤连续式加工的企业,管理要求成本核算提供各步骤完工的半成品成本和各步骤发生的费用,可增设"自制半成品"成本项目;再如企业管理要求提供废品损失情况,可增设"废品损失"成本项目。

第二,设计成本项目时,要考虑各项费用在成本中所占的比重,凡是在产品成本中占有较大比重的直接成本费用,应单独设置成本项目加以列示。如企业产品生产所需的外部协作加工较多,在成本中所占的比重较大,可单独设置"外部加工费"成本项目。再如燃料和动力的耗费,如数额比重较大,可将其从直接材料成本项目中分离,增设"燃料和动力"成本项目,也可增设"燃料"与"动力"两个成本项目。

第三,设计成本项目时,分类的多少、粗细要适当。分类太粗,成本项目的设计起不到应有的作用;分类太细,会增大成本核算的工作量,影响成本核算的及时性,不能满足成本管理的需要。

三、生产费用分配方法和分配标准的设计

(一) 生产费用归集与分配的一般原则的设计

企业在成本形成过程中发生的各项生产费用,要通过归集和分配才能计入成本。每个企业都应制定生产费用归集和分配的一般性规则和标准,作为具体操作的依据。这些一般性原则也是制定成本核算与管理制度必须体现的。生产费用归集与分配的一般性原则,主要从以下三方面加以设计。

(1) 在生产费用归集分配的一般方法方面,凡费用发生时能直接确认归属对象的,应直接计入产品成本;凡多个成本计算对象共同发生的,不能直接确认归属对象的费用,应先通过中间环节进行归集,然后再采用适当的方法定期分配计入产品成本。

(2) 在生产费用核算和产品成本计算方面,要遵守历史成本这一会计核算的基本原则。

一般规定不得以计划成本、估计成本、定额成本来代替实际成本。采用计划成本或定额成本核算的,必须在规定的成本计算期,调整为实际成本。

(3) 在生产费用的确认与计量方面,一般规定:严格成本开支范围;贯彻权责发生制和配比原则;正确区分五个费用界限,包括资本性支出与收益性支出的界限、产品制造成本与期间费用的界限、本期产品制造成本与下期产品制造成本的界限、各种产品的成本界限、完工产成品与期末在产品的成本界限。

(二) 生产费用分配方法和分配标准的设计

生产费用分配包括两方面内容:要素费用在各受益对象之间的分配和生产费用在完工产品与在产品之间的分配。由于这两方面具有不同的分配性质,必须分别设计与之相应的方法和标准。

1. 要素费用分配方法和分配标准的设计

生产费用分配的基本方法是比率分配法,其分配过程分两步:首先,将分配对象除以分配标准,计算分配率;然后,以某成本计算对象的分配标准乘以分配率,计算出各成本计算对象应负担的分配额。计算的基本公式是:

$$\text{分配率} = \frac{\text{分配对象}}{\text{各种成本计算对象分配标准总数}}$$

$$\text{某成本计算对象应负担的分配数额} = \text{该成本计算对象的分配标准数} \times \text{分配率}$$

通过上述计算公式可看出,生产费用分配是否正确,关键取决于分配标准的选择是否科学合理。设计分配标准时,应遵循三个原则:第一,相关原则。是指所选择的分配标准与所分配的特定费用之间存在客观的依存关系(或称因果关系)。如果应分配的费用是综合性的费用(如制造费用),则分配标准应与综合费用各个组成部分中具有代表性的内容存在密切的联系。第二,简便原则。是指作为分配标准的因素,其资料必须易于计量、取得,分配时也易于计算。第三,稳定性原则。是指分配标准一经选定,应保持相对稳定,不得随意变动,以保证成本资料的分析利用。现分别介绍要素费用(均为共同费用和制造费用)分配常用的标准。

(1) 直接材料费用的分配。

① 定额耗用量。其计算公式为:

$$\text{分配率} = \frac{\text{材料费用总额}}{\sum(\text{某种产品产量} \times \text{某种产品的该材料消耗定额})}$$

$$\text{某种产品应分配的材料费用} = \text{某产品该材料定额用量} \times \text{分配率}$$

② 产品重量。其计算公式为:

$$\text{分配率} = \frac{\text{材料费用总额}}{\text{各种产品的重量之和}}$$

$$\text{某种产品应分配的材料费用} = \text{该产品重量} \times \text{分配率}$$

③ 产量。其计算公式为:

$$\text{分配率} = \frac{\text{材料费用总额}}{\text{各种产品的产量之和}}$$

某种产品应分配的材料费用 = 该产品产量 × 分配率

④ 定额成本。其计算公式为：

$$\text{分配率} = \frac{\text{材料费用总额}}{\sum(\text{各种产品的产量} \times \text{单位产量的材料定额成本})}$$

某种产品应分配的材料费用 = 该产品的材料定额成本 × 分配率

⑤ 系数。其计算公式为：

$$\text{分配率} = \frac{\text{材料费用总额}}{\sum(\text{各种产品的产量} \times \text{系数})}$$

某种产品应分配的材料费用 = 该产品系数 × 分配率

(2) 外购动力费用的分配。外购动力费用的分配，在有仪表计量的情况下，应采用按仪表计量的耗用量进行分配。在无仪表计量的情况下，可设计下列标准进行分配。

① 生产工时。其计算公式为：

$$\text{分配率} = \frac{\text{各种产品耗用外购动力费用总额}}{\text{各种产品的生产工时总数}}$$

某产品应分配的外购动力费用 = 该产品生产工时数 × 分配率

② 机器工时。其计算公式为：

$$\text{分配率} = \frac{\text{各种产品耗用外购动力费用总额}}{\text{各种产品耗用机器工时总数}}$$

某种产品应分配的外购动力费用 = 该产品耗用机器工时数 × 分配率

③ 机器功率时数。其计算公式为：

$$\text{分配率} = \frac{\text{各种产品耗用外购动力费用总额}}{\text{各机器功率时数之和}}$$

某种产品应分配的外购动力费用 = 该产品的机器功率时数 × 分配率

(3) 直接工资费用的分配。计算生产工人工资，可采用计件工资形式和计时工资形式。在计件工资形式下，生产工人工资可直接计入成本计算对象；在采用计时工资形式下，应设计以下标准进行分配。

① 实用工时。其计算公式为：

$$\text{分配率} = \frac{\text{生产工人工资总额}}{\text{各种产品实用工时总数}}$$

某种产品应分配的生产工人工资 = 该产品实用工时数 × 分配率

② 定额工时。其计算公式为：

$$\text{分配率} = \frac{\text{生产工人工资总额}}{\text{各种产品定额工时总数}}$$

某种产品应分配的生产工人工资 = 该产品定额工时数 × 分配率

(4) 辅助生产费用的分配。辅助生产费用先通过"辅助生产成本"账户进行归集，然后再采用一定的方法进行分配。常用的方法有以下四种。

① 直接分配法。直接分配法是指企业将各辅助生产车间发生的劳务费用，直接分配给除

辅助生产车间以外的各个受益对象的一种分配方法。

直接分配法适用于各辅助生产车间之间相互提供劳务不多,可以略而不计的企业。其计算公式为:

$$某种劳务费用分配率 = \frac{该辅助生产车间的劳务费用总额}{辅助生产车间以外的各受益对象耗用劳务数量之和}$$

$$某受益对象应分配的劳务费用 = 该受益对象耗用劳务的数量 \times 劳务费用分配率$$

② 一次交互分配法。一次交互分配法是指企业首先将各辅助生产车间直接发生的费用,在各辅助生产车间之间进行交互分配,然后将各辅助生产车间经交互分配后的费用总额,直接分配给除辅助生产车间以外的受益对象的一种分配方法。

一次交互分配法主要适用于各辅助生产车间相互提供劳务较多的企业。其分配计算过程如下:

第一次分配,只是在辅助生产车间之间进行交互分配,其计算公式为:

$$\frac{某辅助生产车间}{应分配的劳务费} = \frac{被分配的辅助生产车间分配前的费用}{被分配的辅助生产车间提供劳务总量} \times \frac{该辅助生产车间}{受益的劳务量}$$

第二次分配,须将各辅助生产车间交互分配前的费用加上交互分配转入的费用,减去分配转出的费用,再按各基本生产车间和管理部门耗用的数量进行分配。其计算公式为:

$$\frac{某受益对象}{应分配的劳务费} = \frac{分配费用车间分配前的费用 + 分配进来的费用 - 分配出去的费用}{除辅助生产车间以外的受益对象耗用劳务量的总和} \times \frac{该受益对象耗用的劳务量}$$

③ 计划成本分配法。计划成本分配法,是指企业按产品、劳务的计划单位成本和实际耗用劳务的数量,分配辅助生产费用的一种分配方法。采用这一方法分配辅助生产费用是分两个步骤进行的:第一步,辅助生产车间为各受益对象(包括受益的其他辅助生产车间在内)提供的产品、劳务,一律按产品、劳务的计划单位成本进行计价分配;第二步,辅助生产车间实际发生的费用(包括辅助生产车间交互分配转入的费用)与按计划单位成本分配转出的费用之间的差异(即产品、劳务成本的节约或超支数),可以直接计入"管理费用"账户,结转当期损益。也可以再分配给辅助生产车间以外的各受益对象。

计划成本分配法主要适用于产品、劳务的实际单位成本比较稳定的辅助生产车间。其分配计算过程如下。

首先,按计划单位成本分配辅助生产费用,其计算公式为:

$$\frac{某受益对象}{应分配的劳务费用} = \frac{该受益对象耗用}{劳务的数量} \times 计划单位成本$$

然后,计算劳务成本差异,其计算公式为:

$$劳务成本差异 = \frac{分配费用车间}{分配前的费用} + \frac{按计划单位成本}{分配转入的费用} - \frac{按计划单位成本}{分配转出的费用}$$

$$= \frac{分配费用车间}{实际发生的费用} - \frac{按计划单位成本}{分配转出的费用}$$

如为了简化核算将计算出的成本差异直接计入管理费用,结转当期损益,则分配到此完结。如将成本差异在辅助生产车间以外的各受益对象之间进行分配,则采用以下公式计算:

$$\text{某受益对象应分配的劳务成本差异} = \frac{\text{劳务成本差异}}{\text{除辅助生产车间以外的各受益对象耗用劳务数量之和}} \times \text{该受益对象耗用劳务的数量}$$

④ 代数分配法。代数分配法是指应用代数联立方程的原理,先计算出辅助生产车间劳务、产品的单位成本,再根据受益对象耗用劳务、产品的数量,分配辅助生产费用的一种分配方法。

采用代数分配法分配费用,分配的结果最为正确。它主要适用于已经实现会计电算化的企事业单位。

(5) 制造费用的分配。制造费用是间接费用,常用的分配标准有以下三种。

① 生产工时。其计算公式为:

$$\text{分配率} = \frac{\text{制造费用总额}}{\text{各种产品生产工时总数(或定额工时总数)}}$$

$$\text{某种产品应分配的制造费用} = \text{该产品生产工时(或定额工时数)} \times \text{分配率}$$

② 机器工时。其计算公式为:

$$\text{分配率} = \frac{\text{制造费用总额}}{\text{各种产品耗用机器工时总数}}$$

$$\text{某种产品应分配的制造费用} = \text{该产品耗用机器工时数} \times \text{分配率}$$

③ 工资成本。其计算公式为:

$$\text{分配率} = \frac{\text{制造费用总额}}{\text{各种产品生产工人工资总额}}$$

$$\text{某种产品应分配的制造费用} = \text{该产品生产工人工资额} \times \text{分配率}$$

2. 完工产品和在产品之间费用分配方法和分配标准的设计

经过一定程序,采用上述方法对生产费用进行归集和分配后,成本计算单集中了各有关产品应负担的生产费用总额。如果有关产品在计算期内已全部完工,成本计算单中所归集的生产费用即为该产品的总成本;如果该产品在计算期内尚未全部完工,既有完工产品,又有在产品,则成本计算单中所归集的生产费用还需在完工产品和在产品之间进行分配。

生产费用在完工产品与在产品之间的分配方法设计,也要遵循一定的原则,主要包括受益原则(谁受益谁负担,多受益多负担,少受益少负担)、计算简便原则、重要性原则和相对稳定原则。

根据以上原则,设计的分配方法主要有两类。第一类是比率分配法,采用这类方法分配的结果较为合理准确。第二类是扣减法,这类方法是首先确定期末在产品成本,然后用生产费用总额扣减期末在产品成本,即为产成品成本。使用此类方法具有一定的前提条件,分配结果欠准确,但易于计算。

常用的分配方法有以下七种。

(1) 约当产量比例分配法。约当产量比例分配法是指先根据月末在产品的盘存数量,按其完工程度和投料程度折合为相当于完工产品的产量(称约当产量),再按完工产品产量和在产品约当产量的比例来分配该种产品成本费用的一种方法。简称约当产量法,又叫折合产量法。

约当产量法适用于月末在产品数量较大,各月末在产品数量变化也较大,产品成本中各个成本项目的成本比重相差不大的产品。化工、机械等行业运用约当产量法计算在产品成本比较合理。

采用约当产量比例法计算完工产品成本和月末在产品成本,必须正确计算在产品的约当产量,而在产品约当产量计算的正确与否,主要取决于在产品完工程度的测定是否正确,这对成本费用分配的正确性有着决定性的影响。

(2) 定额耗用量比例分配法。定额耗用量比例分配法是指企业分别成本项目,将完工产品和在产品的数量分别乘以各该产品消耗定额,求出完工产品和在产品的定额耗用量,然后按两者定额耗用量的比例,将各项目的成本费用总额在完工产成品和在产品之间进行分配的一种方法。其计算公式为:

$$完工产品定额耗用量 = 完工产品产量 \times 完工产品单位消耗定额$$

$$期末在产品定额耗用量 = 在产品数量 \times 在产品单位消耗定额$$

$$成本费用分配率 = \frac{期初在产品成本 + 本月发生的成本费用}{完工产品定额耗用量 + 期末在产品定额耗用量}$$

$$完工产品成本 = 完工产品定额耗用量 \times 成本费用分配率$$

$$期末在产品成本 = 期末在产品定额耗用量 \times 成本费用分配率$$

$$或 = 成本费用总额 - 完工产品成本$$

定额耗用量比例分配法主要适用于材料、工时等消耗定额比例健全的机械制造、轻工等企业。采用这种方法时,"直接材料"成本项目应按材料消耗定额计算;其余各个成本项目,一般按工时消耗定额计算;在各个加工阶段中的在产品应分别按各个阶段的消耗定额计算。

(3) 不计算在产品成本法。企业如果各月月末在产品数量很少,是否计算在产品成本对完工产品成本的影响很少,为了简化核算工作,可以不计算在产品成本。这就是说,某种产品每月发生的成本费用,无需在完工产品和在产品之间进行分配,全部由本月完工产品成本负担。

(4) 按年初数固定计算在产品成本法。企业如果期末在产品数量较多,但各月之间在产品结存数量变化不大,且比较固定,某种产品当月发生的成本费用,就是当月完工产品的总成本。可按年初在产品成本作为各月期末在产品的成本。但年终时,必须根据在产品实际盘存量予以调整,以免在产品成本与实际出入过大,影响成本计算的正确性。

(5) 在产品成本按完工产品成本计算法。采用这种方法,是将在产品视同完工产品,按在产品和完工产品的数量比例分配费用。这种方法只适用于月末在产品已近完工,只是尚未包装或尚未验收入库的产品。

(6) 按所耗原材料费用计算在产品成本法。采用这种方法,期末在产品成本按所耗用原材料费用进行计算。这种方法用于企业生产车间各月在产品的数量较大、变化也较大、原材料费用在产品成本中所占的比重较高的情况。为了简化核算手续,在产品成本可以只计算原材料费用,不计算其他费用,其他费用全部由完工产品成本负担。这样,某种产品的月初在产品成本与本月发生的费用之和,减去按原材料费用计算的月末在产品成本,便是本月完工产品成本,造纸、酿酒、纺织等工业企业都可以采用这种方法。

(7) 定额成本法。定额成本法是指企业用事先核定的单位在产品定额成本计算在产品成本的一种方法。其计算公式为:

期末在产品成本 ＝ 期末在产品数量×单位在产品定额成本

完工产品总成本 ＝ 期初在产品成本＋本月发生的成本费用－期末在产品成本

完工产品单位成本 ＝ 完工产品总成本÷完工产品产量

这种计算方法的特点是：能够简便地解决成本费用在完工和在产品之间的分配问题。但是这种方法要求企业的各项单位定额成本必须准确，如果不准确，会使完工产品和期末在产品之间成本费用的分配不实，影响成本计算的正确性。

四、生产费用核算凭证的设计和一般程序的设计

（一）生产费用核算凭证的设计

涉及生产费用归集和分配业务的原始记录数量种类较多且很广。本书已在第五章会计凭证的设计和本章原始记录的设计中，阐述了有关凭证的设计内容并作了举例说明，本节只介绍主要的费用分配凭证的设计。

1. 各项要素费用分配凭证的设计

在发生的生产费用中，有的费用是由一个部门或一种产品受益，有的是由几个部门或几种产品受益。在要素费用分配表中，应设置被分配的费用、分配的时间、费用的受益部门或产品（即应借的账户）、分配标准及分配的数额等项目、栏次。下面以材料费用分配表、外购动力费用（电费）分配表、工资费用分配表、固定资产折旧分配表的一般格式为例，说明要素费用分配表的设计。其一般格式见表 8-5、表 8-6、表 8-7、表 8-8。

表 8-5 材料费用分配表

年　月

应借科目		原料和主要材料				辅助材料	原材料小计	低值易耗品	合计
总账科目	明细科目	直接记入	分配记入		小计				
			分配率	分配额					
生产成本——基本生产成本	甲产品								
	乙产品								
	丙产品								
小计									
制造费用	一车间								
	二车间								
小计									
辅助生产	机修车间								
销售费用									
管理费用									
合　计									

表 8-6 外购动力分配表

年 月

应借科目		动 力 用			照 明 用	合 计
总账科目	明细科目	数量	分配率	分配额		
生产成本——基本生产成本	甲产品					
	乙产品					
	丙产品					
小计						
制造费用	一车间					
	二车间					
小计						
辅助生产	机修车间					
管理费用						
合 计						

表 8-7 工资费用分配表

年 月

应借科目		工 资			合计	职工福利费	合计
总账科目	明细科目	生产工时	分配率	分配额			
生产成本——基本生产成本	甲产品						
	乙产品						
	丙产品						
小计							
制造费用	一车间						
	二车间						
小计							
辅助生产	机修车间						
销售费用							
管理费用							
合 计							

表 8-8 固定资产折旧费用分配表

年 月

项 目	基本生产车间	辅助生产车间		行政管理部门	专设销售机构	合 计
		供电	供水			
折旧费						

2. 辅助生产费用的分配

辅助生产的任务是为企业的各生产部门、管理部门提供产品或劳务,辅助生产所发生的成本应由这些受益部门、受益产品或劳务承担。因此,辅助生产费用的分配就是采用一定的方法将其费用分配到各受益对象上。辅助生产费用分配表应设置费用分配时间、辅助生产车间名称、被分配的费用额、提供的产品或劳务的数量、受益对象及受益数量、分配率、分配额等项目、栏次。辅助生产费用分配表的格式应依设计的分配方法而定。采用直接分配法的一般格式见表 8-9。

表 8-9 辅助生产费用分配表

年　月

辅助生产车间	分配费用	分配数量	分配率	分 配 对 象					
				基本生产		制造费用		管理费用	
				数量	金额	数量	金额	数量	金额
合　计									

3. 制造费用分配表的设计

制造费用归集企业各生产单位为组织和管理生产所发生的费用,月终分配后计入生产单位所生产的产品成本。制造费用分配表应设置分配时间、分配对象(产品)、分配标准、分配率和分配金额等项目、栏次。制造费用分配表的一般格式见表 8-10。

表 8-10 制造费用分配表

年　月

应借账户		分配标准	分配率	分配金额
生产成本——基本生产成本	明细账户			
合　计				

4. 产品成本计算单和完工产品成本汇总计算表的设计

产品成本计算单是按成本项目归集每一种产品所发生的成本,并计算完工产品成本的明细表。产品成本计算单应设置成本计算时间、产品名称、完工产品产量、成本项目、费用的发生情况等项目、栏次。产品成本计算单的一般格式见表 8-11。

表 8-11 产品成本计算单

年 月

车间： 产量： 单位：元

摘　要	成 本 项 目				合　计
	直接材料	直接人工	制造费用	废品损失	
月初在产品成本					
本月发生费用					
合　　计					
完工产品成本					
月末在产品成本					

完工产品成本汇总计算表是为了全面反映企业全部完工产品成本情况而设计的一张凭证，其内容应设置各种产品的名称、产量、总成本和单位成本以及各产品成本的构成情况（即成本项目）等。完工产品成本汇总计算表的一般格式见表 8-12。

表 8-12 产品成本汇总表

年 月

产品名称	完工数量	直接材料		直接人工		制造费用		合计	
		总成本	单位成本	总成本	单位成本	总成本	单位成本	总成本	单位成本
合　计									

（二）生产费用核算一般程序的设计

生产费用核算的一般程序，是对生产经营费用进行分类核算，将发生的各项要素费用按经济用途进行归类的基本工作过程。生产费用核算的内容较多、进程较长，各环节的核算形式也较为繁杂，为了保证核算的正确性、规范性，企业应将这一过程按费用归集和分配的先后顺序划分为基本的工作步骤并加以制度化，即设计生产费用归集和分配的一般程序。

工业企业生产费用归集和分配的一般程序设计如下：

（1）审核原始凭证，根据审核无误的原始凭证和费用的受益对象，编制各项费用分配表。对于直接费用，记入生产成本（基本生产）总账和明细账，间接费用分别记入生产成本（辅助生产）、制造费用、废品损失等总账和明细账。

（2）将应由本期负担的费用额分配记入生产成本（辅助生产）、制造费用、废品损失等总账和明细账。

（3）编制辅助生产费用分配表，按所设计的分配方法将其分配至生产成本（基本生产）、制造费用、废品损失等总账与明细账。

（4）编制制造费用分配表，将制造费用分配记入生产成本、废品损失等总账和明细账。

(5) 将不可修复废品成本由生产成本(基本生产)账户转至废品损失总账与明细账。

(6) 编制废品损失分配表,将废品损失净额分配记入生产成本总账与明细账(基本生产的废品损失成本项目)。

(7) 期末,计算完工产品成本与在产品成本,将完工产品成本转至产成品总账和明细账。

五、产品成本计算方法的设计

企业使用的成本计算方法很多,但基本方法只有品种法、分批法、分步法三种,其他方法均建立在这三种基本方法的基础上。企业设计成本计算方法的步骤是:首先,根据企业自身的生产特点和管理要求,结合各成本计算方法的特点,先选择某一种或几种基本成本计算方法为基础;然后,结合企业特点,对选定的成本计算方法进行补充、修订或创新设计,并以文字或程序图的方式加以反映、说明,以利操作。

(一) 选择基本的成本计算方法

基本成本计算方法可参考如下三种方法进行设计。

1. 品种法

品种法是以所生产的产品品种为成本计算对象,归集生产费用,计算产品成本的一种方法。

品种法的主要特点是:按产品品种开设成本计算单,以成本项目开设专栏;成本计算期与会计报告期一致,按月计算成本;单步骤生产企业月末无在产品,因此,成本费用不必进行完工产品和在产品分配;但在多步骤生产企业,月末一般存在在产品,如果月末在产品数量较多,则存在完工产品与在产品之间成本费用的分配问题。

品种法适用于单步骤生产企业和管理上不要求提供各步骤半成品成本的多步骤生产企业,如火力发电厂、铸件厂、玻璃制品厂等。

品种法成本计算的基本程序如下:

(1) 根据各项生产费用发生的原始凭证和其他有关资料,编制各要素费用分配表,分配各种要素费用。

(2) 根据各要素费用分配表,登记产品成本计算单、辅助生产成本明细账、制造费用明细账、管理费用明细账。

(3) 根据辅助生产成本明细账所归集的全月费用,编制辅助生产成本分配表,采用适当的分配方法,在各受益部门之间分配,并据以登记有关费用明细账。

(4) 根据制造费用明细账所归集的全月费用,编制制造费用分配表,在各种产品之间分配费用,并据以登记各产品成本计算单。

(5) 根据产品成本计算单所归集的全部费用,采用适当的方法在月末完工产品和在产品之间进行分配,确定完工产品和在产品成本,编制完工产品成本汇总表,计算各种完工产品的总成本和单位成本。

品种法成本计算程序见图 8-1。

2. 分批法

分批法是以所生产的产品批别为成本计算对象,归集生产费用计算产品成本的一种方法。

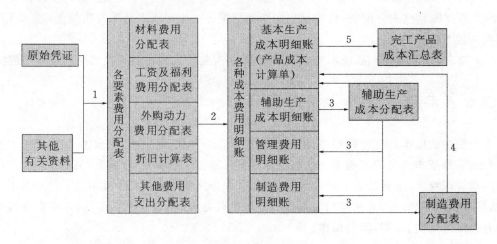

图 8-1　品种法成本计算程序

分批法的主要特点是：以生产的产品的批别或件别作为成本计算对象，开设成本计算单；一般是在一批产品全部完工的月份才计算成本，所以，成本计算期与生产周期一致；由于一般情况下是在每批产品完工后才计算成本，因此，一般不必在完工产品和在产品之间分配生产费用。如果一批产品跨月完工，成本费用就需在完工产品与在产品之间进行分配。

分批法适用于单件小批并且管理上不要求分步计算各步骤半成品成本的多步骤生产企业，如重型机械、造船等。

分批法成本计算的基本程序与品种法基本相同，不同之处主要表现在成本计算对象上，因此不再赘述。

3．分步法

分步法是以所生产产品的生产步骤和品种为成本计算对象，归集生产费用，计算产品成本的一种方法。

分步法的主要特点是：以各种产成品及其所经过的各生产步骤的半成品为成本计算对象，开设成本计算单；成本计算是定期（按月）进行，成本计算期与会计报告期相一致；月末，须在完工产品与在产品之间进行费用的分配。

分步法适用于大量、大批多步骤生产的企业，如造纸、纺织、冶金以及大量大批生产的机械制造等企业。

在大量、大批多步骤生产的企业中，各企业成本管理要求又有不同，有的企业要求提供各生产步骤的半成品成本，有的则不需要。分步法又分为计算半成品成本的分步法和不计算半成品成本的分步法两种，前者称为逐步结转分步法，后者称为平行结转分步法。

(1) 逐步结转分步法。

逐步结转分步法又称为计算半成品成本法，是按照产品加工的顺序，将上一步骤的半成品成本随同半成品实物的转移而结转到下一生产步骤的相同产品的成本之中，以逐步计算半成品成本和最后一个步骤的完工产品成本。逐步结转分步法适用于大量、大批连续式多步骤生产的企业。

逐步结转分步法成本计算的基本程序分为四步：①按生产步骤和产品品种开设成本明细账,根据各种费用发生的凭证或通过费用分配表按品种法成本计算的程序和方法,将各项生产费用记入各生产成本明细账。②月终,将第一步骤生产成本明细账中所归集的生产费用,根据完工的半成品数量和期末在产品数量,采用一定的方法进行分配,计算出半成品的总成本和单位成本。③将第一步骤交付给下一步骤的半成品成本结转到第二步骤产品成本明细账中的"半成品"或"直接材料"成本项目之中,再加上第二步骤发生的费用,即为第二步骤归集的总费用。然后,根据第二步骤完工的半成品数量和期末在产品数量,采用一定的方法进行分配,计算出第二步骤的半成品总成本和单位成本。④按照加工步骤如此逐步结转直至最后一步,就可计算出最终完工的产成品总成本和单位成本。将各个步骤的在产品成本相加,就可计算出企业期末在产品成本。

逐步结转分步法成本结转程序见图 8-2。

图 8-2　逐步结转分步法成本结转程序

（2）平行结转分步法。

平行结转分步法又称为不计算半成品成本法,是先计算各步骤发生的生产费用中应计入完工产品成本的"份额",然后由财会部门进行平行汇总,形成企业最终产品成本的一种方法。平行结转分步法主要适用于大量、大批多步骤的装配式生产企业,如机械制造企业。

平行结转分步法成本计算的基本程序分为四步：①按生产步骤和产品品种开设生产成本明细账,根据各种费用凭证或费用分配表登记各生产成本明细账。②月终,各步骤将其生产费用在完工半成本和加工中在产品之间分配,计算单位半成品费用,然后,再计算各步骤应计入产成品成本中的费用份额。③将各步骤生产费用总额减去本步骤应计入产成品成本的费用份额,即为本步骤期末在产品成本。④将各步骤应计入产成品成本的费用份额平行相加,即可计算出本月完工产成品总成本,再除以完工产品数量,即为完工产成品单位成本。

平行结转分步法成本结转程序见图 8-3。

上述三种成本计算方法的主要内容及比较,现列表反映于表 8-13,以供设计时参考。

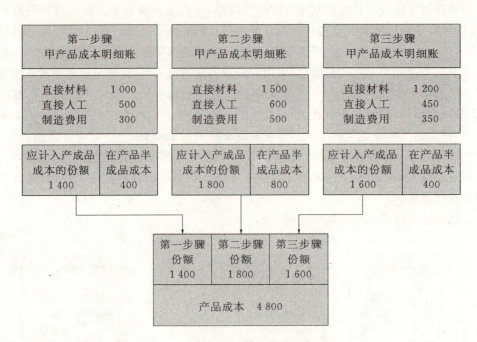

图 8-3 平行结转分步法成本结转程序

表 8-13 品种法、分批法、分步法比较表

生产工艺特点		生产组织方式	成本管理要求	成本计算对象	生产费用在完工产品和在产品之间的分配	成本计算方法
单步骤生产		大量生产	不能分步核算	各种产品成本	一般不需要	品种法
复杂多步骤式生产	连续式	大量生产	不要求分步核算	各种产品成本	一般需要	品种法
		大量生产	要求分步核算	各步骤生产的半成品、产成品	需要	分步法
	装配式	大量生产	要求分步核算	各步骤某月份生产的半成品、产成品	需要	分步法
		大量生产	不要求分步核算	各种产品成本	需要	品种法
	成批生产	大批	要求分步核算	各步骤生产的半成品、产成品	需要	分步法
		小批	要求按批、件核算	某批产成品	一般不需要	分批法
	单件生产		要求按批、件核算	某件产品	一般不需要	分批法

（二）对选定的基本成本计算方法结合企业情况加以补充、修订或创新设计

经过第一步设计，选定了各产品的基本成本计算方法，有的企业可以依选定的方法直接进行操作。但更多的情况是应根据企业的实际情况，对所选定的成本计算方法加以补充、修订或创新设计。现举例说明如下：

（1）对于选定分步法的逐步结转分步法的企业，还应进一步确定是采用综合结转分步法还是采用分项结转分步法。

（2）如果企业生产的产品品种、规格繁多，而其性能、结构又大多基本相同，设计时应首先选择品种法、分批法或分步法作为基本方法。然后将产品按其性能、结构、工艺过程和所用的原料及主要材料情况进行归类，将基本相同的归为一类作为一个成本计算对象，先归集其总成本，然后再按一定的比例或系数在类内各具体品种中进行分配。这一成本计算的方法称为分类法或系数法。此方法可大大减少成本核算的工作量。

（3）若企业定额管理制度比较健全，定额管理工作基础较好，产品的生产已经定型，消耗定额合理、正确、稳定，设计时首先应选择品种法、分批法或分步法作为基本方法，然后制定出产品成本的各项消耗定额和定额成本。在生产费用归集时，将符合定额的费用和脱离定额的费用分别核算，月末，在定额成本的基础上加减脱离定额的各种成本差异，计算出产品的实际成本。这一成本计算方法称为定额法。使用这种成本计算方法，便于加强定额管理，及时为企业进行成本管理提供信息，通过提供的脱离定额的差异，有利于企业加强成本控制、节约费用、降低成本。

（4）有的企业需几种成本计算方法同时应用。在一般制造业企业中，既有基本生产车间，又有辅助生产车间，基本生产车间主要生产产品，辅助生产车间主要为基本生产和其他部门服务。基本生产车间和辅助生产车间的生产特点和管理要求不同，采用的成本计算方法也不同。例如，在纺织企业，其基本生产车间主要产品的生产特点是连续、多阶段的生产，半成品可以对外销售，因此，基本生产车间使用逐步结转分步法进行成本计算。但在辅助生产车间的机修车间，主要的生产活动是维修机器设备和为生产车间制造某些设备，为了正确计算机器设备的维修成本和设备的制造成本，可使用分批法进行成本计算。在锅炉车间，主要的生产活动是为企业供应蒸汽，可使用品种法计算车间所供蒸汽的成本。就这一个企业来说，应同时采用多种成本计算方法进行成本计算。

在同时生产定型产品与非定型产品的企业，因为定型产品是大量大批生产，非定型产品是单件或小批生产，所以，成本计算时应使用不同的成本计算方法。如机械制造企业对大量大批生产的定型产品，可采用分步法进行成本计算；对非定型产品，可采用分批法进行成本计算。

（5）有的企业需将几种成本计算方法结合应用。有些制造业企业，除同时应用几种成本计算方法外，还有以一种成本计算方法为主，结合其他成本计算方法的某些特点加以结合应用的情况。例如，在单件小批生产的机械制造企业，其主要产品的生产过程是由铸造、机加工、装配等相互关联的各个生产阶段组成，其最终产品应采用分批法进行成本计算。但从各个生产阶段看则有所不同，如在铸造阶段，其生产产品品种较少，并可直接对外销售，应采用品种法进行成本计算；从铸造到机加工阶段，属于连续式多步骤生产，其成本结转可采用逐步结转分步法进行；从机加工到装配阶段，属于装配式多步骤生产，其成本结转可采用平行结转分步法进行。就这一个企业来说，成本计算是以分批法为主，结合使用品种法、分步法的特点加以应用的。

综上所述，各企业的生产情况是复杂的，管理要求是多方面的，成本计算的方法也是多种多样的，应用时应当根据企业的生产特点、管理要求、规模大小、管理水平等实际情况，将成本计算的各种方法灵活应用。

最后，还应指出，各种产品成本计算方法是人们通过长期的反复实践应用，不断改革、完善而形成和发展起来的，因此，不能将成本计算方法看成是一经采用便一成不变的东西，而应该

不断地改革、完善、创新。

六、合理设计成本核算工作的级次

成本核算工作有一级核算和二级核算两种级次。实行一级成本核算方式,就是把成本核算工作全部集中到厂部的财会部门进行。实行二级成本核算方式,就是把成本核算工作分散在车间和厂部分别进行:由车间成本核算员根据原始凭证在产品成本明细账中进行登记、归集所发生的各项费用,按月计算出车间成本后,报送厂部财会部门,而后再由财会部门根据各车间上报的车间成本资料,加以汇总,计算出各种产品的制造成本。

实行一级核算,可以减少核算层次和核算人员,但不便于车间及时考核产品成本的升降情况。实行二级核算,上述情况正好相反。企业采用哪一种成本核算级次,要根据企业规模的大小和成本管理的要求来确定。一般情况下,大中型企业适宜采用二级核算,小型企业适宜采用一级核算。但要明确指出两点:第一,不论企业采用哪种成本核算级次,都应大力开展群众性的班组核算,使专业核算与群众紧密结合;第二,不论企业采用哪种成本核算级次,其成本核算资料都必须分车间反映费用的发生情况,以便考核各车间成本管理工作的业绩和缺点,寻求节约费用支出和降低成本的途径。

第四节 标准成本核算方法的设计

一、标准成本概念选择

标准成本是指经过仔细调查分析和运用技术测定等科学方法制定的在有效经营条件下应该实现的成本,是根据产品的耗费标准和耗费的标准价格预先计算的一种目标成本。企业采用的标准成本有多种,按照制定标准成本所依据的生产技术和经营水平分类,分为理想标准成本、正常标准成本和现实标准成本。标准成本计算法一般采用现实标准成本概念。

二、标准成本核算方法的实施程序设计

标准成本计算法是指以预先制定的标准成本为基础,用标准成本与实际成本进行比较核算和分析成本差异的一种产品成本计算方法,也是加强成本控制、评价经济业绩的一种成本控制方法。标准成本法的核心是按标准成本记录和反映产品成本的形成过程和结果,并利用成本差异分析实现对成本的控制。其基本设计程序如下:

第一步,按照成本项目制定出各种产品的标准成本。

第二步,依据产品的标准成本进行产品成本核算,其中,"在制品"(即"生产成本")"库存商品"和"自制半成品"账户的借贷方都按标准成本登录。

第三步,分成本项目计算产品实际成本与标准成本的各种成本差异,并设立对应的成本差

异账户进行归集,以便用来控制和考核产品成本。在各个成本差异账户中,借方登记超支差异,贷方登记节约差异。

第四步,月末,根据各成本差异账户的借贷方余额编制成本差异汇总表,将各种成本差异余额转入"主营业务成本"或"本年利润"账户,计入当月损益。

第五步,分析各种成本差异,找出产生差异的原因,确定成本责任,进行成本考核。

三、标准成本核算方法设计的内容

标准成本核算法设计的主要内容包括标准成本的制定、成本差异的计算、成本差异的账务处理和成本差异的分析。其中,标准成本的制定是采用标准成本法的前提和关键,据此可以达到成本事前控制的目的;成本差异计算和分析是标准成本法的重点,借此可以促成成本控制目标的实现,并据以进行经济责任的考评。

(一)标准成本的制定

产品成本一般由直接材料、直接人工和制造费用三大部分构成,标准成本的制定也应就这三大部分分别确定。

1. 直接材料标准成本的制定

直接材料标准成本按两项标准确定:直接材料用量标准和直接材料标准价格。直接材料用量标准也即材料消耗定额,是指单位产品必须耗用的各种直接材料的数额。直接材料用量标准通常应根据企业的产品设计、生产工艺状况,并结合企业的经营管理水平,考虑降低材料消耗的可能等条件制定,所以,该标准的制定最好由产品设计部门及相关管理人员负责。材料价格因受诸多因素的影响,其标准的确定相对较难。通常,直接材料标准价格应能反映目前市价及未来市场的变动情况,考虑最有利的采购条件,如经济采购批量、最经济的运输等,而且应在征询采购部门的意见后制定。在此基础上,直接材料标准成本可确定如下:

$$直接材料标准成本 = 直接材料用量标准 \times 直接材料标准价格$$

2. 直接人工标准成本的制定

直接人工标准成本由两项标准确定:直接人工用量标准和直接人工标准价格。直接人工用量标准即工时用量标准、工时标准或工时定额。工时既可以是指直接人工生产工时,也可以是机器工时。工时标准的制定比较困难,通常应由相关工程、技术部门在工时研究的基础上,以努力工作为前提,适当考虑正常的工作间隙而制定。

直接人工标准价格即工资率,通常可由劳动工资部门根据用工情况制定。在不同工资制度下,标准工资率有不同的表现形式:采用计件工资时,标准工资率就是标准计件工资单价。采用计时工资制时,标准工资率就是单位工时标准工资率,其计算公式为:

$$单位工时标准工资率 = 标准工资总额 \div 标准总工时$$

在此基础上,直接人工标准成本可确定如下:

$$直接人工标准成本 = 工时标准 \times 标准工资率$$

3. 制造费用标准成本的制定

制造费用标准成本由制造费用用量标准和制造费用标准价格两个因素决定。制造费用用量标准即工时用时标准,其含义与直接人工用量标准相同。制造费用标准价格即标准费用分配率。其计算公式为:

$$标准费用分配率 = 标准制造费用总额 \div 标准总工时$$

在此基础上,制造费用标准成本可确定如下:

$$制造费用标准成本 = 工时标准 \times 标准费用分配率$$

由于成本按其性态可以分为变动成本和固定成本。前者随着产量变动而变动,后者相对固定,不随产量变动而变动。因此,制造费用也分为变动制造费用和固定制造费用两类,其标准成本的制定也应在此基础上进行。

为了便于计算和列示产品的标准成本,通常应为每一种产品设立一张标准成本卡,按成本项目、用量标准和标准价格,计算汇总每种产品的单位标准成本。产品标准成本卡的格式见表 8-14。

表 8-14 产品标准成本卡

成本项目	用量标准	标准价格	单位标准成本	
直接材料	A			
	B			
	小计			
直接人工				
变动制造费用				
固定制造费用				
甲产品单位标准成本				

(二) 标准成本差异分析

成本差异是指实际成本与标准成本之间的差额。计算和分析成本差异的目的在于明确差异的程度,找出差异发生的原因,并决定采取纠正差异的措施,及时改进,提高效率,确定差异责任的归属。

在标准成本计算法下,发生的成本差异是指实际成本脱离标准成本的差额。成本差异按照成本项目分类,可以分为直接材料成本差异、直接人工成本差异和制造费用成本差异等。这些差异还可以按照差异发生的原因,如用量差异(量差)和价格差异(价差)等进行划分。成本差异分类见图 8-4。

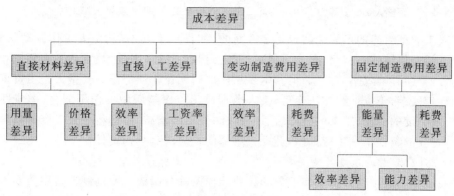

图 8-4　成本差分类

1. 直接材料成本差异的分析

直接材料成本差异是指直接材料实际成本与其标准成本的差异,它由直接材料用量差异和直接材料价格差异两部分组成。直接材料用量差异是指由于直接材料实际用量与其标准用量的差异而导致的直接材料成本差异,直接材料价格差异是指由于直接材料实际价格与其标准价格的差异而导致的直接材料成本差异。其分析公式为:

直接材料成本差异 ＝ 直接材料实际成本 － 直接材料标准成本

直接材料用量差异 ＝ (材料实际用量 － 材料标准用量) × 材料标准价格

直接材料价格差异 ＝ (材料实际价格 － 材料标准价格) × 材料实际用量

直接材料用量差异的形成原因是多方面的,有生产部门的原因,也有非生产部门的原因。但总的来说,用量差异产生的原因主要有:产品设计变更,用料标准未随之配合调整;制造方法或程序变更,用料标准未随之配合调整;所用机器或工具变更;材料品质低劣或规格不合;材料本身产量的变动;溢领材料未予退库;操作工人的责任心强弱、技术技艺状况、废品废料率的高低、设备工艺状况;材料质量状况、材料规格的适应程度等。正因如此,材料用量差异的责任需要通过具体分析方能明确,但其主要责任部门往往是生产部门。

材料价格差异是直接材料成本差异中不应由生产部门负责的成本差异。计算和分析材料价格差异,可以区分部门责任。材料价格差异的形成原因较为复杂,有主观原因,也有客观原因。如材料数量不按标准采购量办理;达最低采购量时未及时购补,致以紧急方式采购;采购时舍近求远,运费较贵,运输途中损耗增加;使用不必要的快速运输,增加运费;折扣期限内,未及时付款,丧失优惠;市场价格的变动;供货厂商的变动;运输方式及其路线的变动;采购批量的变动等,都可能导致材料的价格差异。由于它与采购部门的工作情况关系更密切,所以,其主要责任部门是采购部门。

2. 直接人工成本差异的分析

直接人工成本差异包括直接人工效率差异和工资率差异。直接人工效率差异即直接人工用量差异,因为在既定产量下人工使用的多少反映着效率的高低;工资率差异即直接人工价格差异,人工的价格表现为小时工资率。其计算公式为:

直接人工成本差异 ＝ 直接人工实际成本 － 直接人工标准成本

直接人工效率差异 ＝ (实际人工工时 － 标准人工工时) × 标准工资率

直接人工工资率差异 =（实际工资率 − 标准工资率）× 实际人工工时

直接人工效率差异的形成原因也是多方面的,如任用工人不当、工人工作调动频繁、工人对公司政策或领班措施不满、材料品质低劣、工人经验不足、工人技术状况、工作环境和设备条件的好坏等,都会影响效率的高低,但其主要责任部门还在生产部门。直接人工工资率差异的形成原因亦较复杂,工资计算方法变更、工人类别或工资率与所做工作不配合、季节性或紧急性生产、工资制度的变动、工人的升降级、加班或临时工的增减等,都将导致工资率差异。一般而言,这种差异的责任不在生产部门,劳动人事部门更应对其承担责任。

3. 变动制造费用成本差异的分析

变动制造费用成本差异由效率差异和耗费差异两部分组成。变动制造费用效率差异即变动制造费用的用量差异,它是因实际耗用工时脱离标准而导致的成本差异;变动制造费用耗费差异即变动制造费用的价格差异,它是因变动制造费用或工时的实际耗费脱离标准而导致的成本差异,也称变动制造费用分配率差异。其计算公式为:

变动制造费用成本差异 = 变动制造费用实际成本 − 变动制造费用标准成本

变动制造费用效率差异 =（实际工时 − 标准工时）× 变动制造费用标准分配率

变动制造费用耗费差异 =（变动制造费用实际分配率 − 变动制造费用标准分配率）× 实际工时

上述公式中的工时既可以是人工工时,也可以是机器工时,这取决于变动制造费用的分配方法;公式中的标准工时是指实际产量下的标准总工时。

变动制造费用效率差异的形成原因与直接人工效率差异的形成原因基本相同。变动制造费用耗费差异是变动制造费用开支额或工时耗费发生变动的情况下出现的成本差异,其责任往往在于发生费用的部门。

4. 固定制造费用成本差异的分析

固定制造费用成本差异是实际固定制造费用与实际产量标准固定制造费用的差异。其计算公式为:

固定制造费用成本差异 = 实际固定制造费用 − 实际产量标准固定制造费用
　　　　　　　　　　 = 实际固定制造费用 − 实际产量 × 工时标准 × 标准费用分配率
　　　　　　　　　　 = 实际固定制造费用 − 实际产量标准工时 × 标准费用分配率

从上述公式可以看出,固定制造费用成本差异是在实际产量的基础上算出的。由于固定制造费用相对固定,一般不受产量影响,因此,产量变动会对单位产品成本中的固定制造费用发生影响。产量增加时,单位产品应负担的固定制造费用会减少;产量减少时,单位产品应负担的固定制造费用会增加。这就是说,实际产量与设计生产能力规定的产量或计划产量的差异会对产品应负担的固定制造费用产生影响。也正因为如此,固定制造费用成本差异的分析方法与其他费用成本差异的分析方法才有所不同。固定制造费用成本差异的分析方法通常有两差异分析法和三差异分析法两种分析方法。

两差异分析法将固定制造费用成本差异分为耗费差异和能量差异两种成本差异。固定制造费用耗费差异是指实际固定制造费用与计划(也称预算)固定制造费用之间的差异。计划固定制造费用是按计划产量和工时标准、标准费用分配率预先确定的固定制造费用;固定制造费用能量差异是指由于设计或计划的生产能力利用程度的差异而导致的成本差异,也就是实际产量标准工时脱离设计或计划产量标准工时而产生的成本差异。其计算公式为:

$$固定制造费用耗费差异 = 实际固定制造费用 - 计划固定制造费用$$
$$= 实际固定制造费用 - 计划产量 \times 工时标准 \times 标准费用分配率$$
$$= 实际固定制造费用 - 计划产量标准工时 \times 标准费用分配率$$

$$固定制造费用能量差异 = (计划产量标准工时 - 实际产量标准工时) \times 标准费用分配率$$

制造费用能量差异产生的原因有:订货减少,生产能量过剩,停工待料或修理机器,工人不足等方面。制造费用耗费差异产生的原因与人工效率差异产生的原因相同。

从上述计算公式可见,两差异分析法没有反映和分析生产效率对固定制造费用成本差异的影响。计算能量差异时使用的都是标准工时,它说明的是按标准工时反映的生产能力利用情况。如果实际产量标准工时和计划产量标准工时一致,则能量差异为零。但是,实际产量的实际工时可能与其标准工时存在差异,而生产能力的实际利用情况更取决于实际工时而非标准工时。实际工时与标准工时之间的差异,属于效率高低的问题。因此,固定制造费用成本差异分析更多地采用三差异分析法。

三差异分析法将固定制造费用的成本差异区分为耗费差异、能力差异和效率差异三种成本差异。其中,耗费差异与两差异分析法相同,其计算公式仍为:

$$固定制造费用耗费差异 = 实际固定制造费用 - 计划产量 \times 工时标准 \times 标准费用分配率$$

能力差异是指实际产量实际工时脱离计划产量标准工时而引起的生产能力利用程度差异而导致的成本差异。其计算公式为:

$$固定制造费用能力差异 = (计划产量标准工时 - 实际产量实际工时) \times 标准费用分配率$$

效率差异是指因生产效率差异导致的实际工时脱离标准工时而产生的成本差异。其计算公式为:

$$固定制造费用效率差异 = (实际产量实际工时 - 实际产量标准工时) \times 标准费用分配率$$

三差异分析法的能力差异与效率差异之和,等于两差异分析法的能量差异。采用三差异分析法,能够更好地说明生产能力利用程度和生产效率高低所导致的成本差异情况,并且便于分清责任。能力差异的责任一般在于管理部门,效率差异的责任则往往在于生产部门。

【复习思考题】

1. 设计成本核算制度对组织企业的成本核算有何重要意义?
2. 设计成本核算制度和成本管理控制制度应遵循哪些要求?为什么?
3. 试述工业企业成本开支的范围。制定成本开支范围对企业成本核算与管理有何意义?
4. 工业企业有关成本核算的原始记录主要有哪些?原始记录主要应设计哪些内容?
5. 何为成本计算对象?为什么设计企业成本计算对象必须根据企业的生产特点和管理要求进行?
6. 何为成本项目?一般工业企业包括哪些成本项目?如何结合企业的实际对成本项目进行增加或合并?
7. 简述成本费用归集分配的一般程序。制定成本费用归集分配的程序有何意义?
8. 工业企业基本的成本计算方法有哪几种?各有何特点?
9. 试述工业企业成本计算方法设计的步骤与方法。
10. 试以图表的方式设计一般工业企业成本费用归集分配的程序。
11. 试设计分批法成本计算程序。
12. 简述标准成本的制定。

第九章 会计电算化制度设计

【本章概要】
　　会计电算化制度是进行会计电算化工作的规范和标准,是会计电算化工作的规则、方法和作业流程的总称。本章主要阐述会计电算化制度的主要内容和设计要求,会计电算化内部控制系统设计和会计电算化信息系统维护与管理设计的内容。

第一节 会计电算化与会计电算化制度

一、会计电算化和会计电算化制度

　　电子计算机在会计领域中的应用和推广,使会计工作进入了一个新的阶段。会计电算化的处理经历了手工处理、机械处理和电子数据处理三个阶段。会计电算化就是利用计算机进行记账、算账和报账,以及部分代替人工,完成对会计信息的核算、分析、预测和决策的过程。会计电算化是新技术的产物,它的产生不仅是会计数据处理手段的革命性变化,而且对会计理论和会计实务产生了巨大而深远的影响。随着会计电算化事业的发展,会计电算化的含义得到进一步的延伸。从广义上讲,会计电算化是指与会计工作中应用电子计算机技术有关的所有工作,也称会计电算化工作,包括会计电算化的组织、规划、实施、管理、人员培训、制度建立、计算机稽核等。这是一个基层单位实施会计电算化的流程,也是会计电算化的完整含义。由于计算机运算和处理数据快捷、准确,极大地减轻了财会人员的工作强度,把会计工作的重点从事后记账、算账转移到事前预测、决策和事中监控之中,为充分发挥会计工作的管理职能创造了有利的条件。同时,实施会计电算化还可促进会计工作规范化,提高会计工作质量。

　　随着会计处理方式从手工操作向电算化操作的转变,会计业务的操作流程、会计的内部控制制度以及会计人员的组织体系等发生很大的变化,传统会计制度无法满足会计电算化提出的新要求,进行会计电算化制度的设计成为现代会计工作的一项重要内容。

　　会计电算化制度是进行会计电算化工作的规范和标准,是会计电算化工作的规则、方法和作业流程的总称,是会计制度的重要组成部分。每一个企业和事业单位在实施会计电算化时,必须建立一套科学的会计电算化制度,这样,才能规范地开展会计电算化工作,充分发挥会计的作用。

二、会计电算化制度设计的作用及要求

(一) 会计电算化制度设计的作用

会计电算化制度设计的作用主要表现在以下四个方面。

1. 促使企事业单位会计工作程序化、规范化

会计电算化制度设计的首要任务,是制订一套对企事业单位经济活动全过程利用电子计算机进行作业并保证信息安全的规范和办法,通过会计电算化制度的实施,使会计电算化工作有组织、有系统、有秩序地顺利开展,使运行环境安全可靠,会计人员职责明确,作业方式有据可依,会计信息准确及时。

2. 充分满足企事业单位内外会计信息使用者的需要

会计软件的功能很多,通用会计软件经过初始化设计可以成为每一个企事业单位所适用的软件,只要作业设计合理,各种会计信息均可由会计电算化信息系统提供。会计电算化制度设计是对软件中科目的设置、部门项目的设置、核算方法的设置、信息输出方式的设置、报表内容的设置以及各子系统数据传递关系的设置等所做的科学、具体的设计。把企事业单位的核算方式、管理要求等都融入到会计软件中,电算化信息系统所提供的信息能够更充分地满足各个会计信息使用者的需要,为企事业单位加强管理和提高效益服务。

3. 有效防止舞弊行为,保护资产的安全完整,为会计监督和开展审计工作创造条件

会计电算化制度设计将内部控制制度贯穿于会计电算化工作的整个过程,起到堵塞漏洞、防止贪污舞弊的作用。

4. 为会计电算化操作创造良好环境,保证信息的安全可靠

与传统的手工核算相比,会计电算化信息系统潜伏的问题比手工下的会计信息系统更多,各种有意无意的差错都有可能发生,给单位带来危害。因此,会计电算化制度设计为会计电算化工作中的每一个环节、每一个操作程序均应设计完善的内部管理制度,如机房管理、病毒防范、操作规程等,以防止发生差错,保证信息的安全。

(二) 会计电算化制度设计应符合的要求

会计电算化制度是会计制度的一个组成部分,设计科学的会计电算化制度,除应符合会计制度设计的一般要求外,还应结合会计电算化信息系统的具体特点达到以下要求。

1. 保证会计信息的安全可靠

应设计详细的内部控制制度,做到:进入系统的数据要有凭有据,数据进入系统后要确保其安全可靠,能及时防错、查错、纠错,保证提供正确的会计数据;对各种意外事故,有预防与补救措施,使提供的会计信息安全可靠。

2. 做到既满足单位使用又简便易行

会计软件功能很多,但各单位对它的要求不同,因此,在设计会计电算化制度时应从实际出发,结合单位管理的特点和需要,制订设计出适合本单位使用的会计电算化制度。

3. 兼顾会计电算化信息系统各子系统之间的关系,遵循系统性原则,使整个系统实施最优化

系统性原则是指以包括整体观点、关联观点、发展观点、最优观点在内的系统观点来进行会计电算化工作设计。会计电算化信息系统包括多个子系统,各子系统之间都有一定的联系,在设计某一子系统作业流程时,必须从整个会计电算化系统出发,考虑到与其他子系统的连接性能,使逐个实施的其他子系统全部完工后能组成高质量的完整的会计电算化信息系统,而不能只考虑单个子系统的优化,以至于影响整个系统的完美结合和质量。例如:在使用会计软件的各个子系统时,应遵循一定的顺序:先启用采购和销售系统,然后是库存和存货系统,总账、工资、固定资产系统可同时应用,最后启用应收、应付和成本系统。但是,如果各个系统没有同时启用或按顺序启用,后启用系统的一些功能可能会因其他系统的启用而受到限制。所以,在设计会计电算化制度时,要合理规划本单位各项信息内容,规范本单位的管理模式,了解各种业务活动之间的联系,得出最佳的设计方案。

4. 满足财会人员易学易用、操作方便的要求

会计电算化信息系统的使用者是会计人员,他们的计算机操作水平相对不高,因此,系统的作业流程设计必须尽可能地方便操作。例如,在凭证类别设计时,如果只要设计一种凭证就可以满足使用,则不必设更多的类别;能在一个子系统中解决的问题,就不要放到其他子系统中解决,各子系统之间过多的联系,有时不便操作,也不便于会计电算化工作的推广。

三、会计电算化制度设计的基本内容

(一) 会计电算化内部控制系统的意义与特点

自从会计电算化数据处理系统产生之后,就提出了对会计电算化数据处理系统的控制问题。在手工处理条件下,所有的会计处理都由人工完成,对会计系统的内部控制,主要是通过不相容职务的分离和实行业务的分割来实现的。面对会计电算化的新形势,如何搞好内部控制,保证会计数据和有关资产的安全完整,是会计制度设计的一个重要组成部分。

在西方国家,从会计电算化数据处理系统的应用开始,在不长的时间里,一些运用会计电算化的银行、保险公司和投资公司等金融机构,受到来自计算机犯罪的严重损害,轻者造成财产和信誉的损失,重者濒临倒闭。时至今日,电脑犯罪有愈演愈烈之势。因此,如何保证计算机系统的安全,加强计算机系统的内部控制,是会计制度设计中要关注的重要问题。同时,会计电算化已从单纯的提供财务信息转变为对经济活动会计处理过程的控制,具备了信息系统和控制系统的特征。会计电算化内部控制系统的存在,必须以会计电算化数据处理系统的存在为前提,并依靠会计电算化信息系统的运行进行控制活动。

会计电算化内部控制系统,也叫电子数据处理会计内部控制系统,它涵盖了会计信息系统与内部控制的关系,延伸了内部控制在会计信息系统中的应用。内部控制是指一个企业在保护资产、检查会计数据正确性和可靠性、提高经营管理效率以及在促进遵守经营管理政策方面,所制定的组织机构方案和相应采取的全部方法、措施,它包括会计控制和管理控制。

在传统的手工会计系统中,内部控制系统对保证经济活动的合理性、合法性以及保证经济信息的准确性和可靠性有着决定性的意义。具体表现在:第一,通过建立以岗位责任制为中心的责任控制约束机制,将会计部门划分为不同的核算组,互相监督、互相制约;第二,明确钱、账、物分管原则,既保证财产物资的安全和完整,又可避免会计记录被篡改而丧失真实性;第三,坚持经济业务分割办理原则,使得一项经济业务的办理在几个程序之间互相牵制、互相印证,并避免舞弊行为的发生;第四,通过建立良好的账、证、表核对制度,既能保证产生可靠的会计信息,又能有效地促进业务处理的正常进行。

在会计电算化数据处理系统条件下,传统会计的工作组织、处理程序、核对制度、数据修改、信息存储方式都发生了很大的变化。它需要把手工系统的信息转换为机器可读的形式,它需要以被多次调用的数据文件产生各种信息的准确性为前提,它需要自行处理而非人可直接接近的维护和检查运行系统。这样,建立严格的会计电算化控制制度,就成为会计电算化制度设计的重要问题。

会计电算化的出现,不仅使传统手工会计工作的组织机构、处理程序发生了重大变革,而且在会计信息系统的控制和管理方式上也发生了重大的改变,并具有如下特点。

1. 会计电算化内部控制系统的控制机能是由人和电算系统共同完成的

尽管会计电算化信息处理是一个自动化过程,但它只控制经济业务及信息过程和结果,而不控制其开始。最为突出的表现在于:原始数据的生成、审核和编码是电算化系统内部无法承担并处理的,往往需要由财会人员手工完成。只有财会人员将在一定控制下产生的数据输入计算机后,才能获得真实可靠的会计信息。因而,要实现对电算化系统全过程的控制,离不开电算化会计内部控制系统,更离不开人的积极作用。

2. 会计电算化内部控制系统的控制过程具有规律性

电算化系统的内部控制点是由人设定的,在控制点上的控制过程也是由人事先按科学的方法规定的,因而,大量的信息在任何时间通过控制点都要接受监督,这样,就使得会计电算化系统控制过程具有明显的规律性。但这样也带来一个问题:对于特殊业务的处理,如支票的保管和使用,就不能按其他业务控制的规律来处理,而要另辟蹊径,专门在会计电算化系统内部建立有别于其他原始凭证业务的支票处理及控制系统。这也说明,会计电算化只要不进入智能处理时代,其控制系统的应用就缺乏一定的灵活性。

3. 会计电算化内部控制系统的控制形式与信息处理同时进行

由于控制系统在会计软件开发时就被置定于整个电算化系统中,所以,在应用时,电算化就对有关会计信息边处理边控制,一旦发现信息存在问题,就提示用户,并停止进行下一步骤的处理;在用户按系统要求对信息进行修改调整后,再继续下一步骤的信息处理。这种控制形式具有不同于传统手工会计作业的明显特点。

4. 会计电算化内部控制系统的控制内容并不限于软件系统内部

一提到会计电算化内部控制系统,人们的眼光往往就会盯住一个信息处理的会计软件包,试图在软件系统内寻找建立、健全内部控制系统的办法。实际上,会计电算化内部控制系统涉及会计组织的重新组合,涉及仪器设备和机房设备的科学管理,涉及计算机程序和文件的维护等。这些内容并不是软件系统可以自行控制的,而需要人在软件外部的环境中加以控制。

5. 寓于会计软件系统内部的控制行为自动化不允许人的接近

在解释这一点时,需要强调:系统控制行为自动化既不包括在控制数据开始时人直接参与的阶段,也不包括环境控制中人作为主体控制的行为。它仅指会计信息被录入计算机后到信息输出这一过程行为的自动化。在这一过程中,如果允许人的参与,各环节中的信息就会存在被篡改的可能,这样输出的信息将无真实、可靠之言。因此,人们设计的内部控制系统往往具有封闭性,在这种封闭的系统内部,控制系统执行控制职能的同时,对于非法信息,通过计算机自动提示,允许用户修改调整,直到合法为止。

(二) 会计电算化信息系统内部控制制度设计的内容

会计电算化信息系统内部控制制度,是指为确保会计信息计算机处理结果的准确性、处理过程的一贯性和自动性、处理环境的稳定性和安全性,而建立起来的对会计电算化系统的管理组织和应用过程进行相互牵制、相互联系的一系列具有控制职能的措施的规定的总称。这个系统创造了良好的运行环境,保证其运行安全、可靠。会计电算化信息系统内部控制制度设计主要包括管理控制、操作控制、系统开发控制、安全性控制等。

(三) 会计电算化信息系统作业制度设计的内容

会计电算化信息系统作业方面的制度,包括会计软件每个子系统的初始化和日常处理以及各个子系统之间的数据连接、共享等。会计电算化信息系统作业制度设计主要有以下内容。

(1) 软件各子系统的初始化设计。系统初始化主要包括系统参数设置、科目设置、输入账户余额、输入银行往来账余额、输入客户往来账余额以及科目类型设置功能。

(2) 软件各子系统日常处理的设计。在初始化账务子系统之后,接着就可以进行日常账务处理了。日常账务处理以会计月份为基本单位。一个会计月份处理完毕(结账之后),便可以输入和处理下一个会计月份的记账凭证信息。日常账务处理过程设计如下:①输入和修改记账凭证;②凭证复核;③科目汇总,记账;④月末处理,包括月末转账、试算平衡、对账、结账等处理;⑤打印账簿和报表;⑥银行对账。

在日常账务处理设计中,凭证复核、凭证记账、结账是三个关键性操作,为了使系统处理具有较大的灵活性,允许在凭证复核、记账、结账之后,取消复核、取消记账和取消结账分别恢复到凭证、凭证记账之前或者结账之前的状态,但只能由专人进行这些操作。

(3) 会计软件各子系统之间数据传递、共享的设计。

第二节 会计电算化制度的设计原则

会计电算化信息系统与手工会计信息系统的基本职能并没有本质的区别,因此,规范整个会计工作的会计法律、法规、法令、会计准则和会计制度仍然是制定会计电算化信息系统管理制度的基本依据。会计内部控制体系的基本目的和设计原则对于会计电算化信息系统也仍然适用。由于会计电算化与手工会计比较有其不同的特点,本节针对会计电算化信息系统的特点,分析建立会计电算化信息系统管理制度的依据和建立有关制度的原则。

一、会计电算化系统管理制度设计的基本依据

随着会计电算化工作的深入发展,财政部、国家审计总署相继颁发了一系列关于会计电算

化管理工作的有关规定,这些规定是制定企业会计电算化信息系统管理制度的重要依据。

由于会计电算化工作在我国的开展起步较晚,缺乏适合我国国情的成熟的理论指导,因此,开展会计电算化工作的单位还应从建立会计内部控制系统的基本原则出发,充分考虑计算机系统的工作特点,制订相应的管理制度。

(一) 财政部、国家审计总署有关会计电算化管理的法令、法规和制度

近年来,财政部陆续发布了"关于印发《会计电算化管理办法》等规章的通知"(1994年6月30日)、"关于印发《会计电算化工作规范》的通知"(1996年6月10日)。这两个文件及其附件较为详尽地规定了会计电算化信息系统应该具有的管理制度,并明确规定会计电算化信息系统管理制度的主要内容应包括系统操作管理制度、计算机硬件和软件管理制度和会计档案管理制度。同时,《会计电算化管理办法》第六条规定:"在我国境内销售的商品化会计核算软件必须通过评审"、"商品化核算软件评审工作由省、自治区、直辖市财政厅(局)或财政部组织进行",这些规定实际上给出了企业选购商品化核算软件的合法性依据。需要指出的是,这些文件还规定了会计核算软件必须具备的基本功能规范。这些功能规范给出了会计核算软件在技术上应该具有的内部控制措施。在实际工作中,制定相应的管理制度使软件中设计的控制措施真正发挥应有的作用,是会计电算化信息系统业务处理正确可靠和安全的基本保证。也正是因为会计电算化信息系统采用了计算机技术控制和组织、制度控制相结合的控制方法,所以,会计电算化系统比手工会计系统的内部控制体系更严格,控制的内容更广泛。

我们知道,计算机技术控制是指采用计算机技术由计算机自动进行的控制。例如,进入会计信息系统,系统自动查验操作人员输入的密码,以防止无关人员非法进入系统。操作人员无权进行的操作,该功能不在菜单中显示或该菜单项处于"休眠"状态,以防止操作人员进行非法操作等。

基本功能规范的要求,实际上也是衡量企业定点开发的会计核算软件是否合法的基本依据。这是因为会计软件的功能是指软件完成会计工作的能力和工作方式,系统的设计目标不完全一样,软件的功能也不尽相同。但是,所有的会计电算化软件必须具备财政部颁布的《会计核算软件的基本功能规范》所规定的功能,这是对会计软件最基本的要求。这些要求包括会计业务处理能力的要求和系统控制功能的要求。达不到功能规范要求的软件,应该视为难以保证数据处理正确、可靠或存在安全隐患的软件。这种会计软件是无法在实际工作中应用的,因此,《会计核算软件的基本功能规范》既是软件开发的基本依据,也是设计会计电算化信息系统管理制度的基本依据。

1999年修订的《中华人民共和国会计法》第十三条明确规定:"使用电子计算机进行会计核算的,其软件及其生成的会计凭证、会计账簿、财务会计报告和其他会计资料,也必须符合统一的会计制度的规定",从法律的高度对开展会计电算化工作的基本原则作出了明确的规定。中国注册会计师协会于2001年7月16日颁布了《独立审计具体准则第20号——计算机信息系统环境下的审计》,朝建立完善的对会计电算化系统进行审计的法规体系迈出了重要的一步,对于开展计算机审计具有重要意义。2001年2月,财政部发布了《内部会计控制基本规范(征求意见稿)》,系统地明确了内部会计控制的目标和原则、内部控制的内容、内部控制的方法、内部控制的检查等问题。这是制定企业会计信息系统内部控制的基本依据。这些有关的法律、法令和法规是企业制定会计电算化信息系统管理制度的基本依据。

(二) 计算机系统工作的基本特点

技术的飞速发展和客观实际的需要,使我国的会计电算化工作一直处于实践超前于理论的状态,会计电算化工作缺乏成熟的理论体系的指导。因此,我国现行的有关会计电算化工作的法令、法规不可避免地带有很多手工会计的痕迹,有些具体问题的规定并不完全适应于会计电算化系统的工作特点。会计核算软件功能规范所规定应具备的功能,也仅仅是对会计软件最基本的必备要求。对于会计软件,应保留足够的审计线索,以使审计人员能跟踪审计线索顺利完成审计工作。软件应有足够的操作简便性和容错性功能等,以及对于保证系统数据正确、可靠和安全的重要性要求并没有给出明确的规定。另外,一些商品化软件公司出于种种原因,在提供给用户的软件中也可能或明或暗地留有诸如"反记账"或"反结账"等虽然可以方便用户使用但却不合法的功能。

所谓"反记账",是指记账凭证已记账,由于种种原因使其返回记账前状态,以便操作人员可以不留痕迹地对记账凭证进行修改的功能。"反结账"是指对已经完成结账操作的月份的账返回到结账前的状态,使操作者可以对已结账月份的数据进行修改或调整的功能。由于这些功能使会计的记账、结账等操作失去了应有的保证数据真实、可靠的作用,因此是违反会计制度的功能。除此以外,对于以会计系统为核心的企业管理信息系统、通过网络披露企业的有关会计信息等涉及的有关会计问题,目前还没有明确的规定。因此,企业在设计自己的会计工作管理制度时,还应根据会计电算化系统的工作特点和使用的会计软件的实际情况,制定相应的控制措施和管理制度。

二、会计电算化信息系统管理制度设计的原则

建立健全严密、有效的内部控制制度,必须遵循内部控制的基本原则,对于会计电算化信息系统,还应考虑以下四个原则。

(一) 合法性原则

对于会计电算化系统来说,合法性要求主要体现在企业使用的软件必须满足会计核算软件功能规范的要求,这是建立会计电算化系统内部控制的基础。需要指出的是,在我国会计电算化工作刚刚起步的阶段,无论开发方和软件的使用方都缺乏经验。因此,从1989年我国在商品化财务软件推出的同时,就制定了对商品化财会软件必须由财政部门对软件进行评审的规定。财政部于1994年7月颁发了《商品化会计核算软件评审规则》,从政府的角度对商品化会计软件评审作出了明确的规定。这是商品化会计软件合法性、可靠性、准确性、安全性的基本保证,对会计电算化工作的开展起到很好的推进作用。十几年来实行的结果表明,由政府主管部门直接进行评审存在一定的弊端。随着财会软件向管理型发展,软件系统的功能越来越完善、结构越来越复杂,政府机构进行评审越来越困难,弊端也越来越明显。同时,随着会计电算化工作的广泛开展,无论是专业软件公司还是用户也越来越成熟,政府主管部门直接进行评审的必要性也逐渐减小。因此,从2000年以来,财会软件的评审原则上不再由政府主管部门进行。

有鉴于此,对商品化软件的合法性判断应分为两方面来分析。其一是商品化软件公司对

开发过程的自我控制,以保证软件功能符合财政部门的要求,并提供必要的供审计使用的接口,以方便用户和审计部门对系统的输出进行审计;如果因为软件本身的问题造成用户的损失,则软件公司应负相应的法律和经济责任。其二是用户在选择商品化财会软件时,应对软件的功能进行必要的审查,以检验其是否符合财政部关于会计核算软件基本功能规范的要求。这点对于曾经经过财政部门审批且目前市场占有率较高的知名的财务软件(如用友、金蝶、新中大、安易等软件)一般不会存在问题,但对软件是否存在诸如"反记账""反结账"等非法功能、系统的控制功能是否完备,应进行仔细的检查。对存在的问题或者要求软件公司进行改进,或者制定相应的管理制度进行控制。用户尤其不能出于自身的种种考虑,对软件公司的产品提出设置非法功能的要求。

(二) 业务处理程序标准化原则

会计业务的处理具有严格的时序性要求,例如,结账前必须首先完成期末业务的摊、提和结转,结转时也有结转顺序的要求。在会计电算化信息系统中,由于有关的功能通过功能菜单的形式提供给用户,由用户根据需要选择使用,软件很难严格控制操作的时序。因此,应该制定出标准化的操作程序及有关控制点的控制要求,以便对业务处理的过程进行控制。在网络环境下,多台计算机同时对一个会计软件进行各种操作,如果软件并发控制设计不够完善,使用单位又没有建立严格的业务处理程序,系统往往就会出现很多难以预料的错误。

(三) 经济性原则

会计电算化系统通常采用计算机程序和组织、制度控制相结合的综合控制方法建立自己的内部控制体系。对于某一关键点,具体采用哪一种控制方法可以有多种考虑,在确定具体的使用方法时,除了考虑控制的有效性外,还必须考虑采取措施的经济性,真正做到以最小的成本达到最好的效果。

(四) 民主性原则

会计制度设计主要是由专业会计人员进行的,但会计制度的执行者不仅仅是会计人员,而且涉及企业的其他有关人员,尤其在会计电算化系统下,许多交易数据输入不再仅限于会计人员来做,可以直接由经办人员输入会计电算化系统。因此,在进行会计电算化系统制度设计工作时,还应当吸收其他有关人员积极参加,要充分调查了解其他有关人员对于制度的意见和要求,采纳他们的合理建议。设计之后,也要接受有关人员的监督。

第三节 会计电算化内部控制系统的设计

一、会计电算化内部控制系统的目标设计

会计电算化内部控制系统的实施,是发挥人的主观能动性的客观结果,因而它的控制目标

也是由人们事先根据情况来设定,并按这一设定的方向,通过实施会计电算化内部控制系统来达到控制的目标。

会计电算化内部控制系统的目标设计,是指通过实施会计电算化内部控制系统而要求受控制的会计电算化系统应达到的效果与目标。它涉及的问题包括:对会计电算化系统的哪些问题进行控制?按什么标准对这些问题进行控制?通过对这些问题的控制要达到什么目的?等等。会计电算化内部控制系统的目标设计,主要是控制有关经济业务在计算机中的处理及其结果,而不是对经济业务的发生进行控制。会计部门所能处理的经济活动,只是企业经济活动的一部分。在目前情况下,会计电算化所能够处理的也只是会计业务的某些方面,主要局限在会计信息数据的处理,它不是对经济业务的发生进行处理,而是对经济业务发生所产生的会计信息数据进行处理。作为对会计电算化进行控制的会计电算化内部控制系统,其控制的对象也只能局限在会计电算化所能够处理的方面,不可能超过这些方面。

会计电算化内部控制设计的总目标是:保证会计电算化系统的可控、合法、可靠和高效率运行,最大限度地保护电算系统下信息和资产的完整,保证财务记录、会计报表等管理信息的准确性和可靠性,促进会计电算化在企业管理中的有效运用,严守管理标准和效率。

根据会计电算化系统的特点,上述总目标可以分解为四个子目标:

(1) 责任控制目标设计。它着重于组织、批准、权限及保护措施责任的控制,使电算化系统的运行建立在可控、合法、合理的基础上。

(2) 防错控制目标设计。它着重于财产安全、数据处理防错的检测,避免舞弊,正确检测信息和传递信息等方面的控制,使电算化系统的运行建立在可靠、可信的基础上。

(3) 效率控制目标设计。它着重于充分协调会计电算化系统内的结构和组织,发挥系统效能,使电算化系统建立在高效率运行的基础上。

(4) 环境控制目标设计。它着重于系统软件使用方面的安全保密、自然环境的正常化和科学化、硬件检测的维护等方面的控制,使电算化系统建立在安全运行的基础上。

二、会计电算化内部控制系统的内容设计

(一) 会计电算化内部控制系统的分类

会计电算化与它的内容控制系统是相互作用和相互影响的。会计电算化的应用程度和应用效果,取决于它的内部控制系统所能达到的程度,取决于这些内部控制的应用范围和应用效果。因此,不同控制级别的会计电算化有不同的特征,具有明显不同的控制要求。国外一些控制论学者通常把控制系统划分为三种:业务控制,管理控制和战略控制。从目前世界范围的会计电算化应用程度来看,它的内部控制系统已具备业务控制的大部分和管理控制的相当部分。人们认为,会计电算化内部控制系统最终将覆盖和涉及战略控制方面,从而达到控制的最高层次。在此基础上,可以把会计电算化内部控制系统的内容分为一般控制和应用控制两个基本方面(见图 9-1),并对这两个方面的具体内容作了系统分类。

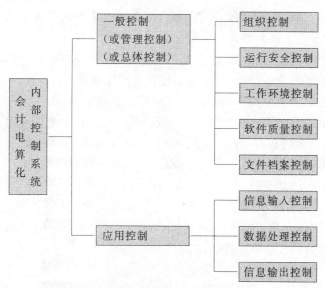

图 9-1　会计电算化内部控制系统的分类

图 9-1 列示了会计电算化内部控制系统的内容和框架,对于上述内容,还可以再进一步分为以下四类:

(1) 管理控制。针对会计电算化系统本身在工作方面所提出的各项控制要求,包括组织控制、运行安全控制和工作环境控制等。

(2) 操作控制。针对信息处理操作方面的控制、包括输入和输出控制、软件和硬件控制等。

(3) 系统开发控制。即在软件使用期内,对各阶段产生的文件进行控制,如对软件系统说明书、模块说明书、系统流程图、程序框图、使用说明书等文件的控制。

(4) 安全性控制。包括对设备安全和系统使用安全状况进行的控制。

(二) 会计电算化系统的一般控制设计

会计电算化系统的一般控制(又称管理控制或总体控制),是以软件系统存在和外在环境控制为主的控制,它包括组织控制、运行安全控制、工作环境控制、软件质量控制、文件档案控制等方面的具体内容。它不涉及软件系统对数据的装载、处理和传递。可见,一般控制是对整个会计电算化信息系统所采取的一系列控制方法、程序和手段,它是会计电算化控制系统的核心和重点,是应用控制的基础。

1. 组织控制

组织控制是对组织机构设置、人员配置、职权授受、权限规定和内部牵制等方面的控制。组织控制的设计包括以下几方面的内容。

(1) 组织机构设置控制。建立了电算化会计信息系统以后,通常会产生一个或几个新的部门和机构。目前,一般是按照会计电算化系统的功能,将有关职责和权限分开,并设立相应的组织机构,如财务审核部、电脑部、会计档案部等。

由于出现组织机构方面的变化,便直接产生许多管理与协调上的问题,如各机构的职责权限、工作范围、相互关系、效率等问题,这些问题的核心在于如何建立和完善相应的组织控制。

然而,不论如何设置部门机构,从内部控制考虑,在会计电算化内部控制系统中应特别注重职权的分割,必须贯彻不相容职务分离的原则。

(2) 职责与权限控制。职责与权限控制的重点是职能分隔和权限规定,既要有利于保证会计信息系统和资产的安全,又要能从专业角度提高工作效率。

一般来说,职能、职责的分离和权限的规定包括以下内容:业务事项的发生,业务事项的执行,业务事项的记录,直接的资产保护等。这样划分的目的,在于避免业务工作集中于一个人或一个部门,使各业务部门和各工作人员之间相互制约,相互监督,防止产生舞弊行为。

从内部控制的角度来考虑,以下职能必须分离,应由不同的部门或人员来担任:

① 业务审批与计算机操作;
② 输入数据准备与计算机操作;
③ 数据文件处理与计算机操作;
④ 程序编制、修改与计算机操作;
⑤ 程序和数据文件的管理与计算机操作;
⑥ 重要的计算机打印误差表的调整与计算机操作。

(3) 人员配置。实行会计电算化以后,业务人员的变化很大。会计电算化系统下的人员主要包括会计人员、计算机操作人员、系统设计人员和系统维护人员等。按照内部牵制的原则,这些人员在执行有关职责时,应实行业务分割和职务分离。

① 会计人员与操作人员的职务分离。单独的操作人员必须能迅速处理来自单独会计人员给定的信息,两者一旦结合,完全有可能给系统输入和输出的真实性造成严重的威胁。

② 系统设计人员与操作人员的职务分离。系统设计人员通晓系统软件的详细情况,有能力修改系统软件,让他们充当操作人员则无法避免非法操作的可能性。因此,系统的设计和系统的操作必须由不同的人员去完成。

③ 系统设计人员和会计人员的职务分离。如果这两项职务由一人担任,有可能导致兼任系统设计的会计人员事先在系统设计中留下可作弊的接口,也容易掩盖系统存在的缺陷和问题,更有可能的是,会计人员为了达到某一非法目的去篡改系统软件。

2. 运行安全控制

运行安全控制是对会计电算化系统的软件系统在使用方面的安全保密控制。会计电算化系统能安全可靠地运行,很大程度上取决于系统的运行安全控制。运行安全控制设计包括以下内容。

(1) 系统文件安全控制设计。在建立和设计系统过程中,会产生一系列关于系统运行的文件,这些文件一般需要有专门的磁盘和建立专门的目录以供寄存。这些磁盘和记录在系统运行时将会被逐一调用,它是系统能否安全运行的关键。系统文件安全控制设计应包括以下内容:

① 系统文件由专人保管、使用和修改。凡与系统无关的人员,以及按规定不得接触文件的人员,不得使用这些文件,也不得接触这些文件。

② 系统文件设计上的自行维护。在设计系统时,产生的系统文件个数很多,所占磁盘空间也较大。为了允许系统的合法转移,设计者往往设计出一些有规律的转移指令,以防止系统转移时造成个别文件的遗漏;对于非法转移,从保护系统出版人权益的角度考虑,设计者往往在他人非法转移所用指令中,链接一些系统文件自行破坏命令,使得非法转移的系统文件不具

完全性和可操作性。

(2) 系统操作的安全控制设计。大多数的操作安全措施在设计时被固化在系统软件中，其功能是防止非法用户对系统进行操作。控制方式有：用户级别控制，采用分级设定密码口令的方式，控制各用户使用资格和权限；操作记录控制，即采用系统自动生成操作记录簿的办法，对操作人、时间、工作项目进行序时记录和控制；软件保密控制，采用对系统软件编译和采用一定方式加密的方法，控制和防止非法人员打开程序或数据库；数据安全控制，采用对数据加以分类，分别以操作口令方式加以控制，对特别重要的数据和文件可采用密码存储方式，以防被盗和被损坏。以上四种方式通常可以同时运用于同一软件系统中。

3. 工作环境控制

工作环境控制是指为保证会计电算化系统的正常工作条件而实施的控制。尽管工作环境并不寓于软件系统内部，但是它的好坏会对会计电算化系统的安全产生直接影响。工作环境控制设计包括以下内容：

(1) 硬件工作状况控制。会计电算化系统需要较多的硬件设备，如主机、键盘、监视屏、上网硬件等。为保证系统的正常安全运行，应建立对各类硬件设备的定期维修制度，对关键设备要定期检测和维护，保证其处于良好的工作状态。

(2) 自然环境控制。计算机工作时，要求外界自然环境达到一定的标准。越是性能先进的计算机，对工作环境条件的要求越高。这类控制具体包括：机房环境控制，即要求机房的温度、湿度、防尘、防火等达到一定的条件；磁场环境控制，磁场的存在是看不见摸不着的，但它在瞬间就可以破坏系统工作，尤其是损毁储存的各种数据，因此，必须在没有磁场的空间建立会计电算化系统；形成环境控制制度，包括建立防火制度、防空制度、防磁制度、出入登记制度、机房财产保管制度等等。

4. 软件质量控制

软件质量控制是指在软件开发和使用过程中，为保证软件基本质量而实施的控制。软件质量控制设计的内容包括以下两个方面：

(1) 软件开发质量控制。即要求软件开发者按软件开发规范来研究和开发标准化的会计软件。

(2) 软件使用质量控制。关键在于软件维护的控制，包括在正常使用过程中的软件维护工作，以及随着经营情况的变化而对软件作相应修改和完善的工作。对系统软件的维护，必须经过一定的审批手续，按照规定的工作程序，由指定的人员进行。

5. 文件档案控制

文件档案控制是指对会计文件档案的建立、保管、使用、复制、修改和销毁等方面的控制。文件档案控制设计包括以下内容：

(1) 非书面输出的文档控制。即应指出其副本应如何拷贝、保管和使用。

(2) 书面输出的文档控制。即应规定输出文档的内容、件数、管理人和使用人的登记制度，并在系统中实行输出文档的自动连续编号。

(3) 文档查阅控制。无论是输出何种文档，只要源于系统内部，都应建立登记查阅制度，确保文档资料的安全保密。

(4) 文档销毁控制。一些到期按规定可以销毁的文档，对已经输出的书面文档可以直接销毁；其保留在计算机内的信息，则应通过专人按指定内容和范围进行删除；还应建立包括销毁人、销毁时间、件数、内容、审批等在内的销毁制度。

(三) 会计电算化系统的应用控制设计

会计电算化系统的应用控制,是指对系统进行数据处理这一选定功能的控制。它包括数据输入控制、数据处理控制和数据输出控制三个基本内容。这是按照会计电算化应用时,计算机对数据资料进行处理的过程来划分的。

应用控制设计的目标是:预防、检查和纠正暴露在系统应用方面的问题;确保各种授权的、已发生的业务事项和数据在计算系统中完整地一次处理;确保业务事项在电算系统中得以准确处理;确保电算系统可以持续地发挥效用。

1. 数据输入控制

数据输入控制是指为保证输入电算系统内的业务数据正确、真实和合法而设置的各种控制。数据输入是电算系统数据处理的基础,如果对输入的业务事项和数据不加以控制和校验,就会产生"输入垃圾、输出垃圾"的混乱局面,既影响计算机信息处理质量,又影响有关人员对数据结果的分析和评价。

数据输入控制的形式较多,主要有以下几种:

(1) 多重输入校验。就是将数据多次输入电脑(一般采用两次输入),由电脑对输入的数据进行比较,如果不相符合,机器就会提示操作者作相应的修改。比如:输入现金支出业务,先将"应收账款"科目和对应科目及其科目编号输入电脑,并输入相应的金额,计算机接受后,向操作者提出重新输入的要求,操作者按原方式再次输入该业务和数据,如果不相符,电脑会提醒操作人员予以修改,直到相互符合为止。虽然这种校验方式大大增加了输入的工作量,妨碍工作效率的提高,但在保证数据输入的准确性方面是绝对可靠的。

(2) 逻辑校验。即按数据本身所具备的逻辑关系进行输入控制,检查一个记录的数值是否超过事先允许的界限和量级。比如,输入会计科目的编号若为9999时,显然超出科目编号的规定;又如,输入某人本月工资中的扣款项目水电费为880元时,这一般也不符合客观事实;再如,输入月份为14时,这是日历中不可能找到的。逻辑校验法一般要求事先在系统中设置逻辑值。这种校验方式会增加在设计方面的工作量和难度,但对于用户来说是很方便的。

(3) 顺序校验。就是对一批业务数据是否按预定顺序排列而进行的控制。比如,输入职工工资一般按职工编号顺序输入等。在现行的会计电算化软件中,这种校验方法运用得不多。相反,在信息输出时,往往会要求按一定的顺序排列输出。

(4) 字段类型校验。就是检验一个字段中的字符号是否属于该字段的类型。例如,输入的成本费用一般是数值型,它不接受字符型字段内容;在字符型字段中输入逻辑字段的内容,也是电脑所不允许的。通过字段查验,可以有效地控制字段存储发生错误。

(5) 符号校验。即校验一个字段中算术符号的正确或错误。例如,发生的成本费用金额一般都是正数;财产物资的结余金额一般应大于或等于零,一旦出现负数,就应提示出错信息,让用户进行修改。

(6) 校验码控制。即将数值型的代码末尾附加一位校验数字,用来校验输入代码是否正确。

(7) 合计数控制。也称总量控制。具体做法是:先将一批业务量的总数(一般是合计数)输入计算机,然后再将该批业务各数据逐一输入,并由计算机汇总,若与事先输入的总量不符,则表明输入数据有误。例如,要输入15张记账凭证资料,其合计金额为65 000元。先将合计数65 000元输入计算机,然后再将15张凭证的有关业务金额分别输入计算机,由计算机汇总输入15张凭证的金额,若与前面输入的65 000元不相等,机器会自动显示出错信息,要求输入正确的凭证资料。

(8) 平衡校验。是根据经济业务数据的平衡关系进行的控制。例如,某资产期初余额为200 000元,本期借方发生额是60 000元,本期贷方发生额是50 000元,期末余额应为210 000元。如果输入的各项该资产增加额共为65 000元,且要保证其他项目不变,计算机是不会接受的。再如,输入的资产总额为1 500 000万元,负债总额为700 000万元,所有者权益总额为750 000万元,对这种最终结果的不平衡,计算机会提示重新修改信息。

2. 数据处理控制

数据处理控制主要是为保证数据处理的正确性而设置的控制。在一般情况下,数据处理控制应在系统设计时固化在系统软件中。在设置这类控制时,应注意数据处理控制不仅应包括对设备操作和程序的控制,而且必须包括对原始数据的准备、转换、输出和使用中人为错误的控制。系统设计时,应考虑适用于系统的整套控制,以及他们的适用组织环境和适用管理环境。它包括合理性控制、勾稽关系控制、文件标记控制和有效性控制等。

(1) 合理性控制。是指检查一项输入记录和其有关文件记录上面的数据之间关系的逻辑性控制。例如,根据消耗原材料计划成本金额和分配的材料超支差异额等数据资料,计算机计算的结果如果是原材料消耗总额为负数,并将这种结果输出,就令人难以置信。

(2) 勾稽关系控制。是根据业务事项内容各项目的运算关系进行数据处理控制。这在会计电算化系统中是极为常见的控制方式,也是实现会计处理电算化的主要途径。例如,当操作者输入职工工资的基本工资项目、各种补助款项目和各种扣款项目和金额后,就可以通过计算机自动得出应发和实发工资金额;再如,只要输入一笔销售业务的销售产品数量、单价、单位成本、销售费用和税率,相应的会计处理将在系统内自动实现,并且通过利润与收入和成本的关系,计算机自动把利润结转出来,并作出相应的会计处理。

利用勾稽关系校验的重要表现就是:一个合法的原始数据输入计算机后,便在计算机会计系统内部自动执行从凭证到账簿,再到会计报表相互联系的处理。这种勾稽关系在会计中通常是指账、证、表之间的数据对应关系,但在会计电算化内部控制中,它还包括数据与数据之间的运算关系。

(3) 有效性控制。即将一个鉴别号和经济业务代码同一个经过审定的鉴别号和经济业务代码加以比较,从而判断其是否有效,是否要被计算机调用处理。这种控制通常应用于数据的有条件存取,如查询、打印等。

3. 输出控制

输出控制是指为保证合法、正确地输出各种会计信息而进行的控制。一般在计算机数据输出时,人们要做好以下检查:将输出数据,尤其是输出总量和控制总量与以前确立的、在处理循环的输入阶段得出的数字相核对;检验输出数据的合理性和格式的适当性;及时地将输出报告送交给用户。

从输出控制的内容来看,它包括两个部分:一是储存性输出控制,即在储存数据时作必要的检测和控制,以保证输出数据合理有效的控制方式;二是报告性输出控制,即将输出的报告与有关信息进行核对,并及时传递和保管输出报告。

输出控制的方法有两种：一是输出控制总数与输入控制总数相核对。这种方法用于账、证、表的输出控制。二是系统抽样检测。为了确保输出信息的正确性，往往要由数据输入部门或审计部门对会计电算化系统内部的数据进行抽样测试。抽样测试的入口可以通过查询子系统进行，也可以是重新输入抽样数据进行校对。进行抽样检测时，应注意抽样预计差错率的计算。

输出控制的最终目的，是确定数据处理过程中是否发生任何未经授权的、由计算机操作部门进行的数据变换以及输出结果是否正确、合理。

第四节　会计电算化信息系统维护与管理的设计

会计信息系统投入运行后，为了保证系统的长期稳定运行，必须对会计信息系统的运行进行管理。

一、信息系统内部管理制度的设计

会计信息系统内部管理制度的设计包括岗位责任制度的设计、会计信息系统操作制度的设计、计算机硬件和数据管理制度以及会计档案管理制度等的设计。

（一）会计电算化岗位责任制设计

电算化会计岗位是指直接管理、操作、维护计算机及会计软件系统的工作岗位，其设计包括以下八个方面。

(1) 电算主管。负责协调计算机及会计软件系统的运行工作，要求具备会计和计算机知识以及相关的会计电算化组织管理经验。电算化主管可由会计主管兼任，采用中小型计算机和计算机网络会计软件的单位，应设立此岗位。

(2) 软件操作。负责输入记账凭证和原始凭证等会计数据，输出记账凭证、会计账簿、报表和进行部分会计数据处理工作，要求具备会计软件操作知识，达到会计电算化初级知识培训水平。各单位应鼓励基本会计岗位的会计人员兼任软件操作岗位的工作。

(3) 审核记账。负责对输入计算机的会计数据（记账凭证和原始凭证等）进行审核，以保证凭证的合法性、正确性和完整性，操作会计软件登记机内账簿，对打印输出的账簿、报表进行确认。此岗位要求具备会计和计算机知识，达到会计电算化初级知识培训的水平，可由主管会计兼任。

(4) 电算维护。负责保证计算机硬件、软件的正常运行，管理机内会计数据。此岗位要求具备计算机和会计知识，经过会计电算化中级知识培训。采用大型、小型计算机和计算机网络会计软件的单位，应设立此岗位，此岗位在大中型企业中应由专职人员担任，维护员一般不对实际会计数据进行操作。

(5) 电算审查。负责监督计算机及会计软件系统的运行，防止利用计算机进行舞弊。审查人员要求具备会计和计算机知识，达到会计电算化中级知识培训的水平，此岗位可由会计稽核人员兼任。采用大型、小型计算机和大型会计软件的单位,可设立此岗位。

(6) 数据分析。负责对计算机内的会计数据进行分析,要求具备计算机和会计知识,达到会计电算化中级知识培训的水平。采用大型、小型计算机和计算机网络会计软件的单位,可设立此岗位,由主管会计兼任。

(7) 会计档案资料保管。负责存档数据软盘、程序软盘,输出的账表、凭证和各种会计档案资料的保管工作,做好软盘、数据及资料的安全保密工作。

(8) 软件开发。由本单位人员进行会计软件开发的单位,还可以设立软件开发岗位,主要负责本单位会计软件的开发和软件维护工作。

(二) 会计电算化操作管理制度设计

单位实现会计电算化后,会计人员必须操作计算机才能进行会计核算工作,如果操作不正确,就会造成系统内数据的破坏或丢失,影响系统的正常运行。因此,必须通过对系统操作的管理,保证系统正常运行,完成会计核算工作,保证会计信息的安全与完整。会计电算化操作管理制度设计的主要内容包括:

(1) 明确规定上机操作人员对会计软件的操作工作内容和权限,对操作密码要严格管理,指定专人定期更换操作员的密码,杜绝未经授权人员操作会计软件。

(2) 预防已输入计算机的原始凭证和记账凭证等会计数据未经审核而登记机内账簿,保证会计数据正确、合法。

(3) 操作人员离开机房前,应执行相应命令退出会计软件,否则,密码的防线就会失去作用,会给无关人员操作软件留下机会。

(4) 根据本单位的实际情况,由专人保存必要的上机操作记录、记录操作人、操作时间、操作内容、故障情况等内容。

(5) 必要的防范计算机病毒的措施和制度。

(三) 计算机硬件、软件和数据管理制度设计

1. 计算机硬件设备维护管理制度设计

保证机房设备安全和计算机正常运行是进行会计电算化的前提条件,要经常对有关设备进行保养,保持机房和设备的整洁,防止意外事故的发生。在硬件维护工作中,小故障一般由本单位的电算维护人员负责,较大的故障应及时与硬件生产或销售厂家联系解决。

2. 会计软件和系统软件的维护管理设计

系统软件维护管理的主要任务是,检查系统文件的完整性,系统文件是否被非法删除和修改,以保证系统软件的正常运行。会计软件的维护是会计电算化软件系统维护的主要工作,包括操作维护设计和程序维护设计两方面。操作维护设计是指日常维护工作。对于使用商品化会计软件的单位,软件的修改、版本的升级等程序维护是由软件开发厂家负责的;对于自行开发软件的单位,程序维护设计则包括了正确性维护、适应性维护和完整性维护等内容。正确性维护是指诊断和改正错误的过程;适应性维护是指当单位的会计工作发生变化时,为适应变化了的工作而进行的修改活动;完整性维护是指为了修改已有功能的需求而进行的软件修改活动。对正在使用的会计核算软件进行修改、对通用会计软件进行升级和计算机硬件设备进行更换等工作,要有一定的审批手续,同时要保证实际会计数据的连续和安全,并由有关人员进

行监督。

3. 会计数据的安全维护管理设计

会计数据的安全维护,是指为了确保会计数据和会计软件的安全保密,防止对数据和软件的非法修改和删除,主要设计内容包括:必须经常进行备份工作,对磁性介质存放的数据要保存双备份;系统维护一般由系统维护员或指定的专人负责,数据录入员、系统操作员等其他人员不得进行维护操作。另外,应制定会计信息系统发生意外事故时会计数据维护制度,以解决因发生意外事故而使数据混乱或丢失的问题。

(四)电算化会计档案管理制度的设计

电算化会计档案,是指存储在计算机中的会计数据(以磁性介质或光盘存储的会计数据)和计算机打印出来的书面等形式的会计数据。电算化会计档案具有磁性化、不可见及易修改的特点,因此,单位必须加强对会计档案管理工作的设计,建立和健全会计档案的立卷、归档、保管、调阅和销毁管理制度,并由专人负责管理。主要设计内容包括:

(1)对电算化会计档案管理要做好防磁、防火、防潮、防尘等工作,重要的会计档案应准备双份,存放在两个不同的地点。

(2)采用磁性介质保存的会计档案,要定期进行检查,定期进行复制,防止由于磁性介质损坏而使会计档案丢失。

(3)会计软件的全套文档资料及会计软件程序视同会计档案保管,管理期截止该软件停止使用或有重大更改之后的5年。但一般情况下,单位如遇到会计软件升级、更换以及会计软件运行环境改变的情况时,旧版本会计软件及相关的文档资料应与该软件使用期的会计资料一并归档。

二、会计信息系统的相关管理工作设计

为了保证会计信息系统的有效运行,需要设计规范的运行管理制度,在正常运行出现问题的情况下,必须进行故障诊断并加以解决。

(一)会计软件的数据备份与恢复制度设计

为了确保会计电子数据的安全性,对电子数据进行备份处理是非常必要的。会计数据的备份设计通常采用以下几种方式:

(1)小型会计软件一般都运行在单机或单台服务器上,可以采用软盘进行数据备份,备份时间一般是按天(不应超过一周时间)进行备份。也可以在计算机中不同的硬盘上进行备份,以防止硬盘损坏而丢失会计电子数据。对于这种数据备份方式,应按日期做好电子数据的档案管理工作。

(2)大型会计软件系统运行过程中,由于数据量大,一般应采用两个服务器和磁盘阵列进行双机热备份,以提高系统运行的安全性。

当系统出现问题而导致会计数据丢失等情形时,便可以用离当前日期最近的备份数据进行恢复处理,以尽可能地减少损失。目前,国内会计软件大多都提供数据备份与数据恢复的功能,国外软件大多都需要系统管理员直接操作数据库系统完成数据备份与恢复工作。

备份时需要注意以下问题：

（1）备份应该在每天关机前进行。两份软盘应该保存在不同的地点，以避免偶然因素破坏软盘上的数据。备份的软盘保留到下次系统运行时为止。备份软盘可以循环使用，每次备份时系统会自动删除原有数据并将新的数据拷贝到软盘上。

对于数据量大的单位，备份有时需要几块甚至十几块软盘，因此，最好采用数据磁带进行日常备份。由于数据磁带较贵，为了节约开支，也为了便于保存，作为会计档案保留的备份，可以采用刻录成光盘的形式进行保管。

（2）每次备份都应该在软盘标签上写明备份的时间及责任人，以免恢复机内数据时发生错误。为此，最好应该设计标准格式的软盘标签以规范标注工作。

（3）对于单机系统，凡是具有数据输入或系统设置权限的人员，都应该有数据备份权，以便进行完输入或设置后能够及时进行备份。对于网络系统，应设专人负责备份。

需要特别注意的是，目前我国使用的会计软件比较注意数据的安全性，因此，软件设计中备份功能设置广泛且权限控制较松。这种做法虽然有利于保证数据的安全，但却不利于数据的保密。针对这一特点，应着重制定对备份软盘、磁带和光盘的管理制度，以保护企业的商业秘密。

（二）会计软件应用的二次开发工作设计

商品化会计软件系统是会计软件公司根据大多数企业的应用模型而开发的通用性较强的会计软件，针对特殊行业或某个具有特殊需求的企业，有时需要对通用的商品化会计软件产品进行一些二次开发（或客户化），以满足用户的一些特殊需要。

对于大多数企业而言，一般也可以通过调整业务处理流程来达到商品化会计软件的功能要求。由于进行二次开发需要一定的人员、时间与费用投入，而且开发能否取得成功也存在一定的风险，还会给会计软件在未来的升级带来问题，因此，在决定是否一定需要进行二次开发时，应在二次开发与调整业务流程之间做好权衡。对确实需要进行二次开发的单位，需在会计软件开发商或咨询公司的指导下按以下步骤设计开发：

（1）做好业务需求分析工作；

（2）对二次开发进行系统设计，在进行系统设计时，需弄清会计软件产品中相关数据库的结构，以便与标准化软件产品之间能很好地接口；

（3）组织软件开发，从事二次开发的软件开发人员需要掌握已购买的商品化会计软件的开发平台，或会计软件产品自身提供的开发工具；

（4）系统测试，在完成二次开发后，应对开发出的功能进行仔细测试，只有通过测试后才能投入正常使用；

（5）操作培训，在二次开发工作完成并通过测试后，应组织对操作人员进行培训；

（6）二次开发维护，企业完成二次开发工作并投入实际运行后，系统维护人员还需要对系统运行提供维护服务。

（三）建立严格的防范计算机病毒侵害制度

计算机病毒是危害计算机信息系统的一种手段，其传播泛滥的客观效果是危害或破坏计算机资源。轻则中断或干扰计算机信息系统的工作，重则破坏机内数据并造成系统重大甚至是无可挽回的损失。

1. 典型病毒简介

了解病毒的特点,有利于制定对计算机病毒的防范管理制度。几种较为典型的病毒说明如下:

(1) 引导型病毒。在系统启动、引导或运行的过程中,病毒利用系统扇区及相关功能的疏漏,直接或间接地予以修改,实现其直接或间接传染、侵害或驻留等功能。

(2) 文件型病毒。这些病毒以可执行文件为对象,直接或间接地实现其传染、侵害或驻留等功能。

(3) 混合型病毒。这种病毒是以上两种病毒的混合体,它带有两种病毒的混合特征,如果执行带病毒的可执行文件时,可能发生对引导扇区的感染。

(4) 操作系统型病毒。这类病毒将自身附贴到一个或多个操作系统模块或系统设备驱动程序以及一些高级的编译程序中,以篡改了的内容替代正常操作系统用的合法模块。在系统运行时,病毒进入内存待机而发。这些模块可以是命令解释程序、系统输入输出程序或是任何非标准外设的专用驱动程序。当操作系统一经启动系统被引导后,病毒将获得控制。此后,在所有的时间内,病毒将主动监视系统的运行,用户一旦调用这些系统软件时,病毒将实施感染和破坏。

(5) 网络型病毒。这种病毒侵害的对象是网络功能。它侵害的途径基本是依靠网络的通讯链路,从一个结点感染到另一个结点,蔓延非常迅速。

2. 病毒感染的具体表现

从典型病毒的分类及侵害情况看,计算机感染病毒后的具体表现,可表述为以下几种:

(1) 侵害计算机的引导区或破坏文件分区表,使系统无法启动或调用文件。

(2) 系统无法调用某些外部设备,如打印机、显示器等,但这些设备本身并无故障。

(3) 系统内存没有原因的减少,软件运行速度减慢甚至死机。

(4) 在特定的日期,当前运行的文件突然被删除。

(5) 用户储存在硬盘上的文件被无故全部删除。

(6) 正在运行的计算机突然无故重新启动。

(7) 突然格式化特定的磁道、扇区甚至整个磁盘。

(8) 屏幕突然出现弹跳的小球、字符、某些特定的图形等。

除以上表现外,一般说来,只要正在工作的计算机发生突然的非正常运行,通常都应首先怀疑是计算机病毒在起作用。

3. 病毒防范对策设计

根据病毒的特点和侵害过程,防范计算机病毒的措施主要有两个基本方法。它们是预防病毒传染计算机系统和防止病毒对计算机系统的破坏。

防范病毒对计算机系统的损害,切断病毒的传染途径是预防病毒的重要措施。这些措施包括以下基本方法:

(1) 建立网络防火墙,以抵御外来病毒或"黑客"对网络系统的非法侵入。防火墙是设置在被保护的网络和外部网络之间的一道屏障,以防止发生不可预测的、潜在性的侵入。它可以通过监视、限制、更改跨越防火墙的数据流,尽可能地对外部屏蔽网络内部的信息、结构和运行状态,以此来实现网络的安全保护。

(2) 绝不轻易使用来路不明的软件。所有途径得到的软盘必须经过严格的检测,确信无毒后才可使用。

(3) 认真保存购买来的系统盘和应用软件盘,必要时应制作副本供交流使用。

(4) 凡不需要写入的软盘,都应处于保护状态。

(5) 进行重要工作的计算机,应该专机专用、专盘专用,这点对计算机会计系统尤为重要。

减少病毒对计算机系统的破坏,将病毒对计算机系统造成的损失减少到最低的措施主要有:

(1) 经常使用防病毒软件对计算机系统进行检查,以便在病毒发作前杀灭病毒,防止病毒对计算机系统的破坏。

(2) 不断改进数据备份技术并严格执行备份制度,从而在遭到计算机病毒侵害时可以使用备份数据及时地将系统恢复到最近状态,尽量减少病毒造成的损失。

(3) 对定期发作的病毒,在病毒发作日尽量不使用计算机,在必须使用计算机时,应修改计算机机器时。

(4) 目前出现了一些可以对受到破坏的数据进行抢救的软件,这些软件甚至可以在对硬盘进行格式化后,恢复硬盘中原来保存的数据。有条件的单位,应根据需要置备这些软件,以便在必要时抢救机内数据。

需要特别强调的是,重要程序和数据文件一定要多做几份备份,这是防范病毒危害最简单和最有效的措施。

【复习思考题】

1. 什么是会计电算化及会计电算化制度?
2. 会计电算化制度设计的要求是什么?
3. 简述会计电算化系统内部控制制度设计的内容。
4. 简述会计软件各子系统日常处理的设计。
5. 简述会计电算化内部控制系统设计的总目标和子目标。
6. 说明会计电算化内部控制系统的分类。
7. 会计电算化系统的一般控制设计的内容有哪些?
8. 会计电算化系统的应用控制设计的内容有哪些?
9. 简述会计信息系统内部管理制度的设计内容。
10. 在会计信息系统相关管理工作设计中,你认为哪方面内容最重要?为什么?
11. 计算机感染病毒后的主要表现有哪些?计算机病毒的主要危害是什么?

第十章 会计事务处理设计

【本章概要】

本章首先介绍了普通会计事务处理准则,包括一般原则和以资产、负债、所有者权益、收入、费用、利润、财务报告处理的具体准则;其次阐述了货币资金、工资、固定资产、采购、存货、生产、销售、投资及筹资、财务等主经济业务内部控制要点、处理程序和控制重点。

第一节 会计事务处理准则

普通会计事务处理准则,主要包括一般原则,资产、负债、所有者权益、收入、费用、利润、财务报告等业务处理的具体准则。

一、会计事务处理一般原则

根据我国《会计法》及《企业会计准则》的规定,普通会计事务处理应遵循以下一般原则:

(1)会计基础。会计核算应当以权责发生制为基础,以企业持续正常的生产经营活动为前提。

(2)核算依据。会计核算应当以实际发生的经济业务为依据,按照国家统一的会计制度的规定确认、计量和记录资产负债、所有者权益、收入、费用、成本和利润,如实反映财务状况和经营成果。

(3)信息要求。会计信息应当符合国家宏观经济管理的要求,满足有关各方面了解企业财务状况和经营成果的需要,满足企业加强内部经营管理的需要。

(4)会计方法。会计核算应当按照规定的借贷记账法进行会计处理。

(5)一致性原则。会计处理方法前后各期应当一致,如有变更,应在财务报告中说明其变更情况、变更原因及变更后对财务状况和经营成果的影响;会计指标应当口径一致,相互可比。

(6)及时性原则。会计核算应当及时进行。

(7)清晰性原则。会计记录和会计报表应当清晰明了,便于理解和利用。

(8)配比原则。收入与其相关的成本、费用应当相互配比。

(9) 谨慎原则。合理核算可能发生的损失和费用。尽可能地选用一种并不虚增利润和夸大权益的做法；对经济活动中的不确定因素，在会计处理上持谨慎态度，尽可能地少计或不计可能发生的收益，把风险缩小或限制在极小的范围内。

(10) 计价原则。各项财产物资应当按取得时的实际成本计价，除国家另有规定外，不得调整其账面价值。

(11) 支出划分原则。凡支出的效益仅与本会计年度相关的，应当作为收益性支出；凡支出效益与几个会计年度相关的，应当作为资本性支出。

(12) 财务报告原则。财务报告应当全面反映企业的财务状况和经营成果。对于重要的经济业务，应当单独反映。

二、资产业务处理原则

资产是指企业过去的交易或者事项形成的，由企业拥有或控制的、预期会给企业带来经济利益的资源，包括各种财产、债权和其他权利。资产分为流动资产、非流动资产和其他资产。

(一) 流动资产业务处理准则

流动资产是指那些可以合理预期将在一年内转换为现金或被销售、耗用的资产，包括现金及各种存款、交易性金融资产、应收及预付款项、存货等。

1. 现金及存款业务处理准则

现金与各种存款应按照实际收入和支出数记账。

2. 交易性金融资产业务处理准则

交易性金融资产是指企业为了在近期内出售而持有的金融资产，包括各种股票、债券、基金和权证等。

交易性金融资产按其公允价值记账。企业取得交易性金融资产，按其公允价值，作为交易性金融资产的入账价值。交易性金融资产持有期间，被投资单位宣告发放的现金股利，或在资产负债表日按分期付息、一次还本债券投资的票面利率计算的利息，作为投资收益。

资产负债表日，交易性金融资产的公允价值高于其账面余额的差额，通过"公允价值变动损益"进行调整。

3. 应收及预付款项业务处理准则

应收及预付款项包括应收票据、应收账款、其他应收款、预付货款等。

应收及预付款项应当按实际发生额记账。各种应收及预付款应当及时清算、催收，定期与对方对账核实，经确认无法收回，应当冲销坏账准备金；未提准备金，可作坏账损失，计入当期损益。

4. 存货业务处理准则

存货是指企业在生产经营过程中为销售或者耗用而储存的各种资产，包括库存商品、半成品、在产品以及各类材料、燃料、周转材料等。

各种存货应当按取得时的实际成本核算。采用计划成本或者定额成本法进行日常核算的，应当按期结转其成本差异，调整为实际成本。

存货发出时，可根据实际情况选择使用先进先出法、加权平均法、移动平均法、个别计价法等确定其实际成本。

存货应定期进行清查盘点。对于发生的盘盈、盘亏、报废等,应当及时进行处理,计入当期损益。境外上市公司、香港上市公司以及在境内发行外资股的公司,中期、期末或年度终了,应对存货进行全面清查,如由于存货遭受毁损、全部或部分陈旧过时或销售价格低于成本等原因,使存货成本不可收回的部分,应提取存货跌价准备。其方法是按单个存货项目的成本高于其可变现净值的差额提取。

(二)长期投资业务处理准则

长期投资是指不准备在一年内变现的投资,包括股票投资、债券投资和其他投资。

(1)长期股权投资期末应当根据不同情况,分别采取成本法或权益法核算。

(2)债券投资应当按实际支付的款项记账,实际支付的款项中包括应计利息的,应将利息单独记账。

(3)溢价或者折价购入的债券,其实际支付与债券面值的差额,应当在债券到期前分期摊销。

(4)债券投资存续期内的应计利息,以及出售时收回的本息与债券账面成本及尚未收回应计利息的差额,应当计入当期损益。

(5)境外上市公司、香港上市公司以及在境内发行外资股的公司,中期、期末或年度终了,应对长期投资逐项进行检查,如果由于市价持续下跌或被投资单位经营状况恶化等原因导致其可收回金额低于账面价值,并且这种降低的价值在可预计的未来期内不可恢复,应将可收回金额低于长期投资账面价值的差额作为长期投资减值准备,借记"投资收益"。

(6)长期投资应当在会计报表中分项列示。一年内到期的长期投资,应当在流动资产下单列项目反映。

(三)固定资产业务处理准则

固定资产是指同时具有下列特征的有形资产:其一,为生产商品、提供劳务、出租或经营管理而持有的;其二,使用寿命超过一个会计年度,包括房屋及建筑物、机器设备、运输设备、工具器具等。

(1)固定资产应当按取得时的实际成本记账。在固定资产达到预定使用状态之前发生的借款利息和有关费用,以及外币借款的汇兑差额,应当计入固定资产价值;在此之后发生的上述费用,应当计入当期损益。

(2)接受捐赠的固定资产,应按照同类资产市场价格或者有关凭据确定固定资产价值。接受捐赠时所发生的各项费用,应当计入固定资产价值。

(3)投资者投入的固定资产,按投资各方协商确认的价值记账;改建、扩建的固定资产,按原固定资产的价值,加上改建、扩建的支出,减改建、扩建中的变价收入记账;盘盈固定资产,按市场价格减去损耗后的余额记账。

(4)融资租入的固定资产,按租赁开始日租赁资产的原账面价值与最低租赁付款额的现值两者中较低者记账。

(5)固定资产折旧,应当根据固定资产原值、预计净残值、预计使用年限或预计工作量,采用年限平均法或者工作量法计算。如符合有关规定,也可采用加速折旧法。企业应当定期复核固定资产的使用寿命、预计净残值和折旧方法,如有变更,应作为会计估计变更处理。

(6) 固定资产应当定期进行清查盘点,对于盘盈、盘亏的净值及报废清理净损失,应计入当期损益。

(7) 与固定资产有关的后续支出,满足固定资产确认条件的,应当资本化计入固定资产成本,否则,应当在发生时计入当期损益。

(8) 固定资产满足终止确认条件的,应当予以终止确认,并将处置收入扣除账面价值和相关税费后的差额计入当期损益。

(9) 会计报表中应列示固定资产的账面净值。为购建固定资产或者进行更新改造时而发生的实际支出,应当在会计报表中单独列示。

(四) 无形资产业务处理准则

无形资产是指企业拥有或者控制的没有实物形态的可辨认非货币资产,包括专利权、非专利技术、商标权、著作权、特许权等。

(1) 购入的无形资产,应当按实际成本记账;接受投资的无形资产,应当按照投资各方确认的价格记账;自行开发并按法律程序申请取得的无形资产,按依法取得时发生的注册费、律师费等费用计价,开发过程中实际发生的支出,计入当期费用。

(2) 各种无形资产应当在受益期分期平均摊销,未摊销余额在会计报表中列示。

三、负债业务处理准则

负债是指过去的交易或者事项形成的、预期会导致经济利益流出企业的现时义务。负债分为流动负债和非流动负债。

(一) 流动负债业务处理准则

流动负债是指将在一年或者超过一年的一个营业周期内偿还的债务,包括短期借款、应付票据、应付账款、预收货款、代销商品款、应付职工薪酬、应付股利、应交税费、应付利润、其他应付款、交易性金融负债等。

(1) 各项流动负债应当按实际发生额记账。负债已经发生,而数额需要预计确定的,应当合理预计,待实际数额确定后再进行调整。

(2) 流动负债的余额应当在会计报表中分项列示。

(二) 非流动负债业务处理准则

长期负债是指偿还期在一年或者超过一年的一个营业周期以上的债务,包括长期借款、应付债券、长期应付款项等。

(1) 长期借款包括向银行或其他金融机构借入的借款。长期借款应当区分借款性质按实际发生的数额记账。

(2) 发行债券时,应当按债券的本金和利息分别记账。

(3) 长期应付款包括融资租入固定资产租赁费以分期付款方式购入固定资产发生的应付款项等。长期应付款项应当按实际发生数额记账。

(4)长期负债应当按长期借款、应付债券、长期应付款项等在会计报表中分项列示。将于一年内到期偿还的长期负债,应在流动负债下单列项目反映。

四、所有者权益业务处理准则

所有者权益是指企业资产扣除负债后由所有者享有的剩余利益。包括企业投资人对企业的投入股本、直接计入所有者权益的利得和损失、留存收益。直接计入所有者权益的利得和损失,是指不应计入当期损益、会导致所有者权益发生增减变动的、与所有者投入资本或者向所有者分配利润无关的利得或者损失。利得是指由企业非日常活动所形成的、会导致所有者权益增加的、与所有者投入资本无关的经济利益的流入。损失是指由企业非日常活动所发生的、会导致所有者权益减少的、与向所有者分配利润无关的经济利益的流出。留存收益是指盈余公积和未分配利润。

(1)投入股本应当按实际投资数额入账。股份制企业发行股票,应当按股票面值作为股本入账。国家拨给企业的专项拨款,除另有规定者外,应当作为国家投资入账。

(2)盈余公积应当按实际提取数记账;资本公积应按股本溢价、其他资本公积核算。

(3)投入股本、资本公积、盈余公积和未分配利润的各个项目,应当在会计报表中分项列示。如有未弥补亏损,应作为所有者权益的减项反映。

五、收入业务处理准则

收入是指企业在日常活动中形成的会导致所有者权益增加的、与所有者投入资本无关的经济利益的总流入,包括主营业务收入和其他业务收入。

(1)营业收入是指企业按照营业执照上规定的主营业务内容所发生的营业收入。公司应按规定确认营业收入实现,并按已实现的收入记账,计入当期损益。企业已将商品所有权上的重要风险和报酬转移给买方,企业不再对该商品实施继续管理权和实际控制权,相关的收入已经收到或取得了收款的证据,并且与销售该商品有关的成本能够可靠地计量时,可确认商品销售营业收入的实现。提供劳务(不包括长期合同),按照完工百分比法确认相关的劳务收入,即应以劳动合同的收入、劳务的完成程度能够可靠地确定、与交易相关的价款能够流入、已经发生的成本和完成劳务将要发生的成本能够可靠地计量为前提。如不能满足上述条件,应在年度终了时将已经发生并预计能够补偿的劳务成本金额确认为收入,不确认利润;如预计已发生的劳务成本不能得到补偿,则不应确认营业收入,但应将已经发生的成本确认为当期费用。如提供的劳务合同在同一年度内开始并完成的,也可在完成劳务时确认营业收入的实现。提供他人使用本企业的无形资产等而应收的使用费收入,应按有关合同、协议规定的收费时间和方法计算确认营业收入的实现。期末,应将营业收入的余额转入"本年利润"科目,结转后无余额。

(2)企业确认的除主营业务活动以外的其他经营活动实现的收入,包括出租固定资产、出租无形资产、出租包装物和商品、销售材料、用材料进行非货币性交换(非货币性资产交换具有商业实质且公允价值能够可靠计量)或债务重组收入、企业经营受托管理业务收取的管理费等实现的收入。其确认原则与主营业务收入的实现原则相同,其结转方式也一样。

（3）企业销售商品时，按规定给予买主的销售折扣发生的销货折让，如在销货款中已经扣除、则不应单独核算，应在"财务费用"科目中核算。

六、费用业务处理准则

费用是企业在生产过程中发生的各项耗费。

（1）直接为商品生产和提供劳务等发生的直接人工、直接材料、商品进价和其他直接费用，直接计入生产成本；企业为生产商品和提供劳务而发生的各项间接费用（制造费用），应当按一定标准分配计入生产成本。

（2）企业行政管理部门为组织和管理生产经营活动而发生的管理费用，为销售和提供劳务而发生的进货费用、销售费用，应当作为期间费用，直接计入当期损益。

（3）本期支付应由本期和以后各期负担的费用，应当按一定标准分配计入本期和以后各期。本期尚未支付但应由本期负担的费用，应当预提计入本期。

（4）成本计算一般应当按月进行。企业可以根据生产经营特点、生产经营组织类型和成本管理要求自行确定成本计算方法，但方法一经确定，不得随意变动。企业应当按实际发生额核算费用和成本。采用定额成本或者计划成本方法时，应合理计算成本差异，月终编制会计报表时，应调整为实际成本。

（5）企业应当正确、及时地将已销售商品和提供劳务的成本作为营业成本，连同期间费用，结转当期损益。

七、损益业务处理准则

损益是企业在一定期间的经营成果，包括营业利润和营业外收支净额。营业利润为主营业务利润加上其他业务利润减去资产减值损失、销售费用、管理费用、财务费用，加公允价值变动收益、投资收益后的余额。营业外收支净额是指与企业生产经营没有直接关系的各种营业外收入减营业外支出后的余额。

企业发生亏损，应当按规定的程序弥补。

利润的构成和利润分配的各个项目，应当在会计报表中分项列示。仅有利润分配方案而未最后决定的，应将分配方案在会计报表附注中说明。

八、财务报告业务处理准则

财务报告是反映企业财务状况和经营成果的书面文件，包括资产负债表、利润表、现金流量表、所有者权益变动表及会计报表附注和财务情况说明书。

（1）会计报表可以根据需要，采用前后期对比方式编列。如上期项目分类和内容与本期不一致，应当将上期数字按本期项目和内容进行调整。

（2）会计报表应当根据登记完整、核对无误的账簿记录和其他有关资料编制，做到数字真实、计算准确、内容完整、报送及时。

（3）企业对外投资如占被投资企业资产本总额半数以上，或者拥有控制权的，应当编制合并会计报表。特殊行业的企业不宜合并的,应当将其会计报表一并报送。

(4) 会计报表附注是为帮助理解会计报表的内容而对报表的有关项目等所作的解释,其主要内容包括:不符合会计基本假设的说明;会计政策的说明;会计政策与会计变更的说明;关联方关系及其交易的披露规定原则和方法;或有和承诺事项的说明;资产负债日后事项说明;资产负债表上应收、应付、存货、消耗性生物资产、存货跌价准备、可出售金融持有到期投资、长期股权投资、固定资产、生产性生物资产和公益性生物资产、无形资产商誉的形成来源及账面价值的增减变动情况、在建工程、借款、应交税费、递延所得税、资产递延所得税、负债资产减值准备、交易性金融负债、职工薪酬等重要项目的说明;盈亏情况及利润形成情况;资金周转情况;其他重大事项的说明。

第二节 货币资金业务处理的设计

货币资金是以货币形态存在的单位随时可以运用的款项。货币资金主要包括库存现金、银行存款、外埠存款、银行汇票存款、银行本票存款和在途货币资金等。货币资金是流通手段,是单位流动资金中最活跃的部分,收支十分频繁。根据货币资金的特点,货币资金业务的会计处理程序设计,要能正确及时地反映货币资金的增减变动和结存情况,保护货币资金的安全完整,保证有关财经纪律得到严格执行。

一、货币资金业务内部控制要点

货币资金业务内部控制要点,是货币资金业务处理程序应实现的目标。货币资金内部控制要点,一般包括以下内容:

(1) 严格遵守《现金管理条例》和《银行结算制度》。

(2) 实行钱、账分管的原则。现金、银行存款和其他货币资金应由专职的出纳人员负责保管,出纳人员不得兼做会计记录工作和核对工作。

(3) 发生货币资金的收入和支出,应立即入账,不得拖延。应设置现金账和银行存款日记账,由出纳人员进行序时登记,并做到日清月结。收入的现金应及时存入银行。

(4) 建立定期和不定期的现金盘点制度。每日要由出纳员进行盘点,编制现金日报,与现金日记账的余额核对相符,业务主管人员应不定期地对库存现金进行抽查。

(5) 定期与开户银行核对银行收支账项,编制银行存款余额调节表。核对与编表工作应由第三者承担。

(6) 加强各种收、付款凭证的管理。各种收付款凭证要由会计部门统一管理,连续编号;领用空白发票、收据要进行登记;空白支票不得签名盖章,签发支票的印章要分开保管;收支凭证应与原始凭证相符;款项支付后应在付款凭证上盖"付讫"章,以免重复付款;一切付款应经批准,原始凭证要齐全。

二、货币资金业务处理程序设计

货币资金业务主要包括收入业务和支出业务两大类。收入业务又包括产品销售收入、材料、废旧物资销售和对外提供劳务的收入、预付款项的收回等。支出业务又包括采购材料物资、发放工资奖金、支付日常费用、预付款项和归还预付款项等支出。对货币资金收支不论采取何种处理方式,均要进行收支凭证设计。在货币资金收入业务处理方面,应进行发票、收据、代垫费用结算清单设计;在货币资金支出业务处理方面,应进行差旅费报销单、医药费报销单、备用金结算清单、支票结算登记簿、应付凭单等设计。

(一)现金作业程序

(1)现金支付时,应先检查凭证是否齐全,核准范围是否合于权限。审核无误后,会计据以编制传票并转交出纳开立支票,再依核决权限呈请签章。

(2)支付后应在凭证上盖"付讫"章,并由领款人在支出申请单上签名表示收讫。

(3)所有付款除规定可以付现金外,其余均应以支票付款,所开支票金额应大写,如有不合,查明其缘由。

(4)支票应按编号顺序开付,同时在存根联记录受票人、金额、到期日、支票号码等。若有支票作废,应将支票号码剪下贴于支票簿存根上。未开空白支票应有适当的控制。

(5)所有收入款项除留存作营业周转使用者外,均应于当日解存银行。对于当日未及解存银行的款项,也应有适当的控制。

(6)每日结账后,出纳应根据当天现金收支编制现金及银行存款日报表,并清点库存现金余额是否与日报表相符。

根据单位不同的经营特点和货币资金收支方式,现将常见的几种货币资金业务处理流程介绍如下。

门市部收现业务处理程序

门市部销售商品、集中收款的业务处理程序如下:

(1)营业员开出一式三联发票,随收取的货款送交收款员;

(2)收款员收款并加盖戳记后,将第三联留下,其余两联退回营业员;

(3)营业员将发票第一联随商品送至顾客,第二联暂存;

(4)每日营业终了,营业员根据第二联编制销售日报一式两份,并将销售日报一份连同第二联送交会计部门进行销售收入核算;

(5)收款员根据第三联和货款编制收款日报一式两份,并将收款日报一份连同第三联、货款交出纳部门;

(6)会计部门将销售日报与出纳部门收取的货款及收款日报核对,视其是否相符。

门市部收现业务处理程序的关键控制点是开票人和收款人分离,销售日报和收款日报核对。

出纳部门收现业务处理程序

出纳部门零星项目的现金账收入程序如下:

(1)业务部门开出一式两联收款通知,经开出部门负责人审核后交出纳部门;

(2)出纳员根据收款通知收取现金,填写收据一式三联,其中,一联给交款人,一联留存,另一联随同收款通知在登记现金日记账后送交会计部门登账;

(3)现金账日记账与会计总账明细账定期核对。

出纳部门收现程序的关键控制点是开票、收款、记账三分离,现金总账与现金日记账分别由会计和出纳登记保管,定期进行出纳与会计有关账、证的核对。

邮售收现业务程序

邮售现金收入业务处理程序如下:

(1)客户要邮购,经邮局汇寄货款;

(2)收发室(或门卫)收到汇款单后,编制汇款清单一式两份,将其一份随同汇单送交出纳部门;

(3)出纳部门提取货款现金,登记现金日记账;

(4)会计部门根据汇款清单通知发货,并登记有关账簿;

(5)收单、提取、登账与发货核对。

邮售收现程序的关键控制点是收单与提现分离,提取与记账、发货分离,收单、提取、登账与发货核对。

(二)银行存款作业程序

(1)出纳人员设"银行往来登记簿",依不同银行账户及营业日分设收入及支出部分,并随时更新。

收入部分内容如下:

① 应交换完毕入账的代收票据。

② 存入的现金。

③ 其他账户的转存。

支出部分内容如下:

① 当日开出票据。

② 领现。

③ 转存其他账户。

(2)出纳人员于每日结账后将当日收支金额及当日余额填入现金及银行存款日报表。

(3)自甲银行转存乙银行,或自乙银行转存甲银行,应办转存手续。

单位采用支票付款结算的业务处理程序是:

(1)业务部门将外单位收款通知或自制付款凭证经本部门审核后,送交会计部门。

(2)会计部门审核后交出纳部门。

(3)出纳部门核对后签发支票,并在支票簿上进行登记。

(4)出纳部门和会计部门根据支票回执分别登记银行存款日记账和其他相关账簿。

(5)相关账证核对。

支票签发业务程序的关键控制点是使用、审核、签发、记账四分离,以防止舞弊和支票签发不当。

（三）有价证券作业程序

（1）有价证券是指短期投资性质的有价证券,属长期投资者不在此限。

（2）所有有价证券均应设置有价证券明细账,内容包括取得日期、面值、取得成本、兑付日期等。

（3）账列证券如供作抵押、债务保证或寄托保管等,应在有价证券明细账详列提供数及债务项目,并单独列表。

（4）各项证券投资收入、股利等按期领取及记录。

（5）证券交易保留出售证券成效单、交易税完税凭证及所得税申报材料等,归档备查。

（6）有价证券期末评价依财务会计公报办理,结账日有价证券的市价资料应妥为保管。

（四）库存保证票据作业程序

（1）工程、销售、采购等案件,依合约规定应收保证票据的,由主办单位负责,取得约定票据,连同收款报告单交由会计及出纳,按收受有价证券会计处理程序编制传票登账并妥善保管。

（2）取得票据时,应核对各项法定票据要件是否齐全。

（3）保证责任已解除的,应办理退还。票据退还时,依会计处理程序编制传票退还,领取人应带公司章、负责人章领取。

（4）盘点每月库存保证票据的结存数量、金额,并编库存保证票据明细表。

（5）设置库存保证票据登记簿,详细记载,并由签收人及主管盖章。

（五）调节核对作业程序

（1）未到期应收票据,会计依相关资料填入代收簿,与支票保管人核对无误后,由出纳存银行托收。

（2）代收票据。由出纳于支票入账后,在代收簿填上兑现日期,如有逾期未兑票据,应了解原因。退票也应记明。

（3）每月底应依据银行对账单、银行存款余额调节表与账载银行存款余额,编制四栏式银行存款余额调节表。

（4）调节表上调整项目应附凭证,并制作传票。逾一年未兑现支票,应转列保管款。

（六）备用金及一般费用拨付及报销程序

备用金的设立应以零星采购或紧急小额支付为目的,备用金经管人员应设立备用金登记簿,记录每日拨入、支出、结存金额。备用金的请领及拨算程序如下：

（1）各单位人员拟向备用金经管人员领款时,应出具合法原始凭证,填写备用金请领单,经依权限核准后,可在规定金额内向备用金经营人员洽领。

（2）备用金的每张请领单金额最高不得超过规定的限额,超过规定限额以上者,一律须依付款程序开立支票付款。

（3）各备用金经管人员应确实审核原始凭证是否合法及有无依权限核准,方能付款。若事后发现有不符规定而付款者,应由备用金保管人员负责追回已付款项。

(4) 属杂项购置的物品,备用金经管人员仍应审核需有经主管核准的请购单及验收单方准予支付。

(5) 当经管人员备用金支用达到一定数额时,由备用金经管人员连同备用金报销清单及有关凭证后送会计单位报销,会计单位审核无误后编制传票,转送出纳付款拨还备用。

(6) 稽核单位随时检查备用金使用情形,有长期不使用及报销者,应提报予以撤销设置。

各项费用的报销,应由单位提出申请,经批准后,转会计审核,审核无误后,转由出纳付款,其具体处理程序如下:

(1) 报销人根据原始凭证填制报销凭证,经本部门负责人审核后,送交会计部门;

(2) 经负责报账会计复核后交出纳员付款;

(3) 出纳员付款后将报销单送交会计部门登账;

(4) 定期进行相关账、证核对。

零星费用报销付现业务程序的关键控制点是申请、批准、复核、付现四分离,防止报销中差错和舞弊。

三、货币资金业务处理控制重点

(一) 出纳现金收支作业控制重点

(1) 库存现金的控制应采取下列措施:

① 指定出纳专员负现金出纳、保管、监督责任。

② 经管现金出纳的工作人数保持至最少限度。

③ 经管现金出纳人员应出具保证,并应注意其平日交友及生活状况。

④ 充分利用银行各项收支付款服务,以减少单位现金的出纳及保管。

⑤ 库存现金减少至最低限度,并利用金库、保管箱、防盗警铃、红外线等设备妥善保管。

⑥ 保管现金与记录现金采取人员分工处理。

⑦ 由经管及记录现金出纳的人员对库存现金作不定期的查点,并与记录核对。

(2) 对现金收入的处理,采取下列控制方式:

① 指定出纳部门专责收受单位的所有现金收入。

② 每天收入的现金一律全数解交银行,不得留作当天付款之用。

③ 所有零星付款一律在零用金内支付,超过零星最高限额的付款一律出具支票。

④ 收款员专管收受现金,如人员调度许可,不兼管现金记录。

⑤ 对于每天收受的现金保管及转存银行情形,由稽查部门作不定期抽查。

(3) 对现金支出的处理,采取下列控制方式:

① 所有大额付款,一律以银行支票支付。

② 员工薪资委托银行转账支付,不再核发现金。

③ 各部门申请开立支票付款,应先检查备齐有关核准文件,经会计部门审核制作传票,出纳部门方得签发支票。

④ 支票印鉴应由财务部经理与总经理会同签章,方得提款。

⑤ 小额付款一律自备用金支付,按期检查原始单据办理报支,并按付款总额出具银行支

票,兑现归垫补足备用金,恢复原定金额。

⑥ 采购与核准采购的职责,应与验收及保管存货的职责完全分开;签发支付与编造付款凭证的职责也应完全分开。

(4) 现金为流动性最大的资产,一旦移动,最难追踪,对持有者产生立即价值;现金体积小价值大,极易发生损失,故现金的内部控制最为重要。

(5) 现金出纳的控制要领在于建立周密完善的制度,并实行职责分工及内部牵制,经常稽核各项作业程序,确保制度及各项程序的规定均能一贯遵行。现金出纳人员的操守行为也宜经常注意,预防发生各种违规行为。

(6) 每月底,会计整理送存银行的代收票据明细表与支票保管人送银行交换的支票应相符。

(7) 托收票据兑现日应与预估兑现日一致,若差异太多,应查明原因。

(8) 依预估托收票据兑现日及账户别编制总额表,以便作现金调度。

(9) 稽核单位应定期或不定期地核对存入银行款项,须与入账日期相符,并注意支付兑现日期有无在付款日之前者。

(二) 对备用金报销控制重点

(1) 备用金保管处所应注意安全。

(2) 稽核单位应随时派人检查零用金。

(3) 注意支出性质或金额,不可超过备用金规定范围。

(4) 各项单据应逐笔审核,加盖"付讫"及"日期"戳,以防重复报销。

(5) 各项费用的报支,应依核决权限规定,经有权人核准。

(6) 注意各项费用报销有无浮滥现象,有无以假收据报销,或一笔支出故意分别开立数张发票者。

第三节　工资业务处理的设计

工资是单位根据一定的分配原则,以货币形式支付给员工的报酬。工资业务处理程序是记录劳动者工作量,对劳动价值进行计划和分配工资的全过程。设计工资业务处理程序,有利于国家有关工资政策的落实,保护工资资金的安全,正确反映劳动价值和生产费用的支出。

一、工资业务内部控制要点

工资业务内部控制要点,是工资业务处理程序应实现的目标。工资业务内部控制要点,一般包括以下内容:

(1) 考勤、工资结算、提现、记账职务四分离;

(2) 建立健全完善的考勤制度和考勤记录,为工资计算提供完整、正确的依据;

(3) 建立健全工时记录和产量记录,加强产品质量检验,正确计算完工产品数量,制定合理的定额工时；

（4）按照国家规定的工资政策和计算方法，正确计算单位工资定额和每个职工的应发工资数；

（5）按有关扣款规定，正确办理各种代扣款项；

（6）按批准的年度工资基金总额发放工资，及时办理工资基金增减变动的申请手续；

（7）按国家和单位的规定办理职工转正、定级、晋升、降级等工资调整及调进、调出等工资变动；

（8）对所属单位编制的工资单，应进行认真复核，应与工资汇总表核对，以防止弄虚作假；

（9）出纳部门工资提现凭证必须由会计部门主管审核批准，所提现金在工资在发放前应妥善保管；

（10）工资发放必须由收款人签收，签收后的副本应交回会计部门保管，对未领工资，或单独保管，或存入银行，不得挪用。

（11）如果通过银行支付工资，也必须告知本人并与银行核对。

二、工资业务处理程序设计

工资业务处理中涉及很多原始记录和结算凭证问题，因此，在进行处理程序设计时，首先应充分考虑到凭证设计问题。在工资业务原始记录方面，应对考勤簿、考勤卡、工作通知单、工序进程单、工作量报表、产量通知单、产量明细表、代扣款通知单进行设计；在工资业务结算凭证方面，应对工资单、工资卡、工资袋、工资汇总表、集体计件工资分配表、工资补发补扣款通知单、待领工资明细表、资金津贴发放单等进行设计。工资业务处理的具体程序如下：

（1）每月由车间或科室的考勤人员将考勤表（或考勤簿）送交劳动工资或人事部门。

（2）劳动工资或人事部门据此编制出汇总表并计算职工的应发工资，编制工资单一式三份和工资汇总表一式两份。

（3）工资单和工资汇总表经审核后送财会部门。

（4）财务部门根据有关部门扣款通知单，在工资单和工资汇总表上计算实发工资，经审核后签发提现支票并登记支票登记簿，或通知银行直接存入职工户头。

（5）工资单一份随现金送职工，另两份工资单经职工签名后分别返回劳动工资或人事部门和财会部门留存，有的单位工资单不返还劳动工资部门，职工只需在一张工资单签收，留存财会部门。

（6）工资汇总表一份记入有关账户，另一份交劳动工资部门。

工资业务处理程序的关键控制点是考勤、编单、提现发放或存入户头、签领四分离，以有效防止错算、错发、错领和虚报冒领。单位在工资业务处理中，还应注意随时更新人事档案；核实各项代扣代缴；不准由他人代领，若在一个月内未领者，应存入银行保管；改现金发放为转账发放；及时发放工资，不得延误，以安定人心。工资业务处理只是薪工业务的一小部分，为了更好地掌握工资管理工作，必须对薪工流程及其控制重点全面了解。

工资业务处理流程见图10-1。

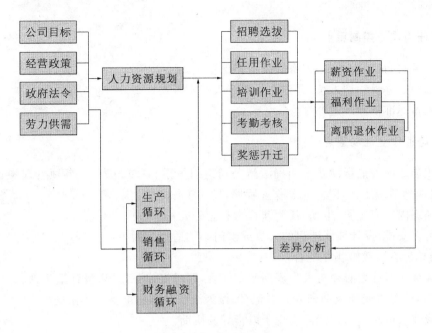

图 10-1　工资业务处理流程

三、薪工控制的重点

(一) 人力资源规划控制重点

(1) 人力资源计划须每年、每季更新。

(2) 人力资源规划是全面性的,须考量升迁、教育、训练、薪资、激励、福利等项目。

(3) 达到所需可用人力前的"前置时间",在做人力资源规划时应予顾及。

(4) 人力资源如有"冗员",会造成员工劳逸不均与挫折感,应极力避免。

(5) 员工职业前程规划的制定,应考虑个别员工间的能力、个性等差异,且具有前瞻性;必要时可采纳员工的意见,以使其对单位产生认同感。

(二) 招聘选拔作业控制重点

(1) 招聘与选拔的基本目的,是增加选择适当人员的成功几率,因此,招聘选拔方式的选择,要视其个别情况及应用此项方式的可信度及有效度而定。

(2) 员工均须经审核或测试合格后,方得依规定聘用。

(3) 人员选拔除注意学历及经历外,应测验其学识、专业技能,并重视操守品德及身体健康。此外,也可函询应征者过去服务单位主管的评语意见,作为取舍参考。

(4) 新进人员招聘选择作业程序单位规定办理,应征应交的文件表格须齐备,各阶层人员的作用应依规定的核准权限办理。

(5) 选择时,避免主观印象及给予规定外的承诺,双方均应坦诚相向。

(6) 办理招聘的方式务求客观公正,为单位遴选最优秀的人才。招聘的条件须保持适当弹性,当市场人力供应不足时,不妨稍为放宽;当市场人力剩余时,条件不妨稍严。

(三) 任用作业控制重点

(1) 经营财、物的人员，必须有必要的担保手续。
(2) 按规定办妥一切手续，并建立员工个人基本资料。
(3) 工薪标准依照规定办理。

(四) 培训作业控制重点

(1) 职前训练须能帮助新人明确了解公司组织体系、各单位职责、各项管理规章、单位文化，进而迅速地适应工作环境，熟悉作业程序，发挥工作效能。
(2) 训练内容应充实、生动，任何课程均有充分准备。
(3) 负责安排、设计训练课程的人员或部门必须适当。训练可提升员工的生产力，具有前瞻性，应与单位各项政策相互配合。
(4) 训练研习计划必须与人力规划密切配合，同时视业务需要，设计适当课程。训练期间尤须重视考核，并将受训成绩列入人事记录，作为派职升迁的重要参考依据。
(5) 管理人员对部属训练的表现予以指导及协助。

(五) 考勤考核作业控制重点

(1) 上班及下班时间，应按时考核。如有迟到、早退或旷工情形，均依单位规定作适当处罚。
(2) 员工请事假、病假、婚假、丧假、产假、工伤假、公假、特别休假，均依规定办理。
(3) 员工请假手续、限制天数、证明文件、扣薪办法等，均依规定确实执行。
(4) 绩效评估的目的，是为协助人力资源决策的制订及员工发展。
(5) 评估标准与计算方式应事先告知员工。
(6) 主管与员工讨论评估结果时，双方均有所准备。主管对员工的评估回馈，应具建设性，应充分了解员工。
(7) 各级主管为办理员工考绩，应设有考评记录，考核方式应客观公平。

(六) 奖惩升迁作业控制重点

(1) 各部门主管申请奖励员工，应依规定签报，同时具有充分条件及证明材料，并定期公布。
(2) 各部门主管申请惩罚员工，应依规定签报，惩罚决定必须经过慎重审议，考虑各项因素后再作适当决定。
(3) 报请升级人员应符合单位晋级条件，按规定程序报请核定，并依权责发布。
(4) 现行晋级办法必须确具鼓励作用，有助于单位提拔人才，提高员工士气。
(5) 奖惩升迁必须做到公平、公正、公开。

(七) 薪资作业控制重点

(1) 基本工资、津贴、加班费、值日夜费、各项扣(罚)款及各项代扣款，应依单位标准及相关法律规定计发。

(2) 代扣员工薪资所得,应依下列规定办理:
① 依扣缴率标准表按月代扣。
② 代扣款逐期报缴。
(3) 代扣其他欠款及费用,应有附件说明或原件。
(4) 工资应按时发放,薪资表经主管签章才办理发放作业。
(5) 发放现金的,员工必须亲自领取薪资袋,并在薪资领取登记簿上签名盖章,未领的工资,必须作适当处理。

(八) 福利作业控制重点

(1) 福利措施应合乎单位负担能力,并让员工满意。
(2) 福利工作应确实依照规定执行。
(3) 福利金收支、账务、出纳必须控制良好。
(4) 职工福利委员会或工会应定期向员工报告公司福利收支情形。
(5) 福利金支用避免浪费或不必要的支出。
(6) 各项福利项目应符合员工需求。
(7) 各项活动的员工参与度应予加强。

(九) 离职退休作业控制重点

(1) 员工离职、退休,应查明有关劳动条例,慎重处理。有关员工自动要求离职者,应个别查明原因,采取适当措施,以减少不必要的人员流动。
(2) 员工离职退休,应依单位规定时间内提出申请,办妥手续,并做好工作交接。
(3) 退休为员工享有的权利,除已届龄者外,其余经验丰富者应设法挽留。

值得注意的是,在薪工控制中,特别要注意实行不相容职务的分离:工资单的编制与复核不能由一人担任,工资单的编制人、复核不能同时担任工资的发放;员工的录用和审核不能由一人同时担任,员工的辞退与审批也不能由一人同时担任;员工的考核与审批不能由一人同时担任;工薪的编制、发放与工薪档案保管也不能由一人同时担任。

第四节 固定资产业务处理的设计

固定资产业务包括固定资产的购进、调拨、报废清理、折旧和修理等。根据固定资产的特点和管理要求,固定资产业务处理程序设计的要求能正确反映固定资产增减变化和保管使用,既有利于正确计算,又有利于折旧、修理。

一、固定资产业务内部控制要点

固定资产业务内部控制要点,是固定资产业务处理程序应实现的目标。其主要内容有以下七个方面:

(1) 固定资产采购、保管、记账、使用应由不同的部门或人员分管。

(2) 建立健全固定资产的预算制度,即单位要根据长远规划,分年度编制固定资产预算,以避免购建中的盲目性。

(3) 建立健全固定资产账簿体系,单位应设置固定资产明细账、固定资产登记簿和固定资产卡片等进行固定资产核算,并使账、卡、物相符。

(4) 加强固定资产的管理,对未使用、不需用固定资产,及时办理封存和申报手续;对多余、闲置或使用不当的固定资产,应及时反映汇报并处理。

(5) 建立固定资产的定期盘点制度,应认真查明盘盈、盘亏原因,追究有关责任人的责任,经上级批准后方可进行账务处理。

(6) 对待清理报废的固定资产,应经过技术鉴定后方能进行报废处理,固定资产残值收入要及时入账,残余实物要妥善保管。

(7) 正确计算固定资产折旧,不得随意变更折旧方法,应按规定使用折旧资金。

二、固定资产业务处理程序设计

在进行固定资产业务处理程序设计前,应首先考虑对固定资产业务基础工作及业务凭证报表进行设计。如对固定资产构成条件、分类、计价、折旧方法,修理费用处理方法等基础工作进行设计;对固定资产业务处理中所使用的固定资产交接证、明细卡片、登记簿、报废单、原价增减变动表、盘点明细表、盘盈盘亏表等进行设计。资产业务处理程序应设计的内容包括以下三个方面。

(一) 设备更新申请批准程序

(1) 由设备部门编制设备更新计划,交总工程师室审批。

(2) 总工程师审批后,属外购设备,编制购买通知单一式三份;属自制设备,编制制造任务书,交有关部门购买或自制。

(3) 设备部门根据购买通知单与供货单位签订合同,并将合同副本、购买通知单和自制任务书交财会部门留存,以作结算附件用。

设备更新业务处理的关键控制点是计划、批准、采购、自建和结算分别交由不同的部门或个人去处理,以防止盲目采购与自建。

(二) 设备采购、验收、付款程序

(1) 供货单位将设备购买发票、运输和提供货单函寄设备部门。

(2) 设备部门根据原购买通知单及合同对发票和提货单进行审核,并开出入库单一式三份,然后通知运输部门提货和设备仓库接货。

(3) 运输部门提货后,交由设备部门进行数量和质量验收,登记设备库存账。

(4) 设备部门持发票、入库单等到财会部门办理结算,财会部门以合同副本、购买通知单、发票、入库单核对后办理货款结算。

设备采购、验收、付款程序的关键控制点是由部门、仓库、财会部门分别办理采购、验收、付款等事项,形成相互牵制。

(三)设备清理报废程序

(1)设备使用部门提出报废申请。
(2)设备部门组织技术鉴定后审核批准。
(3)设备部门注销固定资产卡片,并登记固定资产簿。
(4)申请部门注销固定资产卡片,清理部门清理报废的设备,财会部门登记有关账户和注销有关明细账或卡。

设备报废业务处理程序的控制点是由设备使用部门、设备管理部门、设备清理部门和财会部门分别办理申请、鉴定、批准、清理、销账工作,以形成相互牵制。

固定资产业务处理流程见图10-2。

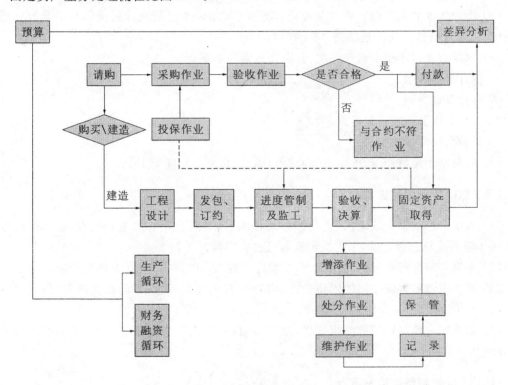

图 10-2 固定资产业务处理流程

三、固定资产的控制重点

(一)取得作业控制重点

(1)固定资产的取得应依据《固定资产管理办法》处理。使用单位申请新建、购置,必经相关主管核准。
(2)购买土地、房屋等不动产,或其他金额较大的固定资产,应依预算程序办理,并作事前效益评估。
(3)房屋、土地等不动产的取得或处分时,应先取得客观公允与超然独立的不动产专业鉴价报告书。

(4) 固定资产应依会计制度规定设立固定资产登记卡及明细账,账卡金额合计数应与总账金额相符。

(5) 不可将资本支出列为费用支出,或将费用支出列为资本支出。

(6) 固定资产近期提列折旧,计算方法力求正确,已重估资产应依重估后价值计提折旧。

(二) 异动盘点作业控制重点

(1) 固定资产异动,未依规定程序办理且未填妥调拨单的,不得办理调拨。临时紧急的调拨,也须经主管同意,且补办调拨手续。

(2) 固定资产的大修工程支出有无超过预算,并分析原因。

(3) 因经济或效能问题转列非营业的固定资产,如未能达到原计划预估年限及收回投资数额时,也属投资错误或计划缺失,应予检讨。

(4) 固定资产每年至少盘点一次,盘点注意事项如下:
① 拟订盘点计划。
② 召开盘点协调、说明会。
③ 注意有无漏盘或重复盘点。
④ 函请会计师参加监盘。

(5) 应制作单位财产卡,单位主管调(离)职时,必须办好移交工作。

(三) 减损作业控制重点

(1) 固定资产的报废或减损,应立即办理报废手续,同时经有关主管核准,查明待报废资产使用年限的计算是否正确,未折减余额与已提折旧额有无错误。

(2) 未逾年限即行报废的固定资产,必须经有权人员核准办理,并查核分析原因。

(3) 因盗窃或灾害而报损的固定资产,应查核有无失职疏忽,日后如何防范,是否已有改进对策。

(4) 未达原定使用年限提前报废者,及因盗窃、火灾而损失的固定资产,应向有关机关汇报,并请其派员勘查。

(四) 工程管制作业控制重点

(1) 工程计划力求完备,须经总经理核准。

(2) 工程发包应经比价、议价过程或公开招标方式,慎选建造商。

(3) 工程合约必须明确详细。

(4) 工程质量必须符合预期水准。

(5) 工程进度必须符合预定进度。

(6) 工程费用应尽量不超出预算。

(7) 工程验收依规定办理,如不符规定,应有改善对策或依约罚款。

(8) 工程清款应依规定程序办理。

（五）投保作业的控制重点

（1）投保金额与投保项目力求适当。
（2）保单到期权利义务力求明确。
（3）各种保险权利义务力求明确。
（4）投保费用有无异常。
（5）各项应保险的固定资产均应投保。

（六）差异分析的控制重点

（1）差异中如是人为因素造成，当追查并惩戒或奖赏。
（2）固定资产的维修费用应经常记录，并分析异常情形，对不同品牌相似类型的固定资产的维修费用应比较分析，作为下次采购参考。
（3）各固定资产的维修情形及费用登入资产保管卡内，作为日后采购参考。
（4）工程成本效益应公正客观比较，作为未来投资决策（自制或外购）的重要参考。

第五节　采购业务处理的设计

采购是单位输出资产或形成一项负债以换取生产经营活动所需物资和劳务的活动。采购业务包括商品、材料以及事务用品等物的请购、编制计划、订货或采购、验收入库、货款结算等工作。在工业企业里，采购的主要对象是可供生产加工的原材料、燃料、周转材料等；在商业企业里，采购的主要对象是可供销售的商品。采购业务处理程序设计应能正确反映采购过程、采购成本、采购数量及采购结算等情况。

一、采购业务内部控制要点

采购业务内部控制要点是采购业务处理程序要实现的目标，其主要内容有以下十个方面：
（1）请购、采购、验收、仓储、付款、记账应由不同的部门或人员担任。
（2）采购人员只能在批准的采购计划内进行采购，不得擅自变更采购内容。
（3）采购应尽可能地与供货单位签订合同，会计部门应参与合同签订，收货部门应严格按合同订货规定的品种、数量、质量进行验收，并填制入库单。
（4）凭证齐全并核对无误后，方可办理结算及支付货款。
（5）货款必须通过银行办理记账，除无法进行转账者外，不得以任何借口，违反结算纪律支付现金或现金支票。
（6）实行付款凭单制。有关现金支出须经采购部门填制请款单，并经有关部门或人员批准后方可偿还货款。
（7）购货发票以外增加的成本和各种费用、损失，须经过会计部门对凭证审查和原因分析，确定其合理性和合法性。

(8) 应付账款总分类账和明细分类账应按每月结账,相互核对,如出现差异,应编制调节表进行调节。

(9) 按月向供货方取得对账单,与应付账款明细账进行核对,并查明与调节差异。

(10) 采用总价法记录现金折扣,并制定严格的复核制度,审核是否发生折扣损失。

二、采购业务处理程序设计

采购业务中处理涉及诸多业务凭证的应用,因此,在处理程序设计中,首先应充分考虑对采购申请计划表、采购资金限额登记簿、订货合同、供应合同备查簿、请购单、收货单、退货单等进行设计。采购业务处理程序主要包括以下四个方面。

(一)日常采购计划编制与合同签订程序

(1) 供应部门根据生产计划及存货情况编制采购计划。

(2) 采购计划经审核批准后,与供货单位签订合同。

(3) 会计部门根据采购计划和合同编制财务计划。

(二)临时采购申请程序

(1) 单位因特殊需要临时进行采购时,由请购单编制请购单,送至供应部门。

(2) 供应部门编制临时采购计划,经审核后,一方面,要通知采购人员办理采购;另一方面,要通知会计部门备款结算。

(三)采购验货付款结算程序

(1) 供应单位发货后,将发票、运单和提货单经银行寄往会计部门。

(2) 会计部门将其送至供应部门,据此编制收货单一式四联,并与合同核对后通知仓库准备收货,另将提货单交单位内运输部门到车站、码头提货。

(3) 仓库验收后登记材料卡,并将签收的收货单交至供应部门。

(4) 供应部门再次对照合同进行审核,随后将供货单位的发票、代垫运费单以及收料单一联送至会计部门。

(5) 会计部门主管对照合同副本进行审核,如正确无误,授权出纳办理结算。

(6) 供应部门和会计部门分别进行明细账和总账、有关账户的核算处理。

(7) 实物明细账、金额明细账及总账核对。

(四)采购业务记账程序

采购业务的核算方式与结算方式有关,主要有验单付款和验收付款两种。从会计控制要求上看,应该是收货后付款,但在实际操作中大都是见单即付,这种做法会造成退货还款的被动局面。不论采用何种办法,记账程序中均要考虑货单不能同时到达的客观情况。

1. 应付账款明细账全部登记法

全部登记法的做法是:全部采购业务在发生时均作为应付账款处理,并通过购货日记账进行登记;月底,将购货日记账的金额栏加总过入"材料采购"总分类账的借方和"应付账款"总分类账户的贷方,并把每年购货业务按供应单位记入明细账明细栏。

全部登记法的优点是提供的资料完整,对所有购买款的支付均可以进行监督;其缺点是工作量大,甚至有重复劳动。

2. 材料采购明细账横行登记法

横行登记法的做法是:材料采购明细账分别材料类别(如原材料、辅助材料、燃料、包装物、低值易耗品等)分设账页;根据收料单、付款凭证、发票账单等按横行登记法逐笔登记,用以计算每一批购货的实际成本和计划成本及成本差异;根据每一横行付款记录和收料记录的对比,还能了解哪些是应付账款,哪些是在途材料。

材料采购明细账横行登记法,既提供了序时的购货记录,也替代了应付账款的明细账。

3. 抽单法

抽单法的做法是:供应部门向仓库和会计部门分送收料单的收货联和付款联,仓库验收材料后,将收货联送会计部门在一个箱子存放;会计部门在收到供应单位的发票并送出纳付款后,将付款联存入另一箱子;定期按收料单编号的这两个箱子中抽单,凡抽到的收货联和付款联,表示银货两讫;月末,根据付款联余额编制在途材料明细账,根据收货联余数编制应付款明细表。

采用抽单法可以进一步简化材料采购登账工作,也能及时反映与客户的结算关系和系统反映材料采购情况。但应注意凭证存放的安全性。

在整个采购业务处理程序中,其关键的控制点是实行请购、采购、验收、结算等工作的相分离。

采购及应付账款处理流程见图10-3。

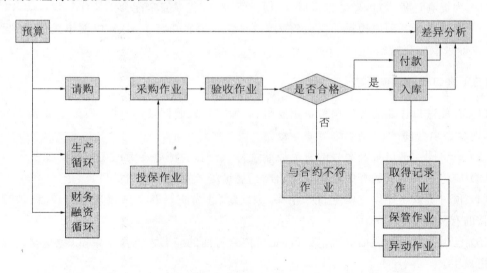

图10-3 采购及应付账款处理流程

三、采购控制重点

（一）请购作业控制重点

（1）请购单位必须详细注明参考厂商、规格形式及需用日期等内容，申请物品需采用特别运送及保存方式者，应加注意事项。

（2）请购单必须经仓管人员先作库存审核，核准时，应遵照核准权限办理。

（3）紧急采购不应经常发生，事后应补开请购单，追究原因是否为不可抗力，有无改善计划。

（4）应定期检查请购单有无延迟采购情形，请购数量应符合经济采购量要求。

（二）采购作业控制重点

（1）平时应注意收集询价资料，保持最新时效，供应商资料也应随时更新，保持正确记录。

（2）请购单必须经主管核准后，方得办理采购。

（3）办理比价、议价、招标等作业，应符合公司规定，外购进度也应依预定采购程序控制追踪。

（4）大量采购的主料、辅料、包装材料，以合约采购为原则，并应保持两家同时供料，以免受到供货品质的限制而影响生产作业。

（5）重要采购合约签订前，须由法律专家查核。

（6）为提高进货质量，降低进货成本，便于管理，应建立完全配合的协作厂商。

（7）遇到市场各项原物料的供应将大幅变化时，须通知有关部门，以便事先联系；报告呈核后，立即采取应变措施。

（三）进口作业控制重点

（1）有关进口作业的各项预付费用支付、入账、转账、收回及调整时，所附的原始凭证必须核准，内容必须合理。

（2）应将同一进口采购案号的有关原始文件、合约、凭证等逐案汇集归档。

（3）应将进口结汇的有关原始文件、合约、凭证等核对无误后始签付。

（4）预付货款一律以支票支付并抬头、画线、禁止背书转让。须以现金支付者，须符合现金付款的有关规定。

（5）已付款的原始凭证应盖付讫章，支付传票背面的应有领款人签章，以免重复付款或冒领事情发生。

（6）开立信用证，除了秉持公平、互利原则外，更应避免下列条款：

① 开立保兑信用证；

② 押汇手续由买方负担；

③ 可装运于甲板上；

④ 信用证可转让；

⑤ 指定开发银行或押汇银行；

⑥ 可凭仓库收据(尚未装船)押汇等。

(7) 在途产品的交运、保管应求完好,拨交、移转控制力求完整。如有遗失或短少,责任必须明确;逾时甚久的在途产品,应追查原因。

(8) 合约、单据必须订有寄存期间,有逾期尚未处理者,应查明原因。

(9) 注意出账日期与在途日期甚久者是否为久悬账未解,有无虚列账目情形。

(10) 对于在途产品发生遗失及短损,依合约规定处理。约定条款要合理,已支付费用不可损及公司权益。

(11) 核对进口数量与实际数量必须相符,提货时物品若有损坏或短少,应立即请公证机构公证。实收数量少于装运数量的,须办理索赔。

(12) 是否有结汇费用不符规定者,或金额不符情形,核算各项计费方式是否合理,计息起讫日期是否正确,每一项费用是否均有合理凭证。

(四) 验收作业控制重点

(1) 验收作业应依照检验规范的规定办理。

(2) 发票的原物料名称、规格、数量、金额与送货单或验收单必须相符。

(3) 原料验收,必须会同验收部门与采购部门办理。

(4) 如已分批收料,仓储人员应在订购单上注明分批收料日期、数量,以复印件送采购人员。

(5) 不合格的原物料,应通知采购单位退回或扣款。

(五) 不符作业控制重点

(1) 各项违约事件应依《供应管理办法》及合约规定适当处理。

(2) 货品因检验不合格退回更换者,交货日期应以调换补送货品到达日期为准。

(3) 所交货品的品质量、规格与合约不合,但可使用者,如因急需勉强予以验收使用,应经有关主管事前认可,并按规定扣款或作减价处理。

(4) 如因检验不合格退回更换,或因故申请延期交货,必须事前报请公司有关主管同意,并确定逾期罚款或其他处理办法。

(5) 如因非人力所能抗拒的灾害而申请逾期免罚者,必须事后立即检具认可证件。

(6) 因事实无法依采购合约所订裁决者,其违约案件处理方式必经有权人员批准。

(六) 付款作业控制重点

(1) 出纳付款时,应严格核对支付凭证上的金额数目,领款人身份证与印鉴必须相符;如有疑问,应在查询后才能确定是否支付。

(2) 支付款项,除特殊原因以现金支付外,其余一律开立抬头划线支票;如收款人有异议,应立即联络采购或经办人员,经其同意并保证无误后,准予免填,必要时,应呈报总经理核准。

(3) 出纳人员支付各项货款及费用时,支票及现款均应交与收款人或厂商,单位人员不得代领;如因特殊原因必须代领者,应经主管核准。

(4) 支付手续应待支付单据审核完妥并经会计人员编制传票后始可办理。

(5) 对请购对象交货延期的罚款及品质不良罚扣的列计,须经过详细核对,确认合理。

(6) 已到法定或约定支付期限而尚未支付者,应追查原因,并签报催办情形。

(7) 支票送盖印鉴时,应在支出传票或应付凭单上注明银行户头、支票号码及日期。

(8) 已付款原始凭证应盖"付讫"章,支付传票背后应有领款人签章,以免重复付款或冒领事情发生。

(9) 领款日期与列账日期相隔时间较长的,应查明原因。

(七) 差异分析控制重点

(1) 差异如是人为因素造成,应追查并惩戒或奖赏。

(2) 材料质量不良造成单位的损失,在许可范围者必须索赔。

(3) 从国外购置物件应利用金融避险工具,锁定成本,或将因汇率变动造成的损失降至最低。

第六节　存货业务处理的设计

存货是指企业在日常活动中持有的以备出售的产成品或商品、处在生产过程中的在产品、在生产过程或提供劳务中耗用的材料和物料等。工业企业存货包括原材料、周转材料、自制半成品、库存商品、在产品、在途材料、燃料、辅助材料、委托加工材料等。商业企业存货包括库存商品、家具用品、物料用品、周转材料、在途商品等。工业企业的存货又可以划分为材料存货、在产品存货和库存商品存货三大类。本章以材料存货为例进行阐述。

一、存货业务内部控制要点设计

存货业务内部控制要点是存货业务处理程序所要实现的目标。其主要内容有以下六个方面:

(1) 各种存货的收发,均须以有关负责人审核批准的凭证为准,并要及时登记入账。

(2) 材料的请领、审批、发放、保管与记账、核对应由不同人员负责,不能由一人包办。

(3) 材料储存规定合理的定额,其领用尽可能地采用限额凭证进行控制。

(4) 对加工的材料、外存材料、待收回的包装容器等本单位存货,要设账登记并定期与有关单位核对;对外来加工材料,应与本单位材料分开保管,并作有效的会计处理。

(5) 对残料、废料对应设账登记,应有专人负责其回收、利用,材料报废、报销应经有关部门或领导批准,对超储积压材料,应定期考核并积极处理,以利加速资金周转。

(6) 对实存材料进行定期盘点,日常收付应实行永续盘存制。

二、存货业务处理程序设计

首先,应对各种存货进行科学的分类和编号,确定正确的计价方法和实物盘存制度与永续盘存制度。其次,要对存货业务处理过程中所使用的各种凭证与报表进行设计,如对领料单、领料登记表、限额领料单、收料汇总表、发料汇总表、存货收发结存表、材料吊卡、盘点盈亏报告单、存货报废审批单等进行设计。

（一）材料领发业务处理程序

（1）领用部门编制一式四联领料单，并经本部门负责人审核批准。

（2）供应部门接单后审核，符合领料条件的单证签字后，转交仓库。

（3）仓库根据批准的领料单发料，并将领料单第一联随料给领用部门。

（4）领料单第二联退还供应部门，据以登记材料明细账。

（5）仓库依据领料单第四联登记材料吊卡。

（6）会计部门收到领料单后，暂时保存，月末，与领用部门转来的领料单核对后编制发料汇总表，并编制记账凭证后进行总分类核算。

材料领发业务程序中的关键控制点是对用料、发料、记录、核对等工作要进行分离。

（二）委托加工材料发料业务程序

（1）生产计划部门根据生产情况需要与外单位签订加工合同，并编制委托加工领料单一式五联，一并送供应部门审批。

（2）供应部门审批后在领料单上签字，将第一至第三联送仓库部门发料，第五联退还生产计划部门，第四联留存据以记录材料明细账。

（3）仓库发料，并将第一联随料交给运输部门，第二联送会计部门，第三联留存据以记录材料卡。

（4）运输部门将材料交付加工单位后，并由加工单位在第一联上签收，回单位后交给会计部门。

（5）月末，会计部门将第一联、第二联、第五联核对后编制发出材料汇总表，并编制记账凭证，进行总分类核算。

委托加工材料业务处理程序中的关键控制点是将材料领用、运输、发料、记账等过程进行分离，形成相互牵制。

（三）委托加工材料完工验收付款业务程序

（1）供应部门收到完工收料通知单和加工费发票后，经过核对无误后编制委托加工收料单一式三联，送仓库，通知收料。

（2）仓库依据收料单验收加工材料，并将收料单第一联送会计部门，第二联留存记录材料吊卡，第三联送供应部门。

（3）供应部门将第三联与发票核对无误后，在发票上签章并送会计部门，并根据第三联记录材料明细账。

（4）会计部门对发票审核后通知出纳付款，月末，依据收料汇总表和付款凭证进行总分类核算。

（四）产品生产完工交库业务处理程序

（1）生产部门对经质量部门检验合格的完工产品编制产品交库单一式三份，并随产品送交仓库。

(2) 仓库依据交库单验收产品,并在交库单上签章,其中,第一联送会计部门,第二联返回生产部门,第三联留存记录存货吊卡及存货明细账。

(3) 月末,生产部门依据交库单第二联汇总编制生产产品汇总表送会计部门。

(4) 月末,会计部门将交库单汇总编制产品入库汇总表并与生产产品汇总表核对,编制记账凭证,进行总分类核算。

(五) 存货业务记账程序设计

存货业务记账程序,是指企业对所有存货收、发、存等业务进行会计核算的处理程序。存货业务记账程序应依据存货品种多少、收发业务繁简、所采用的盘存制度、计价标准等因素来设计。

1. 双重登记法

采用双重登记法,除仓库保管员在收发存货时应登记存货吊卡外,供应部门核算员还应根据存货收发凭证登记存货实物明细账;会计部门根据各种存货收发凭证登记存货金额明细账,同时将各种凭证汇总登记存货总账。采用双重登记法的核对方法是:核算员明细账要与保管员吊卡核对,保证账卡一致;实物数量明细账应与金额明细账核对,保证结存数一致;金额明细账与总账金额应相符。

2. 汇总账页与库存月报结合法

采用该种方法时,供应部门登记既有数量又有金额的材料明细账,并按月编制库存月报表;平时,会计部门对仓库材料明细账卡记录要加强复核,月终编制材料收发汇总表进行总分类核算,并将材料总分类账户的余额与库存月报表中的余额核对。

为了保证材料明细账记录的正确和检查各类材料资金定额的执行情况,应在每本材料明细账的首页设置一张材料汇总表账页,每隔三天或五天,根据有关收料和发料的凭证汇总登记一次,一般只登记该类材料的收入、发出和结存的金额。材料汇总账页的结存金额,应与材料明细账的各种材料结存金额核对准确。月终,供应部门根据汇总账页上的收入、发出和结存的金额,编制库存月报表。会计部门根据供应部门、仓库、材料部门的材料收发凭证,经审核后编制收料汇总表和发料汇总表,据以进行总分类核算,并将材料账户与库存材料月报表上的有关金额进行核对,做到账账相符。

3. 余额轧差法

余额轧差法是对总分类账与明细分类账的核对工作,它不是把所有明细账余额加总后与总账余额核对,而是编制一张余额轧差表,只对本期发生收发业务的明细账进行核对,以保证总账与明细账的一致。核对方法是用所有收发凭证的合计余额轧差与发生变动明细账余额轧差进行核对,其公式是:

$$\frac{\text{收入凭证}}{\text{金额合计}} - \frac{\text{发出凭证}}{\text{金额合计}} = \frac{\text{变动账页期末}}{\text{余额合计}} - \frac{\text{变动账页期初}}{\text{余额合计}}$$

余额轧差表中只要左右轧差一致,就说明总账与分类账记录是一致的。

三、存货作业控制重点

(一) 仓储作业控制重点

(1) 仓储管理必须配合各期的销售及生产计划,使材料与物料的储存经常保持至最低必要限度(安全存量),同时能随时供应生产。

(2) 各种原物料、半成品、制成品均应编号,分类编号的原则为:①简单;②弹性;③完整;④单一。

(3) 确定到货日期与验毕日期;若是大量采购,原物料应分批陆续交货,以免过分集中,同时控制原物料的交货期限,以免临时赶办。

(4) 检核原物料的名称、规格、数量及品质应与原订单相符;如果原物料数量较多,采用抽检方式决定物料合格或拒收的标准。允收标准须合理。

(5) 物品入库均应办妥入库手续,出库时也一样。

(6) 物品的储存应依类别分设料架,并分格编号,以利存取。

(7) 库房安全设施必须完善,同时应办理保险。

(8) 易燃、有毒性的危险材料,应与其他材料隔离储存。

(9) 领料时必须有领料单,同时经有权主管盖章后,仓库方得发料,并在领料单上加盖"发讫"戳记,同时过入账册。

(10) 领料单应连续编号,空白及作废的单据也应保存。领料单上如有更改,应经主管签章。

(11) 领料量异常时,应追查原因。退料入库时,应办理退料手续;点收后,应分别存储并登记入账。

(12) 生产过程所发生的废料、损耗比率是否过高,因尾数、磅差或自然损耗所引起的损耗是否正常。

(13) 呆滞废料收受、保管、折价出售等内部控制力求良好。呆滞废料的折价出售应经请求后办理,缴款程序应依规定办理。

(二) 投保作业控制重点

(1) 投保金额与投保项目力求适当。

(2) 保单到期应办妥续保手续。

(3) 各种保险权利义务力求明确。

(4) 投保费用有无异常。

(5) 各项应保险的物品均应投保。

第七节 生产业务处理的设计

一、生产控制的目的与内容

任何生产企业在产品制造之前,必须先经设计规划,协调配合,使各种资源能适应供应并充分利用。在生产过程中,更需要有严格的管理和控制,使工作能顺利而不发生错误和损失,也即是对生产系统既要有长期决策,又要有短期决策。长期计划决策首先是对产品品种的选择与决策,这种决策应在国家计划指导下为满足社会需要和市场需要,并使企业获得一定经济效益,在确定产品方向、选择产品品种、开发新型产品等有关产品问题上所作的各种抉择;其次,是对产品生产过程与生产组织进行决策,如合理安排生产技术准备过程、基本生产过程、辅助生产过程和生产服务过程等;再次,要对产量需求与生产能力进行平衡,把需要与可能结合起来,如把生产任务和生产能力、劳动力、物资供应、生产技术准备工作、资金占用等进行平衡,以求最佳配合。长期计划决策具有长期性、全局性。

为了保证生产系统的正常运转,以创造有利的生产条件,使企业内人、机、物、资金进行最佳结合,以获得良好的经济效益,还必须实施有效控制,进行短期决策。

生产管理包括计划、组织、资源组织、指导和控制等功能。检查目标是否已实现的过程就是控制,为保证实际工作与计划一致而采取的监督、检查、调节和校正等工作,均属于控制范畴。为顺利开展生产活动而进行的业务工作,就是生产控制。

生产控制的主要目的是:力求对生产计划和进行生产这两项职能进行调整,即要准确地掌握作业的进行情况,了解计划与实际生产的差异及原因,并采取措施,使生产接近计划。完美的生产控制系统必须具备产出目标、产出标准、衡量工具、反馈信号和改正行动等五个条件。设定产出标准,即应根据企业长远目标和近期计划而确定生产计划和作业计划,标准要略具弹性,并能相互比较;编制各项报告,如及时编制物料使用报告、价格差异报告、机器停顿报告等,报告要有数字根据,可以是口头的、文字的、图形的或统计分析的形式,报告要一目了然,便于分析比较;衡量工作业绩,即根据标准衡量实际产出以评估多少、优劣及准时或不准时,分析发生差异的原因;改正行动,即根据过去调整未来,及时采取改正行动以防止损失。出了偏差不足为怪,不纠正则会导致控制失误。控制的时机,即控制不只是等待事态发生后的评价,更重要的是在生产过程中适时监督,及时解决进度问题和资源调配问题,防止严重的不良后果。生产控制的程度应视企业的规模与业务的复杂程度而定。

生产控制的任务就是要及时地、全面地掌握生产过程,正确地处理生产过程中出现的各种矛盾,克服薄弱环节,使生产过程的各个环节、各个方面都能够协调一致地工作,保证生产计划和生产作业计划的全面完成。因此,生产控制既包括把生产计划下达给生产部门,进行作业安排;也包括调整生产计划和实际完成的差异,把结果反馈给生产计划部门。

生产控制业务的内容和顺序包括四个方面:一是生产安排,即发出作业指令,进行综合安排和个别安排;二是作业分配,主要进行作业准备、作业分配和作业指导;三是作业控制,即进行进度管理、余力管理(工时管理)和工件管理;四是事后处理,即进行善后处理、不合格品处理和资料管理。按照全面的控制观念,生产控制工作主要包括以下项目:

(1) 根据产品销量、最低库存量及生产能力,估算应生产的各种产品数量。

(2) 根据应生产数量拟订生产计划,并根据每单位产品所需的资源和费用编制生产成本预算。

(3) 根据生产数量、生产成本与仓库保管成本资料,决定最经济的生产批量及最佳利用生产能力的方法,安排分批分期生产计划。

(4) 计算每批次生产所需要的材料种类、数量及人工数量。

(5) 编制生产过程中所需的各种表单,如生产成本单、用料单、派工单等。

(6) 排定设备利用或操作时间表。

(7) 记录制造作业过程,并与计划核对,如有差异,通知制造部门纠正。

(8) 监督产品交库及库存量的控制。

图 10-4 是一般的生产程序控制流程。

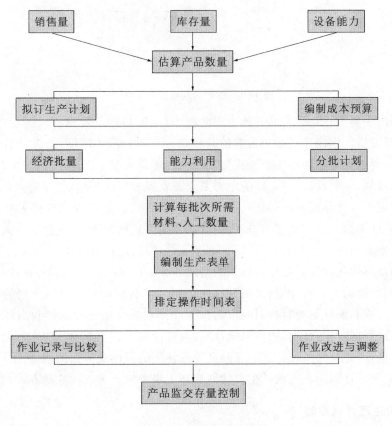

图 10-4 生产程序控制

二、生产计划控制

生产控制的主要目的是力求对生产计划和生产进行调整,因此,对生产计划本身控制是生产控制的主要内容之一。

基于可能发生的各种假定情况,规划所有可能的决策,以便于未来采取适当的行动步骤,即是计划。计划是做好管理工作的基础,是控制的前提条件。生产计划主要是规划作业标准和范围,控制是对生产过程是否遵循作业标准与范围进行监督与修正;规划的正确性与水平,直接影响控制作业的执行与考核;控制作业的正确性与水平,直接影响计划的内容是否得到正确贯彻;计划能够引导作业方向,策划或规定作业的内容,控制能够保证作业正常运行,避免失误,加强作业效果。生产计划与控制之间的基本关系如图10-5所示。

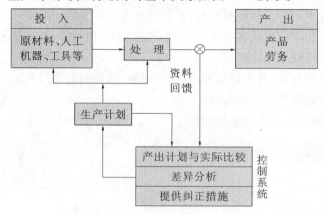

图 10-5 生产计划与控制系统

生产计划的主要工作是在产品开始生产之前,对生产目标及资源投入进行规划和对制造过程、日程进行安排。生产计划必须根据预期利润、市场需要、生产能力、人员负荷、设备状况进行拟订,特别要重点考虑产品生产方式是批量生产还是大量生产,是季节性生产还是配件生产。制订生产计划,一要设定目标,即确定将来业务发展方面的指标;二要拟订政策,即为完成既定目标而制定工作指导原则;三要确立行动方案,即要选择能实现目标的最好方法和做法;四要编制程序,即编制一套有秩序的措施,使行动方案得到准确执行,它包括将人、财、物、事等因素安排在一定时间内的进度表;五要拟订各种规定,以强制执行单位政策。

生产计划及其他各种计划是经营计划的组成部分。构成经营计划的各种计划是互相联系的,某一项计划既制约另一种计划,又被其他计划制约。利润计划是一切计划的基础,其他各项计划均是以完成利润计划为目标而制定的。生产计划既受销售计划和利润计划制约,又制约着生产能力计划,如设备计划、物资采购计划、人员计划等。企业的一切生产活动,都是以生产计划为基础进行。生产计划的实质,就是把经营计划的目标变为生产数量,生产计划的可靠程度,直接影响经营计划能否实现。生产计划控制主要采用下述三种控制方式。

(一) 期间生产计划控制

期间生产计划控制,是指根据市场需要的内容、需要量和企业当前的生产能力,确定将来一定时期内必需的设备、人员和材料的需要量。期间生产计划控制又分为长期生产计划控制和年度生产计划控制。长期生产计划控制是指为确保经营计划的盈利目标而规定的生产数量,它是考虑到长期需求预测、新产品计划以及单位现有的生产能力而制定的。同时,还要根据为完成长期生产计划的需要,拟订追加投资的设备计划,以利于进行设备投资控制。年度生产计划控制,是指为完成一定时期的利润计划,以年度销售计划、长期生产能力计划为基础而规定的生产数量,它是考虑到产品库存标准、新产品更换计划和每月开工均衡等而制定的。同时,还要根据为完成年度生产计划的需要,拟订设备、人员、材料计划,以利于进行生产能力控制。

(二)月度生产计划控制

月度生产计划控制,是指根据大致确定的需要量与内容及年度内生产能力状况,确定必需的设备、人员和得到材料的时间。该种控制是年度计划控制的分期控制,必须考虑月度订货、月末存量及年度生产能力计划等相关因素,如发现订货数量与生产能力有差异时,可采取推迟生产或增加库存的办法加以调整与控制。月度生产计划是在推测 1~3 个月计划的基础上制定的,它是控制生产活动最有效的手段,它必须根据每月的生产能力和订货数量进行生产作业的具体安排。如对产品更新换代的日程安排、生产能力安排、月内每天工作均衡化安排、月末产品存量及库存标准安排等。

(三)日程计划控制

日程计划控制,是指根据已确定的生产内容、需求量和已经得到的生产能力,确定生产开始和结束的时间。日程计划是以月度计划为基础制订的,其根本目的在于控制月度计划逐步实现。

实施生产计划控制时,要使计划具有适应性和灵活性,必须根据生产方式不同而有所侧重。

采取连续生产方式时,其计划的重点应是:进行需求预测,设计生产能力能够适应需求量的工序;根据已定的工序能力,制定经常保持一定生产水平的生产计划;通过调节库存产品来调整销售量和产量的差额;新产品的生产和产品型号改变必须长期地有计划地进行。如果采取连续生产方式,实行计划控制时,应注意对导致差异的一些主要因素进行控制,例如,对生产预测不当、材料订货方式不完备、同销售部门联系不够、初期管理不善、生产安排不适当及机器设备维修保养不善等因素要严加控制,以防止改变初期生产计划、材料供应短缺、改变产量和产品比率、未能达到预定生产水平、生产中断或停产。

采取单件生产方式时,其计划的重点应是:要正确估计订货产品的交货期,不得拖延合同规定的交货期;编制程序计划和日程计划,使各工序的能力能得到经济而不停顿地发挥;迅速掌握工序的余力,并根据情况促进和选择对营业有利的订货;尽量使用通用零部件等。如果采取单件生产方式,实行计划控制时,应注意对导致差异的一些主要因素进行控制,例如,对日程计划的编排方法不好、没有掌握工序的能力和余力、提前期不足、程序计划不完备、预备库存计划不完备、作业标准与时间标准不完备、计划外订货或特急订货的要求不明确、改变交货期限和数量、设计失误或改变设计等因素要严加控制,以防止不能按计划进行作业、制订超过能力的计划、推迟开工生产、改变加工顺序、库存不足或材料迟误或加工不良、生产计划本身不正确、改变初期日程计划、设计迟误等。

三、生产作业控制

生产管理要满足生产的三个条件:生产质量符合需要的产品;在需要的时期生产需要的数量;按照计划成本进行生产。由此,进行生产作业控制至关重要。生产作业控制是一种按照日程计划进行生产的业务控制,它需要准确地掌握作业的进行情况,了解计划与实际生产的差异及其原因,并采取措施,使生产接近计划,确保预定的生产数量、质量与成本开支。由于生产过程受到各种因素的影响,计划与实际生产之间会产生各种差异,如生产速度或快或慢、生产数量或多或少、产品质量或优或劣、成本开支或高或低等。在连续生产方式中,由于零部件、材料和工具准备不齐全而造成计划改变或停产,由于外协件交货期延误而耽误生产,由于机器设备突然发生故障、停电而停产,由于机器设备性能下降、零部件不合格使产品合格率下降、产量不足,由于缺勤增加而造成停顿或产量不足等。在单件生产方式中,由于材料、外协件交货迟误而使生产产量落后于计划安排,由于机器故障或停电造成停产,由于零部件低劣、作业标准不完备造成不合格品增加、返工率提高,由于生产进度掌握不好而造成交货迟误,由于生产工序间衔接不好使在产品不足或呆滞,由于人员缺勤而使作业迟误,由于随意改变作业指示而不能把握各种产品生产进度,由于没有及时报告作业中产生的余力、进度以及成品的异常与变动因而不能采取修正措施等。由此可见,在生产作业过程中,有效地制约各种影响因素,调整生产计划与实际执行之间的差异是十分必要的。即要采取修正差异、使差异消失或减小、或消除差异的一切措施。

生产作业控制的主要内容是生产调度、物料管理、动作与时间研究、作业核算与在制品管理等。但其控制的重点工作应该是作业分配与进度催查。

(一) 生产安排

生产安排是指生产管理部门向制造现场发出的作业命令。生产安排的全过程包括绘制工程图、计算使用材料、需用人工、机器负荷和安排生产日程等。生产管理部门应根据生产计划的安排绘制工程图表和编写工作说明书,作为生产作业控制的根据,说明书应规定用料名称、规格、标准以及各部分施工情形。根据工程图表及说明书,计算所需用的各种材料,以编制用料表,表中应列明用料的种类、名称、规格、数量以及零件等,作为估计用料成本和发料依据之用。根据工程说明书计算需用人工,以编造用工表,列明用工部门、需要工别、工数、时间,以作为估计人工成本和进行劳动力调度之用。计算机器负荷,以决定生产进度,或决定是否需要安排超时工作,是否需要变更原定工作程序,是否需要延长机器作业时间或增加机器设备,是否需要减少订货或推迟交货期等。根据生产所需要的机器时间、可用材料及人工以安排生产日程,发出生产通知单。生产通知单正本送制造部门,通知其准备制造工作;生产通知单副本送会计部门,通知建立成本记录,进行成本计算。生产安排一般分为综合安排和个别安排两种。综合安排就是分发作业计划表,综合发出作业指示;个别安排是指对每项作业发出作业指示。为了迅速而准确地处理日常控制业务,在进行作业安排时,应同时安排使用各种作业传票,如作业单、出库单、移动单和检验单等,以便于控制业务随着传票的运用而及时得到处理。

(二) 作业分配

根据作业指示安排和准备本作业所需要的材料、工具、图纸（作业准备），同时把各项作业按人员、机器进行分配的过程就是作业分配。作业分配是生产调度的实质性工作，主要是授权各制造部门实施产品生产，其主要目的是使企业内的各项业务活动均有适当的人员来负责进行，尤其是要对生产所需人工进行适当安排，使生产作业得以顺利进行，不致发生缺工或工人闲置浪费工时现象。进行作业分配，应做好作业指导工作，即要对每个操作人员具体指示作业的内容和条件，并注意作业的有效进行和防止产生差错。

(三) 进度检查

作业一开始进行，就要一面监督作业的实施情况，一面进行控制，即运用进度管理、余力管理、工件管理等来控制作业。作业控制的主要工作之一就是进度检查。

一般企业当产品正式生产时，都订有生产月报表或周报表，明确记录每日或每周的生产状况。进行进度检查时，主要检查这些进度表并与原定的日程安排进行比较，借以发现差距。或检查工作进度记录图（见图10-6），来发现超前或落后状况。

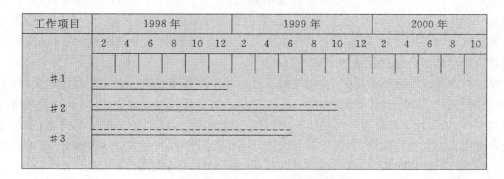

图 10-6 工作进度记录

(四) 差误纠正

通过进度检查，可能会发现实际进度偏离计划进度的现象，对于这种差误，一定要在作业过程中予以纠正，否则，就起不到控制的作用。如发现到期不能完工或无法配合作业，应由原负责控制人员提出各项记录与各该作业主管共同研究分析，如因工人缺勤、物料供应有误、设备损坏或工作效率太低等原因，除针对各项原因个别采取补救措施外，还应修正缺点或原订标准，重新安排进度，并列入特别催查项目，随时加以管制。凡完成的工作量或产品数少于标准或应完成数量，应立即登记，列入缺件单，可根据导致缺件的各种原因分别处理。凡到期未完成者，按延期工作处理；剔退或损坏者，应列入缺件通知单，通知生产管制部门补发重制工作单，并列入催件单内作特别催查。作业过程的工作负荷并非绝对均衡，为了使人力和物力得到充分运用，应随时根据工作的实际状况作适度的负荷调整，以利于提前完成工作进度。凡遇人力或机器有空闲时，应立即通知生产管理部门加发工作命令，以填补空闲；如工作负荷过量，则通知缓发派工单，以免积压。在作业进行中，往往会因为工作积压、设计变更、工具损坏、机器故障、意外事故等导致工作延误，控制或生产部门应随时就有关问题进行检讨和分析原因，并提出解决方案，如调整工作进度、加班加点，以解决紧急问题。

四、质量控制

质量管理是企业生产管理的一项重要工作，其主要职责是确立及执行有关产品质量改善、错误控制及不良产品预防等工作，以确保单位所提供的产品或服务能够达到顾客的要求，促使他们获得需求的满足，并促使质量成本的全面降低。质量控制是指设立质量标准并监控生产过程以确保生产出来的产品皆能合乎所建立标准的一种生产功能，即为了提供合乎规定质量的产品所从事的一切程序、方法、检查和测试等活动。质量控制的主要措施有授权控制、规划控制、作业控制与检验控制等。

任何单位的质量管理，不可能只由最高管理阶层进行，而是必须授权给中下层的经营者进行全面质量控制，把质量管制工作贯彻到整个经营过程和单位的所有机构之中。

质量控制理应确立控制标准或目标，这就有必要进行规划控制。质量控制规划，应根据市场需要和适应竞争需要而制定，主要是制订作业上、设计上和技术上可用的标准，以利对作业中的每一动作采取标准化；同时，对每一功能的责任与权限应有明确的划分。每一单位都应该拟订质量控制的长期规划，以助于有系统地降低质量成本，改善单位的质量信誉，提高职工重视质量的警觉性和消除不合格的产品或服务。

要提高产品或服务质量，必须在制造或服务过程中严格遵守质量及生产程序的要求，实行严格的作业控制，不能有丝毫偏差。一是在大量生产前进行试制及预先生产，其目的是通过试制找出生产上、设计上与材料上可能出现的影响质量的问题，以助于采取防范措施；二是在大量生产时应贯彻自我管制精神，要使每一生产环节的每一个作业员懂得应该做什么、应该怎样做、出了差错应该怎样修正与调节，以保证每一作业环节成果的质量。

虽然单靠检验不能创造出优良的产品，但检验是质量控制的有效方法之一。检验控制的主要目的是稽核质量制度与协助生产达成制程目标，并仔细分析缺点，以便于采取纠正措施。质量检验工作首先要检验购入的原材料质量，并分析所用原物料对制品质量影响的可能性，以助于采取必要的预防措施；其次是检验制程中的半成品，分析每一工序不规范操作对产品质量的影响，并制订纠正不规范操作的措施和校正不合格在产品的措施；第三是进行完工产品的检验，划分等级品、计算不合格率和返工率，并要分析影响产品质量的各种因素以及提出纠正措施和不良产品的处理办法；第四是进行使用产品的检验，即从市场调查开始，检验不良产品，了解产品是否合乎使用者的要求，能否使使用者满意，能否把握住使用者需要，并分析导致使用者不满意的各种因素以及研究改进质量的措施。在进行质量控制时，还可以运用统计学的知识，绘制各种质量控制图，如绘制平均数控制图、全距控制图、标准差控制图、不良率控制图和缺点数控制图等，以助于进行有效的质量控制。

五、生产控制的方法

生产控制的对象是生产作业，而作业是由生产对象(材料)、生产主体(操作人员)、生产资料(机器设备)三要素构成的。因此,生产控制的主要内容是对三要素的控制;控制的主要方法是进度控制、余力控制、工件控制、数量控制与资料控制等。

(一)进度控制法

进度控制主要是对交货期和日程的控制。进度控制的主要顺序是掌握进度,以明确进度的标准,并决定掌握适合于控制对象性质的进度的方法;进行进度超前或滞后的判断,即把进度调查结果与计划加以比较,借以发现差异;修正进度,即发现实际生产同计划有差异,就应该修正进度;延误调查,即查明造成迟误的原因;延误对策,即根据延误状况采取合理的纠正措施;以确认恢复的顺序进行,即促使迟误消除,恢复正常的程序。

在掌握工作进行情况时,既可以以工序进度为标准(过程的进度),也可以以生产数量为标准(数量的进度)。过程的进度是按工作单位调查工件进行到哪道工序并同计划进行比较的方法,它适用于单件生产调查;数量的进度是调查完成多少工件的方法,即要调查每个车间或工序单位每天的实际生产数字,掌握它的累计数字,并同计划进行比较以控制进度,该种方法适用于各种生产方式的生产调查。进度的调查方法理应根据生产类型和生产方式不同而有所变化,但基本上是根据现场和实际报告(利用作业传票和作业日报)掌握进度,把进度记录在进度表上,使品种和进度一目了然。单件生产的调查方法有两种,即按产品调查生产过程进度的方法和按工序调查现有工作量的方法。连续生产一般是按产品和工序不同掌握进度,用数量作为控制标准。如果发现作业迟误,必须调查原因,研究对策。对于迟误问题,应早发现并尽早提出对策,查明迟误原因并明确责任,监督对策实施,并把处理迟误的业务固定下来,以使其制度化。在研究迟误对策时,应编制迟误报表,载明迟误的品种、数量、原因、所应采取的措施、预定完成日期、责任承担者与负责督促者等。对于不合格品的补充方式,应根据不同的生产类型而定,并要同生产数量的确定方法相适应。对于单件生产和小批量生产,应立即补充;对于大批量生产,可使用累计号码方式,工件可从下一批量中提前使用,材料在下一批量出库时集中补充;连续生产时,由于在作计划时就预计了不合格品率,所以无须进行及时补充。

(二)余力控制

能力与负荷之差叫做余力。调整两者平衡,就是余力控制,也叫工时控制。余力主要产生于实际能力与实际负荷之间的差别,即使在计划阶段完全没有余力,由于作业的进行,进度计划与生产实绩之间总会发生差异,同时,生产控制不完备也会导致差异的产生。进行余力控制的主要方法是调查现有工作量(负荷)、调查现有能力(人员和机器)、掌握余力、调整余力等。余力调查方法是按车间和工序(按人员、机器)调查负荷和能力,把两者加以比较,算出余力。在计算负荷时,首先要调查现有工作量,即根据作业传票和半成品的持有量来调查今后的工作量;其次是调查作业超前和滞后情况,即根据产品和工序的进度表整理比计划超前和滞后的作业,查明超前和滞后的工件数,乘以标准工时,计算出余力。在计算余力时,可先计算各班组的余力,然后把各班余力相加计算出总余力并将其与拥有能力反映在一张表里,作为调整余力的依据。在余力控制和作业分配阶段,一般采用短期的余力调整方法(长期的余力调整应在生产计划阶段考虑)。如在能力不足时,可通过加班、其他车间支援、利用外协等来增加能力,如还不够,就延期完成工作量;在能力过剩时,则采取增加工作量(把计划提前或转为内部制造)、支援其他车间、实行间接作业等措施。

值得提出的是,在进行余力调整时,如同在进行质量控制时一样,要组织现场操作人员进行动作与时间研究,不断总结新的经验,提出改善工作的方法,发掘现有的能力。时间研究是用来衡量一名合格操作员在正常的操作水平下,按照规定的方法执行一定工作所需时间的一种程序,实质上是一种方法研究。时间研究的主要目的是为寻求最佳的工作方法,包括动作研究与工作状况的标准化,也为工资率及奖励制度提供根据。动作研究是指分析一操作或工作周期中,操作者本身的动作和眼睛的动作,以便删除浪费无益的动作,建立起较佳的动作顺序,并使动作更为协调,同时也设立最适合的工作环境。动作研究的主要目的旨在发展一套最优化的工作程序,以及设立最适合的工作环境。因此,必须尽可能消除不必要的动作,结合相关的作业,改善各项作业的次序,提高各项作业的效率,减轻身体疲劳,改善工作场所布置及物料搬运程序,促进安全作业,改进产品、工具等设计,尽量将工作程序及工作环境标准化,使职工按最佳方法去执行作业。

(三) 工件控制

工件控制的实质是对在产品的实物控制。由于在产品在各道工序间转移时均会发生形状与设置场所的变更,或者移动的批量被分割,以及加工不合格、损坏、丢失、挪用等原因,都会造成在产品数量上的前后不一致。进行在产品控制的目的,在于确立进度管理的基础,便于数量统计和收付,便于搬运与保管,防止在制品过剩或不足,防止在产品丢失和损坏等。要想准确掌握各道工序间在产品的变动情况,就需要报告每天的产量和不合格品的情况,并记录在进度表和生产台账上。单件生产时,应根据作业传票(作业单、转移单、出库单等)和作业报表取得实际生产报告;连续生产时,根据各车间连续使用的传票(收付卡片)和生产台账取得实际完成生产情况的记录。同时,还要定期盘点,查清数量,并调整差额。为了提高在产品管理的准确性,除了应用上述控制手段外,还应采取适当的控制措施,如确立在产品的保管场地与保管方法,明确保管责任,建立车间(工序)之间的交接制度,并在工件单或转移单上注明在产品名称和数量,准确地进行计量,切实处理不合格品和损坏等。

(四) 数量控制方式

生产控制阶段的数量控制方式,应对照生产计划阶段确定产量的方法来进行研究。主要的数量控制方式有以下四种。

1. 生产指令控制系统(生产号码管理)

这种控制方式适应单件生产和小批量生产方式,因为零部件生产数量与装配的台数一致,只需生产每项订货的数量。这种控制方式适用于从零件生产到装配的全过程,对于不合格品则进行善后处理,并要及时补充。

2. 库存控制系统(备件管理)

这种备件的数量控制方式与各配件的生产数量(装配台数)无关,只须按照经济单位进行加工,并在一定范围内保持库存量。对不合格品在计划阶段应作出估计,并用库存量调整。

3. 流动控制系统(流动管理)

这种控制方式可应用于流水作业的连续生产,对不合格品在制定每月计划时应作出估计,然后确定购买数量,并用工序中的在制品数量进行调整。进行控制时,除需要掌握每天的生产数量(月累计产量)外,还需要掌握在产品余额,利用生产台账进行控制。

4. 累计号码控制系统(号码机管理)

如果在装配的台数上附有连续号码的累计顺序号(使用号码机),同时在零部件上也附有累计顺序号,通过简单整理就可以掌握装配的台数并知晓所用的零部件是过多还是不足,方便于数量控制。这种方式是生产号码管理的具体应用,适用于连续生产和大批量生产方式,其不合格品处理可采取事前处理方法。

(五) 资料控制

资料控制是指依据书面数据的一种生产控制。即每天进行实绩记录,作为生产控制的一种手段,同时履行规定的报告手续。现场记录一般以作业传票、台账、日报表为主,也可根据内容整理成周报表、旬报表、月报表或季度报表。记录基本上以作业个人和机器为单位,再按班组和车间汇总。

记录的事项依据业务种类、作业种类和使用目的而有所不同。实绩记录的主要项目有生产数量、不合格品数量、作业时间、材料使用量、作业条件等。根据考核作业效果需要,除财务资料外,还应有以下四方面资料:

(1) 人工控制资料。人工控制资料范围甚广,其中,以数字表达的或比率分析的,主要有工资与总费用比率、直接工资与间接工资比率、采购人员费用与订货比率、加班费用与正常费用差额、浮动工资与固定工资比率、意外伤害事故的额外开支等。

(2) 物料控制资料。物料控制资料主要包括产成品、半成品、原料等控制资料,主要有产成品存量、在产品存量、原材料存量、报废或不良品与合格品的比率、接收检验妥善率和副产品价值等。

(3) 机器控制资料。主要是指考验机器的使用效能、保养、维护方面的资料,主要有所有机器使用率、保养维护费用、产品价值与固定费用比率和单位时间产量等。

(4) 综合控制资料。主要是指与上述三者或其他有关生产控制相关的数据分析资料,如改进或调整的可能性测验资料、在产品所占资金额度的分析资料、在产品占用场地面积大小的资料和其他工作效率资料。其他工作效率资料如人工效率资料、订货生产的生产管制效率(按期交货次数比率)、存量生产的生产管制效率(购货次数超过最大存量次数在总计划次数中所占的比率)和存量周转率(全年总销货价值与平均存量价值之比)。

实行资料控制,还应定期编制实绩报告,或采用作业传票报告方式,或采用作业日报表报告方式。生产控制中应有的报表有实际完成产量与计划产量比较表、实际完工日期与计划完成日期比较表、工作落后理由说明书、实际生产量与可用能量比较表、停工原因分析表、安全事故报告、废坏品及重制报表、废弃材料报表、怠工及停工损失报表、其他有关生产工作绩效的报告(如生产率、运转率、周转频数等)。

六、生产和成本控制措施

常用的生产和成本控制措施如下:

(1) 生产计划、生产预算和生产日程安排与管理、存货管理相协调。

（2）建立独立于生产部门的产品质量控制部门。

（3）对生产设备、设施进行适当维护和及时修理。

（4）在数据的输入、处理和输出各环节采取适当的控制措施。当然，对于服务业（如法律服务业、会计服务业和保险业）、零售业和制造业等不同的应用系统来说，具体的控制措施是有差别的，但控制的基本原理相同。

（5）采用适当的技术并保证生产能力的合理利用。

（6）对设备、设施进行适当的布局，以满足生产经营流程的需要。

（7）编制适当的文档资料来记录生产活动，并做好文档资料的保管工作。

（8）定期、准确和及时地向管理层提供繁简适度的生产和成本报告。

（9）生产报告和成本报告的编制和审核分别由生产部门和会计部门负责。

（10）生产通知单应预先顺序编号，妥善保管并定期与有关文件核对调整。

（11）只有被授权的人员才能编制和审核生产通知单。

（12）物料和人工耗费单应预先顺序编号，妥善保管，其编制和审核由生产部门负责。

（13）领料单和工时卡由车间班组长编制，妥善保管，未经授权不得接触。

（14）领料单和工时卡应预先顺序编号，妥善保管，未经授权不得接触。

（15）负责成本核算的会计人员汇总领料单，并与生产报告上的物料耗费记录进行核对；如发现差异，及时向会计主管汇报。会计主管应在报送给管理层的会计报告中指出重大的差异。

（16）负责成本核算的会计人员应将工时卡上的记录与生产报告上的工时记录进行核对，如有差异，应及时向会计主管汇报。会计主管应在报送给管理层的会计报告中指出重大的差异。

（17）在条件允许的情况下，可采用标准成本法进行成本核算，此时，应定期对成本标准进行检查和必要的调整。

（18）负责成本核算的会计人员，应将生产报告上的产量和入库的产成品记录进行核对，如有差异，应及时向会计主管汇报。会计主管应在报送给管理层的会计报告中指出重大的差异。

（19）由负责成本核算的会计人员在汇总有关成本数据后，编制生产成本的会计记录，并由会计审核人员进行复核。

七、生产和成本控制重点

（一）生产规划控制重点

生产规划控制重点包括以下内容：

（1）原料及人工的使用须经济合理，工作方法及机器设备与工具均有具体规划。生产计划如有缺失，应及时检讨修正。

（2）应经常查核工作人员的工作方法，使用的机器、设备、工具等是否均依制度设计进行。对于制度规划不合理处，应随时改正，以提高工作效率。

(二) 负荷规划控制重点

负荷规划控制包括以下内容：

(1) 测定单位现有的工作能量，以便及早规划补充人力与机器设备的方式、途径和资金来源。如人力补充不符合经济原则，可以加班方式解决，但也应尽早规划，以便预计加班的额外成本。如无法加班，更应及早规划，以免不能依约准时交货影响单位信誉。

(2) 应将计划加班的工时与进度列入生产日程安排项目，对于实际加班情形，也应查核是否有故意延迟情形，加班工时应注意有无确实记录。

(三) 委托加工控制重点

委托加工控制包括以下内容：

(1) 比较委托加工与自制成本，确定有利的委托加工者。

(2) 依委托加工作业程序决定与厂商订立加工合约，合约中应列明质量标准、交期、收料规定等。

(3) 必须建立受托加工单位的设备能量、财务状况、品质及交货期等资料，调查有无再委托情形。

(4) 单位应不定期前往加工厂商抽检品质或盘点事项。

(5) 委托供料的收料规定必须合理，超用时，应依合约规定赔偿。

(6) 受托加工单位应依期交货，经公司检验后办理收料，品质不良者，除退回重加工外，如超过允许损耗率，应于工资计扣或按市价赔偿。

(7) 受托加工单位所发生的余废料应依合约规定缴回公司。

(8) 核对工厂支付应与合约规定相符，付款条件、收款人等必须一致。

(9) 托外供料应依所需加工量逐批供料，不需一次全部交运，致寄存量过多。托外加工量和托外加工合约书与申请的供货量、期限必须相符。

(10) 委托加工料品运转日数应控制在 60 日以内，查明产销有无脱节。

(四) 进度作业控制重点

进度作业控制包括以下内容：

(1) 排定工作日程时，对各项工作应做动作时间研究，以了解员工操作的熟练度，找出最经济的方法。

(2) 对产品的制造过程先有相当的认识，然后对加工的先后操作次序作适当安排。

(3) 作日程计划时，制程时间必须稍微放宽。

(4) 应考虑销售业务状况，适当地调整安排日程计划。

(5) 原物料、人工均应安排妥当，生产制程必须善加控制，尽量做到全面管理。对于突发状况，应有妥善处理办法。

(6) 生产制造的各种进度与成本必须详加记录。

(五) 生产管理控制重点

生产管理控制包括以下内容：

(1) 了解实际进度与计划进度发生差异的原因。
① 是否原计划错误；
② 是否机器设备故障；
③ 是否材料缺乏，致停工待料；
④ 是否不良率或报废率过高；
⑤ 是否在制品库存量不平衡；
⑥ 是否临时工作或特急订单的干扰；
⑦ 是否由于前过程延误之累积；
⑧ 是否员工缺勤或流动率太高；
⑨ 是否员工工作情绪低落；
⑩ 是否员工不了解计划、不遵守计划，或自行变更工作程序等。
(2) 实际生产与计划是否相符，如有差异，应追查原因，拟订处理对策。
(3) 生产异常时，应立即作出反应。
(4) 各过程的操作标准、作业方法、时间等已建立的，应确实执行，适时修正。
(5) 对于正在制造的产品，如因客户要求变更，应由营业部门及时通知主管部门及生产单位修正。
(6) 原物料应作妥善规划及严密管制，尽量避免不良料或缺料，以免影响生产。
(7) 应经常检讨有无机器、人员工作负荷量过多、过少或负荷不均的情形。
(8) 负荷过量时所采取的余力调整方案，应考虑经济与时效。
(9) 负荷不足时，应充分利用余力。

(六) 质量管理控制重点

质量管理控制包括以下内容：
(1) 力求落实产品质量管理执行情况。质量管理自原料开始至成品交客户，任一环节均不得松懈。原物料或制造程序均应制定明确标准并认真衡量。如有不合标准，应立即设法调整或更换原物料，以保证产品质量。
(2) 公司采用连续性生产，材料除于进货时做好进料检验外，尤须注意生产线上各阶段的质量管理，以确保产品的质量。
(3) 质量管理绩效应列入记录，作为各部门人员考核奖惩的依据。
(4) 统计分析质量不良原因，并采取各种改进措施，防止日后发生类似情形。

(七) 设备保养维修控制重点

设备保养维修控制包括以下内容：
(1) 为维护设备性能，提高生产能力，年度与月份保养计划的编制应参考产销计划、机器性能及以往保养记录。
(2) 保养工作应依保养程度由不同人员负责，并建立保养标准。
(3) 有关机器设备的修护应登记于记录卡，作为保养人员绩效考核的依据。
(4) 领班交代簿对运转机器异常的处理情况应交代清楚。
(5) 保养使用材料应设定基准控制并依计划使用，如有差异，应检讨原因并改进。

(6) 追查保养计划实际实施情形与计划的差异,分析故障原因,提出改进措施。

(八) 安全卫生控制重点

安全卫生控制包括以下内容:

(1) 安全卫生维护标准切实遵守政府法令规定,重视环境保护的意义,维护环境整洁,注意员工健康。

(2) 工业安全的各项作业必须遵照有关法令规定办理。妥善防止意外灾害的发生,对员工职业病的调查、预防、处理也应积极注意。

(3) 每年的安全卫生教育训练必须落实,同时列入个人记录。

(4) 积极做好环保工作,并将各种污染减至最低。

(九) 生产成本控制重点

生产成本控制包括以下内容:

(1) 查核直接材料、间接材料成本的计算,必须符合会计制度有关成本会计的规定办理。

(2) 查核当期直接材料、间接材料耗用量及单位用量。

(3) 查核领用、退库程序及计价方法必须符合规定。

(4) 了解成本的计算方法并力求正确。

(5) 外包人工必须符合规定。

(6) 当期直接人工、间接人工须有记录及其工作内容。

(7) 生产及服务(非生产)部门制造费用发生数是否在预算范围内,有无超支。

(8) 制造费用报支应依照会计制度及税法的范围。

(十) 差异分析控制重点

差异分析控制应包括以下内容:

(1) 成本的计算方法及程序必须合乎规定。

(2) 材料的计价应按照规定办理。

(3) 人工的记录及计算必须依据一定标准。

(4) 制造费用的分摊应符合规定。

(5) 成本计算基础前后必须一致。

(6) 费用分摊于生产部门的标准力求合理,前后应一致。

图 10-7 列示了一般工业企业的生产流程,据此可以了解生产和成本控制重点。

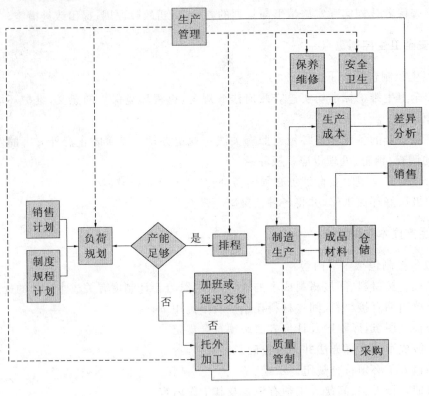

图 10-7 生产流程

第八节　销售业务处理的设计

销售就是企业卖出自己的产品、商品并取得货币收入或取得收款权利的过程。任何企业的经营目的,最终都是要把自己的产品推销给使用者或为顾客提供劳务;工业企业的销售有产成品、自制半成品、提供工业性劳务等产品销售,还有外购商品、材料、提供非工业性劳务、固定资产出租、无形资产转让等其他销售。商业企业主要是外购商品销售,包括批发和零售。

一、销售业务内部控制要点

销售业务内部控制要点是销售业务处理程序要实现的目标。其主要内容包括以下几个方面:

(1) 销售合同签订、开票、发货、收款记账等职务要进行分离。
(2) 销售价格的确定,销售方式、结算方式的选择,要经单位有关负责人审批。
(3) 发票、发货票要连续编号,对缺号情况要彻底查清,签订合同、开票均要经过有关负责人签章。
(4) 销售业务尽可能根据合同进行,销售发票中的品名、单价、数量、金额及付款方式要填列清楚,并要与合同一致,且经专人复核。

(5) 对于非合同销售和门市部直销,应建立严密的审查制度。

(6) 如发生赊销业务,应对债务人进行信用调查,并按规定办理批准手续。

(7) 预付账款应按合同的规定执行,及时与客户办理结算手续。

(8) 废料、残料出售视同一般销售,销货退回须经有关负责人批准后方能办理销账和退款手续,退货要及时入库。

(9) 制订合理的催收政策和现金折扣条件,按不同的债务人设立应收预付账款明细账并定期进行对账,定期编制应收账款账龄分析表,设立应收账款坏账备查簿,坏账转销要按规定进行审批。

(10) 合理确认销售的实现,并要完整地登记入账。

二、销售业务处理程序设计

对销售业务处理程序进行设计时,首先应考虑对销售业务处理中所使用到的有关凭证和报表进行设计,如对订货销售发票、分期付款发票、应收分期付款明细表、发货单、销货退回单、应收账款余额及账龄分析表等进行设计。销售业务处理程序设计主要有以下四个方面内容。

(一) 订货销售业务处理程序

订货销售是指企业根据客户订单要求设计和生产专用产品的销售。其处理程序如下:

(1) 销售部门接到订单后,按订单要求的内容编制订货发票一式四联,第一联交客户作为提货用,第二联和第三联送生产部门安排生产,第四联销售部门暂存。

(2) 生产部门按订单要求安排生产,产品完工后通知客户提货,交货后,第三联留存记录生产情况,第二联签署交货情况退回销售部门。

(3) 销售部门将第二联与第四联核对无误后,将第二联送交会计部门,第四联仍然留存;会计部门根据第二联编制记账凭证,办理货款结算。

(二) 发货制销售业务程序

根据合同要求,由供货单位直接发运货物给购货单位的销售,即发货制销售。其处理程序如下:

(1) 销售部门根据合同规定编制发货单一式五联,第一联和第二联送仓库备货,第三联和第四联送运输部门通知提货并办理发运手续,第五联暂存。

(2) 运输部门到仓库提货,仓库用第二联来记录产成品吊卡或明细账,第一联返回销售部门。

(3) 内部运输部门提货后办理托运手续,并从承运单位取得提货单、运费单送交销售部门,第四联作为出门证用。

(4) 销售部门将发货单第一联和第五联核对后开出销售发票一式三联,并按运费单编制代垫运费清单;销售部门将发票第一联和第二联、发货单第一联、代垫运费清单、提货单、运费单一并送交会计部门,自己留存发票第三联和发货单第五联。

(5) 会计部门根据所收到的凭证编制结算凭证,办理结算手续,并据此编制记账凭证。

(三) 提货制销售业务程序

提货制销售有提货制赊销和提货制现销之别。提货制现销业务的处理程序如下：

(1) 销售部门收到客户申请和支票后，开出发票一式三联和提货单一式四联，将发票第一联交客户，提货单一、二、三联交客户提货。

(2) 仓库收到提货单发货，提货单第一联交还给客户作出门证，第二联返回销售部门，第三联留作记录存货吊卡和产成品明细账。

(3) 销售部门将提货单第二联与第四联核对后，将发票第二联、提货单第二联及支票交会计部门。

(4) 会计部门根据收到的凭证审核后编制记账凭证，出纳将支票送存银行，并根据交款单及其他凭证登记有关账项。

(四) 销售业务记账程序

1. 销售明细账记账程序

(1) 采用按产品或劳务类别分别设置销售收入、销售成本、销售费用、销售税金等账页和销售汇总表的记账方式。平时，发生时应在各自的账页中登记，期末，分别结转至"本年利润"账页，并根据各销售明细账编制销售汇总表。

(2) 采用按产品或劳务类别，将销售收入、销售成本、销售费用、销售税金账户设在同一账页的记账方式（记账方法同上）。

2. 应收账款明细账的记账程序

(1) 销售发生时，应按每一应收账款客户设置账页收账款明细核算，进行应收账款明细核算。

(2) 应用抽单法。应收账款发生时，不作明细账记录，只是到期末才根据有关凭证记录应收账款明细账。当销售成立时，将销售发票中的记账联和收款联分别存放；当收到客户货款时，就抽取相应的记账联和收款联，直接作销售收入、银行存款或现金账户处理；期末，根据尚未抽取的收款联和记账联作应收账款与销售收入的账户处理。

图 10-8 是一般的销货和应收账款流程图。

三、销货及收款控制重点

(一) 销售预测控制重点

销售预测控制包括以下内容：

(1) 应考虑政治、文化、经济层面。

(2) 应分长、中、短期并根据情况变迁随时修正。

(3) 以整体观念既衡量单位内在情况，也评估单位外界整体经济因素的影响。

(4) 重新考虑各种变数，而非全部沿用历史资料作为判断依据，以求更符合实际现况。

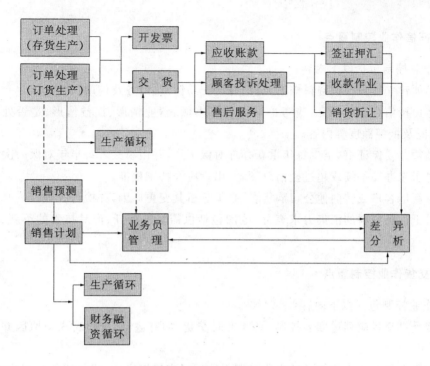

图 10-8　销货及应收账款流程

（二）销售计划控制重点

销售计划控制包括以下内容：

（1）计划应尽可能地数量化，以易于测量。

（2）编制销售目标应考虑企业内外环境的可能影响并切合实际，在现有客观情况下有达成的可能，同时具有挑战性及主动性。

（3）销货预测的编制应由各有关部门共同参与，并结合单位经营者的意图。

（4）每季结束后，应将实际业绩与预算目标确实比较，检讨得失，采取行动。

（5）执行预算时，应经常比较现时环境与原预估情况，如有显著差异，应及时修正。

（三）订单处理控制重点

订单处理控制包括以下内容：

（1）接受订单核章手续必须齐全。

（2）订单涂改应有盖章或注记。

（3）营业人员报价应依规定办理，售价应考虑估计成本的正确性，加计合理利润。

（4）核准售价不能超过权限。

（5）营业人员与客户谈妥交易，应经客户确认，交货进度应列入控制。

（6）单位售价、总价等计算必须正确。

（7）优待条件与公司规定应符合。

（8）应注意质量，要求条件必须符合单位制作能力。

（9）订单变更时应随即处理。

（四）征信作业控制重点

征信作业控制包括以下内容：

（1）必须建立客户征信资料档案，登记有关交易情形、财务及信用状况。

（2）客户授信总额的拟订，应考虑对方的资本额、营业情形、损益情形、是否处于创业期间、信用保证及抵押额度等内容。

（3）必须办妥保证书，至少每年重新办理对保工作，并由第三者每半年对保一次。

（4）对于未办妥手续或超过授信总额者，出货应经特别核准。

（5）对新增客户或转向他公司购货者，必须分析其变更原因，并检讨改进。

（6）对于市场资料的汇集力求充分，范围包括供需量的变迁、产品技术的革新、竞争者的策略等。

（五）交货作业控制重点

交货作业控制包括以下内容：

（1）接受订交货应列进度表控制，必须准时交货；如有逾期，应检讨未交原因并提出改进对策。

（2）生产人员对于客户要求的交货日期无法于预定日期完成，或无法依排程生产时，必须及时反映到业务部门进行处理。

（3）交货种类、数量应与客户订货单、发票上的内容一致。

（4）预备交运货品应与其他库存品分开置放；货品打包时，包装要符合订单要求，各项资料填写清楚。

（5）客户退货应于交运开立发票日起算60日内办妥，送会计办抵缴营业税；查明退货原因及改善对策并办理顾客投诉处理报告。

（六）签票作业控制重点

签票作业控制包括以下内容：

（1）发票的开立应依法规定办理，内容应与出货单相符。

（2）会计单位应待原发票的收执联及扣抵联收到后，才将发票作废，重新开立正确发票；同时将有关单据另卷保存，以便检查核对发票作废原因。

（3）注意有无跳开发票情形，空白及作废发票应适当保存，以便连号控制、勾对。

（七）应收账款作业控制重点

应收账款作业控制包括以下内容：

（1）应收账款明细账与未收款的客户签收出货单必须相符。

（2）销货明细表应与收款通知单相符。

（3）逾期的账款应查明原因。

（4）退货必须扣抵应收账款。

（5）每期均应提列备抵坏账，金额力求适当，呆账冲销应经核准。

(八) 顾客投诉处理控制重点

顾客投诉处理控制包括以下内容：

(1) 对于顾客投诉案件，应作迅速妥当的处理；对顾客质疑事项，应作适当说明；对客户所提意见，应分类统计并分析检讨。

(2) 顾客投诉问题发生，责任应明确归属，理赔金额力求合理，手续必须完备。

(3) 退货发生原因应按规定扣减相关人员绩效奖金，退货应按规定折价登账，查明有无特定客户的退货次数较多。

(4) 退货的原发票必须即时收回，每笔退货均交由会计及仓库登账，对退换的货品应依规定调整内容。

(5) 对于理赔案件，必须详加检讨，并采取适当的改进措施；对于销售中需奖惩者，也应确实执行。

(九) 签押作业控制重点

签押作业控制包括以下内容：

(1) 有关装船、签证、报关、押运等各项业务，应列表作进度控制，并按规定确实执行。

(2) 前述各项运费、保险费、报关费及其他费用的申请核准手续，应依规定办理，支付金额必须计算正确无误。

(3) 外销文件应按客户订单编号归档并编制目录索引，以利日后资料搜寻。

(4) 文件档案必须指定专人保管，未经授权者应严禁接触或翻阅。

(5) 支付外销佣金，必须有合约并取得结汇证明或其他证明文件。

(十) 收款作业控制重点

收款作业控制包括以下内容：

(1) 应重视发货、开具发票及按期收款等有关作业间的密切联系，不致产生脱节或疏漏现象。应收账款的认真查核及按期勤于催收至关重要；呆账发生情况及增减变动原因应及时查明，并迅速采取必要行动，以期改进。

(2) 收款通知单存根联应连续编号，如有作废，应收回收款通知单业务联并盖"作废"章。

(3) 非销货客户的应收票据，应留意取得的原因，账务处理作业上应与销货的应收票据分开。因背书转让取得者，应另行列示。

(4) 原始或背书转让的票据，应注意追索时效。

(5) 列为呆账冲销的票据，应注意是否经主管核准。

(6) 每月底核对银行对账单及送存银行代收的票据时，公司账载应与银行记录相符合。如有不符，应编制调节表，列明不符原因；调节表由出纳及应收账款登录员以外的第三人负责编制。

(十一) 折让作业控制重点

折让作业控制包括以下内容：

(1) 销货折让必须经权责主管核准后办理。
(2) 销货折让应取得客户签章的折让证明单,并办理有关税收的扣抵。
(3) 因外销事故而发生的销货折让,应取得税法规定的证明文件,如国外客户索赔文件、公证机构出具的证明等。

(十二) 异常账款控制重点

异常账款控制包括以下内容:
(1) 异常账款发生后,应依单位规定迅速处理并确保公司债权。
(2) 必须详细分析检讨异常账款发生的原因,并采取各种防范改进措施。

(十三) 差异分析控制重点

差异分析控制应包括以下内容:
(1) 分析产品别售价、成本、毛利,以了解产品别经营价值。
(2) 分析营业收入的消长,利用前后多期趋势变化分析数量、单价、营业额增减与市场景气、销路拓展情况的关系。
(3) 核对销货成本的计算及揭示方式,费用分摊应力求正确。
(4) 各项推销成本的归属以及支付的发票、收据均须正确。
(5) 计算销货成本应依单位规定及会计制度确实执行。
(6) 编制产品别的销货毛利分析表时,应考虑各项不同交易条件,在同一基础上相互比较;比较分析时,应计入直接销售费用,如运费、保险费、佣金等。
(7) 计算方法的变更、影响损益等因素应作一比较,并作必要的充分表达。
(8) 有关调整项目对成本或盘盈(亏)的影响列入本期应经核准,金额力求合理。
(9) 查核货品交运日期、入账日期、收款日期、结汇日期有无拖延异常事项。
(10) 销货折让或退回,有无经过核准,并检查原因。
(11) 比较不同客户售价、佣金率的差异情形。
(12) 比较同一客户不同期间佣金率的变动情形。
(13) 运费必须合理,依规定费率支付,查明是否有因装运方式不合理致运费增加的情形。
(14) 油单领用登记必须翔实,同时详细统计每一车辆用油的合理性。

第九节 投资及融资业务处理的设计

投资是企业为了通过分配来取得收益,或为了资本增值,或为了对被投资企业施加影响、改善贸易关系等其他利益而持有的资产。融资即筹措资金。投资和融资活动是单位重要的经济活动,要保证投资和融资的完整性、有效性,必须强化其控制。

一、投资和融资业务内部控制要点

(一) 投资业务内部控制要点

对外投资包括企业以现金、流动资产、固定资产等对外进行的短期投资和长期投资。其控制要点是：

(1) 对证券的授权买卖、保管、会计记录实行严格的分工，应由不同的个人分工处理。

(2) 建立、健全证券保管制度，或自行保管，或委托证券公司保管。

(3) 设置账簿，按证券的品种详细登记证券的名称、面值、号码、数量、取得日期、购入、购入成本、券商名称、已收利息或股息等。

(4) 凡企业拥有的证券除记名证券外，应在购入时办理记名登记手续。

(5) 实行定期盘点、核对制。

(二) 融资业务内部控制要点

企业融资渠道很多，如发行股票、债券和各种借款，大多数企业是以长期借款的方式进行筹资。长期负债内部控制要点如下：

(1) 举债时应作缜密分析，以选择合适的举借渠道和方式。

(2) 发行债券应符合国家规定，并应经过公司最高管理层批准。

(3) 正确处理举债的利息费用。

(4) 债券交易应有完整的会计记录，并要进行准确的会计核算。

(5) 编制还款计划或建立偿债基金。

(6) 接受银行、信托投资公司等部门监督。

二、投资和融资业务处理程序设计

在投资和融资业务处理中，往往需要使用一些内部凭证和账表，因此，有必要根据需要设计股票投资登记簿、债券投资登记簿、股本明细表、股东名册、短期和长期借款明细表、应付债券明细表、应付债券溢(折)价摊销表等。

(一) 投资业务处理程序

1. 证券购入业务处理程序

(1) 投资部门编制《股票(债券)投资计划建议书》，经批准后，据此编制证券购入通知单一式两联，一联留存，另一联交会计部门审批后转出纳。

(2) 出纳部门根据通知开出支票，经审核盖章登收后交证券公司。

(3) 收到证券公司的有价证券后，出纳部门根据证券、支票副本及购入通知编制付款凭证，据以登记银行存款日记账。

(4) 会计部门收到付款凭证及有关单据，登记证券投资登记簿及有关明细账。

2. 证券出售业务处理程序

(1) 投资部门根据市场价格与单位投资目标实现程度，提出证券出售申请，经审批后编制证券出售通知单,交证券经纪人办理卖出手续。

(2) 会计部门收到出售单据以及银行转来的收账通知,核对出售申请及出售通知单后进行明细核算。

3. 证券投资收益业务处理程序

(1) 会计部门根据上市公司的股利分配公告和证券公司的股利收入划账单据及银行转来的收账通知编制有价证券投资收益表,并作投资账户处理。

(2) 投资收益表一份交投资部门备案。

(二) 融资业务处理程序

1. 股票发行业务处理程序

(1) 企业证券部门准备发行申请材料,如财务审计报告、资产评估报告、招股说明书等,送交证券主管部门审批。

(2) 主管部门审批后,证券部门在核定的总额范围内授权委托证券公司销售股票并签订承销协议一式两份:一份自留,一份由证券公司保存。

(3) 证券公司销售股票结束后,将股东交款单及股东名册送交企业证券部门,企业证券部门审核后登记股东名册,并将交款单送交会计部门。

(4) 出纳部门收到证券公司转来的交款清单和银行收款通知时,经审核后编制收款凭证并登记银行存款的日记账,并将收款凭证和有关单证交企业证券部门。

(5) 企业证券部门在股东名册上登记收款日期,并将收款凭证和有关单证送会计部门进行财务处理。

2. 股利分配业务处理程序

(1) 企业证券部门根据股东大会通过的股利分配方案进行分配,登记股利登记簿并编制股利分配清单一式三份:自留一份,两份送会计部门。

(2) 会计部门对清单进行复核后登记应付股利明细账,一份清单转出纳部门。

(3) 出纳部门根据分配清单,签发支票连同清单送证券公司委托发放股利,并按支票副本编制付款凭证,登记银行存款日记账,付款凭证和支付副本转回会计部门。

(4) 会计部门复核登记应付股利明细账,并通知企业证券部门在股利备查簿中登记股利支付日期,会计部门应定期进行账账核对。

3. 债券发行业务处理程序

(1) 企业证券部门准备申请材料并送交银行主管部门审批,材料包括公司章程、可行性研究报告、资信机构评估报告等。

(2) 审批合格后企业委托证券公司发行,并签订承销协议一式两份:一份自留,一份送证券公司。

(3) 证券公司发行结束后,将交款清单送企业证券部门,据以填列应付债券明细表,并将交款清单送交会计部门。

(4) 出纳部门收到交款清单和银行收款通知时,审核后编制收款凭证据以登记银行存款日记账,并将收款凭证及有关单证送交企业证券部门。

(5) 企业证券部门据以应付债券明细表中登记发行日期,并将收款凭证和有关单证转送会计部门。

4. 银行借款业务处理程序

(1) 企业财会部根据需要提出借款申请审批书,并送交银行审批。

(2) 银行根据有关政策对企业借款申请进行审查,同意后与企业签订借款合同一式两份,一份留存银行。

(3) 借款入账时,出纳会计部门根据银行收款通知和借款合同等记账。

图 10-9、图 10-10 分别列示了投资业务流程和融资业务流程。

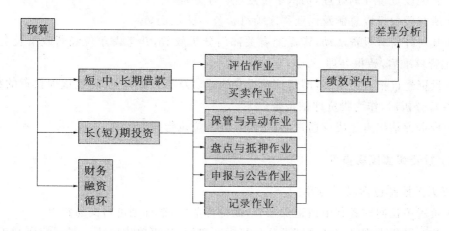

图 10-9 投资业务流程

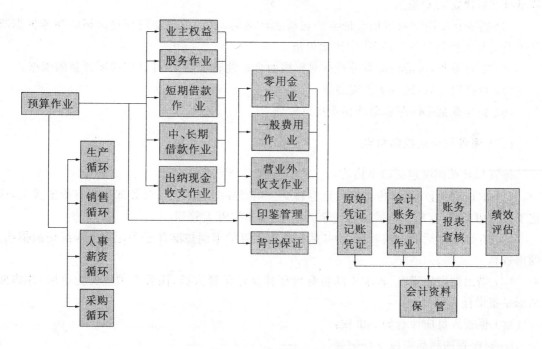

图 10-10 融资业务流程

三、投资控制重点

(一) 投资评估控制重点

投资评估控制包括以下内容：

(1) 有关投资事务的处理，均依单位处理程序办理。

(2) 所有股权投资总额及作业程序须符合公司法规定。

(3) 凡对外所有投资活动，皆需经有关部门分析效益，并考虑单位经营政策及资金状况，经权责主管核准后，始得办理。

(4) 投资建议报告产生后，即将该项投资的建议及相关资料汇集，就该项投资的特性进行评估及效益分析后，作为投资评估报告。

(5) 投资评估报告经决议通过后，交付负责单位执行投资事宜。

(二) 投资买卖控制重点

投资买卖控制包括以下内容：

(1) 负责单位向财务部申请追加预算，取得资金后，按计划进行交易买卖。

(2) 需要在集中交易市场或证券公司买卖证券的，负责单位应依市场行情研判买卖时机，签呈核准后决定买卖价格。

(3) 需要在集中交易市场或证券公司买卖证券的，负责单位须将交易价格的参考依据或计算及交易条件签呈核准后，决定买卖价格。

(4) 如有需要，可洽请证券分析师对价格的合理性表示意见，并详细说明评估的依据。

(5) 价格决定后，进行买卖交易。

(6) 交易资金应依融资循环作业规定处理。

(三) 保管与异动控制重点

保管与异动控制包括以下内容：

(1) 取得有价证券后，应将有价证券转交公司财务部门保管。财务部接到有价证券后，应记于投资明细簿，存放于防护措施健全的场所，并指定专人管理。

(2) 有价证券欲借出或领出，均须取得权责主管的书面核准并于登记簿上详细记载借出、领出资料。

(3) 借出期限届满时，若未主动将有价证券交还保管人员，保管人员应负责追回，并将此情形呈报责任主管处理。

(4) 保管人员应注意如下事项：

① 对保管的物品需设立登记簿。

② 对保管的物品需指定专人管理。

③ 登记簿需随时维持完整且详细的记录，以供查阅。

④ 经营人员对于有价证券，应随时检查其还本付息日期，按期收回本金，领取利息或股息，并于收到后将资料转交会计，据以编制传票入账。

(四)盘点与抵押控制重点

盘点与抵押控制包括如下内容:
(1) 负责单位不定期实施有价证券抽盘作业。
(2) 每半年实施一次有价证券定期盘点,并请会计师会同参与盘点。
(3) 盘点时,就实际盘点数填写盘点卡,注明差异原因及处理对策。保管人及盘点人签名后,应交责任主管核准,会计应就差异部分予以调整。
(4) 所有盘点人员对本身工作职责及准备事项,必须事前深入了解。
(5) 所有财务盘点以静态盘点为原则,盘点开始时,应停止财物的进出及变动。
(6) 有价证券抵押作业须经责任单位主管核准后,依一定抵押程序办理。

(五)申报与公告控制重点

申报与公告控制包括以下内容:
(1) 取得或处分投资的股权,应于发生之日起两日内依规定公告,并检附相关资料向证监会申报,上市后,须将副本抄送证交所、证券商等部门。
(2) 有关投资股权的公告,由财务部按规定格式撰稿,经签核后,始可对外公告。

(六)投资记录控制重点

投资记录控制包括以下内容:
(1) 所有投资标的均应设置账卡列管。
(2) 账列证券如供作质押、债务保证或寄托保管等,均须详细记录。
(3) 各项有价证券的投资收入、股利等,应按期领取及记录。
(4) 有价证券交易保留出售证券成交单、交易税完税凭证及所得税申报资料等,应设立专档备查。
(5) 结账日有价证券的市价资料应妥为保管。
(6) 因持有有价证券而取得的股票股利或资本公积转增股本所配发的股票,依有价证券的种类分别注记所增加的股数。
(7) 长期股权投资采用权益法评价者,若被投资事业符合有关特别规定,被投资事业的财务报表应经会计师查核签证。
(8) 长期股权投资与有价证券期末评价及会计处理,按会计制度规定办理。

(七)差异分析控制重点

差异分析控制包括以下内容:
(1) 各项长短期投资是否均依规定处理。
(2) 买卖、保管、盘点及公告作业是否依既定程序办理。
(3) 盘点结果如有差异,应加以检查分析并立即处理。

第十节 其他财务作业处理的设计

以上各节阐述了很多方面的财务、会计作业处理程序,本节就以上未涉及的一些处理程序及控制重点加以分别阐述。

一、预算作业控制设计

(一)预算编制程序

单位预算规划应以单位经营目标为基本依据。经营目标应根据单位高层管理人员的经营理念、外在环境变数、内在优势及限制制定。当单位经营目标确定后,应根据过去的营业状况、同业竞争状况及未来发展趋势,制定长期及年度营运目标,并作为编制单位整体计划及预算的依据。

为了便利预算规划工作,各单位应由高层管理人员及有关部门负责人组成预算审议委员会,预算审议委员会应由最高行政负责人领导。营业目标确定后,应交由预算审议委员会讨论,并责成部门据以制定部门目标、计划及预算。每年自1月1日起至12月31日止为预算年度。次年预算应在上年10月1日起开始筹编,11月底前应将编妥的年度预算送交各单位,预算编制程序如下:

(1)营业部根据经营目标拟编年度销售预算,经预算审议委员会审核后,转交各相关部门配合编制年度预算。

(2)生产部根据销售预算中的产品类别、数量及库存产品计划,拟编生产预算,并完成原料、人工、制造费用、资本支出等预算。

(3)采购部门根据原料预算、原料库存计划及资本支出预算等拟编采购预算。

(4)营业部、管理部根据销货预算分别编制推销费用及管理费用预算。

(5)财务部拟编现金流量计划及财务收支等营业外收支预算。

(6)财务部或会计部汇总所有各部门拟编预算资料,并补充编制现金收支预算表、销货成本预算表、营业外收支预算表、预计损益表及预计资产负债表。

(7)预算审议委员会审核初步拟编预算方案,必要时,作部分或全盘修正。

(8)董事会审核预算审议委员会呈送的全年度预算方案。

年度预算经董事会审定后,应向各单位说明预算编制的精神与要点,使全体员工均能了解单位的整体目标,以利年度预算的执行。各部门执行预算时,可将全年预算分摊至各月份,以便比较控制;实际支出时,应随时注意控制标准。每季应将预算金额与实际金额作单季比较与累计比较,并分析差异原因,予以改进。若差异是不可控因素而产生,则应据以修正营业目标或有关预算。

(二)预算编制控制重点

预算编制控制重点包括以下内容:

(1) 编制预算必须由各相关部门人员共同参与。

(2) 营业部门的销售预算必须切合实际并具挑战性,注意各部门的成本及费用预算有无浮滥。

(3) 年度预算公布实施,应向各部门有关人员充分说明编制要点及预算目标,并设法排除任何疑虑,必要时,召开研讨会或座谈会对实施预算步骤及方法详细说明。

(4) 尽量使支出不要超过预算,但也不可囿于预算而减少原本应当支出的部分。

(5) 每季结束,将预算收支金额与实际收支金额作单季及累计金额比较,计算其差异,列表分送各有关部门,研究分析产生差异的原因并采取必要行动改正缺失。如差异是外界因素造成的,则应针对实际情况修正以后期间的预算。

二、股务作业控制设计

(一) 股务作业程序

单位发行股票,应根据《公司法》及《证券法》等有关法规规定办理。单位股务部门负责下列事项:

(1) 关于新股发行、股本减少、股票分割与合并。

(2) 股票的过户、挂失、遗失补发、质权的设定及消减。

(3) 股东或质权人及其法定代理人的姓名、地址及印鉴等的登记或变更。

(4) 股东名簿及附属账册的编制与管理。

(5) 股票的保管、换发、交付及签证。

(6) 股东大会召开通知的寄发及其他对于股东的通知或报告的寄送。

(7) 股利的计算、发放及代扣税金。

(8) 股份的统计及依法规规定应向主管机关或其他有关机关提出的报告或资料的编制。

(9) 关于上列各项附带的其他事项。

股务部门依有关法规公布下列各项有关资料。

(1) 开股东大会时:

① 股东大会召开日期;

② 停止过户日期;

③ 盈余分配内容;

④ 分派股利基准日。

(2) 增资配(认)股时:

① 配(认)股基准日;

② 停止过户日期;

③ 缴款期限及代收股款机构;

④ 配(认)股内容。

(3) 增资股票制作及发放:

① 交付股票日期;

② 股票发放及上市日期。

股务部门按期将下列资料登报公告,并送证监会、证券交易所及有关部门。

(1) 每月董事、监事、经理人及持有股份达股份总额一定比例的股东股权变动表。

(2) 董事、监事、经理人及持有股份达股份总额一定比例的股东办理质权设定公告通知书。

(3) 每月营业收入。

(4) 每季、半年、全年的财务报表。

公司股利发放作业依下列程序办理。

(1) 董事会依公司财务及营利状况和其他政策考虑决定是否发放股利、发放方式及数额。

(2) 财务部门调度规划发放现金股利的财源。资源调度没有问题后,始可向股东大会提出。

(3) 股东大会通过或修正董事会提出发放股利议案,发放股利内容向证监会报备。

(4) 股东大会通过发放股利的议案后,股务部门应将下列事项公告并书面通知股东:

① 股东大会决议内容;

② 现金股利的除息日或股票股利的除权日。

编制基准日的股东名册,并编制股利发放清册。

(5) 如为现金股利,应由会计部门依据股利发放清册制作传票,依会计制度规定办理一切手续后转送出纳部门发放现金股利。为简化发放手续,一般委托金融机构代为支付。

股东领取股利时,应具备股利发放书、身份证、印章核对无误后,并在股利清册上盖章后领取。若由金融机构代支,则应填入代支日期、银行名称。

(二) 股务控制重点

(1) 本期内如无盈余可资派发股利时,其由资本公积项下拨充股利的条件,应合于《公司法》的规定,并报经证券主管机关核准。

(2) 股东领取股利时,应注意下列各项作业程序:

① 股东必须在基准日前办妥过户手续,才可以领取股利。

② 股东领取股利时,印鉴须与登记印鉴相符。

③ 股东领取股利时,应出示股利发放通知书、身份证明、印鉴,核对相符后发放。

④ 股东领取股利时,应在股利清册上盖章。如由金融机构代发,则应填入代发银行名称及代发日期,以便查考。

(3) 办理股务的控制要领在于股务登记准确迅速,如股东办理更换印鉴、股东过户、股票挂失、质权设定、股票遗失补发、户籍或通讯地址变更等异动事项,公司股务部门均能正确、迅速处理,满足股东的愿望与要求。

(4) 发放股利手续力求简化,便于股东领取,一切处理程序应符合《公司法》及其他有关法规规定。

(5) 审计部门应根据已发行股票明细表核对股票存根,并盘点空白股票的张数。

(6) 有换发收回作废股票的情形时,审计部门应抽查作废股票,并查核作废原因。作废股票的销毁经呈报批准后,由财务部主管监督股务部门,会同审计单位派员办理。

三、负债作业控制设计

(一) 负债作业程序

单位负债可分为短期负债和长期负债两类。凡单位在营运过程中所需的短期周转金,其期限在一年之内的称短期负债,包括一般短期信用借款、票据融资、外销贷款、银行透支等。

凡为中长期营运资金需求计划的目的,而向金融机构办理融资者,期限超过一年以上者,则为长期借款。

银行透支应预先与银行订立透支合约。企业如遇资金需要周转时,可以向银行透支,所有透支条件及利率,出纳部门应事先与银行约定,以备不时之需。

短期借款的举借及偿还均应按规定手续办理,并依合约规定核付利息。借款如有担保品者,担保品的收据应妥为保管,债务清偿时,办理注销设定登记或收回质押。

凡因购建固定资产等而须使用长期资金时,如公司自有资金不足,应举借中长期借款。向银行或其他金融机构举借中长期借款,应充分了解对方规定的限制条件、担保情形、偿还期限、利率等,再考虑应否举借。债款合约如订明抵押事项,提供的产权文件及登记应确实能够控制,还款时即予收回。

公司需要资金周转,应视需要性质及回收期间长短,决定借款的种类及期间。正常情况下短期借款利率较低,中长期借款利率较高,发行公司债券金额较大、手续较繁、需分期还本付息,但筹措偿还财源较为稳定。各种借款方式各有优劣,须视实际情形斟酌决定。

到期应偿还借款,若财务状况有显著衰退,偿债有困难的,宜及早提出改进建议。

(二) 负债作业控制重点

(1) 借款前应先分析举债用途、利弊得失等以及获利来源,获利率是否足以偿付利息,并衡量举债经营对公司财务状况的影响,再决定是否对外借款。

(2) 对员工、股东、附属公司或关系人的借款,应分别列示。

(3) 中长期借款如有一年内须用流动资产偿付者,应转列流动负债。

(4) 借款如是指定用途借款,应依计划或约定行事,不可移作他用。

(5) 凡因长期性投资,如购置固定资产、转投资等而需使用资金,应举借长期借款,避免以短期借款支出,以免投资尚未回收便须偿还借款,影响公司正常的资金周转。

四、营业外收支控制设计

(一) 营业外收支作业程序

凡作为营业外收支处理的业务,应首先查明是否符合有关规定,其计算正确与否,有无将不是营业外收支事项列作营业外收支。

(二) 营业外收支作业控制重点

营业外收支的各项资料必须力求正确无误,严禁将非营业外收支项目列入营业外收支或反其道而行之。

五、印鉴管理

印鉴管理作业程序如下。

(一) 印鉴管理作业程序

(1) 印鉴与支票应由不同人员保管。
(2) 办公室与总务单位应编列单位印章清册,凡有新刻印鉴均列入登记。
(3) 各单位需盖用支票以外的印鉴时,应先填盖印申请书,经核准后始得盖印。

(二) 印鉴管理控制重点

印鉴管理控制重点包括以下内容:
(1) 单位印章应详细登记,并不定时盘点。
(2) 单位印章不可借出,如有需要,一律由申请盖印者填具盖印申请书,呈请用印。

六、背书保证控制

(一) 背书保证作业程序

以单位名义对其他单位背书保证的金额及对单一企业的背书保证金额,应根据单位或董事会决议或由三分之二以上董事签具同意书办理后请股东会备查。申请背书保证的公司,有下列情况不予接受办理:
(1) 已签背书保证金额超过规定限额。
(2) 有借款不良或债务纠纷记录者。
(3) 资本额低于总资产额规定的额度者。

符合《背书保证办法》的背书保证事项,由办公室了解后,填列背书保证事项承诺表,连同契约书及签发的票据,呈交总经理核准。应对背书保证事项每单一事项予以归档。另外,会计部门应根据承诺表上的资料,登载于背书保证事项登记簿。

单位的背书保证余额,依规定格式内容按月公告并函证监会备查。保证到期时,办理权利义务结清,并办妥注销或解除事项,另填对外保证解除通知单,通知会计部门。若单位需相关企业保证或互为保证时,由办公室拟稿,经总经理核准后发函。

(二) 背书保证控制重点

背书保证控制包括以下内容:
(1) 申请背书保证应在规定范围内,并依《背书保证办法》办理。
(2) 背书保证相关资料必须记载明确。
(3) 背书保证解除或注销时,应依规定办理。

保证背书及票据控制表见表10-1。

表 10-1　保证背书及票据控制表

年		摘要	保证内容							日期	金额	余额
月	日		承办行库或权利人	票据各类	行库账号	票据号码	保证或背书人	保证金额	到期日期			

核准：　　　　　　　　　　　复核：　　　　　　　　　　　制表：

七、凭证处理控制

（一）凭证处理程序

外来凭证如有下列情形，不予接受：
(1) 书据数字计算错误的。
(2) 收支数字显然与规定及事实经过不符的。
(3) 有关人员未予签名或盖章的。
(4) 其他与法规规定不合的。
内部凭证应有规定格式，印妥后备用。
记账凭证应小心防范下列情形：
(1) 根据不合法的原始凭证设计的。

(2) 未依规定程序设计的。
(3) 记载内容与原始凭证不符的。
(4) 应予记载的内容未予记载,记载简略不能表达会计事项的真实情形的。
(5) 计算、缮写错误未按照规定更正的。
(6) 与相关法规不符的。

收支传票经出纳人员执行收付款后,应在传票及原始凭证加盖"收讫"或"付讫"章。

(二) 控制重点

(1) 审核外来凭证时,应注意其记载事项均依下列规定办理:
① 统一发票或收据的抬头为本单位。
② 统一发票专用章应与采购单上所载供应货品厂商相符。
③ "日期"应为收货单或实际报销当日。
④ 销货商号单必须注明商号全称、地址等。
⑤ 私人名义出具的收据,应详填出具人姓名、地址、身份证统一编号,并盖印章等。
⑥ "摘要"栏所列品名应与采购单所列品名相同。
⑦ 数量、单价、单位应与订购单、验收单相同。
⑧ 数量、单价必须等于总价,并与中文大写金额相符。
(2) 内部凭证审核应注意下列事项:
① 必须依单位规定格式填写。
② 必须依核准权限呈请核准。
③ 支付的数据计算必须合理。
(3) 报支凭证应详加审核,与政府规定或公司规章必须相符,如有不符或不妥之处,应立即提出意见,或提请报销部门补办或更正。
(4) 审核原始凭证中各级经办人员的核章必须符合规定,核章日期是否衔接。如不合规范的,立即提请说明或补办。
(5) 如发现各项凭证或附件盖有传票编号章、审核章或付讫章者,应拒绝审核,并立即报请主管查办。
(6) 书据、文字或数字如有涂改痕迹,其涂改处须负责人签章证明。
(7) 单据审核无误后,经办人应在每张凭证上加盖审核章,并呈主管复核。

八、会计账务处理控制

(一) 会计账务处理程序

会计账务处理的程序如下:
(1) 各项账务作业应依单位会计制度规定处理。
(2) 各交易事项应采用最合适的会计科目及最适当的处理。
(3) 将传票或记账凭证的交易登录于总分类账科目汇总表。
(4) 依总分类科目汇总各科目的借贷合计数过入总分类账各科目。

(5) 根据传票将各交易事项登录于各科目明细分类账。

(6) 每隔固定期间,将各明细分类账同一科目所辖子目的余额相加,并与总账科目余额核对。

(7) 结账前,须将各种应调整科目作适当的调整。

(8) 会计年度终了,应将各会计科目结账,虚账户结转本期损益,实账户结转下期。

(9) 编制各种财务报表,以表达单位在此一会计年度的经营成果、年度结束时的财务状况及现金流量变动情形,作为债权人、股东及管理当局及主管公司、证券及税务机关的参考。

(二) 会计账务处理控制重点

会计账务处理控制重点包括以下内容:

(1) 会计科目的运用必须适当,同时符合会计制度及有关规定。

(2) 每一会计事项的发生均依会计制度办理。

(3) 会计凭证、簿籍、报告的设置,应符合会计制度及有关规定。

(4) 会计事务的处理符合会计制度规定。

(5) 过渡科目及暂记账项应按期清理。

(6) 折旧及利息的计算、各项费用的确认,应依规定办理。

九、财务报表查核控制

(一) 财务报表查核程序

1. 应收账款的查核

(1) 适当表达应收关系企业及个人的款项及票据。分别列示非因营业而发生的其他应收款项及票据。

(2) 催收款项转列至其他资产并提列适当的备抵坏账。

2. 固定资产的查核

(1) 固定资产为供营业上长期使用的资产,其非为目前营业上使用,按其性质列为长期投资或其他资产。

(2) 已无使用价值的固定资产,按其净变现价值或账面价值的较低者转列其他资产;无净变现价值者,将成本及累积折旧冲销,差额转列损失。

(3) 未完工的设备,已多年未再进行建造者,转列其他资产。

3. 长期股权投资的查核

(1) 因持有有价证券而取得股票股利或资本公积转增股本而增加股票,依有价证券的种类,分别注记所增加的股数,并按加权平均法计算每股平均单位成本。

(2) 依财务会计准则规定,投资方能够对被投资单位实施控制的长期股权投资应当采用成本法核算;投资方对被投资单位具有共同控制或重大影响的长期股权投资,应当采用权益法核算。对于控制、共同控制和重大影响,要依据企业会计准则作出评判。

4. 存货评价的查核

(1) 存货的原料、物料、在制品、制成品及进货成品,如是瑕疵品、过时品、废品或已不适用部分,应依净变现价值评价,并确认跌价损失,于存货项下减除;完好可供出售的存货,期末应按成本与市价孰低法予以评价,列计备抵存货跌价损失。

(2) 说明期末存货计价方式。

5. 折旧、摊销的查核

(1) 折旧性固定资产会因物质因素以及功能性因素导致资产价值逐年递减。闲置设备虽未供营业使用,但仍应继续提列折旧,不得中断。

(2) 摊销和折旧年限在会计上都属于估计事项。估计事项因新资料的取得、经验的累积而有修正的必要时,须有客观的事实及充分的理由,不得仅凭企业主观臆断任意增减摊销或改变折旧年限。

(3) 财务报表应附注说明各项资产提列折旧方式。

6. 资本支出与收益支出的查核

(1) 凡支出的效益及于以后各期的,列为资产。其效益仅及于当期或无效益者,列为费用或损失,不得资本化。

(2) 停工损失不具有未来的经济效益,应依其性质列为营业外支出或非常损失等科目,不得资本化。

(3) 促销产品的广告支出,其未来经济效益具有极大的不确定性,应以当期费用处理。仅专项销售的广告支出确含预付性质,其效益尚未实现的,方可递延。

7. 利息资本化的查核

(1) 须同时有下列三种情况时,方应将利息资本化:

① 购建资产的支出已经发生。

② 正在进行使该资产达到可用状态及地点的必要工作。

③ 利息已经发生。

然而,当企业非因不可抗力事项而停止资产的购建工作,或资产完工可供使用或出售时,应停止利息资本化。

(2) 若企业特别举债以购建一项应将利息资本化的资产,则此借款的利息为资本化利息。

(3) 利息资本化金额不得超过实际利息费用。

(4) 利息支出总额及利息资本化金额应予以充分揭露。

8. 备抵坏账的查核

应收账款的评价应扣除估计的备抵坏账以及适当衡量应收款项的可收现金额,企业应分析应收款项的账龄、担保品的价值等有关资料,以决定应提列备抵坏账的百分比或金额。

9. 或有负债的查核

如已预见或有负债发生的可能性相当大,且其金额可以合理估计的,应依估计金额予以列账;如发生的可能性不大或虽发生的可能性相当大,但金额无法合理估计的,则应于财务报表附注中揭露其性质及金额,或说明无法合理估计金额的事实。

10. 处分固定资产损益的查核

处分固定资产的收益,应依其性质列为当期的营业外收入或非常利益,将该项收益减除其应负担的所得税后的净额,于当期的股东权益变动表示,并应于次年转入资本公积。

11. 所得税的查核

(1) 补缴或退回税款,除估计错误或故意不当估计外,是一种会计估计变动项目,宜列入当期损益中。

(2) 营业成本及各项费用,应与所获得的营业收入同期认列。

(二) 财务报表控制重点

财务报表控制重点包括以下内容:

(1) 单位财务报表应依据《企业会计准则》及政府的其他相关规定等规定编制。

(2) 单位的决算表应能正确表达单位的财务状况、经营结果及现金流量变动情形。

(3) 会计报告对于下列事项应予以注明:

① 重要会计政策的汇总说明。

② 会计变更的理由及其对于财务报表的影响。

③ 债权人对于特定资产的权利。

④ 重大的承诺事项及或有负债。

⑤ 盈余分配所受的限制。

⑥ 有关业主权益的重大事项。

⑦ 其他为避免报表使用者误解或有助于财务报表的公正表达所必须说明的事项。

⑧ 其他经有关法规规定应加说明的特殊事项。

(4) 由于物价或其他经济状况的变动,导致决算不能正确反映企业的经济状况时,对其差异应附适当的说明或补充资料。

(5) 决算表所包括的内容与会计科目的应用及排列应前后一致,有变更的应说明变更情形。

(6) 会计报告的编送除另有规定外,应先审查其需要并由此决定报表的种类与表达方式,尤其应加强对内各管理阶层的报告。

十、会计资料管理控制

(一) 会计资料管理控制

会计资料管理控制包括以下内容:

(1) 各类原始凭证、记账凭证、账册、表单、报表等,平日应妥善保管、装订。

(2) 上述资料应依法定年限及会计资料保管归档办法保管及保存。

(3) 超过保管年限欲销毁者,会计部或财务部应报总经理核准后,会同审计人员执行。

(4) 电脑资料应储存两份,分置于不同地点,由不同的人员保管。

(5) 会计人员交接时,负责保存的资料列为交接项目。

(二) 会计资料控制重点

会计资料控制重点应包括以下内容:

(1) 会计资料应连号或加盖骑缝章。

(2) 不定期抽查保存的资料,以求完整。

(3) 各项资料保存时,应注意打包及储存方式,以易于找寻及保持资料的完整性。

(4) 专设登记簿登记送存的资料,并设保管人、送存人。

十一、绩效评估控制

(一) 绩效评估程序

年度结束后,会计部门应办理年度结算,并依有关财务报表分析计算有关比率,如流动比率、速动比率、存货周转率、存货周转天数、应收账款周转率、应收账款平均收回天数、固定资产占总资产比率、资产负债率、负债权益率、资产报酬率、偿债比率、财务杠杆、股东权益报酬率、每股盈利率等。将上述各指标作以下比较,并分析其发生差异的原因,反馈给有关部门研究相应的改进措施:

(1) 将单位各项绩效指标与历年来各项指标相比较,以视发展演变的趋势。

(2) 将单位各项绩效指标与其他同业的同年度类似的绩效比较,分析其差异并研究其原因,以了解单位在同业之间的经营有利因素及不利弱点,以供各部门主管参考,改进经营绩效。

(3) 将单位的财务报表作同业与不同年度的比较分析,以了解公司资金来资源配置的情形及趋势变化等,并作为改进的依据。

(二) 绩效评估控制重点

评估经营绩效的控制重点在于测定获利能力,研判短期偿债能力及长期财务结构,下列三项指标应特别注意分析研究:

(1) 资本报酬率或投资报酬率;

(2) 流动比率;

(3) 负债权益比率。

附:××有限责任公司印鉴管理办法

一、为健全本公司印鉴刻立、保管、使用、借用等的管理制度,特制定此办法作为施行依据。

二、印鉴刻立的申请

1. 本公司印鉴分设有印鉴章、财务章、保证章、事务章、合约章、发文章六项,依权责区分及风险管理授权由相关人员负责保管(详见本办法第三条)。

2. 各类印鉴刻立的申请,须依程序经呈准最高主管核准后由总务制发,并将印鉴盖好戳印送集团总经理室执行秘书及稽核室备查。

3. 各类印鉴请刻立主管的核决权限如下:

(1) 印鉴章、财务章、保证章由集团总经理核决。

(2) 事务章、合约章、发文章由本公司总经理及副董事长核决。

三、印鉴保管

各类印鉴授权由指定人员负保管之责,详如下述:

(1) 印鉴章、财务章、保证章须置放保险箱内,保险箱密码及钥匙分别由_____ 及_____ 妥为保管。

(2) 事务章、合约章、发文章由该事业部最高主管授权指定人员负责保管。

(3) 票据用印信与支票由不同人员保管。

四、印鉴使用

1. 凡有关公司权益的对外行文、契约订定等事务申请用印时,经办人员须填具用印申请单呈权责主管后送印信保管人员处用印,保管人员用印后,应在申请单上加盖"已用印信"的章戳后留存,且用印申请单妥善保管,以便稽核人员随时抽查。

2. 有关公司的印鉴章、财务章、保证章的使用,除上述程序外并须由_____及_____会同取出保险箱内的印鉴使用。

3. 用印申请权责主管核决权限如下:

(1) 印鉴章、财务章、保证章由总经理及副董事长双签核决。

(2) 事务章、发文章授权由各单位主管核决。

(3) 合约章。合约金额为_____万元以下者,授权由各单位主管核决;合约金额为_____万元以上者,须由总经理及副董事长双签核决;合约金额为_____万元以上者,则由集团总经理核决。

五、印鉴借用

1. 凡人员须借用事务章、合约章时,均应由借用人在借印登记表上注明借出日期、用途、预定归还日期,印信归还后始可注销。

2. 借印登记表由各印保管人员保管。

六、总经理室稽核组将不定期就印鉴刻立申请、使用、借用、保管等进行查核,以确保切实履行本办法所规定之事项。

七、本办法经董事会通过后执行,修正时亦同。

【复习思考题】

1. 会计事务处理一般原则包括哪些内容?
2. 如何理解与应用一致性原则、谨慎原则、支出划分原则和持续经营原则?
3. 资产、负债、所有者权益、收入、费用、利润、财务报告会计处理时应遵守哪些具体准则?
4. 货币资金内部控制要点有哪些?如何进行货币资金业务处理?货币资金控制重点何在?
5. 工资内部控制要点有哪些?如何进行工资业务处理?工资控制重点何在?
6. 固定资产内部控制要点有哪些?如何进行固定资产业务处理?固定资产控制重点何在?
7. 采购内部控制要点有哪些?如何进行采购业务处理?采购与应付账款控制重点何在?
8. 存货内部控制要点有哪些?如何进行存货业务处理?存货控制重点何在?
9. 销售内部控制要点有哪些?如何进行销售业务处理?销售与应收款控制重点何在?
10. 生产业务控制包括哪些内容?其控制重点有哪些方面?
11. 投资业务内部控制要点有哪些?长期负债内部控制要点有哪些?
12. 怎样处理证券购入和证券卖出业务?
13. 怎样处理股票发行、债券发行业务?
14. 预算作业、股务作业、负债作业、营业外收支、印鉴管理、背书保证、凭证处理、账务处理、报表查核、会计资料管理、绩效评估等的控制重点何在?

第十一章 内部稽核设计

【本章概要】

内部稽核是会计机构对会计核算工作进行的一种自我检查或审核工作,它是会计监督的内容,也是内部控制的主要方式。本章主要阐述了内部稽核的职责和范围、方式和方法、会计错弊稽核与交易循环稽核重点。

第一节 内部稽核的职责与范围

《会计法》第三十七条一款规定,会计机构内部应当建立稽核制度。本条与第二款关于实行内部牵制的规定共同构成了我国会计内部控制的基本内容。

一、内部稽核的职责

稽核是稽查和复核的简称。内部会计稽核工作是会计机构对会计核算工作进行的一种自我检查或审核工作,其目的在于防止会计核算工作中所出现的差错和有关人员的舞弊。通过稽核,对日常核算工作中所出现的疏忽、错误等及时加以纠正或制止,从而可以提高会计核算工作的质量。内部稽核工作制度的主要内容,包括稽核工作的组织形成和具体分工,稽核工作的职责、权限,审核会计凭证和复核会计账簿、会计报表的方法。

稽核制度是会计机构内部的一种制度。从会计工作实际情况来看,会计稽核是会计工作的重要内容,加强会计稽核工作是做好会计核算工作的重要保证。所有国家机关、社会团体、事业单位、公司企业和其他组织,只要是会计法调整范围内的单位,设置会计机构或者在有关机构内设置会计人员,都要由会计机构负责人或者会计主管人员指定专人对本单位的会计凭证、会计账簿、会计报表及其他会计资料进行检查或审核,并使该项制度程序化和逐步完善。对个体商户,只要其按照有关规定建立了会计机构,也要建立会计稽核制度。会计机构内部稽核制度是内部控制制度的一种,按照我国财政部发布的《会计基础工作规范》规定,会计机构内部应当建立会计稽核岗位,稽核人员根据各单位的实际情况可以是专职人员,也可以是兼职人员。因此,内部稽核是由会计主管及会计人员依据会计法规进行的一种稽核。内部稽核范围内容有计划审核和财务审核、全面稽核与重点稽核。计划审核是指对计划与预算的制订、执行与控制所进行的审核;财务审核是对现金及其他财物的处理程序所进行的审核;全面稽核一般是定期地对所有会计工作进行的稽核;重点稽核一般是不定期地根据需要对有关重点的会计工作内容进行稽核。

内部稽核程序有事前复核和事后复核。所谓事前复核,是指事项入账前的审核,着重收支的控制;所谓事后复核,是指事项入账后的审核,着重凭证、账表的复核,与工作绩效的查核。内部稽核期间有日常稽核和临时稽核。日常稽核是指按照会计工作程式的需要所进行的经常性稽核;临时稽核是指按照特别需要所进行的非程式稽核。内部稽核的实施方式,一般是书面审核与实地抽查相结合,并应规定分层,划分层别负责,划分办理的范围。会计机构内部稽核工作的主要职责有以下几个方面:

(1) 会计内部稽核应依照会计法、国家统一的会计制度及有关会计规章的规定办理。

(2) 单位及附属机构实施内部稽核应由会计人员执行,未设会计人员的机构,应由指定的兼办会计人员执行。

(3) 单位附属机构日常会计事务的审核,由各机构会计人员负责初核,单位会计人员负责复核,内部审核人员负责抽查;单位本身日常会计事务的稽查,由单位会计人员负责初核,内部审计人员负责抽查。

(4) 会计人员行使内部稽核职权时,向所属各单位调阅账簿、凭证、报表及其他文件或检查现金、票据、证券或其他财物时,各单位不得隐匿或拒绝,遇有询问,应作详细答复。会计人员行使职权时,确有必要可报经受查单位上级主管批准,封存各有关财物或者有关凭证及其他文件,并报有关主管作进一步的处理。

(5) 会计人员执行内部稽核,应先仔细研究有关法规、制度、规章、程序及其他资料,务求充分了解有关规定,并应持有谨慎的态度。

(6) 会计人员对所属机构进行稽核时,应编制一定的稽核底稿,记录机构组织概况、业务性质、重要人事、财务概况及其他重要事项等。

(7) 会计人员对于审核过的账表、凭证、财物等,均应编制工作底稿,应进行适当文件签章证明并加签日期。检查现金、票据、证券的存置状况时,应设底稿登记检查日期、检查项目、检查结果及负责人姓名和签章证明。

(8) 内部稽核人员如发现特殊情况或提报重要改进建议,均应以书面报告,送经会计负责人报请单位主管核阅后送请有关单位办理。此报告应当作内外部审计时参考。

(9) 内部稽核工作底稿及报告等文件,应分类编号进档,并要妥善保管。

(10) 内部稽核与内部审计应合理分工、配合办理,避免重复检查。

二、内部稽核的范围

内部稽核的范围主要包括会计事务稽核、经营预算稽核、财务出纳稽核和财物变动稽核等。

(一) 会计事务稽核

会计事务稽核主要包括对凭证、账簿、报表及有关会计事务处理程序的稽核。其主要内容如下。

（1）会计人员对于不合法的会计程序或会计文书，应敦促更正；不更正者，应拒绝办理，并报告上级主管。

（2）各单位的会计凭证，关系现金、票据、证券收付的，非经会计主管或其授权人签名或盖章，不得执行。对外的收款收据，非经会计主管或其授权人代签人的签名或盖章，不得生效。

（3）会计人员审核原始凭证，发现有下列情形之一者，应拒绝签署：

① 未注明支出或用途或有关依据的；

② 依照法律或习惯应有的主要书据缺少或形式不具备的；

③ 未经事项的主管或主办人员签名或盖章的；

④ 未经经手人、验收人及保管人签名或盖章的，或应附送验收证明而不附送的；

⑤ 未经主办事务人员签名或盖章所发生的财物增减、保管、转移的事项；

⑥ 书据上数字或文字有涂改痕迹而未经负责人员签名或盖章证明；

⑦ 书据上表示金额或数量的文字、号码不符的；

⑧ 其他与相关法规不相符的。

（4）会计人员审核记账凭证，应注意以下事项：

① 是否根据合法的原始凭证而编制；

② 会计科目、子目使用是否正确，有无误列；

③ 摘要栏记录事由是否简明扼要，并与相关原始凭证是否相符；

④ 金额是否与相关原始凭证所载金额相符；

⑤ 是否载明相关原始凭证的种类、页数、号数、日期等；

⑥ 不以本位币计量的，有无证明货币的种类、数量及折合比率；

⑦ 是否编号，有无重号、缺号；

⑧ 记账凭证是否按时装订，并由经办人及主办人员于装订处加盖骑缝印章；

⑨ 记账凭证的调阅、拆订有无按规定手续办理；

⑩ 原始凭证不附记账凭证保管的，是否标明记账凭证号数，是否妥善保管；

⑪ 原始凭证及记账凭证是否按规定年限保管，是否按规定手续办理销毁。

（5）会计人员审核账簿，应注意下列事项：

① 各类账簿的设置是否与会计法及国家统一的会计制度的规定相符；

② 各种账簿记录是否与记账凭证相符，各项账目登记是否完整；

③ 现金日记账每日收付总额及余额是否与总分类账及明细分类账现金科目当日收付及结余余额相符，各明细账余额之和是否与总账相关科目余额相符；

④ 各种明细账是否按时登记，并按月与总分类账有关统制科目核对，是否相符；

⑤ 账簿的登记、装订、保管及存放地点是否妥善；

⑥ 账簿是否按规定年限保管，销毁是否按规定办理手续。

（6）会计人员审核会计报表，应注意下列事项：

① 会计报表的种类及格式是否与会计法及国家统一的会计制度的规定相符，是否适合单位管理的需要；

② 各种会计报表是否根据会计记录编制，是否便于核对；

③ 会计报表的编报期限是否符合规定；

④ 会计报表所列数字的计算是否正确；

⑤ 会计报表所列数字或文字的更正是否符合规定；
⑥ 使用完毕的会计报表是否分年编号收存，有无编制目录备查；
⑦ 对外会计报表有无经单位主管及会计负责人签章；
⑧ 会计报表是否按规定年限保管，报表的销毁是否按规定办理；
⑨ 如因会计方法、会计科目分类或其他原因而引起会计报表内容变更，有无将变更情形及对财务分析影响作适当说明。

（7）会计人员审核期终结账，应注意下列事项：
① 预收及预付款项与递延收益及递延费用时效到达或消失者，有无按期结转，预收及预付款项有无列账说明；
② 应收及应付款项有无根据相关凭证计算列账，有无漏列情况；
③ 其他资产及负债各科目挂账是否作适当整理，所列金额是否正确，相关凭证是否齐全；
④ 各种收入及费用项目至期终结账时，需进行调整的是否作了适当调整，调整金额是否正确；
⑤ 各种挂账的冲销、处理是否适当，金额是否正确；
⑥ 悬而已久的账，有无积极稽催。

（二）经营预算稽核

经营预算稽核主要包括对预算收支估计、汇编及预算执行控制的稽核。其主要内容如下。
（1）会计人员审核经营预算的编制，应注意下列事项：
① 经营部门提供预算年度的销货收入预测与单位营运目标是否相配合，与以往年度营业状况和今后发展趋势是否相一致；
② 生产部门提供的预测产品数量是否与销货数量相配比协调；
③ 生产部门提供的耗用原料预测数是否与产品生产计划相协调，与过去原料耗用相比有无显著出入；
④ 采购原料计划是否根据存货政策及采购政策制定的，价格预测是否合理；
⑤ 直接人工计划耗用是否与产量相配比，工资预测是否适当；
⑥ 制造费用预测、变动费用预测与过去分摊率是否接近，固定费用部分有无变化；
⑦ 销售费用与管理费用的预测有否划分变动及固定部分，预测数与过去年度实际数有无重大变化；
⑧ 将上述各种预测进行汇总，其结果是否符合预期目标，对财务状况有无重大影响；
⑨ 预算编制后有无报送有关部门审议及单位主持人核准；
⑩ 预算有否正式颁布，有否向有关部门及人员作沟通说明。

（2）会计人员审核经营预算的控制，应注意下列事项：
① 年度预算核准后有无按季、月制订执行计划，有无进一步预测未来执行情况；
② 有无按季、月进行实际数与预算数比较，其比较结果有无反馈给相关单位；
③ 有无认真研讨实际与预算之间的差异及其原因；
④ 有无针对存在的问题采取纠正的措施。

（3）会计人员审核资本预算的编制与执行，应注意下列事项：
① 资本支出预算的个案建议有无通过充分地研究论证，成本与效益是否相适应，有无书

面评估资料；

② 资本支出建议是否适应单位长期发展需要，单位有无长期发展规划，个案建议有无纳入规划管理；

③ 资本支出预算有无报经有关部门审议及单位领导核准；

④ 资本年度支出预算核准后，有无按预期进度编制分期支付的计划；

⑤ 预算支付时有无严格的核准手续；

⑥ 是否严格控制资本支出预算的变更；

⑦ 年终，有无对资本支出预算执行情况进行考核，针对存在的问题有无采取纠正行动。

(三) 财务出纳稽核

财务出纳稽核包括对现金、银行存款、票据、证券等财务出纳日常处理手续及保管的稽核。其主要内容如下：

(1) 现金、银行存款、票据及证券收付是否按照规定的程序办理；

(2) 现金、银行存款、票据及证券收付是否根据凭证随时登记和完整登记；

(3) 单位及所属机构是否按限额库存现金、有无超额库存、有无现金闲置等现象；

(4) 各单位备用金额是否适当，有无按期报销，有无妥善保管；

(5) 有无在营业时间外收付款项现象，如有，其处理手续是否完备严密，保管是否安全；

(6) 现金、票据、证券的实际结存额与账表是否相符，是否按期与银行对银行存款数及进行银行存款调节；

(7) 各单位预领的零用金有无进行不定期检查，每次检查结果是否进行登记；

(8) 现金、票据、证券等保管是否良好，有无作不定期抽查，抽查后有无记录；

(9) 现金等保管设备是否牢靠完善，钥匙及密码暗锁是否由指定人妥善保管，库房是否采取了防潮、防盗、防震及其他安全措施。

(四) 财物变动稽核

财物变动稽核包括对购买、定制、营建及变卖财物处理程序的稽核。其主要内容如下：

(1) 会计人员审查财物订购及款项预付是否符合计划进度及规定，是否进行了完整的登记，关系费用契约及采购、买卖合同等是否经会计人员事前审核及签章，否则无效。

(2) 会计人员审核购买、变卖财物及修缮工程时，应注意下列事项：

① 财物购置、定制及修缮工程，有无预算及是否与所定用途相符，数额是否在预算范围之内，事前有无办理申请及核准；

② 日常应用的大批原物料及其他物品，是否视存量及耗用情况申请采购与配发使用，经济采购量与存量控制制度是否适当；

③ 财物的购买、定制及修缮工程，有无按预计金额大小分级授权核定办理；

④ 主管采购或修缮单位是否根据授权核准的申请报告办理手续，在发订购单及有关合约前有无送交会计部门会签；

⑤ 会计部门会签订购单及有关合约时，应注意契约所载条款与一般惯例是否相符，交货或完工期有无明定，逾期交货或完工的罚款条款有无明确规定，对方违约或不履行契约时有无保证办法等；

⑥ 财物或修缮工程的验收，有无经主管部门负责切实点验，涉及专门性问题的，有无会同专业单位共同办理验收手续，指定验收单位有无负责办理财物数量的点验，指定负责质量检验单位有无办理质检与签证，会计单位有无逐项查核；

⑦ 修缮工程建设单位有无详细的施工记录以记录用工、用材及工程进度情况；

⑧ 各种财物经验收后，是否按照规定进行登记及管理，保管是否妥善，是否按期盘点；

⑨ 财物使用是否充分有效，有无闲置呆废现象；

⑩ 财物报废有无按正常程序处理，废品有无及时处理变卖；

⑪ 出售财物是否办理批准手续，有无记录，收入是否完整入账等。

第二节 内部稽核的程序与方法

一、内部稽核的程序

内部稽核不同于内部审计或外部检查，虽然大多数单位根据会计法的要求指定了专人负责，但不一定设有专职机构和人员，也不一定按规范的程序去做。对于大多数单位来说，内部稽核工作主要由会计人员或相关业务人员兼做，其主要稽核方式寓于作业处理过程之中，一般均由负责下一段业务处理的人员兼做上一段业务处理的稽核工作，以期即时稽核即时纠正，达到自我牵制、自我控制的功效。

无论是过程中的稽核还是过程后的稽核，均要掌握最基本的三个步骤：一是要查明事实，二是要衡量是非，三是要得出结论。查明事实（或澄清事实），就是要了解被稽核业务到底是如何处理的，从多方面搜集必要的证据证实被稽核业务的本来面目。衡量是非就是要将查明的事实与其相关的制度、程序、标准、定额等进行比较，视其处理是否合法、正确与有效，有何不妥之处？得出结论是指在分析比较结果的基础上，得出错在何处、原因何在、结果如何、怎样纠正等方面的结论。对于定期的、正规的稽核工作，还必须遵循稽核准备、稽核实施、稽核分析、稽核报告与追踪等五个方面的要求。

（一）稽核准备

稽核准备工作包括以下四个方面：一是要明确稽核目的和范围；二是稽核前要搜集与拟稽核项目相关的背景资料；三是针对拟稽核项目制订稽核程式，即明确具体项目的稽核目的、稽核内容、稽核顺序与抽查范围及程度；四是明确稽核人员及工作分配。

（二）稽核实施

稽核实施主要指采用调查、检查等手段查明被稽核事项的真相，以明确症结所在。依工作内容，一般分为制度稽核与作业稽核两类。制度稽核重点包括如下内容：

（1）例行作业是否有明文规定可供遵循？

（2）现行规定是否合理？是否与单位政策一致？操作流程是否明确？是否贯彻了牵制

原则?

(3) 现有资源是否有效运用?

(4) 现行规定是否因内外环境变化而加以修订?对现行业务处理是否适用?

作业稽核的重点包括如下内容:

(1) 实际业务处理与制度规定是否一致?

(2) 各项原始凭证与经办手续是否有案可循?

(3) 作业方式是否前后一致?

(三) 稽核分析

在查明事实真相的基础上进行分析研究,有助于得出正确的结论。分析时,稽核人员应注意对问题的全面了解和客观判断,万不可凭借个人主观臆测。分析研究工作的主要内容是:找出发生问题的所有因素,分析各因素彼此间的关系,决定各因素重要性的先后次序,研究所有可能解决方案,与相关人员沟通各种可能的解决方案,选择最适当可行的方案。提出方案建议时,应站在管理者的客观立场,并考虑实务上的可操作性。

稽核人员在稽核实施与分析时,都要形成稽核过程的文件,即要编制稽核工作底稿。稽核工作底稿应收录和记录稽核工作的计划;制度与作业检查与评价情况;稽核程序的执行、资料的汇集与结论的形成;稽核结果报告等。

(四) 稽核报告

稽核人员于工作结束后,应尽快提出稽核报告。稽核报告是稽核人员将稽核过程中汇集的资料、查明的事实、获得的结论与建议通知相关部门或最高管理阶层,以便于相关部门及最高管理层进行处理,纠正和采取有效行动。

稽核报告的主要形式有文字报告和口头报告。文字报告即书面报告,也即是正式报告,可以永久保存,也可避免疏忽和误解。口头报告是一种非正式报告形式,多用于急于交换意见而采取行动时。口头报告使用灵活,但不利于长久保存备查,完毕后,均应补报文字报告。

稽核报告应力求客观、简明及具有建设性,编制时应遵守以下原则:

(1) 正确性。在形式与内容上均力求正确无误,特别在事实描述和数字计算上更不得出差错。

(2) 客观性。叙述基于事实,判断力求客观;不稍偏颇,不徇私情;不加批评,不感情用事。

(3) 简要性。简明扼要,通俗易懂;不作空洞冗繁描述,善用图表说明。

(4) 完整性。资料完整,说明透彻;依据充分,内容明确。

(5) 合理性。内容合理,结构严谨;能引人入胜,激发共鸣。

(6) 及时性。报送及时,便利决策。

虽然稽核报告的内容与格式因稽核的任务和目的不同而有所区别,但一份完整的报告必须具备以下内容:①前言;②目的与范围;③稽核时间与过程;④查核结果,包括应有的作业标准、实际的作业情形、背离标准的差异、差异的影响、造成差异的原因;⑤改善建议。

稽核报告的编制过程主要包括起草、初稿后协调及核定后发出。尤其是初稿后协调最为重要。初稿完成后,稽核人员应就报告内容的适当性、正确性和完整性(尤其是稽核结果)征询受查单位主管的意见,以表达稽核人员开诚布公的态度,并给予受查方澄清解释的机会,以避免猜忌误会。稽核报告的撰写者必须对报告的主题充分了解,充分保证报告内容绝对确实;客观、准确地表达应报告的内容,以避免误解;报告应叙明稽核对象、范围、方法、所负的责任、稽核中的发现、结论与意见;报告应适合接受报告者的阅读能力。

二、内部稽核的方法

内部稽核人员进行内部稽核时主要采用资料检查法和资产检查法,如审阅法、复核法、核对法、盘存法、函证法、观察法、鉴定法、分析法、推理法、询问法、调节法等。

(一)审阅法

审阅法是指通过有关书面资料进行仔细观察和阅读来取得证据的一种检查方法。通过审阅,借以鉴别书面所反映的经济活动是否真实、正确、合法、合理及有效。审阅法不仅可以取得直接证据,也可以取得间接证据。

1. 会计资料的审阅

会计资料包括会计凭证、会计账簿和会计报表,对它们的审阅应注意如下要点:

(1) 会计资料的外在形式是否符合会计原理的要求和有关制度的规定;
(2) 会计资料记录是否符合要求;
(3) 会计资料反映的经济活动是否真实、正确、合法和合理;
(4) 有关书面资料之间的勾稽关系是否存在、正确。

2. 其他资料的审阅

对会计资料以外的其他资料进行审阅,往往是为了获取进一步的信息,至于到底需要审阅哪些资料,则应视审计时的具体情况而定。例如,在审阅产品成本核算资料时,发现实际耗用工时与定额耗用工时相去甚远,就应审阅考勤记录和派工单(或生产任务通知单)等资料,以查明该单是否存在弄虚作假。

运用审阅法应注意的技巧是:从有关数据的增减变动有无异常来鉴别判断有无问题;从资料反映的真实程度来鉴别判断有无问题;从账户对应关系是否正确来鉴别判断有无问题;从事项发生时间和记录时间中的差异来鉴别判断有无问题;从购销活动中有无异常来鉴别判断有无问题;从资料应具备的要素内容去鉴别判断有无问题;从业务经办人的业务能力和思想品德去鉴别判断有无问题。

(二)复核法

1. 会计数据的复核

会计数据的复核,主要是指对有关会计资料提供的数据指标的复核。复核法又称复算法或验算法,是指通过对有关数据指标进行重新计算,来验证其是否正确的一种查账技术。很多会计数据都是通过一定的公式进行算术运算求得的,可能会因工作人员的疏漏,或受限于业务水平,或故意舞弊而造成数据失真。因此,在检查时就有必要对有关数据指标进行复核。

(1) 在会计凭证方面须复核以下内容:

① 复核原始凭证上的数量、单价与金额的计算有无错误,涉及多个子项的原始凭证,注意复核其是否正确,对于自制的付款凭证如工资结算凭证,更应注意,以防有诈;

② 复核记账凭证所附原始凭证的金额合计是否正确；
③ 复核记账凭证汇总表(科目汇总表)是否正确；
④ 复核转账凭证上的转记金额计算是否正确；
⑤ 复核成本计算中有关费用的归集与分配以及单位成本的计算有无错误等。

(2) 在会计账表方面须复核以下内容：
① 复核资产负债表中的小计、合计数及总计数的计算是否正确；
② 复核利润表及其主营业务收支明细表等有关数据的计算有无错误；
③ 复核现金流量表有关项目的计算、小计、合计数有无错误；
④ 复核其他明细表有关栏和行的合计以及最后的总计计算有无错误；
⑤ 复核报表补充资料中有关指标的计算是否正确。

2. 其他数据的复核

其他数据的复核主要是对统计资料所提供的一些主要指标进行复核。如工作时间的复核，包括定额工作时间、计划工作时间、实际工作时间的复核。必要时，还应对有关预测、决策数据进行复核。

(三) 核对法

核对法是指将书面资料的相关记录之间或是书面资料的记录与实物之间进行相互核对，以验证其是否相符的一种查账方法。按照复式记账原理，核算的结果、资料之间会形成一种相互制约关系。有关人员造成无意的工作差错或是故意的舞弊行为，都会使形成的制约关系失去平衡。因此，通过对相关资料之间的相互核对就能发现可能存在的种种问题。

1. 会计资料间的核对

(1) 核对记账凭证与所附原始凭证。核对时注意两点：一是核对证与证之间的有关内容是否一致，包括经济业务内容摘要、数量、单价、金额合计等；二是核对记账凭证上载明的所附凭证张数是否相符。

(2) 核对汇总记账凭证与分录记账凭证合计是否相符。

(3) 核对记账凭证与明细账、日记账及总账，查明账证是否相符。

(4) 核对总账与所属明细账余额之和，查明账账是否相符。

(5) 核对报表与有关总账和明细账，查明账表是否相符。

(6) 核对有关报表，查明报表间的相关项目，或是总表的有关指标与明细表之间是否相符。

上述核对内容要点可概括为证证核对、账证核对、账账核对、账表核对和表表核对。

2. 会计资料与其他资料的核对

(1) 核对账单。即将有关账面记录与第三方的账单进行核对，查明是否一致，有无问题。例如，将单位的银行存款日记账同银行的对账单进行核对，将应收应付款与外来的对账单进行核对。

(2) 核对其他原始记录。即将会计资料同其他原始记录进行相互核对，查明有无问题。这些重要的原始记录包括核准执行某项业务的文件、生产记录、实物的入库记录、出门证、出库记录、托运记录、职工名册、职工调动记录、考勤记录及有关人员的信函。在进行某些专项检查时，这种会计资料同其他原始记录之间的相互核对尤为重要。

3. 有关资料记录与实物的核对

报表或账目所反映的有关财产物资是否确实存在,是财产所有者普遍关心的问题。因此,核对账面上的记录与实物之间是否相符,是核对的重要内容。核对时,应将有关盘点资料同其账面记录进行核对,或是拿实地盘点获得结果同其账面记录核对。

通过以上核对,能发现其中的差异所在。这些差异有的还须进一步审查。进行审查时,应分析判断产生的原因及后果,然后再实施更深程度的审查。

（四）盘存法

盘存法是指通过对有关财产物资的清点、计量来证实账面反映的财物是否确实存在的一种查账技术。按具体做法的不同,有直接盘存法和监督法两种。直接盘存法是指查账人员在实施检查时,通过亲自盘点有关财物来证实与账面记录是否相符的一种盘存方法。监督盘存法是指在盘点有关财物时,查账人员不亲自盘点,而通过对有关盘点手续的观察和在场的监督来证实有无问题的一种盘存法。盘存方法可以用来证实财产物资的实有情况,并与会计记录比较,借以发现差异。

在具体运用盘存法时,应特别注意以下各点:

(1) 实物盘存一般采取预告检查,如有需要,也可采取突击检查的方式,如果实物存放分散,应同时盘点;若不能同时盘点,则未盘实物的保管应在查账人员的监督下进行。

(2) 不能只清点实物数量,还应注意实物的所有权、质量等。

(3) 任何性质的白条都不能用来充抵库存实物。

(4) 在确定盘点小组的人选时,不能完全听任被查单位的安排,以防串通合谋舞弊。

(5) 确定盘点结果时,不要轻易作结论,尤其是涉及个人的问题更应谨慎从事。

(6) 若遇到检查日与结账日之间不一致时,应进行必要调整。

（五）函证法

函证法是指查账人员根据稽核的具体需要,设计出一定格式的函件并寄给有关单位和人员,根据对方的回答来获取某些资料,或对某问题予以证实的一种检查方法。

函证法按要求对方回答方式的不同,又有积极函证和消极函证两种。积极函证是指函证的内容不管在什么情况下都要求对方直接以书面文件形式向检查人员作出答复。消极函证是指对于函证的内容,只有当对方存有异议时,才要求对方直接以书面文件形式向检查人员作出答复。函证法既可用于有关书面资料的证实,也可用于有关财产物资的证实,如应收应付账款余额真实性的核实、财物所有权的核实等。

应用函证技术时,应根据需要选择适当的函证方式、设计恰当的函证文件,还应注意以下问题:

(1) 应避免由被检单位办理与函证有关的一切事项,包括信件的封口、投递、接收等。

(2) 对于重要事项的函证,应注意保密,以防被检单位临时采取补救措施。

(3) 在采取积极函证的方式下,未能在规定期限内收到答复函时,应采取其他措施,或是再次发函,或是亲临核实。

(4) 为了便于控制,应对函证事项和单位开列清单,并作好相应记录。

(六) 观察法

观察法是指检查人员通过实地观看来取得证据的一种技术方法。如检查人员对被查单位所处的外部环境和内部环境进行观察,借此取得环境证据;检查人员对被查人员行为过程进行观察,借以发现问题和证实问题,并取得行为证据;检查人员对被查财产物资进行观察,了解其存放、保管和使用状况,借以确定盘点重点、证实账簿记录,充实证据资料。

观察法除应用于对被查单位经营环境的了解以外,主要应用于内部控制制度的遵循测试和财产物资管理的调查,如有关业务的处理是否遵守了既定的程序,是否办理了应办的手续;财产物资管理是否能保证其安全完整,是否有外存的厂房、物资等,外借的场地、设备是否确实需要等。观察法结合盘点法、询问法使用,会取得更佳的效果。

(七) 鉴定法

鉴定法是指检查人员对于需要证实的经济活动、书面资料及财产物资超出稽核人员专业技术时,应另聘有关专家运用相应的专门技术和知识加以鉴定证实的方法。如需要对书面资料真伪的鉴定以及实物性能、质量、估价的鉴定和经济活动合理鉴定等,就有必要聘请有关专家进行鉴定。鉴定法主要应用于涉及较多专门技术问题的稽核领域,也应用于一般稽核实务中难以辨明真伪的场合,如纠纷、造假事项等。

(八) 分析法

分析法是指通过对被稽核项目有关内容的对比和分解,从中找出各项目之间的差异及构成要素,以提示其中问题,为进一步检查提供线索的一种技术。稽核工作中一般采用的分析法主要有比较分析、平衡分析、科目分析和趋势分析等。比较分析方法是揭露问题的有效手段,如用来分析成本构成的合理性、核实某些资产计价的真实性等。

(九) 推理法

推理法是指稽核人员根据已经掌握的事实或线索,结合自身的经验并运用逻辑方法,来确定一种方案并推测实施后可能出现的结果的一种技术方法。推理法与分析有着密切的联系,通常将其合称为分析推理或判断推理,它是一种极为重要的稽核技术。推理方法的应用,有利于把握检查的对象和选择最佳的检查方法。推理方法的步骤是:提出恰当分析,进行合理推理,进行正确判断。

在具体应用推理时,还应特别注意以下各点:
(1) 分析、推理都应以已知的事实为依据。
(2) 对于用来推理的基础资料,在运用推理法之前应加以核实,以防推理出错。
(3) 对于推理得出的结论,必须通过核实取证后才能加以利用。
(4) 在运用推理时,应注意结合采用分析判断等方法。

(十) 询问法

询问法(或称面询法)是指稽核人员针对某个或某些问题通过直接与有关人员进行面谈,以取得必要的资料,从而对某一问题予以证实的一种检查技术方法。

按询问对象的不同,询问法可分知情人的询问和当事人的询问两种。对知情人的询问,是指通过找有关知晓某一问题具体情况的人员进行面谈,来获得证据或证实问题;对当事人的询问,是指找有关问题的直接负责人进行面谈,来获取资料或核实问题。因询问方式的不同,询问法又可分为个别询问和集体询问两种。

在具体应用询问法时,还应特别注意以下各点:
(1)应有两人以上在询问现场,以相互配合。
(2)已列入计划的询问对象应予保密,特别是对当事人的询问理应如此。
(3)询问时,应认真做好询问笔录,并在询问完毕后交被询问人审阅签名,以明确责任,防止口说无凭。
(4)对涉及多个当事人的询问,应分开同时进行,以防相互串通并建立攻守同盟。

(十一)调节法

调节法是指审查某一经济项目时,为了验证其数字是否正确,而对其中某些因素进行必要的增减调节,从而求得需要证实的数据的一种稽核方法。例如,在盘存法中对材料、产品的盘存日与查账日不同时,应采用调节法。银行存款账户余额和银行对账单所列余额不一致时,采用调节法。通过调节,往往还能提示更深层次的问题。

第三节 会计错误与会计舞弊的稽核

会计机构内部稽核的根本目的是为了防止和减少会计错弊的发生,以避免财产损失和浪费。

会计错弊包括会计错误和会计舞弊两种含义。无论是会计错误还是会计舞弊,都是与会计原则、会计目的相悖的,都不利于会计职能的充分发挥。这类问题发生后,都会造成会计资料之间或会计资料与实际经济活动的不符。

一、会计错误

(一)会计错误的含义及形成原因

所谓会计错误,是指账务上的记录、计算、整理、编表等工作违反了真实性、合法性和适当性的原则,但不含任何不良企图,纯属非故意造成的会计过失。其所犯错误的轻重与下列几项因素有关:

(1)会计人员的素质。会计人员资历的深浅与错误发生存在着正比例关系,资深会计人员经验丰富,业务熟练,其可能发生错误的几率自然较少;新进会计人员经验欠缺,业务不熟练,发生错误的可能性就大。

(2)工作态度。错误往往是由于会计人员疏忽造成,如果会计人员对工作认真负责,恪尽职守,发生错误的可能性就小;如果工作应付差事,马马虎虎,发生错误的可能性就大。

(3) 内部控制的程度。企业内部控制制度健全,在会计事务处理上可能发生的错误就比较困难;如果企业管理混乱、内部控制不健全,必然引起计算和复算错误。

(二) 错误种类及其表现形式

会计错误依其内容可分为原理错误、记账错误、计算错误三种情况。

1. 原理错误

原理错误是指运用会计原理不当造成的错误,即在会计凭证的填制、会计科目的设置、会计核算形式的选用、会计处理程序的设计等环节上出现的不符合会计原理、会计原则和规章制度规定的错误。

2. 记账错误

包括以下几个方面:

(1) 入账错误。即将应记入甲账户的账项误记入乙账户。例如,应记"其他应收款"误记作"其他应付款"。

(2) 过账错误。即从记账凭证过入总账和明细账所发生的种种错误。如过错账户、重过、漏过、方向过错、数字倒置等。

(3) 漏账错误。即会计处理中遗漏记账的无意差错。漏账错误主要有:全部漏账,即借贷双方都遗漏记账;部分漏账,即借贷一方遗漏记账。

(4) 重账错误。即会计处理中重复记账的无意差错。重账错误主要有:全部重账,即借贷双方都重复记账;部分重账,即借贷一方重复记账。

3. 计算错误

计算错误是指会计处理中运算上的无意差错。此类错误表现在费用计算、成本计算、利润计算、基金计提、折旧计算以及库存商品材料计数和计价、金额计算等方面。计算错误主要有:四则运算错误、确定计量单位错误、选用计算方法错误、运用计算公式错误。

(三) 会计错误的认定

从理论上讲,会计错误的后果可能掩盖某种事实,甚至影响财务状况的正确反映和资金的正确分配,认定会计错误要掌握其基本特征。会计错误的特征主要有下列三个方面:

(1) 会计错误的发生纯粹是一种经办人员专业能力不足、经验欠缺、疏忽和过失的行为,没有任何不良企图。

(2) 造成会计错误的原因很多,从其表现形式来看主要有:运用会计原理不当造成的错误;会计人员疏忽造成的错误;会计人员对有关法规不熟造成的错误;企业单位管理混乱造成的错误。

(3) 所发生的会计错误违反了真实性、合法性和适当性的原则,不能如实反映经济活动情况。

所谓真实性,是指会计凭证的编制、账项的记录以及表的编制应与财政经济活动的实际情况完全一致。违反真实性的会计记录和计算都属于会计错误。

所谓合法性,是指会计记录和计算不仅要求真实正确,而且所记录和计算的结果要符合法规规章的规定。如果违反法规规章制度的规定,也属于会计错误。

所谓适当性,是指对经济业务的处理、记录都要符合各种经济活动、财务收支和管理的原则。不符合管理原则的,均属于错误的行为。

认定会计错误的主要依据有三:其一,会计核算的各个环节中所作的会计处理以及通过会计核算所提供的会计资料,是否符合经济业务活动的客观事实;其二,会计核算和会计资料是否符合会计原理和会计原则;其三,所有经济活动和财务收支以及会计处理,是否完全符合规定的程序和方法,是否符合会计法和国家统一的会计制度。

二、会计舞弊

(一)会计舞弊的含义和特征

会计舞弊是指在生产经营和管理活动中,利用账务上的处理技巧和其他非法手段为个人或单位谋求不正当的利益。会计舞弊的主要特征有下列四个方面:

(1)凡是会计舞弊,行为人都有不良目的,而且是一种故意行为。

(2)凡是发生的会计舞弊,都是行为人经过事先预谋,精心策划,运用公开或隐蔽的非法手段作弊的,一般难以察觉。

(3)凡是会计舞弊,都会使国家或经济单位遭受经济损失。

(4)参与会计舞弊的一般是单位内部人员,他们在一般情况下多是利用权力或职务方便进行的。

(二)会计舞弊的种类

会计舞弊的种类可以从不同的角度进行分类。从作弊主体方面来划分,舞弊行为分成个人舞弊和单位舞弊。

1. 个人弊端

个人舞弊是指企事业单位的职工和管理人员,利用账务上的处理技巧,或者经济上的某些漏洞,采取掩盖事实真相的种种手段以达到变公共财物为私人占有的违法性舞弊。这种弊端主要表现为贪污和盗窃。它们的产生可以归结为两个方面:一是内部控制制度的缺陷,二是舞弊者的思想堕落。

常见的个人舞弊的表现形态可分成以下两个方面:

(1)贪污货币资金的舞弊行为。其手法有:①截留现金收入,占为己有;②收入现金不开收据,窃为己有;③侵吞代扣款项,私扣手续费;④虚报冒领工资、奖金;⑤伪造发票、收据,虚报费用;⑥涂改原始凭证,加大票据金额;⑦重复报销、假公济私等。

(2)窃取财产物资的舞弊行为。其手法有:①涂改领料单据,侵吞财物;②利用制度漏洞,直接窃取商品物资;③套购倒卖,坐地分赃;④以物易物,私分侵吞;⑤虚报损失,把报损部分私自盗卖;⑥监守自盗;⑦库存盘盈,隐匿不报,变卖贪污。

2. 单位舞弊

单位舞弊是指企业事业单位领导人为了本单位和其成员的利益,授意有关经办人员,利用不正当或非法手段,损害国家和其他单位利益的违纪性舞弊行为。单位舞弊主要表现为"真账假算",虚假反映。它们的产生可以归结为三个方面:一是会计控制软弱,会计人员不敢坚持原则;二是单位内部没有建立对其负责人及其管理人员的行为约束机制;三是单位负责人及其管理人员沽名钓誉,认识上存在缺陷。

单位舞弊的种类很多,但其表现形态主要有以下几个方面:①收入不入账,私设小钱柜;②挤占和虚列成本;③乱列营业外支出;④隐瞒、截留应上交的税金和利润;⑤虚饰盈利能力,隐瞒亏损;⑥利用存货左右盈亏;⑦违反规定,将全民所有财产转让给集体,或者将预算内资金划转为预算外资金;⑧严重违反国家财务开支规定,挥霍浪费国家资财。

(三) 衡量会计舞弊的标准

会计错误和会计舞弊是两个既相联系又有区别的概念,在实际的经济活动中,会计错误与会计舞弊往往交织在一起,但是,会计错误与会计舞弊又各有其不同的特征。它们的主要区别有:

(1) 动机不同。会计舞弊发生的行为人总是出自蓄意的不良企图而进行的违法违纪行为。会计错误发生的行为人则是因为专业能力不足,业务不熟,疏忽大意或过于自信造成的过失行为,主观上没有任何不良意图。其本质的区别表现在:一个是有意,一个是无意;一个是故意,一个是过失。

(2) 手段不同。会计舞弊发生者是经过事先的预谋取得和策划,所有手段大多是冒领、窃取、伪装、粉饰,通常是在账务上作弊而在会计上以做假账来掩饰其舞弊的事实;会计错误发生没有掩饰和伪装,一般是因为计算不准,数字多记、漏记、少记或者运用会计原理不当,对有关会计制度法规不熟悉而发生的失误过错,只是无意地违反了规定的程序和基本原则。

(3) 结果不同。发生会计舞弊的行为人有所企图,是为了行为人的个人利益或者单位自身利益和其成员的利益,其结果会使国家或经济单位遭受经济损失;错误造成的后果会歪曲某种事实,甚至带来损失,但其本人或单位并没有从主观上得到不应有的益处。

通过分析会计错误和舞弊的区别,我们可以得出衡量会计舞弊的标准。从会计舞弊产生的影响来分析,衡量会计舞弊的标准可以归纳为下列三项:

(1) 公共财产是否受到损失。由于账务上的造假使公共财产遭受损失的,即属于会计舞弊。

(2) 蒙蔽真相,欺骗国家。由于掩饰真实情况,在会计上造假记录,使国家或单位受害的,即属于会计舞弊。

(3) 是否利用职权牟取私利。凡是利用自己的职权牟取私利,造成会计记录失实的,即属于会计舞弊。

三、主要经济业务处理中的会计错弊现象

(一) 库存现金业务处理中的会计错弊现象

库存现金业务处理中的会计错弊主要有:

(1) 白条充抵现金库存。
(2) 从销售收入中"坐支"现金。
(3) 任意扩大现金开支范围和不遵守现金开支规定。
(4) 建立账外"小金库",公款私存。

(5) 利用本单位账户为其他单位套取现金。
(6) 个人长期借款、挪用现金不予归还。
(7) 多收少记、少支多记、有收不记、无支乱记等。

(二) 银行存款业务处理中的主要会计错弊现象

银行存款业务处理中的会计错弊主要有：
(1) 收款不入账，套取转移资金，建立"小金库"。
(2) 虚列购物及劳务费支付，化公为私。
(3) 长期不对账，转移、挪用资金。
(4) 出借账户、支票、付款委托书等，从中牟利。
(5) 逃汇、套汇、私自买卖外汇、倒买倒卖外汇、私自借贷外汇、私自境外存款等。
(6) 外汇核算、汇总不准确、不规范，外汇折算存在随意性，不符合一致性原则等。

(三) 交易性金融资产业务处理中的主要会计错弊现象

交易性金融资产业务处理中的主要会计错弊有：
(1) 投资资金来源不当。如用国家专项储备物资进行投资、用变卖固定资产收入投资、用应上交款项进行投资等。
(2) 对外投资是假，转移资金是真。企业以对外投资名义转移资金，从事非法经营活动，向个体、私营企业转借资金。
(3) 用公款进行私人投资活动，收益被私分。
(4) 交易性金融资产计价方法、入账时间错误，收益确认不准确、账务处理不正确。
(5) 投资收益不入账，形成账外资金、"小金库"，期末并入"本年利润"之中等。

(四) 应收账款及预付货款业务处理中的主要会计错弊现象

应收账款及预付货款业务中的主要会计错弊有：
(1) 利用应收账款项目虚增销售额。
(2) 转移已经收回的应收账款挪作他用。
(3) 计提坏账准备的计算不准确，或有意利用坏账准备计提或虚设坏账损失，调节企业损益。
(4) 将实际发生的坏账损失长期挂账，使企业债权虚增；或将已核定的、并冲减应收账款的坏账损失又收回后，没有在"应收账款"上反映，从而转移资金，形成账外"小金库"等；或者将部分发生坏账损失的应收款项目的全部金额列为坏账损失处理，虚减企业债权。
(5) 利用预付货款方式转移企业资金，挪作他用，弄虚作假，形成账外资金，方便个人贪污。
(6) 预付货款合理并有合同依据，但实际预付数额大于约定数额，在所购货物收到、清算货款时又未予以相应扣除多付部分等。

(五) 应收票据业务处理中的主要会计错弊现象

应收票据业务处理中的主要会计错弊如下：

(1) 应收票据管理不严,未建备查簿,到期票据已结清未入账。
(2) 将票据转让或冲抵"应付账款"后未进行账务处理,形成虚假债权债务。
(3) 应收票据取得、转让、贴现等账务处理不正确,特别是未将差额计入财务费用等。

(六) 材料业务处理中的主要会计错弊现象

材料业务处理中的主要会计错弊如下:
(1) 材料出、入库手续不严,未经严格的计量和质检,造成账实不符。
(2) 货款早已付清,材料长时间收不到,从中挪用资金,或材料虽已入库但采购人员没有交回发票单据,单位长期挂账。
(3) 将专项工程、职工生活福利设施建设用料计入生产经营用料,造成企业生产成本不实。
(4) 为调节企业盈余、完成承包指标或隐瞒盈利,利用多摊或少摊材料成本差异调节成本,或直接将生产用材料挂账,不计入成本。
(5) 材料、产品等保管不善,造成损失浪费。
(6) 利用委托加工材料方式向委托加工单位多付材料、加工费,个人从中渔利,贪污公款。
(7) 对周转使用的包装物失控,造成包装物大量丢失、毁损。
(8) 出租、出借包装物的押金、租金不入账,形成账外"小金库"和仓库的"小钱柜"。
(9) 低值易耗品与固定资产划分不正确,造成核算混乱,成本不实。

(七) 长期投资业务处理中的主要会计错弊现象

长期投资业务处理中的主要会计错弊如下:
(1) 长期投资的资金来源不正当,如企业用变卖固定资产收入、长期借款、工程用款等资金从事投资活动。
(2) 以长期投资方式转移企业资金,使国有资产出现"体外"循环,不被企业控制,长期为企业"地下经济"服务。
(3) 长期投资计价不正确或没有包括投资手续费、佣金等费用支付,或将已含有宣告发放但尚未支付的股利或应计利息计入投资成本,待实际收取这部分利息或股利时转作他用或被私分。
(4) 在长期股权投资中混淆成本法与权益法核算方式。
(5) 混淆长短期投资界限,将应属于长期投资项目列入短期投资核算,虚增企业流动资产;或相反,将短期投资列入长期投资,削弱企业偿债能力。
(6) 债券折价和溢价摊销不正确,将折价购进债券的账面价值按债券面值记录,而将折价部分转移、挪用或私分;或将溢价部分直接计入生产成本、期间费用等。
(7) 企业购买债券的应计利息核算不正确。
(8) 长期投资收回时,核算及账务处理不正确,或有意隐瞒收益或亏损,或收回投资被挪用等。

(八) 无形资产业务处理中的主要会计错弊现象

1. 无形资产取得、计价方面发生的会计错弊

这方面的会计舞弊手段主要有：将不能确认为取得无形资产而发生的支出全部计入无形资产价值；未将购买无形资产时有关部门收取的相关费用计入无形资产价值，而是直接计入期间费用；自创无形资产失败后，将费用从生产成本中转出作无形资产；非专利技术在没有经过法定评估机构评估的情况下，擅自资本化并列入无形资产；有意利用虚设无形资产来调节企业损益，导致企业经营成果不实。

2. 无形资产转让业务中容易发生的会计错弊

这方面的会计舞弊手段主要有：混淆无形资产使用权转让和所有权转让；出让方转让无形资产使用权和所有权后，不再进行无形资产摊销或继续摊销无形资产，或购入无形资产所有权后，将资产价值一次计入期间费用，没有实行摊销。

转让无形资产账务处理不正确，不符合会计制度规定，如转让收入没有计入营业外收入，而是冲减生产成本；取得无形资产的支出没有计入无形资产（取得所有权）、研发支出、销售费用等，而是计入其他资产或成本价值；借无形资产转让而转移企业资金，化公为私或挪作他用。

3. 无形资产投资、摊销业务中容易发生的会计错弊

这方面的会计舞弊手段主要有：用无形资产所有权进行投资，没有相应地减少无形资产，增加相应对外投资，而是账面继续保留无形资产并摊销其价值；将用无形资产使用权进行对外投资的无形资产虚减，虚增对外投资；接受投资方取得无形资产使用权后没有相应增加无形资产、实收资本，或误将取得无形资产使用权计入无形资产；无形资产摊销不平均，按受益期限平均摊销账务处理不正确，或由于虚增无形资产而使摊销不实。

(九) 固定资产业务处理中的主要会计错弊现象

固定资产业务处理中的主要会计错弊如下：

(1) 固定资产认定不正确、记录不完整，混淆了固定资产和低值易耗品，漏记后长期形成账外资产。

(2) 固定资产不能进行正确分类，管理混乱。

(3) 没有健全的固定资产购进、自建、管理、清理、报废等项制度，造成损失浪费，效率低。

(4) 任意改变折旧方法，如扩大或缩小折旧范围，提高或降低折旧比率，以调节盈亏。

(5) 借委托加工或联营之机无偿转移固定资产，从中牟利。

(6) 不能正确计算在建工程、安装工程价值，导致固定资产价值不实，甚至造成虚增虚减现象。

(十) 流动负债业务处理中的主要会计错弊现象

流动负债业务处理中的主要会计错弊如下：

(1) 利用"应付账款"虚构债务，如截留单位收入、联营单位或下属单位缴入的利润及各种盘盈，长期挂账或用于不正当支付。

(2) 利用"预收账款"转移单位收入或藏留单位收入，或为其他单位转移资金。

(3) 企业因非商品交易而采用商业票据结算方式。

(4) 将因无资金支付到期的应付票据的罚息计入成本费用。

(5) 企业改变短期借款用途,用于购置固定资产投资建设、股票、债券交易等投资活动。

(6) 用短期借款弥补亏损、充抵收入,隐瞒企业经营真相。

(7) 用应付职工薪酬中应计入生产成本等项目的工资和应计入在建工程项目中的工资互相挤占,调节当期损益,隐瞒真实情况。

(8) 将应计入原材料成本的相关应交税费直接全部计入当期生产成本,使企业当期生产成本虚增,利润虚减。

(9) 企业代扣代缴的税金拖欠不上交,或将代扣代缴的税金转账,为其他单位建立账外"银行"。

(10) 在应付利润中将应付给其他单位的利润部分长期挂账,为其他单位建立账外"银行"。

(11) 在权益法核算下,企业没有根据应付利润数额如实转增投资人投资,或用现金、银行存款支付应付投资人收益后,又同时虚增投资人实收资本。

(12) 在应付福利费的计提过程中,擅自提高比例。或将应在在建工程中列支的建筑施工人员的福利费在生产成本中计提虚增成本。

(13) 不按规定用途使用福利费,如用于奖金发放等。

(14) 其他暂收和应付款长期挂账,挪用暂收资金或被私分贪污;利用其他应付款等挂列收入、隐瞒利润等。

(十一) 非流动负债业务处理中的主要会计错弊现象

非流动负债业务处理中的主要会计错弊如下:

(1) 企业改变长期借款用途,如用基建专项借款搞债券投资、计划外工程项目等。

(2) 利用长期借款利息和有关费用在固定资产价值和当期损益间的分配,调节企业成本费用,隐瞒企业经营的真实性。

(3) 有意拖欠长期借款本息不予归还,或因借款投资决策失误,造成企业无力还本付息。

(4) 没有经过国家有关部门的批准,擅自发行债券,或以集资名义发行企业内部债券,为职工谋取非法利益。

(5) 债券溢价收益不入账,转移收益资金挪作他用,或将折价损失计入生产成本。

(6) 折价和溢价发行债券没有在债券到期前的利息支出中分摊,而是立即全部计入当期成本费用或损益之中。

(7) 发生债券利息支出账务处理不正确,被用来调节生产成本,或将应计入固定资产成本的利息支出计入成本、费用,或将属于生产成本、当期损益的利息支出计入固定资产筹建工程。

(8) 债券发行超出国家规定的范围,违反国家批准规定的利率,擅自变动利率发行。

(9) 融资租入固定资产支付的利息和手续费没有在安装、租建期间与交付使用期间正确划分,或将支付的利息、手续费从一开始就直接计入当期损益,或全部归入固定资产价值中,造成企业经营成果不实、固定资产价值确定不准确。

(10) 在采用补偿贸易方式还引进设备款的核算中,企业将经销产品与返销还款产品以及正常劳务收入与来料加工收入混淆、隐瞒企业营业收入等。

（十二）所有者权益业务处理中的主要会计错弊现象

所有者权益业务处理中的主要会计错弊如下：
(1) 在产权登记、清算、评估中，不按规定计算国家投资份额，借机侵占国家资产。
(2) 投资资本计价不准，造成实收资本不实。
(3) 注册后抽回投资资本。
(4) 企业误计或有意利用汇率调节以外币投资的实收资本。
(5) 以实物投资时，其实际价值远小于投入资本登记价值，虚增投资人权益。
(6) 无形资产投资作价不准确，没有经过有关部门审批、评估。
(7) 企业将接受捐赠的固定资产、资金等没有相应增加营业外收入，而是挪作他用（或部分挪作他用），冲减成本费用。
(8) 企业实际到位的注册资金额小于登记规定的最低限额。
(9) 企业溢价发行股票，其溢价净额没有按规定转作资本公积而转作发放股利等。
(10) 在分担收益和承担经济责任的核算中，如资本公积的资本化，没有按投资者投资比例分配，而收益分配倾向企业、个人所有者，风险则倾向由国家资本承担，如资本公积转作实收资本，没有按出资比例增加各投资人权益。
(11) 提取盈余公积时间或比例不正确。
(12) "本年利润"核算不正确，特别是少计营业外收入、投资收益等，造成利润虚减，漏缴所得税等。

（十三）成本费用业务处理中的主要会计错弊现象

成本费用业务处理中的主要会计错弊如下：
(1) 将非生产部门发生的费用计入产品成本，或把产品生产费用在营业外和在建工程项目中列支。
(2) 车间领用原材料过多，没有及时退库而大量积压在车间，成本核算时将多领材料计入产品成本。
(3) 职工福利经费、教育经费、工会经费等未按规定比例计提，或提取基数不实。
(4) 乱挤乱摊成本，将不应计入成本费用的支出计入成本，将资本性支出一次计入成本等。
(5) 虚减产品成本，将应计入成本的费用不计入成本。
(6) 由于材料成本差异计算错误，或借调整差异多计或少计材料成本。
(7) 将生产人员工资与非生产人员工资混淆，将成本费用支出与营业外支出相混淆，将成本费用与期间费用混淆。
(8) 材料成本差异计算方法和产品成本计算方法经常变动，违反一致性原则。
(9) 由于其他会计核算不正确造成企业成本不实，如固定资产不入账、少提折旧费等。

（十四）企业损益业务处理中的主要会计错弊现象

企业损益业务处理中的主要会计错弊如下：
(1) 不能正确确认销售收入，有意虚增或虚减销售收入。

（2）发生的销售退货、折让和折扣等账务处理不正确，没有冲减当期销售收入，退货形成账外物资。

（3）产品销售成本结转不实，或计价方法前后不一致，产成品成本差异结转不正确。

（4）产品销售税金计算不正确，或计税依据不准，造成偷漏税收或多交税收。

（5）没有将出口退税等冲减产品销售税金，而挪作他用。

（6）将应属于产品销售收入的销售额计入其他销售收入，从而漏缴或少缴流转税等。

（7）企业投资净收益没有计入利润总额，而是长期挂账或冲减成本费用，或隐瞒投资收益。

（8）将应属于企业主营业务的收入列作营业外收入，偷漏流转环节税等，或将营业外收入项目挂账，挪作他用。

（9）利润分配不符合有关规定，过于向职工消费、生活福利倾斜。

（10）企业弄虚作假，虚盈实亏，或虚亏实盈，为完成合同指标或将国有资产向企业、个人转移，侵占国家利益等。

第四节　销货及收款循环的稽核

一、销货及收款循环稽核的内容

销货及收款循环稽核的内容主要分为两个方面：一是对有关制度规程的稽核，二是对主要作业的稽核。

对销货及收款循环制度规程方面的稽核，主要是查明单位有无制订合理的职能目标、产品发展原则、产品发展程序、产品管理责任、销售政策、行销协调、预算编制与执行、销售方式与市场研究等。

对销货及收款循环作业方面的稽核有以下七个方面。一是要稽核产品销售策略的研究与制订，如企业有无书面的产品销售策略说明；总经理与营销部门经理是否重视此策略的拟订；现有的产品销售策略是否切实、合理；对主要策略有无定期修正；对需求的变迁、产品技术的革新、竞争对手的措施、产业动向等市场资料是否进行了积极的搜集和整理，其充分程度如何。二是稽核产品的设计与推广情况，如产品设计单位的效能如何；企业各项职能是否能积极配合；产品设计、发展、市场预测与实际推广能否密切配合；产品设计及发展的规划程序是否适当拟订；产品设计发展规划的作业效能如何。三是稽核产品管理情况，如企业有无促进产品产销配合、增进获利能力的具体程序；产品管理是否发挥预期效果；产品管理内部作业有无效率，如组织职权是否明确恰当，人员能力是否符合要求，有无合适的报告系统，督导及管理是否充分等。四是稽核销售的推广与广告情况，如有无为协调一切销售推广活动而设立的组织；目标是否合理；经营预算是否恰当；向外采购或制作广告是否有效办理；有无评价和检查各项推广计划及方案的程序；推广部门内部作业的效能如何；与广告代理商的关系如何；是否考虑到特殊推广的需要等。五是稽核供销活动，如稽核供销计划的范围；在企业自行供销的情况下，有无既定的程序;在通过代理商、批发商及其他中介机构的情况下,其合约中所规定双方的主要权利义务是否适当,是否能遵循以顾客利益为重的观点等。六是稽核销售处理情况,如稽核销售组织的人员设置情况、人员分工与人员了解产品知识的程度以及逐级授权情况;稽查一切支持批发商的作业,评价独立应付供销的特殊困难;稽查主要地区营业机构的作业。七是稽核顾客支持情况,如客户对单位产品的意见是否充分、及时地反映给有关部门;企业是否以充足、优质的商品供应客户;售前与售后服务计划是否充分与落实等。

二、销货及收款循环稽核工作重点

销货及收款循环稽核工作的重点主要包括以下七个方面。

(一) 授信作业稽核重点

授信作业稽核主要包括以下内容:
(1) 有无搜集和整理有关客户授信资料,并注明其财务及信用状况。
(2) 有无设卡详细登记有关赊账情况,是否有超过授信额度的情况发生。
(3) 对客户授信总额的拟定,是否充分考虑其信用、保证与抵押额度。
(4) 对于信用不良或曾遭退票不良记录的客户或保证人,是否变更交易形态。
(5) 抵押权设定有无取得合法的权利证明材料。
(6) 赊销客户是否填妥保证契约书,是否至少每年重新办理对保工作,并由第三者每半年对保一次。

(二) 售价作业稽核重点

售价作业稽核主要包括以下内容:
(1) 底价确定是否考虑成本及市价或同业参考价。
(2) 底价下浮是否合理。
(3) 售价低于底价是否获得批准。
(4) 售价低于底价的理由是否充分。
(5) 实际收款的单价与确定的售价表是否相符。
(6) 应收账款对账单所载收款内容有无异常,如有差异,其原因是否合理。

(三) 发票作业稽核重点

发票作业稽核主要包括以下内容:
(1) 查核已出货的送货单是否均已开出发票。
(2) 送货单未附发票者,是否在预收货款时均已开出发票。
(3) 发票中所填品名、数量与订单、出货单中的内容是否相符。
(4) 发票存根联与客户收执联是否一致。
(5) 检查有无预开发票(未收款)而虚列销货收入的情况。
(6) 检查作废发票是否全联保管,作废理由是否适当。

(四) 客户投诉处理作业稽核重点

客户投诉处理作业稽核主要包括以下内容：
(1) 客户投诉处理案件发生时，业务部门是否填写"客户投诉处理问题处理报告"，并通知有关部门协助调查，以确定责任归属。
(2) 客户投诉处理案件是否按规定期限进行处理。
(3) 客户投诉责任确定后，是否按规定进行行政处分或罚扣奖金等。
(4) 对客户申诉事件，是否迅速处理并予答复；客户所提意见是否分类统计、分析并对照检查，作为工作改进的参考。

(五) 销货折让及退回作业稽核重点

销货折让及退回作业稽核包括以下内容：
(1) 核对签呈、销货折让申请单、发票影本、投诉问题处理报告、销货退回折让证明单等是否与账上记录的金额相符。
(2) 收款通知单所载折让、折扣是否属实，是否经相关主管审核批准。
(3) 检查何类客户退货较多，有无特殊原因。
(4) 退货是否按规定登账，是否按规定扣绩效奖金或销货报酬。
(5) 检查退货原因，理赔是否合理，有无批准程序，对于退货理赔事件，有无检讨改进。

(六) 销货收入与应收账款作业稽核重点

销货收入与应收账款作业稽核包括以下内容：
(1) 核对各月发票所载营业收入与账簿记录数是否相符。
(2) 将现销与库存现金明细账、银行存款明细账核对，将赊销与应收账款明细账核对，视其是否相符。
(3) 出货单、销货发票是否连续编号，有无跳号、重号现象，有无更改、涂销现象，如有，是否经过正当批准，出货单与统一发票的内容是否一致。
(4) 编制应收账款账龄分析表，并就超过规定期限尚未收回的列明债务人、金额及未收回原因等，以助于追查。
(5) 核对应收账款明细账、总分类账、有关原始凭证，视其内容是否相符。
(6) 查明呆账原因及呆账冲销是否办理了批准手续，冲销金额及事实是否经查证属实。
(7) 因销货退回及折让所发生的应收账款减少是否经主管审核批准，并分析退货及折让发生的原因。

(七) 销货成本及毛利作业稽核重点

销货成本及毛利作业稽核包括以下内容：
(1) 检查直接原材料耗用数量、耗用率，并与计划及上期比较，视其有无升降，并查明升降原因。
(2) 检查直接人工耗用情况，并与计划及上期比较，视其有无升降，并查明升降原因。
(3) 检查间接费用无分摊情况，并与计划及上期比较，视其有无升降，并查明升降原因。

(4) 查明各项推销成本的归属是否正确,并与计划及上期比较,视其有无升降,并查明升降原因。

(5) 分别计算主要产品、主要销售地区的毛利率,并与计划及上期比较,视其有无升降,并分析其原因。

第五节 采购及付款循环的稽核

一、采购及付款循环稽核的内容

采购及付款循环稽核的内容主要分为三个方面:一是对制度与授权的稽核,二是对内部作业的稽核,三是对特殊项目的稽核。

在制度规程方面稽核,主要是查明单位有无制订合理的供应商关系准则、比价的要求、采购来源的符合度、互惠原则、授权(批准)采购的阶层、职务上禁止行为、订单追踪控制、不合规程序事项的处理等。

在采购授权方面稽核,主要是检查授权采购程序是否适当,如谁发请购单,谁审核采购项目、规格及数量,应用何种表单,实际成本价超出预算价如何处理,如何应付采购中的变动等。其次要检查在实际采购中程序是否得到遵循,有无偏差,原因何在,责任在谁;检查既定的程序是否恰当;特殊采购是如何核准的。

对内部作业的稽核,主要是指对一般事项和供应商的稽核。对一般事项,主要是检查设备是否充分;内部作业是否按规定进行,有无偏差,原因何在,有何纠正行动;各类内部记录与档案是否充分、完备并妥善保管;整个采购循环(请购—核准—任务分配—采购—催询—收货)是否在适当的控制下进行,采购是否能适时办理,采购表单是否适当,是否做到妥善保管;作业效率如何等。对供应商方面,主要是检查有关供应商的资料是否充分,其供应能力如何;对新供应商的开发是否充分有效;如何保持与供应商之间的亲密关系;对供应商的财务能力是否了解或调查;对供应商的定价、发货及货品质量有无调查;如何进行竞价和议价等。

特殊项目稽核的内容主要是:一切政策与既定程序的准确性,各个步骤时间掌握的合理性,采购处理是否以追求企业最大利益为目的,采购工作是否充分发挥了集体精神,过分紧急订单的内容、次数与原因,零星或分散采购集中的可行性,未授权项目的采购情况,价格预约的必要性,内部记录与相关程序的效率,采购人员能力综合评价等。

二、采购及付款循环稽核工作重点

采购及付款循环稽核工作的重点主要包括以下八个方面。

(一) 采购预算作业稽核重点

采购预算作业稽核包括以下内容:

（1）采购预算的编制是否与销售、生产计划相配合，是否考虑存货政策及采购政策；是否考虑存量管制，如是否考虑安全存量、最低或最高存量、请购点、经济批量等因素，是否按常备与非常备及 A、B、C 分类编制预算。

（2）实际请购是否与预算相符，有无严格控制，采购是否根据生产用料及库存等情况作灵活调整。

（3）是否检查和分析导致实际采购与预算之间的量差与价差的原因，有无作适当调整。

(二) 请购作业稽核重点

请购作业稽核包括以下内容：

（1）各种类别材料、商品是否由负责请购的部门填制请购单，按核决权限呈准后，再送采购部门办理。

（2）请购单是否连续编号，空白及作废的请购单是否妥加保存。

（3）请购单内容填列是否翔实，是否经过权责主管核签后方作为采购依据。

（4）请购单上所填的货品规格、数量等若有变更，有无经有关单位批准同意。

（5）紧急采购是否经常发生，其理由是否正当。

(三) 采购作业稽核重点

采购作业稽核包括以下内容：

（1）查明采购人员是否选择最有利节约成本的方式办理采购。

（2）各种采购作业是否按规定期限完成，如有变更，是否按有关规定通知请购部门。

（3）除特殊情况外，同种商品、材料是否在三家以上单位采购。

（4）单位是否建立供应商档案，其资料是否齐全和不断更新。

（5）检查个案采购工作，如询价单、报价单、订购单是否齐全，是否前后一致，是否按规定程序办理。

（6）订购单或合同中，货品名称、规格、单位、数量、单价、总价、交货期限、交货地点、包装、运输方法、运费、付款方法、验收、保险等是否完备，内容是否合法。

（7）有无完整的市场调查资料，每次询价有无记录。

（8）办理比价、议价、招标是否符合单价规定等。

(四) 验收作业稽核重点

验收作业稽核包括以下内容：

（1）采购单位是否会同使用单位、验收单位及有关部门共同验收。

（2）有关技术部分是否指派有专门技术人员负责验收。

（3）短交是否以补足为原则，超交是否以退回为原则。

（4）检验不符标准但尚可使用，是否予以扣款，无法使用者是否退回。

（5）分批收取者有无收足，如遇补缺、瑕疵破损有无立即处理。

（6）仓库门卫是否记录进货事项。

（7）检验人员是否依据进货发票上的品名、货号、数量、单价逐一点检，并将实收情况登录入库单。

(8) 检验人员验收时,遇有商品不符、标签不合的情况,是否作适当处理。

(9) 对于送货退出事项,是否按规定开立退货单,交检验人员或门卫,检视其品名、数量是否一致。

(五) 不履行合约或罚款作业稽核重点

不履行合约或罚款作业稽核包括以下内容:

(1) 查明延期交货者是否按合同规定罚款。

(2) 所交货品的质量与规格与合同不符,如因急需已验收使用,但事前有无经主管认可,是否进行了扣款或减价处理。

(3) 如因检验不合退回更换,或因故申请延期交货,有否事先报请有关主管同意,并确定逾期罚款和其他处理办法。

(4) 因厂商违约另行采购,而超出原采购损失部分,其差额应由原订合同厂商负担,如未付款者,是否办理扣款。

(5) 供应商发生的违约或索赔事件是否登入厂商资料卡,以免此类事件重复发生。

(6) 对逾期已久未交货的合同,是否逐项查核。

(7) 违约扣款是否列账,或有无变价相抵消其他科目。

(六) 仓储管理作业稽核重点

仓储管理作业稽核包括以下内容:

(1) 商品、原物料的储存是否依类别分存各库,各库是否分别设仓,各仓是否分别设架并分格编号,编号是否清晰,是否有规律,是否有利于便捷收货或发货。

(2) 库房安全措施是否完善,如承载量是否合适,有无加锁,消防设施是否足够,温度、湿度有否调节,易燃、易爆物料是否隔离保管,有无安全警示标语,有无办妥足够保险等。

(3) 厂商交运商品时,是否核对送货单、发票、装箱单等单据并与请购单内容核对后办理收货手续。

(4) 交货数量超过或未达购量部分是否作妥当处理。

(5) 厂商送货是否即时进行质量检验并办理验收单。

(6) 所有领料是否均根据正式核准的领料单办理。

(7) 领料异常时有否查明原因,对于已领料未办手续者或已办手续未领料者有无追踪控制。

(七) 付款作业稽核重点

付款作业稽核包括以下内容:

(1) 会计部门是否按规定审查采购付款的所有凭证。

(2) 国内采购是否于办妥验收手续后,检齐有关凭证送会计部门审核,编制传票付款。

(3) 国外采购是否根据报关资料办理结汇手续。

(4) 交期延误或质量不符的采购,是否按合同规定执行扣款或罚款。

(5) 出纳付款是否根据会计部门填制的传票签发支票,签发支票是否划线,并在发票人签章处加盖"禁止背书转让"戳记。

(6) 预付购料款部分,应核对传票与原始凭证、请购单、合同书、进口报单等是否相符。

(7) 有关银行结汇、海关报关、支付保险公司、运输单位等预付款项,与规定是否相符,支付标准是否适当,计费方式是否合理;对于无支付标准的各种报关费用,是否依权责先报准支付。

(8) 预付费用入账、转销、收回及调整时所应付的原始凭证是否经核准,内容是否正常,挂账较久或转销金额与原列金额不符留存尾数尚未冲销者,应查明原因。

(9) 依据应付账款明细表核对明细账、总账是否相符。

(10) 依据应付账款明细表观察本期冲销情形,如有久欠未还或性质不明者,应查明原因。

(11) 调阅原始文件、合同、凭证,查证应付账款余额是否正确,必要时,发函向卖方查证积欠金额。

(12) 查阅有否收料后经检验合格、已发领用单位使用而仍未列账及付款等情形,如有,应查明原因。

(八) 投保作业稽核重点

投保作业稽核包括以下内容:

(1) 投保范围、投保申请、续保、灾害索赔等,有无依规定办理。

(2) 进口物品的投保是否依规定办理,保费是否正确计算。

(3) 除事先呈准免保项目外,商品、原材料、在产品、产成品等是否依公司规定办理投保,投保手续是否完备,金额是否足够,保费计算是否正确。

第六节 生产循环的稽核

一、生产循环稽核的内容

生产循环稽核的内容主要分为四个方面:一是对生产制度规程的稽核,二是对生产项目决定及生产规划的稽核,三是对生产作业的稽核,四是对其他活动的稽核。

对生产循环制度及规程稽核,主要是查明单位有无制定合理的制度与规程,如单位有无制定生产规划、制造流程、资源筹划、制造通知单接受方式、作业处理的控制、生产记录、质量管理、在产品清点等。

对生产项目决定及生产规划的稽核有两个方面。一是要查明生产部门扮演的角色,如生产部门自行研究改良生产方式的努力程度如何;生产部门协助管理阶层拟定产能开发的程度如何;生产部门介入长远规划的程度如何;在生产设备、人力资源、生产成本的规划方面,生产部门的意见如何;生产部门是否能获取新产品或改良产品成本与效果方面的参考资料;生产计划是否由所有相关单位参与制定,关于生产计划的可行性,生产部门有无最后决定权。二是对已定项目生产规划的稽核,如查明各项决策是否有充分的资料依据;查明设备与资财的准备情况,选择设备是否考虑产能、维护保养、作业效能、成本等问题,资财与设备有关计划是否妥善安排并控制执行;查明厂房配置或工程规划与控制的适当性;查明原料应如何处理;查明生产计划与控制情况,生产计划安排是否透明,决定生产所需资源及申请配备供应的程序是否适宜,工作分配的程序与内部授权执行的情况是否令人满意,控制生产状况系统是否良好。

对生产作业的稽核在六个方面要查明。一是要查明原材料的利用情况,如原材料的收取与备用情况是否令人满意;原材料加工中有无过度的损耗与浪费;废料是否按最有利的途径处理;原材料的使用是否按照领料单中的规定;原材料耗用报告是否合适。二是查明人工的利用情况,如人员的选择、训练是否适合所需的工作;闲余时间是否过多,原因何在;生产延误是否过度,原因何在;监管工作是否充分适当;是否尽量设定标准,标准是否合理;职工情绪是否饱满,情绪低落原因何在。三是查明后勤服务是否适当充分,如原料处理、光线、温度调节、餐饮设备、休闲设备等是否齐全与及时提供,后勤服务有无过度延误情况等。四是查明生产管制情况,如既定管制制度是否得到严格执行,阻碍执行的原因何在;不同产品的生产能否协调,能否有利于设备和人工的充分利用,如不能,原因何在;生产进度是否符合计划安排,如有偏离,原因何在。五是查明产品检验情况,如产品检验程序是否恰当,是否认真执行检验程序;对残次品有无分类标示并另行汇集。六是查明报告及成本控制情况,如评价与审核各生产部门不同管理阶层的报告内容范围是否恰当,差异分析是否适当,发出时效是否良好,是否着重于可控制成本,汇总程度是否符合需要,指导对象是否明确等;查明各类报告可用作管理依据的程度,是否及时反映,有无偏差原因分析,有无改正行动的建议等。

对其他活动稽核在三个方面要查明。一是查明工厂维护情况,如查明是否可根据需要即时提供服务,有无适当的预防性维护计划,有无衡量保养成本的标准,维护部门与其他部门是否保持密切的联系与合作。二是查明废物控制情况,如负责废物管理控制的单位组织是否适当,废物管理问题是否受到管理当局的重视,对废物控制问题有无研究、有无适时检查与处理,目前的废物处理方式有何不利之处。三是查明企业安全情况,即查明有无负责安全的组织,有无安全计划,安全计划与作业单位是否密切配合,安全计划与训练及管理是否配合,高级管理人员对安全工作是否重视与支持。

稽核人员除了对上述事项稽核外,还要对生产通知单(制造单)的处理及成本报告进行直接测试。对生产通知单的处理测试办法是,就使用的生产通知单选取具有代表性样本,查对实际使用情况,并核对下述各步骤的生产时间与产品质量:生产通知单的填发基础,生产部门接受的方式,决定所需的资材,所需资料的申请,所需资料的收与检验,决定使用的机器及其他内部分工,对生产指令的发布,生产、查验、发货。对成本报告测试方法是,选择适当的内部成本报告,查核实用程度,应注意报告资料的正确性和发出的时效性,根据报告资料采取的措施与行动等。

二、生产循环稽核工作重点

生产循环稽核工作的重点主要包括以下八个方面内容。

(一) 生产计划作业稽核重点

生产计划作业稽核重点包括如下内容:
(1) 查核生产计划的编制是否与营业计划、生产能量、存货政策及人员配置情况相配合。
(2) 除年度生产计划外,为实际控制生产进度需要,是否按月编订生产进度表,对于原物料进厂、生产排程、交货期限等是否作了适当的安排。

（3）因意外事故致原定生产计划无法实施时，有否即时报请修正，并与营业、采购仓储等部门密切联系，配合修正的相关计划。

（4）生产计划说明书是否由生产部门编列。

（二）制度规程管理稽核重点

制度规程管理稽核重点包括以下内容：

（1）制度规程管理的机能包括：①制造标准的设定；②生产前准备及制造命令单的审核；③制度规程管制及生产记录；④生产进度追踪及交货期异常反应；⑤生产异常反应处理；⑥成品缴库处理。

（2）核对生产计划进度表、生产日报表、成品缴库单等资料，了解生产部门各制度规程的生产进度是否相符。

（3）实际生产进度如与预定计划及进度不符，有否及时反映并作必要调整。

（4）为确保产品质量，在制度规程过程中有否取样检查并记录，必要时，作适当调整。

（5）各制度规程规划中订有操作标准者，对于作业方法及时间是否切实执行。

（6）成品缴库是否经验合格。

（7）对于正在进行制造的产品如因客户要求变更，有无良好控制并由营业部门及时通知生产部门修正。

（8）制造设备及人力的利用是否注意经常分析研究，设法提高效率，节省人力。

（9）工厂环境卫生，安全维护，废气、废水的排放，噪音的防止，有否经常注意并设法改善。

（三）质量管理稽核重点

质量管理稽核重点包括以下内容：

（1）质量管理的范围包括：①规范管理；②材料检验；③制度规程质量管理；④成品出厂前质量检查；⑤产品质量确认；⑥质量异常分析及改善；⑦客户投诉处理。

（2）核对质量管理月报表、质量检查报告表、客户申诉案件处理表等资料，与质量检查规范允收、拒收标准是否相符。

（3）质量检查是否分制造部门自主检查与技术部门抽样检查，自主检查是否采行全部检查为原则，抽样检查是否具随机机能，样本可靠性是否足以代表总体。

（4）对于质量管理自主与其他部门检查是否能达到牵制的目的，两者差异过大时，是否作适当的复查，并检讨检验方式是否合理。

（5）质量管理绩效是否列入绩效考核并作为奖罚依据。

（6）技术部门是否依操作随时抽检制造部门自主检查情形，如有差异，是否及时通知更正，或检讨修订操作标准。

（7）分析质量不良原因，除立即请作业人员改善外，是否采取行动分析原因并防止日后发生类似情形。

（四）设备保养稽核重点

设备保养稽核重点包括以下内容：

(1) 生产设备的保养单位应确实负起保养责任,从设备资料卡、定期检修周期表、保养记录卡的设立到年(月份)保养计划表、设备专案改善提报表的编制,均应依规定办理。

(2) 为维护设备、提高生产能力,有否配合计划及生产进度,编制年度及各月设备保养计划。

(3) 有否建立分级保养制度,一级保养由使用部门负责,每日按保养手册作例行性保养,二级保养由保养部门排定日程作定期保养,三级保养请技术专家作专门性的修理保养。

(4) 保养所使用的人力及材料,有否设定控制标准,有否设立记录卡详细登记;实际使用与标准如有差异,有否分析原因,检讨缺失,研究改进,并列入人员考核奖罚的依据。

(五) 安全卫生作业稽核重点

安全卫生作业稽核重点包括以下内容:

(1) 生产安全各项作业是否遵照有关规定办理,工作安全应有的各项装备是否充分配置,管理是否妥善,各项防范设备的配置与维护检查是否切实有效。

(2) 意外灾害的防范措施是否积极妥善,工伤事故的认定与处理是否符合有关法规规定。

(3) 空气污染、水污染、噪音等的测定及防范措施是否确实依有关法定规定办理。

(4) 各项防范设施是否定期检查并善加修护使用。

(5) 对职业病的调查、预防、处理是否积极注意。

(六) 呆废料作业稽核重点

呆废料作业稽核重点包括以下内容:

(1) 呆废料的划分认定标准是否适当,分类代号是否正确,是否有故意将良好材料混列呆废料,呆废料的等级及数量有无经呆废料处理专案小组检验验定。

(2) 超过3个月未动用或用量未达平均库存25%者,是否列印材料滞存明细表并作适当处理。

(3) 与材料盘点表核对,呆废料有否列为盘损,并签请专案处理。

(4) 对于生产过程中所产生的废料、损耗率,与以往年度比较是否正常,与同业比较是否偏高,是否分析原因并检讨改进。

(5) 呆废料的变卖是否报准后办理,估价是否合理,底价估定及标售等手续是否妥当,缴款程序是否符合规定。

(6) 查核有否利用损耗率以少报多,企图领取自用者,因尾数、磅差或自然损耗所引起的损耗是否正常。

(7) 对于呆废料是否研究或利用生产技术加工回收、整修等,作更加有效的利用。

(七) 生产成本作业稽核重点

生产成本作业稽核重点包括以下内容:

(1) 查核领料单是否按照规定程序办理,每项材料领用总数及其单位用量与标准或预算成本相差部分应作差异分析,如已有差异分析资料的,查核是否合理。

(2) 领用直接材料与所制造产品应有密切关系,如其所领材料的质量与产品不相称时,应注意核算。

(3) 查核直接材料、间接材料成本的计算是否符合成本会计的规定办理。
(4) 查核每日人工记录及工作日报表记载是否真实完备。
(5) 查核实际耗用单位工时及人工成本与标准单位工作及人工成本间有无重大出入。
(6) 直接人工及间接人工核算是否合理正确,人工成本的计算是否符合成本会计的规定办理。
(7) 生产部门因从事生产所发生的除原料及直接人工以外的制造成本,以及厂务部门所发生的成本,是否均属于制造费用。
(8) 查核制造费用内容是否均与制造产品发生关联,分摊方法及比例是否合理。
(9) 制造费用实支数是否均在预算范围内,有无特殊情形,分析其原因。
(10) 制造费用的报支是否依照会计制度规定程序办理,服务部门费用的分摊是否合理。

(八) 生产绩效稽核重点

生产绩效稽核重点应包括以下内容:
(1) 生产日报表、成品检查日报表是否依规定确实编制,并分送相关部门、人员。
(2) 生产异常报告表是否依规定按时呈报并迅速采取了补救措施,查核各单位的生产异常现象是否偏高。
(3) 各项生产绩效标准是否由负责单位确实确定,若有不合适的,应加修订。
(4) 个人绩效奖金是否按规定计算核发,奖金计算是否合理,是否具有激励作用。
(5) 罚扣及代扣项目是否按规定办理。

第七节 工资循环的稽核

一、工资循环稽核的内容

工资循环稽核与人事管理稽核很难划分,其稽核内容:一是对制度与规程的稽核,二是对人事规划及发展的稽核,三是对现有人事行政的稽核。

对人事、工资循环制度与规程方面的稽核,主要查明单位有无人力资源规划,招聘政策及程序如何,有无培训政策与计划,有无职务说明、分析及评估,有无报酬政策等。

对人事规划及发展稽核有三个方面。一是稽核人力规划情况,如稽核与计划人力需求的政策及程序是否合理,各级管理人员参与制订的程度如何;稽核人力资源现状与未来发展程度,与目标比较现在或未来的困难何在。二是稽核聘用及挑选人员情况,如人员招聘是集中办理还是各部门自办,有无重复或不协调之处,各类招聘方式是否遵循了既定程序,有无建立人员招聘记录档案,用人单位参与程度如何,用人单位对新增人员满意程度如何。三是稽核培训教育情况,如详细的培训计划,有关部门参与程度如何,实际训练情况如何;用人单位是否满意训练成果,不满意的原因何在;受训人员对训练过程的意见如何,不满意的原因何在。

对现行人事行政稽核有十个方面。一是稽核职务分析与说明情况,如职务设置原则是否适当,要求条件是否合宜,职务分类是否恰当;各职务任务、责任是否明确;对职务职责是否根据环境变化而不断修订。二是稽核报酬给予情况,如员工平均工资水平是否合理;各职务间的工资差是否适当,是否体现了公平原则,员工实际享受的薪资是否与职务类别相适应;员工对现行职务分类与待遇规定有无不满,原因何在。三是稽查绩效衡量情况,如有无制订绩效考核制度;考核政策与程序是否合理,考核是否定期进行,考核结果是否向上级管理阶层报告,考核结果是否与被考核人沟通,被考核人对考核的公允性有无意见,考核结果能否使部属受到激励及有益于工作改进;每次考核资料是否建档保存并作为今后拟订人力资源发展规划的依据。四是稽查调职、升迁及解聘等人事变动情况,如查核人事变动之际用人单位与人事部门有无充分协调,变动前职位后补人选是否已妥善考虑,双方协调如何;各单位大幅度增员或裁员是否与人事部门协调;人事部门对扩充与裁员的适当性有无考核。五是对人事记录与报表稽查,如人事记录设计是否妥当,并妥善保管;员工个人档案是否随时更新,足备利用;有关变动,如调职、升迁、功过增添、薪资调整、留用、解职等,是否随时记录反映;人事报表内容能否提供多方面控制所需情报,报表使用人是否满意。六是稽查人员指导情况,如每一位员工是否有明确询问、请教的对象;承担指导工作的人员是否合格,职工反应如何;管理阶层是否了解部属曾发生的困难及解决的情况。七是稽查职工福利情况,如有无研究并制订职工福利计划,是否掌握竞争对手的福利情报;各项福利活动方案执行是否合理有效,有无值得改进之处;员工对福利待遇的满意程度如何;对员工福利待遇情况是否经常检查改进。八是稽核服务提供情况,如稽查由人事部门所提供的职工公益服务是否是最佳选择,人事部门是否具备提供此类服务的能力与条件,服务质量及职工利用程度如何,是否经济,员工反应如何。九是稽查员工安全与伤害赔偿情况,如稽查员工作业安全的保护设施是否充分,在员工工作分配上是否从年龄、性别、健康等方面考虑易于遭受伤害之因素,采取预防事故之措施是否令人满意,监督管理安全等事务是否落实有效,员工伤害赔偿工作是否按规定办理,是否经常进行安全检查工作。十是稽查人事关系状况,如稽查人事部门与员工是否保持良好的人事关系,是否遵守人事合同的规定,对各种纠纷处理是否得当等。

二、工资循环稽核工作重点

工资循环稽核工作重点主要包括以下十五个方面的内容。

(一) 任用作业稽核重点

任用作业稽核重点包括以下内容:
(1) 人员招聘、试用及正式任用是否按规定手续申请核准后办理。
(2) 招聘时是否采用登报、介绍等不同方式,并经面试、职前训练、试用阶段,试用合格后报准正式任用。
(3) 新进人员若有触犯人事管理规则重要情况之一的,均不得聘用。
(4) 员工凡经聘用的须填具合同后始得报到。
(5) 人员工资待遇是否与单位规定的标准相符。

(二) 工作时间作业稽核重点

工作时间作业稽核重点包括如下内容。

(1) 上班时间的稽核：①是否按时上班，且按规定打卡，有否迟到、旷工的情况；②忘记打卡时所填写的出勤签认单是否属实，是否依核准权限呈核；③迟到与旷工是否依照规定惩罚并扣罚薪资；④查核在办公及营业时间内，各部门员工是否有不请假外出，或公务外出单未经主管核签，或填写不确实情形。

(2) 下班时间的稽核：①是否按时下班，有否早退情形；②早退是否依照规定惩罚，并扣罚薪资。

(3) 轮流人员交班的稽核：①是否在接班人员未到达工作即先行离开；②因接班延长工作时间，有否按规定给付加班费；③轮流是否每周更换一次。

(4) 加班时间的稽核：①查核各单位加班时，是否均有加班申请单，且经权责主管核准；②查核加班时数偏高的单位是否有异常现象；③员工加班时数有无超过规定的标准，加班费是否按规定计算给付。

(三) 请假作业稽核重点

请假作业稽核重点包括如下内容。

(1) 各项请假的稽核：①请假的类别、期限、应缴附证件及薪资计算，是否按人事管理规则的规定办理；②员工请假是否均于事前填妥请假单，并找妥职务代理人，且依核决权限呈核后，送人事考勤部门备查。

(2) 特别休假的稽核：①是否按规定给予员工应休的特别休假；②全年所有特别休假天数是否按月排定，应休未休者是否作适当处理。

(3) 员工凡在一个月内未请假，也未迟到早退旷工者，是否依规定核发全勤奖金，并列入年终考勤资料。

(四) 训练作业稽核重点

训练作业稽核重点包括以下内容：

(1) 新进人员依单位规定给予适当的职前训练。

(2) 职前训练能否使新进人员尽快了解单位的沿革、组织、文化、经营方针、有关规章并熟悉工作环境。

(3) 在职训练是否依人事管理规则的规定办理。

(4) 查核年度训练计划并调查实施情形是否与预定计划相符。

(5) 教育训练经费预算编列是否足敷实际需要，训练经费使用是否经济有效。

(6) 各种不同性质的训练，如职前训练、在职训练、干部教育及储备干部教育或其他必要的训练，是否依实际需要并纳入训练计划。

(7) 查核各项训练的实施效果并研究分析其优缺点。

(五) 考绩作业稽核重点

考绩作业稽核重点包括以下内容：

(1) 各部门主管为办理员工平时考核,对员工日常特殊言行、工作表现有否适当记录,有否定期送请上级主管核阅。

(2) 各部门主管为办理员工年终考核,是否订有员工考核办法,现行考核办法是否公平合理。

(3) 调查一般员工对单位考核办法的反应,研究分析现行考核办法的优缺点。

(4) 绩效奖金的给予是否合理。

(六) 奖惩作业稽核重点

奖惩作业稽核重点包括以下内容:

(1) 各部门主管申请奖励员工是否依规定签报,是否均具充分条件及佐证,是否定期发布。

(2) 各部门主管申请惩罚员工是否依规定签报,有否经过慎重审议,考虑各项因素后再作适当决定。

(3) 调查现行奖惩办法的优缺点,调查一般员工对现行奖惩办法的反应。

(4) 统计历年来奖惩的增减趋势并分析奖惩或奖惩中以何类事故最为常见。

(5) 奖惩是否有给当事人申诉的机会。

(七) 晋升作业稽核重点

晋升作业稽核重点包括以下内容:

(1) 查核最近晋升人员是否确实属绩效优异,有无具体事实证明确能胜任较高职务者。

(2) 报请升级人员是否符合单位晋级应具备条件,是否按规定程序报请核定并依权责发布。

(3) 查核现行晋级办法是否确实有鼓励作用,有助于单位提拔优秀人才,提高员工士气。

(八) 辞职作业稽核重点

辞职作业稽核重点包括以下内容:

(1) 调查员工提出辞职是否经过直属主管的谈话、挽留无效后,始予同意。

(2) 查核员工辞职的主要理由,是否受外在因素或内在因素的影响。

(3) 查核员工辞职的历年统计资料并观察发展趋势。

(4) 查核员工辞职是否均于规定时间内提出。

(九) 辞退作业稽核重点

辞退作业稽核重点包括以下内容:

(1) 查核员工辞退的条件是否符合规定,是否因业务性质变更有减少劳力的必要,有无适当的工作可供安置;抑或员工对所担任工作无法胜任,方可辞退。

(2) 查核有否按员工服务年资事先提出辞退的预告。

(3) 查核辞退费计发标准是否合乎规定。

(十)留职停薪作业稽核重点

留职停薪作业稽核重点包括以下内容:
(1) 查核员工留职停薪的申请是否符合规定范围。
(2) 查核员工是否经核准且办妥工作移交与离职手续后,方得离职。
(3) 查核员工复职的申请是否按规定办理。
(4) 复职人员的年资计算,核薪是否依规定办理。

(十一)调职作业稽核重点

调职作业稽核重点包括以下内容:
(1) 查核员工调职情形是否确为工作需要,是否经权责主管核准。
(2) 查核员工调职后,对于新任职务是否能够胜任,对互调单位工作有无重大影响。

(十二)退休抚恤金作业稽核重点

退休抚恤金作业稽核重点包括以下内容:
(1) 查核员工退休办理情形,其退休条件(如病退、限龄退休等)是否均符合法定规定。
(2) 退休金给付的计算是否符合政府有关法规规定。
(3) 退休基金的提拨、保管、交付是否依规定处理。
(4) 职业灾害补偿金是否从优给付,是否按期支付。

(十三)工资发放作业稽核重点

工资发放作业稽核重点包括以下内容:
(1) 查核员工工资表、底薪、职务加给、加班费、值夜费、各项津贴是否均依规定标准计发。
(2) 迟到、早退、请假、旷工及违反单位各项规定的应扣款是否依规定扣薪。
(3) 工资是否如期发放。
(4) 员工因故未领的薪资有否作适当处理。

(十四)代扣款处理作业稽核重点

代扣款处理作业稽核重点包括以下内容:
(1) 代扣员工薪资所得税是否按期代扣并逐期报缴。
(2) 代扣劳保费及各项基金等计算是否正确、是否按规定登账或报缴。
(3) 员工因迟到、早退、请假、旷工及违反单位各项规定应扣或惩罚款项是否在工资项下一次或分次扣款。
(4) 其他代扣款是否依代扣办法扣收并报缴。

(十五)薪工记录作业稽核重点

薪工记录作业稽核重点包括以下内容:
(1) 查核员工有否设置永久性的人事资料,记载是否完备,有关员工起薪日期、金额、晋升日期、调薪金额、职务加给、其他津贴等有否详细记载。

(2) 查核员工动态资料,如新进人员的录用起薪、调动、退休、资遣等有否随时登记,内容是否正确。

(3) 抽查各月份薪资清册内容是否与人事记录所载相符,薪资清册金额小计及合计各数计算是否正确,与会计明细账及总账核对是否符合。

(4) 员工加班的申请、核准以及加班费的核发,是否依照规定办理,查核加班是否有异常情形。

(5) 福利组织稽核:①会议记录调阅;②福利金的提取及入账情况;③福利金使用及记录情况;④福利金结存情况等。

(6) 各项福利措施,如餐厅、宿舍、交通车、技能训练、进修以及其他休闲活动是否分别举办,了解员工对各项福利措施的利用率及满意程度。

第八节 融资循环的稽核

一、融资循环稽核的内容

要掌握融资循环稽核,首先要了解财务稽核。如欲对财务会计进行稽核,必须了解到以下事项:会计科目表与科目说明;账簿组织与记录说明;财务控制政策及程序,包括主要作业循环控制程序;普通会计与成本会计簿记方法;其他相关控制制度。财务稽核的主要内容,包括规程制度、日常作业、管理规划、资本支出、资金需求、税务处理、保险事务、定价抉择八个方面。

(一) 规程或制度稽核

在规程制度方面,应稽查的事项是:会计政策;财务报告;利润分析;资金调度;预算;利润规划;资本支出决策;资金筹措;税务处理;保险;定价政策;与有关职能的协调关系;政策及程序执行偏差的处理等。

(二) 日常作业活动稽核

日常作业活动稽核包括以下五个方面内容。

(1) 财务基本控制稽核。主要查核各项作业内部牵制是否完备,查核既定政策及程序的正确性。

(2) 会计政策稽核。一是分析政策制订的依据是否充分,有无经过认真研究和充分地协调。二是评价与检查政策的内容,包括信用关系的建立与评价、产品成本计算、收益性支出与资本性支出的划分、资产折旧与折耗、费用预提与摊销、税务处理、应计费用的调整、准备金提列、分支机构间往来的会计处理以及其他。

(3) 报表分析稽核。稽查并评价所有定期会计报表,如报表编制能否考虑阅表人的需要,是否易于了解和运用,报表是否正确与完备,报表是否着重于对未来的预测和分析;稽核报表数字分析与解释的适当性。

(4) 利润分析稽核。稽核利润分析的目标与是否适当;是否提供一些非数量资料以弥补利润分析本身的不足;是否利用弹性预算,研究与分析费用定额;是否运用各种辅助分析方式,帮助管理阶层整体了解;分析作业是否充分有效,并不断研究改进。

(5) 资金调度稽核。是否重视资金调度工作并委派干练的主管负责,资金运用步骤是否适当,对资金流程是否定期分析,现金预测是否通知各有关部门参考,现金短缺的弥补筹措规划是否迅速、有效。

(三) 管理规划稽核

管理规划稽核包括以下两方面内容。

(1) 年度预算稽核。最高管理层是否下达年度预算的目标与支持规划的设计,其指示主要点与支持行动如何;预算编制的办理与管理的负责部门的组织地位是否合宜;组织系统是否便于预算规划的进行;是否充分强调预算规划功能;预算编拟、汇总、审议的程序是否恰当;财务单位是否通过历史资料的提供、经验及技术的指导,协助各单位编拟预算;预算资料的表达是否配合会计账务处理,以便预算与实际的定期比较;预算是否利用全体参与原则,并为执行单位所接受;评核预算执行中报告系统的运用程度,能否促使主管阶层采取必要的控制或改正行动。

(2) 利润规划稽核。运用上述稽核重点,评估利润规划制度;利润规划是否与年度预算相配合;利润规划是否与前期相配合,前期规划执行的得失是否作为本期的参考。

(四) 资本支出规划与控制稽核

资本支出规划与控制稽核包括以下三方面内容。

(1) 资本支出预算稽核。稽核资本支出事先有无预算,未纳入预算的是否无编入预算的必要;资本支出预算编拟与处理的方式与程序是否恰当。

(2) 资本支出方案的控制稽核。稽核有无适当合理的方法以分配核定金额,方案的执行、审查、控制是否依既定程序办理。

(3) 资金成本与效益稽核。运用何种方法调整未来资金的折现价值,其方法是否适用;计量方法的评核结果是否与管理阶层密切协调。

(五) 资金需求测定与筹措稽核

资金需求测定与筹措稽核包括以下两方面内容。

(1) 短期资金需求稽核。短期资金需求预测是否与一切业务部门密切联系,是否谋求最低的需求量;资金筹措方法是否经过认真研究和选择,是否能有效执行;短期资金需求是否与长期资金需求配合调度。

(2) 长期资金需求稽核。长期资金需求是否顾及各项资本支出预算,需求资金的筹措方法是否经过认真研究和选择,是否能有效执行。

(六) 税务处理稽核

税务处理稽核包括以下两方面内容。

(1) 政策稽核。税务处理政策与重大决策是否合法合规,是否与各项职能部门充分联系,税务的事前预测与研究是否充分。

（2）作业效率稽核。税务处理是否由适当单位、称职人员负责，纳税申报是否适当，缴纳日期是否按规定执行，税务处理的计算与记录是否正确和完整。

（七）保险事务稽核

保险事务稽核包括以下两方面内容。

（1）政策稽核。保险计划是否有利于降低损失几率，是否定期检查计划执行情况。

（2）执行效率稽核。对保险的范围和金额的议定是否合适，保险会计处理是否恰当，索赔是否迅速和有效，是否致力于减少损失几率和降低保险成本的研究与规划。

（八）定价抉择稽核

定价抉择稽核包括以下两方面内容。

（1）定价政策稽核。有无合理的定价程序，财务部门介入程度如何，定价抉择依据的成本与收益估计方法是否正确，营销与财务部门沟通是否充分。

（2）执行控制稽核。有无编制和送达价目表的程序，标准价格控制的适当性如何，对价格偏差的控制是否有效。

二、融资循环稽核重点

融资循环稽核重点主要包括以下十八个方面的内容。

（一）公积与盈余作业稽核重点

公积与盈余作业稽核重点如下：

（1）核对表列数与明细分类账、总账是否相符。

（2）编制盈余公积明细表与总账核对，并分析其变动情形。

（3）各项公积提成数是否符合法定。

（4）调阅原始凭证，检查公积的使用情形，是否依原指定用途使用，以及已达到原特定目的。

（5）若有提列特别公积，其特定目的已完成时，是否转销或供作其他用途，注意其转销或供他用的利弊得失。

（6）查明应课税的公积收入有无未列入所得申报。

（7）与本期损益、前期损益、长期借款、公司债及特定用途等有关科目相互勾稽。

（8）所得税暂缴申报、改正估计金额是否适当，结算申报金额计算是否正确，支付所得税凭证与实付是否相符。

（9）未分配盈余经分配后，其累积数有无超过规定。

（10）年度盈余是否依公司章程规定执行。

（11）下列各项是否转入资本公积科目：①溢价发行的股价；②其他资本公积。

（12）法定公积及资本公积是否供弥补亏损及增加资本之用。

（13）查核资产重估增值的计算，是否与有关规定相符。

(二)股本作业稽核重点

股本作业稽核重点如下:
(1)是否仍有未发行的股本。
(2)股票的签证是否委托指定的金融机构办理。
(3)下列各项股务的办理,是否委托指定的金融机构办理并签订合约:①股票的过户、质权的设定或削减;②股东或质权人及其法定代理人的姓名、地址及印鉴等的登记或变更登记;③股东及其他关系人就股务关系的申请或报告的受理;④股东名簿及附属账册的编制与管理;⑤关于股票(包括权利凭证)的保管、换发、交付及签证;⑥股东会召开通知书或股东会出席证的寄发,股东会出席通知书或委托书的收受与统计,其他对于股东的通知或报告的寄送;⑦关于股利的计算,发放及代扣税金;⑧关于股份的统计,以及依法规或契约应向主管机构、证券交易所或签证机构提出报告、资料的编制;⑨关于新股发行、股本减少、股份分割与合并事项;⑩其他有关事项。
(4)是否适时刊登公告及通知股东下列各项有关资料:①召开股东会时,股东会召开日期、停止过户日期、盈余分配内容、配息基准日;②增资配认股时,配股基准日、停止过户日期、缴款期限及代收股款机构、配股内容;③增资股票制作及发放,交付股票日期,股票发放及上市日期。
(5)股务单位是否按期将下列资料公告备查:①每月董事、监事、经理及持有股份达股份总额一定比例以上的股东股权变动表;②董事、监事、经理及持有股份达股份总额一定比例以上的股东办理质权设定公告通知书;③董事、监事、经理及持有股份达股份总额一定比例以上的股东质权设定撤销副本;④其他经证监会或有关机构规定应予公告的事项。

(三)股务作业稽核重点

股务作业稽核重点如下:
(1)查阅股东名簿,抽查办理更换印鉴、股票过户、股票挂失、质权设定、股票遗失补发、户籍或通讯处地址变更等的理由及办理时效。
(2)抽查股息发放的相关凭证及应付未发的原因。
(3)查核现行股息发放办法与实际办理情形,并指出应进行改善之处。
(4)公司办理增资案,应调阅主管机关及董事会暨股东会核准增资的文件。
(5)空白股票的保管、填发程序是否安全妥当,空白股票应实地盘点并与印制厂商文件核对是否相符。
(6)本期内若无盈余可供分派股利时,由公积项下发放股利,是否符合公司法的规定,以及报经证券主管机关核准。

(四)背书保证作业稽核重点

背书保证作业稽核重点如下:
(1)以公司名义对其他公司背书保证的金额,以及对单一企业的背书保证金额,是否依公司背书保证作业程序的规定办理且报经董事会决议通过,并将办理情形及有关事项报请股东大会备查。

(2) 个别保证是否由被保证公司提出申请函,经董事长核准后办理,财务部是否设立背书保证事项登记簿并由专人保管。

(3) 申请背书保证的公司,有下列情况是否仍予接受办理:①其所签的背书保证金额已超过规定限额;②有借款不良或债务纠纷记录者;③资本额低于资产总额40％者。

(4) 公司的背书保证余额,是否依规定格式内容并同营业额按月公告,并报证监会备查。

(五) 短期借款作业稽核重点

短期借款作业稽核重点如下:

(1) 款项收付的日期、账户、金额是否与账载数相符。

(2) 利率或代扣税款计算是否正确。

(3) 对账单的回收次数、经收单位是否合理。

(4) 银行对账单与各账户余额核对,如有不符,应加以调节;经调节后仍不符的,应查明原因。

(5) 分析借款的利弊得失及其对举债经营与财务调度的影响。

(6) 到期的短期借款应依约偿付本息,如有延期情事应追查原因。

(7) 短期借款的举借及偿还手续是否符合规定。

(8) 借款若为有担保品者,其收据应妥为保管,债务清尝时,应办理涂销登记,或收回质押品。

(9) 查核短期借款有无作长期性的支出,以免影响公司的短期偿债能力。

(六) 中长期借款作业稽核重点

中长期借款作业稽核重点如下:

(1) 调阅原始凭证、合约、会计凭证与账列数是否相符,借款日期、期限、利率、偿还日期、担保情形、限制条件等有无不符。

(2) 贷款利息是否办理扣缴,期末应付利息是否列支。

(3) 若有约定应提取偿债资金的,应查看有无提取,资金的运用是否合乎规定。

(4) 将于一年内偿付的中、长期借款是否转列流动负债。

(5) 与银行贷款、利息支出等有关科目相互勾稽。

(6) 借款如是指定用途的,是否依规定使用,有无移作他用。

(7) 借款合约如订明抵押事项,应注意产权提供文件及登记是否确实控制,还款时有无及时收回。

(8) 借款到期应偿还时,若财务状况显著衰退且有偿债困难时,应及早提出,以求解决。

(七) 现金作业稽核重点

现金作业稽核重点如下:

(1) 索取前一日的现金及银行存款日报表,以及至检查前已执行收付而未登账的收支传票调节,编制调节表。

(2) 盘点出纳全部现金,核对调节表是否相符。

(3) 核对每日所收款项是否全部存入银行。

(4)有无私用借款欠条。
(5)查核银行往来调节表上调节的各事项期后入账情形及期后对账单。
(6)暂借款的额度是否合理,有否逾期未报销的情形。

(八)票据作业稽核重点

票据作业稽核重点如下:
(1)核对收款报告单与应收票据明细表并与总账、明细账核对。
(2)核对库存票据、已使用票据及购入票据是否相符。
(3)检查票据登记与保管情况。
(4)票据开立是否依据已核准的会计传票。

(九)备用金作业稽核重点

备用金作业稽核重点如下:
(1)查明公司现有领用备用金的单位、保管人姓名,核定备用金用途以及领用金额。
(2)盘点各保管备用金人员有无结余现金金额,现有未报销单据金额,查明两者之和是否与核定备用金额相符,如有不符,应查明原因。
(3)查核未报销单是否均为最近付款而尚未办理报销手续者,如有付款日久而延迟不报销者,应特别注意查核其未报销原因。
(4)查明未报销单据是否均经保管人编列清单凭以查核,所有单据是否经主管单位负责人核准,已付的单据其支用性质或金额限度有否超过备用金的规定范围。
(5)查明备用金每月报销次数及金额,目前核定领用金额是否足供正常周转,金额是否过大或过小。
(6)会计单位审核备用金时,对所送单据是否逐笔审核后加盖及日期戳,以防重复报销。
(7)备用金保管存放处所是否安全。

(十)财务报表作业稽核重点

财务报表作业稽核重点如下:
(1)财务报表中资产、负债、股东权益、收入、费用各科目的分类及表达是否正确、适当。
(2)应收账款是否均为应收销货客户所欠账款,非因正常而发生的其他应收款项是否分开列示。
(3)固定资产为供营业上长期使用的资产,各种不同种类的固定资产是否按其性质正确分开列示。
(4)已无使用价值的固定资产是否按账面值转列其他资产予以处理或变卖,无变卖价值者是否经主管单位核准后冲销转。
(5)因持有有价证券而取得股票股利或资本公积转增资所配发的股票者,是否依有价证券的类别分别注明所增加的股数,并按加权平均法计算每股平均单位成本。
(6)存货中原料、物料、在产品、产成品及进货成品是否在财务报表中分别表达,如系瑕疵品、过时品、废品或已不适用部分,有否依净变现价值评价,并承认跌价损失,于存货项下减除。
(7)固定资产有否依使用年限按期提列折旧费用。

(8)折旧或摊销的计算是否保持前后一贯,有修正变更必要者,有否客观依据及充分理由并在财务报表中作充分的表达。

(9)资本支出与收益支出的划分,是否根据确定的原则前后保持一贯。

(10)牵涉外币交易发生的兑换损益是否列为财务费用,并依财务会计准则规定办理。

(11)为促销产品的广告费支出,其未来经济效益难以确定者,是否列作当期费用。

(12)利息支出如何列账,如采用利息资本化作业,其要件是否符合企业公认的会计原则。

(13)应收账款有否按期提列备抵坏账,有否分析应收账款的账龄,应提列备抵坏账的百分比或金额是否适当。

(14)对于或有负债及承诺有否依估计金额列账,金额无法估计者,是否在财务报表附注中揭露其性质及估计金额或说明无法合理估计的事实。

(15)营利事业所得税有否预估列账、补缴或退回税款,有否列作当期损益,预估暂缴、改正估计与结算申报是否依对公司最有利的方法处理。

(十一)会计账务处理作业稽核重点

会计账务处理作业稽核重点如下:
(1)查核会计事务的处理有无违反会计制度及企业会计原则。
(2)会计科目的应用是否适当,与会计制度的规定是否符合。
(3)查核会计凭证、簿籍、报告的设置是否符合会计制度的规定。
(4)过渡科目及记账项是否及时清理。
(5)各项递延费用的摊销、递延收益的转列是否按期转账。

(十二)一般费用报销作业稽核重点

一般费用报销作业稽核重点如下:
(1)查明有关应付费用的原始单据、凭证、核对账列应付费用的内容及金额是否相符。
(2)依应付费用明细表内容,就本期发生的增减变化较大者予以详查,有无多列或少列;为确定余额的正确性,必要时发函求证。
(3)如有逾法定或规定付款期限而尚未支付的费用,应查明未付原因。
(4)年度终了后至结账日止应付费用的支付情形是否正常,是否有集中调整支付现象。
(5)调阅原始凭证及核准文件,查明预付费用是否均经核准有案,原始凭证所列金额是否与账列相符。
(6)有无属于当期费用而未冲转仍列预付费用,查明其未及时冲转的原因。
(7)各项费用的报支应查核原始凭证的内容、金额是否正常,有否经过核准程序,与列账金额、事由是否相符。
(8)会计单位是否依规定确实审核各单位报支的费用。

(十三)营业外收支作业稽核重点

营业外收支作业稽核重点如下:
核对企业发生的各项营业外收支,主要包括非流动资产处置利得或损失、非货币性资产交换利得或损失、债务重组利得或损失、政府补助、盘盈利得或盘亏损失、捐赠利得或公益性捐赠支出、非常损失等的会计处理是否依据企业会计准则给与会计制度。

(十四) 福利费管理作业稽核重点

福利费管理作业稽核重点如下：
(1) 查核福利费收支账目、原始凭证、收支日期、金额等与规定是否符合。
(2) 福利费提列、结余、保管及运用是否合适。

(十五) 税收及规费作业稽核重点

税收及规费作业稽核重点如下：
(1) 查核税单收据与传票明细账是否相符。
(2) 符合条例的税收减免项目，是否依照规定办理。
(3) 查明滞纳金或罚款的支出有无过失责任。

(十六) 凭证作业稽核重点

凭证作业稽核重点如下：
(1) 调阅外来原始凭证，数据数字有无错误，有否经有关人员签章，与法规规定及会计制度的规定是否符合。
(2) 查核记账凭证所用会计科目是否适当，摘要说明是否完备，是否根据合法的原始凭证编造，内容是否与原始凭证相符，记载是否齐全，有无计算、书写错误而未依规定更正情形。
(3) 收支传票经出纳单位执行收付款后，有否在传票及原始凭证上加盖或付讫章。
(4) 凭证是否以有系统方式归档，指定专人保管，并依法定期限保存。

(十七) 所有者权益作业稽核重点

所有者权益作业稽核重点如下：
(1) 核算股东股本在本期内增减变动情形。
(2) 核算已付及未付股息是否与原列应付股息种类相符。
(3) 抽查已付股息股东是否与股东名称中所载的姓名相符。
(4) 如有盈余，是否依公司法及公司章程提列公积、配发股东利息、董监事酬金、员工红利等。
(5) 公司在本期如办理增资，应调阅主管机关核准增资的文件。
(6) 查核股东更换印鉴、股票过户、挂失等是否依照有关办法办理。
(7) 久未领取的股息，应查核其原因。
(8) 资本公积是否仅用于增资或弥补亏损。
(9) 若有空白股票，应作实地盘点，并确定其保管是否安全妥当。

(十八) 印鉴及支票使用作业稽核重点

印鉴及支票使用作业稽核重点如下：
(1) 查核支票印鉴是否由有关主管共同签章，其内部牵制是否合理有效，实务中有无不便。

（2）支票开立后,是否送有关主管亲自核阅加盖,或由他人代为保管加盖。
（3）作废的支票是否注明作废并按全联保管,同时查核发票作废的理由。
（4）空白支票与已用支票的编号是否前后衔接;盘点未用支票,编号有无跳漏,领用张数有无短缺。
（5）票据及银行账户的印鉴式样是否通过批准备案。
（6）是否有预开空白支票的情形。

第九节　投资循环的稽核

单位投资工作与融资工作一样,是单位财务工作的重要内容,为了避免与第八节重复,本节主要说明投资循环稽核工作的重点。

一、投资评估作业稽核重点

投资评估作业稽核重点如下：
（1）所有投资活动是否依权责主管核准后办理。
（2）股权投资总额与作业程序是否符合公司法规定。
（3）长期投资是否经评估及效益分析。
（4）短期投资是否具有变现性及流动性。
（5）其他。

二、买卖作业稽核重点

买卖作业稽核重点如下：
（1）各项投资的取得与处分是否依规定程序核准后办理。
（2）购买各项金融产品是否经比价、询价过程。
（3）购入的有价证券,是否经会计记录详细内容。
（4）中途解约或到期,出纳是否将相关资料转会计入账。
（5）处分所得款项是否如期缴交财务部。
（6）复核证券交易损益,核对出售证券成交单、交易税完凭证及所得税申报资料。
（7）其他。

三、保管、异动作业稽核重点

保管、异动作业稽核重点如下：
（1）有价证券存入、借出、返还、领出是否有随时登记保管物品的异动。
（2）逾期未返还的,经管人员是否进行过追查。

(3) 经营人员追回有价证券时,是否将此情况呈报。
(4) 是否按期收回本金、领取利息或股息。
(5) 是否到期未向金融机构办理领回本金。
(6) 各项有价证券是否有专人分别管理。
(7) 其他。

四、盘点、抵押作业稽核重点

盘点、抵押作业稽核重点如下:
(1) 是否按规定办理有价证券盘点作业。
(2) 盘点差异时,是否将情况反映给主管并加以改善。
(3) 有价证券若须抵押,是否获准后按规定办理,应查核质押单位签收证明并查核贷放款合同。
(4) 抵押解除时,是否办理抵押注销并将资料分送相关单位。
(5) 实地盘点手存证券并检验所有权是否确属公司。
(6) 其他。

五、申报、公告作业稽核重点

申报、公告作业稽核重点如下:
(1) 各项投资取得与处分是否按规定进行公告。
(2) 投资股权超过标准者,是否按规定公告、申报抄送或聘请专家评估。
(3) 其他。

六、会计处理作业稽核重点

会计处理作业稽核重点如下:
(1) 有价证券应视作现金,其保管及入账应由不同人员担任。
(2) 有价证券的记录是否确实。
(3) 有价证券取得的法定权益手续是否完备。
(4) 期末评价是否正确。
(5) 长短期投资科目划分是否适当。
(6) 是否按长期股权投资会计处理准则处理投资账务。
(7) 取得有价证券明细表与会计明细账核对是否相符。
(8) 查核账载进出总额并与当期证券买卖情形印证。
(9) 确定结账日有价证券的市价。
(10) 其他。

第十节 固定资产循环的稽核

一、固定资产循环稽核的内容

对固定资产循环稽核,最主要是稽核单位整体的财产管理状况,即要稽核财产管理的组织状况、资本性支出管理状况、工程建设状况、财产管理控制状况、财产管理效能等。

对财产管理的组织状况,主要稽核:单位如何有组织地从事财产需求的研究,有无制定财产管理政策及程序,单位有无专设的建设单位,单位有无明细的财产记录,单位有无明确的财产管理人员职务说明书,单位对建造活动的控制、财产的收验、财产变动的授权、财产保管与维护、折旧政策与程序等是否有效,财产有无计划管理及其效果如何等。

对资本性支出管理状况,主要稽核:资本性支出是否制订适当的、可行的计划;是否制定具体的实施方案,其批准程序是否合理;方案执行有无严格控制、有无记录、有无结果报告,是否有效;有无超时间、超经费预算的情况;有无随意变更计划方案的现象,如有,原因何在。

对工程建设状况,主要稽核:委托外部工程决策程序如何,如何选择建设单位,合同条款考虑是否充分;如何控制工程进度、工程支出与工程质量;对违约工程及未达到质量标准的工程如何进行处理;如何控制在建工程;建设合同变更有无正当理由,如何追究违约责任等。

对财产管理控制状况,主要稽核:设备是否妥善保管以免损坏,是否仔细考虑过维护成本;安全措施是否完备,是否权衡过风险程度与成本支出;各项设备添置是否均求其发挥最大效能,各项设备有无使用不当之处;各项设备是否皆经编号管理或钉牌识别;各项财产增、减变动及结存记录是否正确;财产转移、报废是否依适当程序办理;财产外借有无控制程序,如有无记录,到期是否收回,是否收取租金、损坏是否赔偿等;各项财产记录是否由第三者定期进行盘查核对;是否定期或不定期地进行财产清点,清点中发现的差异是否认真处理。

财产管理效能稽核的内容主要有:财产管理政策中是否强调应谨慎确定需求,设备购置是否依其重要性决定批准程序,维护与管制各类资产的政策及程序是否完备;各种设备是否充分地发挥了其效能,有无设备不足而影响了生产力,有无设备过剩而造成了浪费;资产管理人员的能力是否适应职责的需要,其工作效率与效果是否令人满意。通过上述稽核,以明确在设备利用上有无重大困难及如何解决;效能与效率是否尚待增进及如何增进。

二、固定资产循环稽核工作的重点

固定资产循环稽核工作的重点主要包括以下七个方面。

(一)固定资产取得及折旧作业稽核重点

本作业稽核工作重点如下:

(1)查核固定资产的取得是否依规定程序办理,并填制固定资产验收单及固定资产登记卡。

(2) 查核资本支出与费用支出的分割是否正确。

(3) 折旧计算是否正确,前后是否一致,有无固定资产已出售或报废但仍计提折旧。

(4) 其他。

(二) 固定资产修理及维护作业稽核重点

本作业稽核工作重点如下:

(1) 查核有无将资本支出列为费用支出,或将费用支出列为资本支出。

(2) 查核有无将某项大修工程预算移作他项财产的修护费用。

(3) 分析各部门、各项设备的修理维护费用异常之处,并追查原因。

(4) 其他。

(三) 固定资产报废出售作业稽核重点

本作业稽核工作重点如下:

(1) 固定资产报废、出售时,是否填写固定资产减损单、说明理由及资产使用情形、目前价值等,呈准后办理。

(2) 未达原定使用年限而予报废者,虽经负责人核准,仍应分析其原因。

(3) 因盗窃或灾害而报损的固定资产,应查核有无失职疏忽之责以及如何防范。

(4) 其他。

(四) 固定资产抵押出租或出借作业稽核重点

本作业稽核工作重点如下:

(1) 固定资产若需抵押,是否填财物抵押申请单呈准后办理。

(2) 抵押权解除后,财务部是否主动向有关单位办理注销申请并将资料分送资产管理部门。

(3) 固定资产在公司内相互转移时,移出部门是否填写固定资产调拨单呈准后办理。

(4) 固定资产拟出租或外借时,是否已签呈详述理由呈准后办理,应收租金是否依合约规定按时收款,金额是否相符。

(5) 其他。

(五) 闲置固定资产作业稽核重点

本作业稽核工作重点如下:

(1) 闲置固定资产范围界定是否符合规定。

(2) 固定资产发生闲置时,使用部门是否详细填写开置固定资产处理表,并会同相关部门经呈准后办理。

(3) 会计单位是否将闲置固定资产转入非营业资产。

(4) 其他。

（六）工程作业稽核重点

本作业稽核工作重点如下：

（1）工程发包是否均依核准程序办理，并填具请购单，有无事先编列预算，是否均为业务上需要，发包申请内容是否具体完整。

（2）抽查工程个案，核对委托申请书、设计图、工程施工说明书、预算明细表等文件是否相符，有否配合工程预算进行。

（3）核对工程自招标、比价、发包至订约过程中，有关资料是否与原预算配合。

（4）合约内容是否与开标内容相符，有关合约条款及罚则是否适当合理。

（5）发包工程款的支付是否依约核付，账列预付工程款、未完工程等科目明细账、总账是否相符。

（6）查核完工决算与工程预算有无差异，如有差异，查明原因。

（7）查阅监工日志的记录内容与有关资料是否相符，监工报告是否经确定检验后填报，对于达约或异常情况，有否随时立即据实报告。

（8）工程验收是否由各有关单位合同办理，检验不合格者，有否通知补办或依约罚款。

（9）工程完工后，投资效益有否追踪分析并与原预算比较。

（10）其他。

（七）投保作业稽核重点

本作业稽核工作重点如下：

（1）固定资产的投保范围、投保申请、绩保、灾害索赔等有无依规定办理。

（2）进口固定资产的投保是否依规定办理，保费是否正确计算。

（3）固定资产是否依单位规定办理投保，投保手续是否完备，金额是否足够，保费计算是否正确。

（4）其他。

【复习思考题】

1. 什么是内部稽核？内部稽核和内部审计是否一回事？
2. 内部稽核有哪些职责？内部稽核包括哪些范围？
3. 内部稽核程序和方法包括哪些内容？
4. 什么是会计错误？什么是会计舞弊？两者有何区别？
5. 如何进行会计错误和会计舞弊的稽核？
6. 销货及收款循环作业中应稽核哪些内容？
7. 采购及收款循环作业中应稽核哪些内容？
8. 生产循环作业中应稽核哪些内容？
9. 工资循环作业中应稽核哪些内容？
10. 融资循环作业中应稽核哪些内容？
11. 固定资产循环作业中应稽核哪些内容？
12. 投资循环稽核的重点工作有哪些？

第十二章 会计监督设计

【本章概要】

会计监督是会计的一项重要职能,实行单位内部会计监督,是单位会计机构和会计人员的重要职责。本章从内部会计监督设计、外部会计监督设计两方面阐明会计监督设计的要求及监督方法。

第一节 内部会计监督的设计

一、内部会计监督制度应当符合的要求

会计监督是会计的一项重要职能,有效发挥会计监督职能,不仅可以维护财经纪律和社会经济秩序,对健全会计基础工作和建立规范的会计工作秩序也会起到重要作用。

单位内部会计监督制度是会计监督的重要方面,实行单位内部会计监督,是单位会计机构和会计人员的重要职责,更是单位及单位负责人的重要法定义务。建立健全单位内部会计监督制度,是《会计法》的要求,是保证单位会计工作有序进行的重要措施,也是加强会计基础工作的重要手段。

按照《会计法》的规定,实施会计监督的主体主要是会计机构和会计人员,多年来的实践证明,这种监督机制的作用是十分有限的。过去,我国一直将会计人员视为"国家干部",由其承担"双重职能",一方面作为单位内部管理人员参与内部管理,另一方面作为"国家干部"代表国家维护财经纪律,对不合法的财务收支要坚决抵制或者向上级部门报告。这一机制与国家直接管理企业的计划经济体制相适应。在市场经济条件下,特别是投资体制和企业用工制度改革后,仍沿用这一机制已存在明显缺陷。由于会计人员是单位负责人领导下的工作人员,并不具备监督者应有的独立地位,其经济利益从属于所在单位,直接由单位负责人所掌握和决定,因此,他们无法真正行使监督职权。单位内部会计机构、会计人员对本单位的经济活动进行会计监督实际上难于行使,常常流于形式,不能发挥其应有的作用。

针对现实中实行会计监督所产生的矛盾和问题,从市场经济发展要求和国外情况及做法看,会计监督的关键是要建立、健全单位内部会计制约的机制,会计机构、会计人员主要应行使内部控制职能,即围绕单位经营管理目标,实施对管理当局服务的内部控制。为此,各单位应

当建立、健全本单位的内部会计监督制度。根据会计法和会计准则的有关内容,单位内部会计监督制度主要包括内部会计管理体系、会计人员岗位责任制、账务处理程序、内部牵制制度、内部稽核制度、原始记录管理制度、定额管理制度、计量验收制度、财产清查制度、财务收支审批制度、成本核算制度、财务会计分析制度等。要指出的是,各单位应当建立、健全哪些内部会计监督制度,各项内部会计监督制度应当包括哪些内容,主要取决于单位内部的经营管理和监督需要,不同类型、规模的单位也会对内部会计监督制度有不同的选择。但是无论如何,各单位必须根据法律的规定建立、健全内部会计监督制度。单位内部的会计监督制度应当符合下列四个方面的要求。

(一) 重要职务职责权限明确

根据《会计法》要求,记账人员与经济业务事项和会计事项的审批人员、经办人员、财物保管人员的职责权限应当明确,并相互分离、相互制约。实质上是要求通过内部人员明确分工、明确职责权限,达到不相容职务分离,实行职务分管制度(即内部牵制制度),以防止一个部门或一个人包揽经济业务全部过程而导致错弊的发生。各单位应当建立、健全内部会计管理体系,明确单位负责人、总会计师对会计工作的领导职责,明确会计部门及其会计机构负责人、会计主管人员的职责、权限以及会计部门与其他职能部门的关系、会计核算的组织形式等。各单位应当建立、健全会计人员岗位责任制度,明确会计人员的工作岗位设置,各会计工作岗位的职责和标准,各会计工作岗位的人员和具体分工,会计工作岗位轮换办法,对各会计工作岗位的考核办法。各单位应当建立、健全内部牵制制度,明确内部牵制制度的原则、组织分工、出纳岗位的职责和限制条件、有关岗位的职责和权限。更重要的是要建立钱、物、账三分管制度,在会计业务处理过程中授权批准与执行职务分管,出纳与总账、现金盘点、银行核对等基础职务分管,基础职务分管,物资保管与记账职务分管,保管与账实核对职务分管,业务执行与记录职务分管。

(二) 重要经济业务处理程序明确

根据《会计法》要求,重大对外投资、资产处置、资金调度和其他重要经济业务事项的决策和执行的相互监督、相互制约程序应当明确。单位重要经济业务的处理,均要经过两个或两个以上的部门或个人之手,以防止一个部门或一个人包揽业务处理的全部过程。这是内部控制程序牵制方法的最基本要求,单位任何事项处理一般都有计划申请阶段、审核批准阶段、办理手续阶段、实施执行阶段、记录登记阶段和监督检查阶段。这几个阶段工作有些属于不相容职务,尤其是批准决策、实施执行和监督检查均属于不相容职务,更要由不同的部门或不同的个人去分别处理,以形成相互监督、相互制约的程序,将牵制寓于程序之中,以助于制约舞弊和损失浪费的发生。所谓重要的经济业务,主要是指对单位利益关系重大的经济业务,如资金、人力、物力投入大的,牵涉重大盈亏或负债的事项。重大对外投资主要是指以大量的现金、实物、无形资产以有价证券方式向其他单位的投资;重大资产包括数额大、比重大和在生产经营中作用大的资产处置;重大资金调度是指相对数额大、占有比重大的资金借入或调出。上述重大经济业务处理,如不实行不相容职务分离,一人说了算,就容易造成巨额资产的损失浪费。

(三) 明确财产清查制度

根据《会计法》要求，财产清查的范围、期限和组织程序应当明确。财产清查制度是保证单位财产安全、完整、有效使用及防止损失浪费的一项有效制度。财产清查又是会计核算的一项重要程序，特别是在编制年度会计报表之前必须进行财产清查，并对账实不符的问题根据有关规定正确地进行会计处理，以保证会计报表数据真实、准确。通过财产清查，可以发现财产管理工作存在的问题，以便查明原因，改善经营管理，保护财产的安全和完整。另外，财产清查还可以确定各项财产的实存数，以便检查实存数与账面数是否相符合，查明不符的原因和责任，制定措施，做到账实相符，保证会计资料的真实性。因此，各单位应当建立、健全财产清查的组织程序，对财产清查中发现问题的处理办法和对财产管理人员的奖惩办法。

(四) 明确会计资料内部审计制度

根据《会计法》要求，对会计资料定期进行内部审计的办法和程序应当明确。会计资料是指记录和反映单位实际发生的经济业务活动的专业性会计资料，包括会计凭证、会计账簿、财务会计报告和其他书面会计资料。充分利用会计资料，对于总结工作经验、查证经济财务问题、指导生产经营管理、研究发展方针战略、防止贪污舞弊造假等都起着重要作用。因此，各单位应当建立、健全对会计资料定期进行内部审计的制度，明确内部审计工作的组织形式和具体分工，内部审计工作的职责权限，审核会计凭证和复核会计账簿、会计报表的程序等。必须注意的是，内部审计制度不同于内部稽核制度：前者是单位在会计机构之外另行设置的内部审计机构或审计人员，是对会计资料进行再检查的一种制度；后者是会计机构内部的一种工作制度。

二、内部会计监督职责设计

(一) 单位负责人职责

根据《会计法》要求，单位负责人应当保证会计机构、会计人员依法履行职责，不得授意、指使、强令会计机构、会计人员违法办理会计事项。单位负责人作为单位的最高管理者，对本单位包括会计工作在内的一切经营和业务管理活动都负有责任。单位负责人的重视和支持是会计机构、会计人员依法履行职责的重要保证，正因为如此，会计法规定，单位负责人对本单位的会计工作和会计资料的真实性、完整性负责。要使单位内部会计监督制度真正起到"把关守口"的作用，能有效地制止和纠正违法违纪及非预算财务收支事项的发生，首先，单位负责人要支持、保障会计人员依法进行监督，为会计机构撑腰，为会计人员及时解决监督中所遇到的困难和麻烦；其次，单位负责人要以身作则、遵纪守法，尤其不能授意、指使、强令会计机构、会计人员违法办理会计事项，不能干扰、阻挠会计机构、会计人员依法履行监督职责。

(二) 会计人员职责

根据《会计法》要求，会计机构、会计人员对违反会计法和国家统一的会计制度规定的会计事项，有权拒绝办理或者按照职权予以纠正。会计监督是在会计机构、会计人员办理会计业务过程中进行的,它是会计工作的一项重要内容。会计法赋予会计机构、会计人员权利的同时,也就相应赋予他们的责任。会计机构、会计人员不仅有遵守会计法和国家统一的会计制度规定的责任和义务,更重要的是会计机构、会计人员作为会计法和国家统一的会计制度规定的执行者,在参与本单位经营和业务管理、维护本单位合法经济利益的同时,还承担着保证单位经济活动,认真执行会计法和国家统一的会计制度规定的重要责任。会计机构、会计人员行使内部控制职能进行会计监督,不仅是对法律负责,也是对单位的经济效益负责,对单位负责人负责。因此,会计机构、会计人员对违反会计法和国家统一的会计制度规定的会计事项,一定要坚持原则,顶住压力,绝不屈服地拒绝办理或者按照职权予以纠正;制止、纠正无效的,应按照我国《会计基础工作规范》的规定,向单位负责人提出书面意见,要求处理,单位负责人应当自接到书面意见之日起10日内作出书面决定,并对决定承担责任。

根据《会计法》要求,会计机构、会计人员发现会计账簿记录与实物、款项及有关资料不相符的,按照国家统一的会计制度的规定有权自行处理的,应当及时处理;无权处理的,应当立即向单位负责人报告,请求查明原因,作出处理。各单位应当定期将会计账簿记录与实物、款项及有关资料相互核对,保证会计账簿记录与实物及款项的实有数额相符、会计账簿记录与会计凭证的有关内容相符、会计账簿之间相对应的记录相符、会计账簿记录与会计报表的有关内容相符。这是会计核算的一项重要程序,也是会计机构、会计人员对实物、款项及有关资料进行监督,执行对财产清查制度的主要方式。我们知道,会计核算要求账簿登记清晰、准确,但在实际工作中,由于种种原因,账目难免会出现错漏。因此,必须经常进行对账,即将会计账簿记录的有关数字与库存实物、货币资金、有价证券、往来单位或者个人等进行相互核对,保证账实相符、账账相符。按照国家统一的会计制度的有关规定,各单位应当建立财产清查制度。财产清查制度是通过定期或不定期、全部或部分地对各项财产物资进行实地盘点和对库存现金、银行存款、债权债务进行清查核对的一种制度。通过财产清查,可以发现财产管理工作中存在的问题,以便查明原因,改善经营管理,保护单位财产的完整和安全;通过财产清查,可以确定各项财产的实存数,以便查明实存数与账面数是否相符,并查明不符的原因和责任,制定措施,做到账实相符,保证会计资料的真实性。特别是在编制年度会计报表之前,必须进行财产清查,并对账实不符的问题根据有关规定正确地进行会计处理,以保证会计报表数据真实、准确,因此,各单位的对账工作每年至少进行一次。

实际工作中,会计机构、会计人员发现会计账簿记录与实物、款项及有关资料不相符合,应采取以下两种处理办法:一是会计机构、会计人员按照国家统一的会计制度的规定有权自行处理的,应当及时处理,如对物资保管中所发生的合理损耗,应按规定的损耗范围和标准直接进行处理;二是无权处理的,应当立即向单位负责人报告,请示查明原因,作出处理,如对单位因经营管理不善而造成的大量的盘盈盘亏问题,应向单位领导人报告,要求查明原因,作出处理。

三、违法检举处理设计

根据《会计法》要求,任何单位和个人对违反会计法和国家统一的会计制度规定的行为,有权检举。收到检举的部门有权处理的,应当依法按照职责分工及时处理;无权处理的,应当及时移送给有权处理的部门处理。各单位都应当认真贯彻执行会计制度规定的行为,任何单位和个人都有权检举。所谓任何单位和个人,不仅仅是指会计机构和会计人员,它泛指凡是了解和掌握违法违纪行为情况或线索的单位和个人。所谓检举,包括通过书面或口头等方式,向财政部门、审计部门、纪检部门或国家其他有关部门反映、揭发违反会计法和国家统一的会计制度规定的行为。收到检举的部门,首先应当审查所检举的问题是否属于自己的职责范围,对于属于本部门的职责范围有权处理的问题,应当依照有关法律、法规、规章和制度的规定及时处理。对于不属于本部门的职责范围无权处理的问题,必须及时移送给有权处理的部门进行处理。无论什么单位在处理检举的问题时,应根据不同的性质和情况,认真查办,从速处理。

收到检举的部门、负责处理的部门应当为检举人保密,不得将检举人的姓名和检举材料转给被检举单位和被检举人个人,这是对检举人依法行使检举权作出的重要法律保护。由于检举人所揭发和反映的被检举单位和被检举人的问题一般都涉嫌违法违纪,一经查明属实,都会给被检举单位和个人以相应的法律制裁,所以,检举人势必会成为被检举单位和被检举人的"眼中钉、肉中刺",如果收到检举的部门或者负责处理的部门不为检举人保密,或者将检举人的姓名和检举材料转给被检举单位和被检举人个人,被检举单位和被检举人就可能对检举人进行打击报复,因此,法律必须为检举人提供强有力的保护。对于违反法律规定,没有履行对检举人保密义务,或将检举人姓名和检举材料转给被检举人的部门,依法承担相应的法律责任。

第二节 外部会计监督的设计

会计监督是社会主义经济监督的重要组成部分,会计监督包括单位内部监督、政府监督和社会监督。从市场经济要求和国外情况看,会计机构、会计人员主要行使内部控制职能,对一个单位的会计监督应主要依靠外部监督,即政府监督和社会监督。

根据我国有关法律、行政法规的规定,单位会计工作应接受社会审计和财政部门的监督,单位会计资料应接受财政、审计、税务、人民银行、证券监督、保险监管等部门所实施的监督检查。接受监督检查的单位,应如实提供所需的各种会计资料及有关情况,不得拒绝、隐匿和谎报。

一、注册会计师对单位会计的监督

根据《会计法》的规定,有关法律、行政法规规定须经注册会计师进行审计的单位,应当向受委托的会计师事务所如实提供会计凭证、会计账簿、财务会计报告和其他会计资料以及有关情况。任何单位或者个人不得以任何方式要求或者示意注册会计师及其所在的会计师事务所出具不实或者不当的审计报告。财政部门有权对会计师事务所出具审计报告的程序和内容进行监督。国家审计部门也有权对事务所的审计质量进行检查监督。

为了有效地发挥社会中介组织在会计监督中的作用,根据有关法律、行政法规的规定,须经注册会计师进行审计的单位,应当向受委托的会计师事务所如实提供会计凭证、会计账簿、财务会计报告和其他会计资料以及有关情况。根据注册会计师法的有关规定,注册会计师是依法取得注册会计师证书并接受委托从事审计和会计咨询、服务业务的执业人员,是社会监督中的重要力量。注册会计师的业务范围主要有：依法承办审计业务，承办会计咨询、服务业务。注册会计师依法独立、公正地执行业务，受法律保护。注册会计师执行业务可以根据需要查阅受托人有关的会计资料和文件，对委托人故意不提供有关会计资料和文件的，可以拒绝出具有关报告，这是注册会计师依法享有的重要权利，也是依法须经注册会计师审计的单位必须遵守的法律义务。对于不如实提供会计凭证、会计账簿、财务会计报告和其他会计资料以及有关情况的单位，或者采取种种手段制造假象，隐匿有关资料，甚至瞒报谎报情况的，应依法承担相应的法律责任。

公司制企业特别是上市公司就是依法须经注册会计师进行审计的重点单位。因为根据公司法、证券法及有关行政法规的规定，筹办公司时的出资证明、资产评估作价及已成立公司的财务会计报告依法须经审查验证，上市公司改制上市审计、年度会计报表审计和资产重组审计等业务也必须经有从事证券相关资格的会计师事务所及其有证券相关业务资格的注册会计师出具报告。在证券市场上，从投资者角度看，对发行证券公司盈利能力的判断，需要以会计师事务所和注册会计师对发行人财务资料的审查和鉴证结论为必要前提；从发行人角度看，也希望通过审计报告来揭示公司财务报表的可信度，以便吸引更多的投资者及资金。因此，会计师事务所和注册会计师所出具的审计报告已不仅是对投资者和发行人负责，而且还要面向社会，发挥社会公证的作用，这就要求会计师事务所和注册会计师必须履行法定职责，保证其所出具文件具有真实性、准确性和完整性。而要做到这一点，其基本条件就是发行证券的公司应当向受委托的会计师事务所如实提供会计凭证、会计账簿、财务会计报告和其他会计资料以及有关情况。所以，法律首先要规范的是依法须经注册会计师进行审计单位的行为，以保证会计工作的社会监督的质量。会计资料，特别是根据会计资料出具的审计报告是一个单位经营状况和财务成果综合体现的反映和证明，往往容易成为一些单位和个人体现"业绩"和"圈钱"等的调节手段，进而注册会计师及其所在的会计师事务所也往往成为外部违法干预或施加不正当影响的对象，要求或者示意注册会计师及其所在的会计师事务所出具不实或者不当的审计报告。无论是从职业道德规范出发，还是从依法办事角度出发，注册会计师及其所在的会计师事务所均应给予坚决抵制，该确认的确认，该调整的调整，该发表否定意见或保留意见的坚决不能发表肯定意见。为了从更广阔的范围保证注册会计师及其事务所依法履行职责，公正执业，任何单位和个人不得以任何方式要求或者示意注册会计师及其所在的会计师事务所出具不实或者不当的审计报告。所谓不实报告，是指审计报告的内容有虚假或不真实的结论；所谓不当报告，是指审计报告的内容含有误导性的或不恰当的意见。不实或不当，也就是不真实、不准确的含义。

财政部门有权对会计师事务所出具审计报告的程序和内容进行监督，这是对社会中介组织监督职能的再监督，其目的是形成制约机制，更好地保证和促进会计师事务所依法履行职责。根据注册会计师法有关执业规则，注册会计师应对其出具审计报告的真实性和合法性负责。审计报告的真实性是指应如实反映注册会计师的审计范围、审计依据、实施的审计程序和应发表的审计意见；审计报告的合法性是指审计报告的编制和出具必须符合有关法律和执业规则的规定。财政部门只有从审计报告的程序和内容两个方面把关，才能有效防止在审计报告的真实性和合法性上不出问题，从而也进一步完善和强化了会计监督工作。

二、财政部门对单位会计的监督

根据《会计法》要求,财政部门对单位会计监督的主要内容包括:是否依法设置会计账簿,会计凭证、会计账簿、财务会计报告和其他会计资料是否真实、完整,会计核算是否符合会计法和国家统一的会计制度的规定,从事会计工作的人员是否具备从业资格。对单位会计资料如发现重大违法嫌疑时,国务院财政部门及其派出机构可以向与被监督单位的金融机构查询有关情况,有关单位和金融机构应给予支持。

为了规范会计工作,保证会计工作在经济管理中发挥作用,维护财经纪律和社会经济秩序,财政部门应对会计工作进行必要的指导、管理和监督,其工作主要包括会计政策、标准的规定,法律制度执行情况的检查监督,会计人员专业技术资格的确认,会计人员行使职权的保障,督促基层单位加强会计工作和提高工作水平等,其中,财政部门对各单位经济活动和业务活动及其成果所实行的监督,是政府监督的有效手段之一。加强财政监督,既有利于严格财经纪律,保证国家预算、计划的全面完成,促使各单位加强经济核算、降低消耗、成本,提高经济效益,也有利于加强各单位的会计工作管理。

(一)监督单位是否依法设置会计账簿

各单位应当按照国家统一的会计制度的规定和会计业务的需要设置会计账簿,这是会计核算工作的最基本要求,是由会计账簿在会计工作和经济管理中的重要作用所决定的。现实生活中,一些单位内部管理混乱,违反财经纪律的问题严重,反映在会计基础工作方面就是应当建账而不建账,或者不按法律和制度的规定设置会计账簿,这些都属于严重的违法违纪行为,财政部门有权责令上述单位限期改正并视情节给予相应的处罚。

(二)监督单位会计资料是否真实、完整

会计凭证、会计账簿、财务会计报告和其他会计资料的真实、完整是会计工作的基本要求,是会计法各项规定的基本出发点,也是各单位进行经营和业务管理、投资人和债权人等财务关系人了解单位经济情况以及国家进行宏观经济分析和调控的重要依据,是正确反映各方面经济利益和提供准确、可靠的会计信息的最基础的数据库保证。对会计工作负有管理职责的财政部门,要重点对各单位的会计资料是否真实、完整实施监督,并依法对会计凭证、会计账簿、财务会计报告和其他会计资料中存在的数字不真实、内容不完整等问题,追究有关单位和个人的法律责任。

(三)监督单位会计核算是否合规、合法

会计核算是会计基本职能之一,在会计基础工作中占有非常重要的位置。财政部门实施会计监督时,就要认真检查各单位的会计核算是否符合《会计法》、《企业会计制度》及各项具体会计准则的基本要求的规定,对于会计核算不符合会计法和国家统一的会计制度规定的单位,应当予以制止和纠正,并根据违法违规行为的性质、情节、后果等作出相应的处理。

(四) 监督单位会计人员是否具备从业资格

会计是一项专业性很强的工作,会计人员作为市场经济的特殊从业者,必须具备必要的专业知识才能胜任这一重要工作。财政部门自20世纪90年代初实施会计人员从业资格管理制度,即会计人员从事会计工作必须持有会计证,没有会计证的不得从事会计工作,持证人员严重违法违纪或违反会计职业道德的,要取消其从业资格;会计专业技术资格实行全国统一考试制度,通过全国统一考试获得会计专业技术资格的会计人员,表明已具备担任相应会计专业职务的水平和能力。财政部门作为会计人员的业务主管部门,在对各单位会计工作实施监督时,依法应审查从事会计工作的人员是否具备从业资格,对于无证上岗的,要加以清理;对于违法违规情节严重的,要吊销会计从业资格证书。

财政部门在实施会计监督中,如发现被监督单位会计资料中有重大违法嫌疑时,财政部及其派出的财政监察专员办事处,可向与被监督单位有往来关系的单位和开户银行进行查询,这是法律赋予国务院财政部门及其派出机构的一项重要职责,也是对单位会计实施监督的一种重要手段。财政部门在调查、了解、搜集证据时,有关单位和金融机构应积极配合和支持,不得拒绝、阻挠和刁难。

三、政府有关部门对单位会计资料的监督

根据《会计法》要求,财政、审计、税务、人民银行、证券监管、保险监管等部门应当依照有关法律、行政法规规定的职责,对有关单位的会计资料实施监督检查。依法实施监督检查后,应当出具检查结论。有关监督检查部门已经作出了检查结论能够满足其他监督检查部门履行本部门职责需要的,其他监督检查部门应当加以利用,避免重复查账。

(一) 财政机关的监督

财政机关监督是指各级财政部门在资金积累、分配和使用的过程中,对行政事业单位、部门、企业的经济活动和业务活动及其成果所实行的监督,主要是各级财政部门根据国家的法律、法规、规章和制度等,利用单位预算、财务收支计划以及财务会计报表等反映的经济活动和业务活动的情况来进行的。加强财政监督,有利于严格财经纪律,保证国家预算、计划的全面完成,促使各单位加强经济核算,降低消耗、成本,提高经济效益,也有利于加强各单位的会计工作管理,财政机关监督是政府监督的有效手段之一,各单位必须接受来自财政部门的事前、日常和事后的监督和检查。

(二) 审计机关的监督

国务院审计机关和各级人民政府的审计机关依据我国宪法和法律对各级政府的财政收支,对国家的财政金融机构和企业事业组织的财务收支,进行审计监督。各单位必须按照法律规定接受审计机关的监督。各级审计机关独立行使审计监督权,不受其他行政机关、社会团体的干涉。一切属于政府审计范围的机关、企事业单位,都必须接受审计监督,审计机关作出的审计结论和决定有关单位和个人必须接受。加强政府的审计监督,有利于维护国家的财经纪律,也有利于各单位会计工作的依法进行。

（三）税务机关的监督

税务机关的监督主要是各级税务机关在税收征收管理过程中，对各单位的纳税及影响纳税的其他工作所实行的监督。税务部门根据国家税收法律、法规的规定，通过日常税收征管工作，一方面，促使各单位依法经营，建立、健全有利于正确计算和反映纳税所得额情况的各项基础工作，推动各单位加强包括会计工作在内的管理工作；另一方面，督促各单位依法纳税，遵纪守法，堵塞各种税收漏洞，纠正和查处违反税法的行为，保证包括会计法在内的各项财经纪律、法规的贯彻实施。

（四）中国人民银行的监督

《中华人民共和国人民银行法》第五章规定，中国人民银行依法对金融机构及其业务实施监督管理，维护金融业的合法、稳健运行。中国人民银行按照规定审批金融机构的设立、变更、终止及业务范围。中国人民银行有权对金融机构的存款、贷款、结算、呆账等情况随时进行稽核、检查监督。中国人民银行有权对金融机构违反规定提高或者降低存款利率、贷款利率的行为进行监督检查。中国人民银行有权要求金融机构按照有关规定报送资产负债表、损益表以及其他财务会计报表和资料。中国人民银行负责编制全国金融统计数据、报表，并按照国家有关规定予以公布。中国人民银行对国家政策性银行的金融业务进行指导和监督。中国人民银行应当建立、健全本系统的稽核、检查制度，加强内部的监督管理。

（五）证券监管机构的监督

《中华人民共和国证券法》第七条规定，国务院证券监督机构依法对全国证券市场实行集中统一的监督管理。国务院证券监督管理机构根据需要可以设立派出机构，按照授权履行监督管理职责。在《证券法》第十章中，同时规定了国务院证券监督管理机构在证券发行、证券交易、上市公司收购活动中，对证券交易所、证券公司、证券登记结算机构、证券业协会和证券交易服务机构的管理活动中的法定职责。《证券法》规定，国务院证券监督管理机构依法对证券市场实行监督管理，维护证券市场秩序，保障其合法运行。

国务院证券监督管理机构在对证券市场实施监督的管理中履行下列职责：

(1) 依法制定有关证券市场监督管理的规章、规则，并依法行使审批或者核准权。

(2) 依法对证券发行、交易、登记、托管、结算进行监督管理。

(3) 依法对证券发行人、上市公司、证券交易所、证券公司、证券登记结算机构、证券投资基金管理机构、证券投资咨询机构、资信评估机构以及其他从事证券业务活动的单位，进行监督管理。

(4) 依法制定从事证券业务人员的资格标准和行为准则，并监督实施。

(5) 依法监督检查证券发行和交易的信息公开情况。

(6) 依法对证券业协会的活动进行指导和监督。

(7) 依法对违反证券市场监督管理法律、行政法规的行为进行查处。

(8) 法律、行政法规规定的其他职责。

国务院证券监督管理机构依法履行职责，有权采取下列措施：

(1) 进入违法行为发生场所调查取证。

(2) 询问当事人和与被调查事件有关的单位和个人，要求其对被调查事项作出说明。

(3) 查阅、复制当事人和被调查事件有关的单位和个人的证券交易记录、登记过户记录、财务会计资料及其他相关文件和资料；对可能被转移或者隐匿的文件和资料，可给予封存。

(4) 查询当事人和与被调查事件有关的单位和个人的资金账户、证券账户，对有证据证明有转移或者隐匿违法资金、证券迹象的，可以申请司法机关予以冻结。在这些列举的证券监督管理机构的监督管理职责中，大多数都与这些单位的会计工作有关。有关的行政法规也对证券监督管理机构对会计事务方面的管理职能作出了规定。

（六）保险监管机构的监督

按照我国《保险法》第五章的规定，商业保险的主要险种的基本保险条款和保险费率由金融监督管理部门制订。保险公司拟订的其他险种的保险条款和保险费率，应当报金融监督管理部门备案。金融监督管理部门有权检查保险公司在规定的期限内提供有关的书面报告和资料。保险公司依法接受监督检查。金融监督管理部门可以依法责令保险公司限期改正违法行为，可以对违法的保险公司进行整顿，可以对保险公司进行接管。保险公司应当于每一会计年度终了后的三个月内，将上一年度的营业报告、财务会计报告及有关报表报送金融监督管理部门，并依法公布。保险公司应当于每月月底将上一月的营业统计报表报送金融监督管理部门。保险公司应当妥善保管有关业务经营活动的完整账簿、原始凭证等有关资料。条款规定的账簿、原始凭证有关资料的保管期限，自保险合同终止之日起计算，不少于10年。

上述六个监督检查部门依法对企事业实施监督检查后，所出具的监督检查结论有两个层次的要求：第一，上述不论哪个部门在依法对有关单位的会计资料实施监督检查后，应当出具检查结论。所谓检查结论，就是指依照法律、行政法规的规定，检查了有关单位的相关情况、核对有关事实数据之后所得出的结论，反映该单位合法和不合法的方方面面情况。第二，为了减少企业事业单位的负担，由法律特别作出的安排，即有关监督检查部门已经作出的检查结论能够满足基础监督检查部门履行本部门职责需要的，其他监督检查部门就不再重复查账，而直接利用相关部门已经作出的结论即可。

根据《会计法》要求，依法对有关单位的会计资料实施监督检查的部门及其工作人员，对在监督检查中知悉的国家秘密和商业秘密负有保密的义务。国家秘密是关系国家的安全和利益，依照法定程序确定，在一定时间内只限一定范围的人员知悉的事项。一切国家机关、武装力量、政党、社会团体、企业事业单位和公民都有保守国家秘密的义务。监督检查部门及其工作人员，如果在执法活动中知悉国家秘密，一定要履行保密义务，不能泄密。否则，就要承担相应的刑事责任。根据我国反不正当竞争法的规定，所谓商业秘密，是指不为公众知悉，能为权利人带来经济利益，具有实用性并经权利人采取保密措施的技术信息和经营信息。技术包括技术诀窍、配方、工艺流程、设计图纸等；经营信息包括经营决策、客户名单、货源情况、商品推销计划等。商业秘密作为一种知识产权受法律保护。依法对一个单位的会计资料实施监督检查的部门及其工作人员既有执法的权利，也有保守其在执法过程中知悉的商业秘密的义务。如果其不负责任地将当事人的商业秘密泄露给他人，就会损害权利人的利益，构成对他人商业秘密的侵犯，也要承担相应的法律责任。

根据《会计法》要求，各单位必须依照有关法律、行政法规的规定，接受有关监督检查部门依法实施的监督检查，如实提供会计凭证、会计账簿、财务会计报告和其他会计资料以及有关情况，不得拒绝、隐匿、谎报。所谓如实，就是全部、完全提供，也是对隐匿会计凭证、私设会计账簿和提供虚假财务会计报告行为的一种禁止。具体地说，要提供全部当期发生的会计活动的资料，会计凭证一个也不能短少，会计账簿也一个不能少，包括总账、明细账、日记账和其他辅助性账簿。财务会计报告包括内部报告和对外提供的报告。其他会计资料及有关情况，是指一切与当期发生的会计事项有关的资料和情况，包括历年结转的余额。单位作为政府部门行政监管的对象，法律对其规定义务，要求其如实提供资料，单位不能找出种种理由拒绝、阻挠和刁难；应当积极配合，提供便利条件和真实完整的资料，而不能弄虚作假或在资料上做手脚；也不能妨碍行政部门的行政管理行为。所谓三个"不得"，即：不得拒绝，是指不得拒不提供全部或部分相关资料；不得隐瞒，是指不得藏而不报、不如实提供；不得谎报，是指不得以假充真，真账假做或假账真做。否则，就要受到相应的处罚。

【复习思考题】

1. 会计监督制度包括哪些内容？应当符合哪些要求？
2. 单位负责人和会计人员应负哪些会计监督的职责？
3. 对于违反会计法及国家统一的会计制度规定行为，应如何进行检举处理？
4. 注册会计师对单位会计监督包括哪些内容？
5. 国家财政部门对单位会计监督包括哪些内容？
6. 单位会计资料应接受哪些监督检查？单位如何配合外部监督检查？

图书在版编目(CIP)数据

会计制度设计/李凤鸣主编. —5 版. —上海：复旦大学出版社，2019.6
(复旦博学·21 世纪高等院校会计专业主干课系列)
ISBN 978-7-309-14308-9

Ⅰ.①会… Ⅱ.①李… Ⅲ.①会计制度-设计-高等学校-教材 Ⅳ.①F233

中国版本图书馆 CIP 数据核字(2019)第 084237 号

会计制度设计(第五版)
李凤鸣　主编
责任编辑/王联合

复旦大学出版社有限公司出版发行
上海市国权路 579 号　邮编：200433
网址：fupnet@fudanpress.com　　http://www.fudanpress.com
门市零售：86-21-65642857　　团体订购：86-21-65118853
外埠邮购：86-21-65109143　　出版部电话：86-21-65642845
常熟市华顺印刷有限公司

开本 787×1092　1/16　印张 22.75　字数 539 千
2019 年 6 月第 5 版第 1 次印刷

ISBN 978-7-309-14308-9/F·2567
定价：45.00 元

如有印装质量问题，请向复旦大学出版社有限公司出版部调换。
版权所有　　侵权必究